Rechnungswesen und EDV

10. Saarbrücker Arbeitstagung 1989

Rechnungswesen im Unternehmen der 90er Jahre

Herausgegeben von
A.-W. Scheer

Springer-Verlag Berlin Heidelberg GmbH

Professor Dr. August-Wilhelm Scheer, Institut für Wirtschaftsinformatik
Universität des Saarlandes, Im Stadtwald, D-6600 Saarbrücken 11, FRG

ISBN 978-3-7908-0444-7 ISBN 978-3-642-48032-4 (eBook)
DOI 10.1007/978-3-642-48032-4

Ursprünglich erschienen bei Physica-Verlag Heidelberg 1989

7120/7130-543210

Vorwort

Als 1979 Wolfgang Kilger und ich die Durchführung einer Tagung auf dem Gebiet "Rechnungswesen und EDV" planten, haben wir nicht damit gerechnet, daß hierdurch eine so erfolgreiche Serie von Tagungen entstehen würde. Anlaß für die Tagung waren viele Fachdiskussionen, die wir jeweils aus der Position unserer beiden Fachgebiete heraus geführt hatten und die zu Sprach- und Verständigungsschwierigkeiten führten. Wenn aber dieses bereits zwischen zwei Wissenschaftlern des doch immerhin gemeinsamen Fachgebietes "Betriebswirtschaft" auftritt, wie muß dieses erst für die Praxis gelten, wenn die beiden Vertreter aus Rechnungswesen und EDV zudem noch ganz unterschiedlichen Ausbildungsgängen angehören!

Wir wollten deshalb mit der ersten Saarbrücker Arbeitstagung eine Plattform zum Austausch der Beziehungen zwischen dem betriebswirtschaftlichen Fachwissen des Rechnungswesens und den Möglichkeiten seiner informationstechnischen Umsetzung schaffen.

Die Saarbrücker Arbeitstagungen "Rechnungswesen und EDV" sind seitdem zum etablierten Treffpunkt von fortschrittlichen Praktikern, Systementwicklern und Wissenschaftlern auf dem Gebiet des Rechnungswesen geworden.
Die auf den 10 Tagungen erörterten Themen:
1980 Plankosten- und Deckungsbeitragsrechnung in der Praxis
1981 Investitions- und Finanzplanung im Wechsel der Konjunktur
1982 Rationalisierung
1983 Gestaltungsalternativen - Standardsoftware-Schnittstellenprobleme
1984 Einsatz von Personal Computern
1985 Kostenrechnung und Controlling - Forschung und Entwicklung - Personal Computing
1986 Kostenträgerrechnung
1987 Controlling
1988 Spannungsfeld Integrierte Informationsverarbeitung
1989 Rechnungswesen im Unternehmen der 90er Jahre
zeigen, daß jeweils richtungsweisende Themenschwerpunkte behandelt wurden. Von den Arbeitstagungen sind weitreichende Impulse zur Entwicklung von neuen Anwendungssystemen auf dem Gebiet des Rechnungswesen ausgegangen. Dieses gilt insbesondere auch bezüglich des Einsatzes neuer DV-Technologien.

Der Einsatz der Dialogverarbeitung im innerbetrieblichen Rechnungswesen war lange Zeit - und ist es zum Teil auch heute noch - umstritten. Hier haben die Diskussionen auf den Saarbrücker Arbeitstagungen sicher der aktuellen und fallbezogenen Verarbeitung auch im Rechnungswesen zum Durchbruch verholfen. Gleichzeitig haben sie aber auch die Spannungen zwischen Dialog- und Stapelverarbeitung abgebaut, indem beide Möglichkeiten als zweckbezogene Alternativen eines EDV-gestützten Rechnungswesens begründet werden, nicht aber Ergebnisse eines "Religions-Krieges" sein dürfen.
In ähnlicher Weise wurde frühzeitig der Einsatz von Personal Computern am Arbeitsplatz im Rechnungswesen diskutiert.

Besondere Beachtung hat über mehrere Tagungen hinweg der Einsatz von Datenbanksystemen für ein übergreifendes Rechnungswesen gespielt.
Die Verbindung des Fachwissens aus dem Rechnungswesen mit den modernen Möglichkeiten der Informationstechnologie bleibt weiterhin ein aktuelles Thema. Während die datenmäßige Integration der operativen Systeme zu den wertorientierten Systemen gegenwärtig die hohe Bedeutung einer Gesamtbetrachtung der Informationsverarbeitung im Unternehmen begründet, werden zukünftig auch zunehmend spezielle Weiterentwicklungen in den Vordergrund rücken. Dieses gilt z. B. für neue Möglichkeiten der Kalkulation in Verbindung mit CAD (konstruktionsbegleitende Kalkulation), der Einsatz von Expertensystemen zur Analyse von Kostenabweichungen sowie der Einsatz neuer Auswertungssprachen und Reportgeneratoren zur individuellen Auswertung von Daten des Rechnungswesens.
Aus diesem Grunde ist abzusehen, daß auch in der Zukunft reichhaltig Stoff und Anlaß für Fachbeiträge, Anwenderberichte und lebhafte Diskussionen auf dem Gebiet "Rechnungswesen und EDV" bestehen werden.
Ich danke allen Referenten, Diskussionsteilnehmern und Unterstützern der Saarbrücker Arbeitstagungen für ihr Engagement und hoffe, daß es auch zukünftig erhalten bleibt.
Weiter danke ich meinen Mitarbeitern, Herrn Dipl.-Kfm. Wolfram Jost und Herrn Dipl.-Wirtsch.-Ing. Wolfgang Kraemer, für die Hilfe bei der Vorbereitung dieser Tagung und der Unterstützung der Herausgebertätigkeit dieses Tagungsbandes.

Saarbrücken, im August 1989

Prof. Dr. A.-W. Scheer

Inhaltsverzeichnis

A. Strategische Planung und Rechnungswesen

Unternehmensdatenmodell - Voraussetzung integrierter Informationsverarbeitung der 90er Jahre
Prof. Dr. A.-W. Scheer
Institut für Wirtschaftsinformatik an der Universtität des Saarlandes, Saarbrücken........3

Change-Management für die Kostenrechnung - Zur Notwendigkeit des beständigen Wandels der Kostenrechnung
Prof. Dr. J. Weber
Lehrstuhl für Betriebswirtschaftslehre, insb. Rechnungswesen/Controlling
Wissenschaftliche Hochschule für Unternehmensführung, Koblenz........30

Aufgaben des Controlling anlagenintensiver Produktionsstrukturen
Prof. Dr. W. Männel
Lehrstuhl für Betriebswirtschaftslehre,
insb. Rechnungswesen und öff. Betriebe an der Universität Erlangen-Nürnberg, Nürnberg........48

Integriertes Investitions- und Instandhaltungs-Controlling
Prof. Dr. H. Kagermann
SAP AG, Walldorf........72

Grenzen der Plankostenrechnung für mittelfristige Planungs- und Entscheidungsrechnungen
Dipl.-Ing. H. Gruber
Steyr-Fahrzeug-Technik Ges. m.b.H., Graz-Thondorf........106

Anforderungen an das Rechnungswesen aus der Sicht des Managements
Dr. H. Ploner
Julius Blum GmbH, Höchst........130

B. Informationstechnologie und Rechnungswesen

Wissensbasiertes Controlling des Betriebsergebnisses

Prof. Dr. P. Mertens, Dipl.-Hdl. R. Fiedler

Lehrstuhl für Betriebswirtschaftslehre,

insb. Wirtschaftsinformatik an der Universität Erlangen-Nürnberg, Nürnberg

Dr. W. Sinzig

SAP AG, Walldorf 153

Wissensbasierte Systeme zum intelligenten Soll-Ist-Kostenvergleich

Dipl.-Wirtsch.-Ing. W. Kraemer

Institut für Wirtschaftsinformatik an der Universtität des Saarlandes, Saarbrücken 182

Rechnungsprüfung auf der Basis von Stichproben - Einsatz des Systems Account bei der VW AG

Dr. W. Bär

Volkswagen AG, Wolfsburg 210

Vertriebscontrolling mit "Controllers Toolbox"

Dipl.-Wirtsch.-Ing. D. Schäfer

CTB Controlling Software AG, Rapperswil

Prof. Dr. H.-W. Stahl

Fachhochschule für Technik und Wirtschaft, Reutlingen 230

Vertriebscontrolling - Fallbeispiel eines Anwenders aus der Konsumgüterindustrie

G. Kirchner

Melitta Werke, Minden 251

Optimierung der Geldmarktgeschäfte durch den Einsatz eines DV-gestützten Treasury-Management-Systems

Dipl.-Betriebswirt (BA) G. Walker-Rudolf

Hewlett Packard GmbH, Böblingen 277

C. Internationalisierung und Rechnungswesen

Konsolidierung der Einzelproduktergebnisse von verschiedenen Tochtergesellschaften
Dipl.-Kfm. R. Schnell
BASF AG, Ludwigshafen 299

Stand und Entwicklungstendenzen des innerbetrieblichen Rechnungswesens in den USA
Dipl.-Kfm. E. Herzog
Unternehmensberatung Plaut AG, Figino/Lugano 313

Entscheidungsunterstützung durch konzerneinheitliches Rechnungswesen
Dipl.-Kfm. F.O. Boos
Du Pont Deutschland GmbH, Bad Homburg 327

D. CIM und Rechnungswesen

Zum betriebswirtschaftlichen Gehalt von PPS-Systemen
Prof. Dr. H. Glaser
Lehrstuhl für Industriebetriebslehre an der Universität des Saarlandes, Saarbrücken 343

Der elektronische Leitstand - Integration controlling-relevanter Daten
Dr. A. Pocsay
IDS Prof. Scheer GmbH, Saarbrücken 370

BDE als Voraussetzung für ein aktuelles Fertigungs-Controlling
H.W. Mohr
Unternehmensberatung Plaut AG, Figino/Lugano 388

Fertigungs-Controlling als organisatorisches Gestaltungselement der Produktionsplanung und -steuerung
Dipl.-Ing. G. Urban
Daimler Benz AG, Untertürkheim 412

Konstruktionsbegleitende Vorkalkulation
Dipl.-Ing. L. Gröner
IDS Prof. Scheer GmbH, Saarbrücken 427

Integration von Kostenrechnung und Produktionsplanung und -steuerung
G. Wolf
Schindler Aufzüge Fabrik GmbH, Berlin 456

A. Strategische Planung und Rechnungswesen

Unternehmensdatenmodell - Voraussetzung integrierter Informationsverarbeitung der 90er Jahre

Prof. Dr. A.-W. Scheer, Institut für Wirtschaftsinformatik an der Universität des Saarlandes, Saarbrücken

GLIEDERUNG

1 Integrierte Informationssysteme

2 Betriebswirtschaftliche Gesamtunternehmensmodelle

3 Das "Entity-Relationship Model" (ERM) als Konstruktionsmethode eines UDM

4 Konstruktion des operativen UDM

5 Verknüpfung des operativen UDM mit den wertorientierten Informationssystemen

6 Einbettung des UDM in Systementwurf und Implementierung

*Dieses Manuskript entspricht einem überarbeiteten Aufsatz des Verfassers in der Zeitschrift für Betriebswirtschaft, 58 (1988) 10, S. 1091 - 1114.

10. Saarbrücker Arbeitstagung 1989
Rechnungswesen und EDV
hrsg. v. A.-W. Scheer

1 INTEGRIERTE INFORMATIONSSYSTEME

Während in der ersten Zeit der Entwicklung von EDV-gestützten Informationssystemen die funktionalen Anforderungen im Vordergrund standen, rückt mit der Entwicklung integrierter Informationssysteme die Strukturierung der Datenbasis in das Zentrum des Systementwurfs. Gründe dafür sind, daß bei der Konzentration auf betriebswirtschaftliche Funktionen, bei der die Daten lediglich "Zubringerfunktionen" besitzen, hohe Datenredundanzen entstanden sind, die zu Inkonsistenzen, Aktualitätsunterschieden und erhöhtem Pflegeaufwand führen (1). Werden dagegen Informationssysteme aus der Datensicht entworfen, so werden die Datenstrukturen weitgehend anwendungsunabhängig konstruiert. Dieses bedeutet, daß von einem relativ hohen Abstraktionsniveau ausgegangen werden muß. Hierbei können Ergebnisse der Betriebswirtschaftslehre, insbesondere aus der Theorie der Unternehmung, die sich mit grundlegenden betriebswirtschaftlichen Zusammenhängen beschäftigt, sinnvolle Hilfestellung geben.

Wie aus Abbildung 1 hervorgeht, unterstützen zwei Integrationsrichtungen die Datenstrukturen integrierter Informationssysteme (vgl. Abb. 1): die Weiterverwertung von Daten über Ablaufketten (horizontale Integration) und die Weiterverwertung von Daten über die Ebenen einer Informationspyramide (vertikale Integration).
Bei der Weiterverwertung von Daten über Ablaufketten werden Daten am Anfang einer Ablaufkette erfaßt und bei den weiteren Verarbeitungsvorgängen lediglich ergänzt oder korrigiert, so daß einmal erfaßte Daten nicht nochmals (redundant) eingegeben werden müssen. Diese Betrachtung ist auf die operativen Abläufe des Unternehmens konzentriert. Nachdem zunächst Abläufe innerhalb der typischen Funktionsbereiche von Unternehmungen (Beschaffung, Produktion, Absatz) betrachtet wurden, werden zunehmend auch unternehmensübergreifende Prozesse, die auch technische und betriebswirtschaftliche Ablaufverknüpfungen einbeziehen, untersucht. Hierfür ist das Konzept CIM (Computer Integrated Manufacturing) für Industriebetriebe ein anschauliches Beispiel (2).

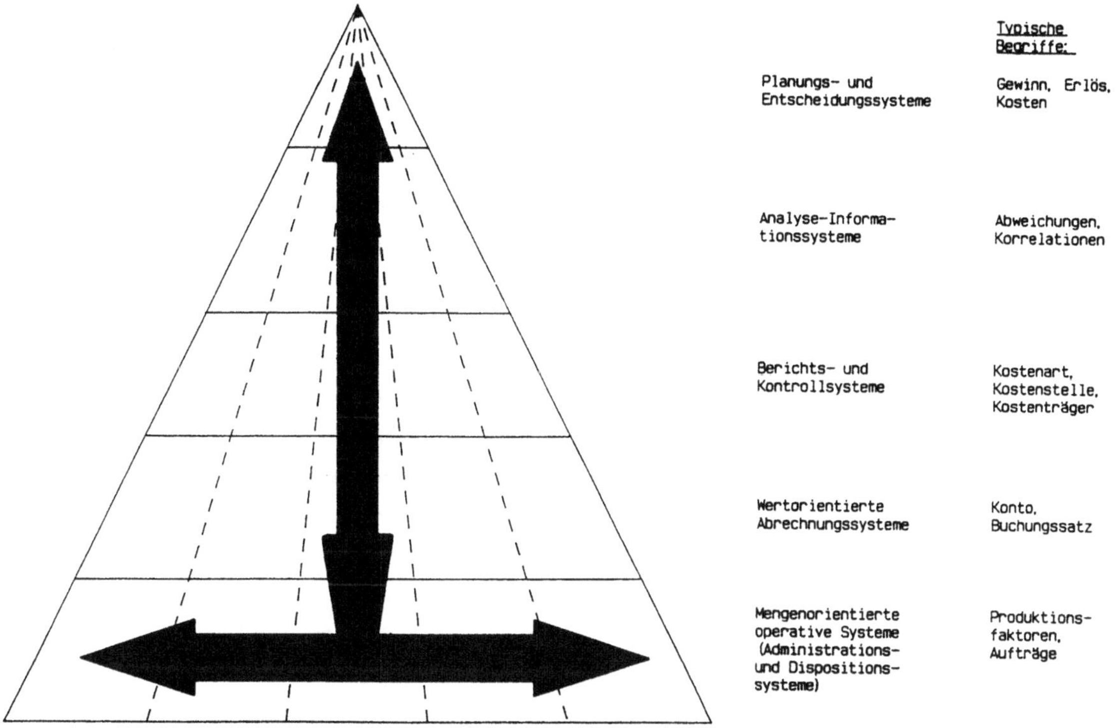

Abb. 1: Integrierte Informationssysteme: horizontale und vertikale Datenintegration

Neben dem Entwurf integrierter Datenstrukturen auf der operativen Ebene, die eine Integration über Funktionsbereiche erfordert (vgl. den waagerechten Pfeil in Abb. 1), ist auch die Weiterverwendung der Daten in auf den operativen Systemen aufbauenden Informationssystemen von Bedeutung.

Die auf den mengenorientierten Systemen aufbauenden wertorientierten Abrechnungssysteme sollen deshalb auf die Daten der operativen Systeme direkt zugreifen können. Weiterhin sollen die mengenorientierten Systeme auch solche Werte erfassen, die bereits im Zusammenhang mit den operativen Abläufen entstehen. Die gleichen Forderungen gelten auch für die Verdichtung zu Controlling-Systemen bis hin zur Planungs- und Entscheidungsunterstützung auf der Unternehmensebene (3). Dieser Integrationsgedanke wird durch den senkrechten Pfeil in Abb. 1 verdeutlicht.

In Abb. 2 ist anhand einer Vorgangskette der Beschaffung der Zusammenhang zwischen horinzotaler und vertikaler Datenintegration dargestellt. Die Vorgangskette

beginnt mit der Ermittlung des Bedarfes und führt dann über die Lieferantenauswahl zur Bestellschreibung. Die angelieferten, durch einen Lieferschein begleiteten Waren, werden einer Wareneingangsprüfung unterzogen. Nach Eingang der Rechnung wird diese mit der Bestellung und dem Wareneingang verglichen. Die Rechnungsprüfung führt zur Weiterleitung des Vorgangs an die Kreditorenbuchführung, die den Buchungssatz erstellt und die Zahlung der Rechnung veranlaßt.
Eine solche Prozeßkette kann sich über einen längeren Zeitraum (häufig mehrere Monate) hinziehen und wird, wie in Abb. 2 auf der rechten Seite angegeben, von mehreren Abteilungen bearbeitet.
Trotz der längeren Zeitspanne, der Beteiligung unterschiedlicher aufbauorganisatorischer Zuständigkeiten und der Einbeziehung unterschiedlicher Dokumente (Bestellschein, Lieferschein, Rechnung, Überweisungsträger) wird heute von fortschrittlichen EDV-Systemen der Ablauf von einer einheitlichen Datenbasis begleitet. Dem jeweiligen Sachbearbeiter stehen bei der Fallbearbeitung die Daten der vorhergehenden Funktionen am Bildschirm zur Verfügung. Der fortschreitende Datenanfall ist in Abb. 2 graphisch dargestellt. Jede Funktion kann auf die bereits vorher erfaßten Daten zurückgreifen. Sofern Abweichungen entdeckt werden, z. B. zwischen tatsächlichem Wareneingang und Bestellung, werden lediglich die zu korrigierenden Daten eingegeben. Auch die Rechnungsprüfung führt lediglich Korrekturen durch. Wenn eine hohe Übereinstimmung zwischen Bestellung, Wareneingang und Rechnungsschreibung besteht, kann die Rechnungsprüfung weitgehend automatisch durchgeführt werden.
Es zeigt sich, daß innerhalb der Ablaufkette die späteren Funktionen lediglich Korrektur- oder Bestätigungsvermerke (in Abb. 2 durch die jeweilige Datumseingabe gekennzeichnet) durchführen.
die vertikale Datenintegration wird deutlich. Bereits bei der Lieferantenauswahl wird der Bestellpreis ersichtlich. Damit stehen praktisch alle Daten für die Rechnungserstellung und sogar für die Erstellung des Kreditorenbuchungssatzes zur Verfügung. Mit Anlage der Bestellung kann somit eine "Proforma"-Rechnung einschließlich "Proforma"-Buchungssatz erstellt werden. Die Kreditorenbuchführung kann diese Datenstrukturen übernehmen, so daß auch eine Integration zwischen der operativen Bestellabwicklung und der sie begleitenden wertmäßigen Kreditorenbuchführung besteht.
Im folgenden wird gezeigt, wie Datenstrukturen konstruiert werden können, um der Forderung nach horizontaler und vertikaler Datenintegration zu genügen. Hierbei werden Ergebnisse der betriebswirtschaftlichen Theorie mit Methoden der Datenstrukturierung verbunden.

Diese Betrachtung führt zu einem Unternehmensdatenmodell (UDM), in dem die wesentlichen Objekttypen mit ihren Beziehungen erfaßt sind. Es ist Basis einer integrierten Ablaufbearbeitung und des MIS (Management-Informationssystem)-Konzepts.

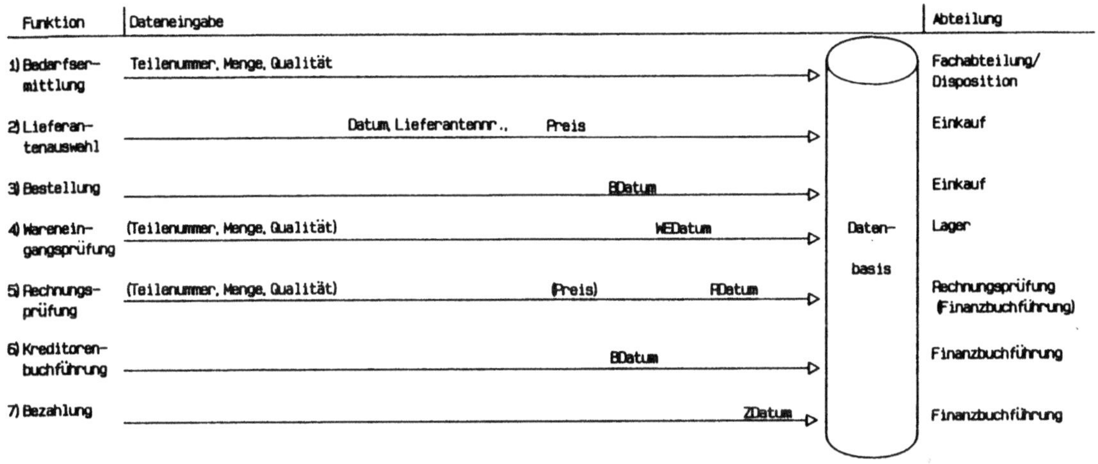

Eingeklammerte Daten werden nur bei Abweichungen von den bereits erfassten Daten eingegeben.

Abb. 2: Daten- und Vorgangsintegration am Beispiel einer Vorgangskette der Beschaffung

2 BETRIEBSWIRTSCHAFTLICHE GESAMTUNTERNEHMENSMODELLE

Neben der detaillierten Untersuchung betriebswirtschaftlicher Funktionen werden von der betriebswirtschaftlichen Theorie auch Fragen des Gesamtunternehmens analysiert. Dabei wurden für unterschiedliche Fragestellungen verschiedene Beschreibungstypen für Unternehmungen entwickelt. Ohne einen Anspruch auf Vollständigkeit zu erheben, sollen einige genannt werden:

- Das von Gutenberg entwickelte System der Produktionsfaktoren ermöglicht die Beschreibung der zur Leistungserstellung von Industriebetrieben erforderlichen Vorgänge (4).

- Das externe Rechnungswesen hat mit den Begriffen Konto und Buchungssatz eine in hohem Maße anzuerkennende Abstraktionsebene gefunden, um alle differenzierten Vorgänge in einem Unternehmen in einer einheitlichen und einfachen Beschreibungssprache abzubilden.
- Auch das interne Rechnungswesen hat mit den Begriffen Kostenart, Kostenstelle und Kostenträger eine einfache Beschreibungssprache zur Abbildung vielfältiger betriebswirtschaftlicher Prozesse entwickelt.

Der geschilderte Ablauf zeigt zunächst eine horizontale Datenintegration. Aber auch die im Rahmen des Operations Research aufgestellten Unternehmensgesamtmodelle (5) beschreiben in detaillierter Weise funktionsübergreifende Entscheidungszusammenhänge.

Die Begriffe der betriebswirtschaftlichen Beschreibungsmodelle können den Ebenen der Abb. 1 zugeordnet werden: Das Gutenberg-Modell bezieht sich auf die operative Ebene, die Finanzbuchführung auf die wertorientierte Abrechnungsebene, das Kostenrechnungsmodell auf die Controllingebene und das Unternehmensplanungsmodell auf die Ebene der Planungs- und Entscheidungssysteme.
Im folgenden wird auf Ergebnissen dieser Unternehmensmodelle aufgebaut. Das Modell von Gutenberg ist wegen seiner Prozeßnähe zur Ableitung der Datenstrukturen der operativen Ebene hilfreich. Für die Ergänzung der Datenstrukturen auf der Wertebene ist das Modell der Finanzbuchführung nützlich. Auch die Begriffswelt der Kostenrechnung und Unternehmensplanung kann mit der entwickelten Datenstruktur verbunden werden.

3 DAS "ENTITY-RELATIONSHIP MODEL" (ERM) ALS KONSTRUKTIONSMETHODE EINES UDM

Das Entity-Relationship Model (ERM) geht auf Chen (6) zurück. Es ist aufgrund seiner graphischen Darstellungsweise (ERM-Diagramme) und seiner klaren Definition eine benutzerfreundliche Kommunikationsschnittstelle zwischen betriebswirtschaftlichem Fachwissen und den Formalisierungsanforderungen computergestützter Informationssysteme.

Das ERM unterscheidet zwischen Entities, Attributen und Beziehungen.
Entities sind reale oder abstrakte Dinge, die für eine Unternehmung von Interesse sind, so z. B. Lieferanten, Werkstoffe, Aufträge. Werden Entities als Mengen betrachtet, so werden sie als Entitytypen bezeichnet, deren einzelne Ausprägungen die Entities sind. Im folgenden werden Entitytypen immer durch Großschreibung gekennzeichnet und im ERM-Diagramm durch Kästchen dargestellt (vgl. Abb. 3).
Attribute sind Eigenschaften von Entities, z. B. Lieferantennummer, Name und Anschrift von LIEFERANT. Sie werden in Blasen den Entitytypen zugeordnet. Attribute, die ein Entity eines Typs eindeutig identifizieren, werden als Schlüsselattribute bezeichnet und unterstrichen. In Abb. 3 sind dieses die Lieferantennummer für LIEFERANT und die Werkstoffnummer für WERKSTOFF.

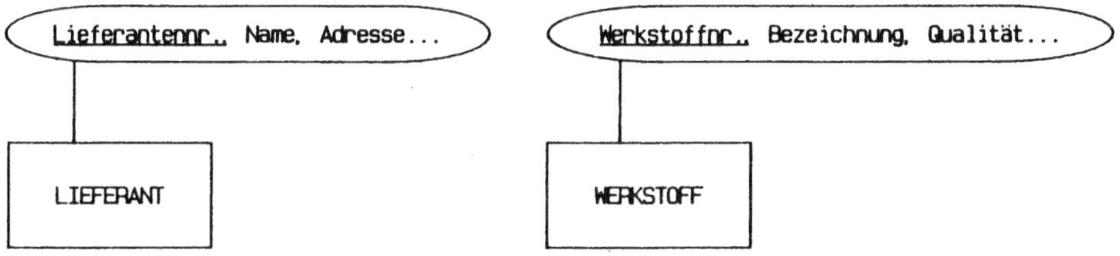

Abb. 3: Darstellung von Entitytypen und deren Attribute im ERM

Eine Beziehung ist eine logische Verknüpfung zwischen zwei oder mehreren Entitytypen. Während Entities bereits für sich existieren können, bestehen Beziehungen nur in Verbindung mit den betreffenden Entitytypen. Eine Beziehung zwischen LIEFERANT und WERKSTOFF ist die Lieferbezeichnung "welche Materialien werden von welchen Lieferanten geliefert". Werden Beziehungen auf der Mengenebene betrachtet, so heißen sie Beziehungstypen. Die Ausprägungen (Beziehungen) sind dann die einzelnen Zuordnungen.
Beziehungstypen werden im folgenden ebenfalls groß geschrieben. Sie werden graphisch durch Rauten dargestellt und mit den entsprechenden Entitytypen verbunden (vgl. Abb. 4).
Auch Beziehungstypen werden Attribute zugeordnet. Das Schlüsselattribut ist eine Kombination der Schlüsselattribute der beteiligten Entitytypen, also hier Lieferantennummer und Werkstoffnummer.

Bei der Konstruktion eines Beziehungstyps wird quasi durch Verschmelzung zweier vorhandener Begriffe (hier LIEFERANT und WERKSTOFF) ein neuer Begriff geschaffen (hier LIEFERN). Dieser Vorgang wird auch als Aggregation bezeichnet (7).

Eine Ausprägung des Beziehungstyps LIEFERN ordnet einem bestimmten Lieferanten einen bestimmten von ihm lieferbaren Werkstoff zu. Als Attribute können ihr alle Eigenschaften zugeordnet werden, die sich auf diese Verknüpfung beziehen, also z. B. die von dem betrachteten Lieferanten während einer Periode gekaufte Menge des bestimmten Werkstoffs und alle Konditionsvereinbarungen, die sich auf LIEFERANT und WERKSTOFF beziehen.
Als Anhaltspunkt zur Unterscheidung zwischen Entitytyp und Beziehungstyp gilt, daß Entitytypen in der Regel durch Substantive, Beziehungen durch Verben bezeichnet werden.

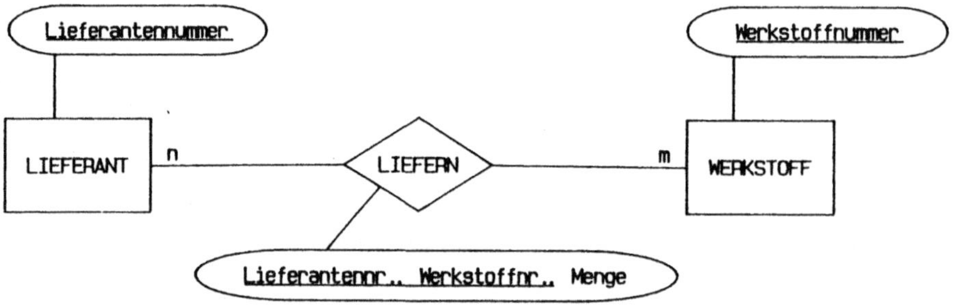

Abb. 4: Darstellung einer Beziehung im ERM

Bei den folgenden Ausführungen steht der Entwurf der Entity- und Beziehungstypen im Vordergrund. Es werden als Attribute deshalb hauptsächlich die Schlüsselattribute genannt.
Die Beziehungstypen können nach ihrem Verknüpfungsgrad charakterisiert werden (vgl. Abb. 5).
Bei einer 1:1-Beziehung wird jeder Ausprägung des ersten Entitytyps genau ein Element des zweiten Entitytyps zugeordnet und umgekehrt. Bei einer 1:n-Beziehung

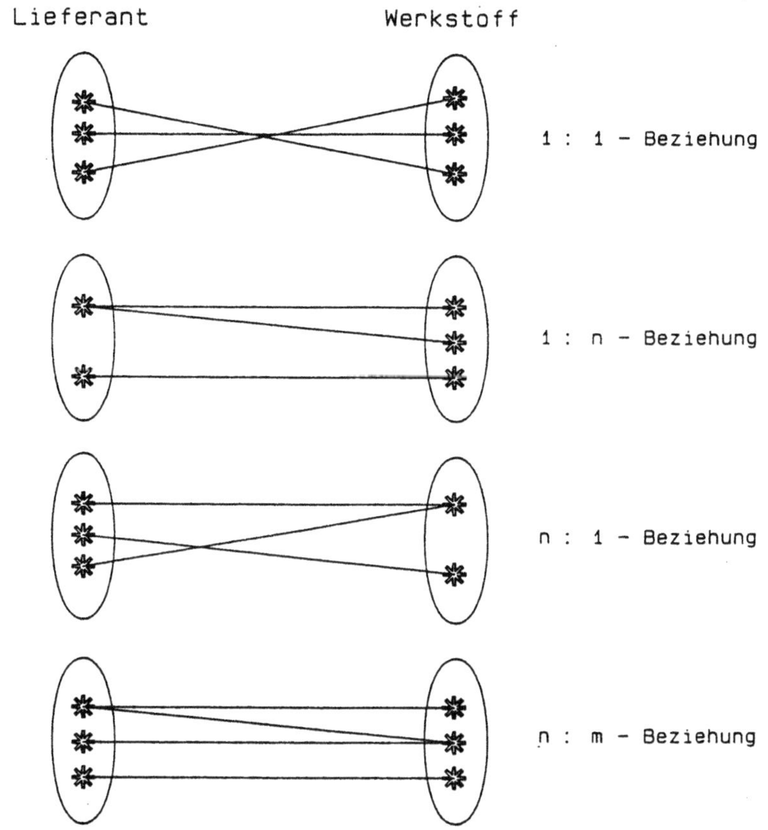

Abb. 5: Beziehungstypen zwischen Mengen

werden jedem Element der ersten Menge nElemente der zweiten Menge zugeordnet, jedem Element der zweiten Menge aber genau ein Element der ersten Menge. Die n:1-Beziehung drückt den gleichen Sachverhalt in umgekehrter Reihenfolge aus.
Bei einer n:m-Beziehung werden einem Element der ersten Menge mehrere Elemente der zweiten Menge zugeordnet und umgekehrt.

Die Komplexität des Beziehungstyps wird an die Kanten des Beziehungstyps eingetragen. Es versteht sich, daß die Beziehung LIEFERN in der Regel vom Typ n:m ist.
Eine besondere Art der 1:n-Beziehung ist die hierarchische Abhängigkeit. Sie bedeutet, daß zu jeder Ausprägung des Entitytyps, von dem die Beziehung ausgeht (übergeordneter Entitytyp), mindestens ein Element des anderen Entitytyps (untergeordneter Entitytyp) vorhanden sein muß und umgekehrt zu jedem untergeordneten Entity ein übergeordnetes existieren muß. Dieser Sachverhalt wird durch einen Doppelpfeil gekennzeichnet (vgl. Abb. 6, in der dieser Beziehungstyp zwischen einem Bestellauftrag und seinen Bestellpositionen angegeben ist).

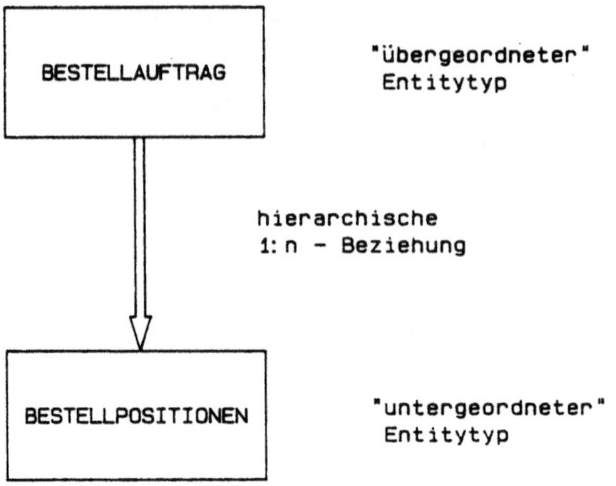

Abb. 6: Hierarchische 1:n-Beziehung

Beziehungstypen können innerhalb des Konstruktionsprozesses Ausgangspunkt neuer Beziehungstypen sein. Dazu werden sie in ihrer neuen Rolle als Entitytypen betrachtet und mit einem Kästchen umrandet (vgl. Abb. 7). Die Kanten zu dem neuen Beziehungstyp gehen von dem Kästchen aus. Damit bleibt ersichtlich, wie der Beziehungstyp entstanden ist. Im Beispiel der Abb. 7 ist LIEFERN (KONDITIONEN) als Verschmelzung von LIEFERANT und WERKSTOFF entstanden. Einer Bestellposition kann eine Konditionenvereinbarung (oder auch mehrere) zugeordnet werden und auf eine Konditionenvereinbarung können sich im Zeitablauf mehrere Bestellpositionen beziehen.
Das 1976 von Chen veröffentlichte Entity-Relationship-Modell ist auf mehreren Tagungen sowie in zahlreichen Veröffentlichungen weiterentwickelt worden (8) (9).

Im folgenden werden hauptsächlich die eingeführten Grundelemente verwendet.

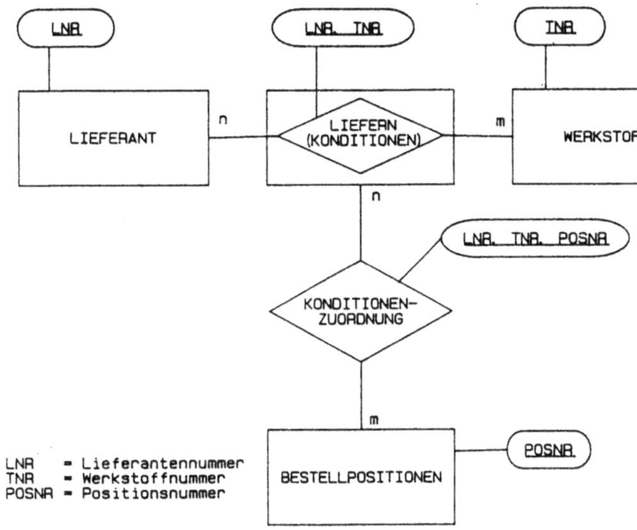

Abb. 7: Uminterpretierung eines Beziehungstyps

4 KONSTRUKTION DES OPERATIVEN UDM

Ausgangspunkt der Betrachtung von Entity- und Beziehungstypen ist die aus der Theorie der Unternehmung abgeleitete Konzeption, daß der Leistungserstellungsprozeß eines Unternehmens durch die Kombination von Produktionsfaktoren charakterisiert wird und ein Unternehmen Geschäftsbeziehungen zu Marktpartnern unterhält. In Abb. 8 ist dieser Sachverhalt durch die Entitytypen MARKTPARTNER, LEISTUNGEN und PRODUKTIONSFAKTOREN dargestellt. Der Begriff MARKTPARTNER umfaßt die Partner des Absatz- und Beschaffungsmarktes und der Begriff LEISTUNGEN die selbsterstellten und fremd bezogenen Leistungen. Später werden die Begriffe weiter spezifiziert. Die Geschäftsbeziehungen bilden einen n:m-Beziehungstyp zwischen LEISTUNGEN und der Außenwelt des Unternehmens, dargestellt durch den Entitytyp MARKTPARTNER. Eine Ausprägung der Beziehung beschreibt z. B. die ausgehandelten Konditionen zwischen einem Kunden und einem Artikel. Der Leistungserstellungsprozeß wird durch den Beziehungstyp FERTIGUNGSVORSCHRIFT beschrieben. In ihr ist erfaßt, wie eine Leistung durch Einsatz der Produktionsfaktoren Betriebsmittel, menschliche Arbeitsleistung und Werkstoff erstellt werden kann. Da eine bestimmte Leistung häufig mit unterschiedlichen Fertigungsvorschriften erzeugt werden kann, die Produktionsfaktoren ebenfalls in unterschiedliche Leistungen eingehen, ist auch dieser Beziehungstyp vom Typ n:m.

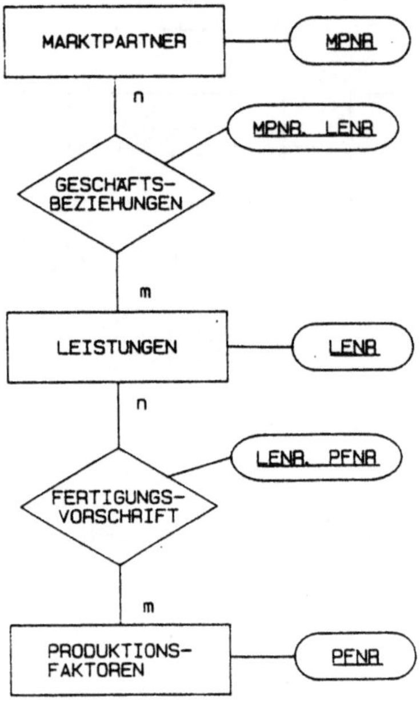

Abb. 8: Elementare Entitytypen und ihre zeitunabhängigen Beziehungen

Die dargestellte Struktur ist statisch, d. h. es werden zeitunabhängige Datenstrukturen betrachtet. Sie werden in der Computersprache auch als Stammdaten bezeichnet. Zu diesen statischen Strukturen treten Vorgänge, die sich in der Zeit vollziehen. Typische Beispiele dafür sind Aufträge von (oder an) externe Partner oder für selbsterstellte Leistungen an die eigene Fertigung. Durch Angabe des Zeitbezugs (Datum) können gleichartige (Wiederhol-)Aufträge identifiziert werden. Weiter ist ausgedrückt, daß diese Vorgänge im Gegensatz zu den statischen Daten nur bis zu ihrer Abarbeitung für die Datenhaltung von Interesse sind. Zu ihrer Darstellung wird zunächst der allgemeine Entitytyp ZEIT eingeführt (vgl. Abb. 9). EXTERNE AUFTRÄGE bilden eine Beziehung zwischen GESCHÄFTSPARTNER, LEISTUNGEN und ZEIT. In gleicher Weise sind INTERNE AUFTRÄGE als Kombination von ZEIT und zu erstellenden LEISTUNGEN zu interpretieren.

Der Begriff Leistung wurde bisher in Richtung MARKTPARTNER als absetzbare oder beschaffbare Leistung und in Richtung PRODUKTIONSFAKTOREN als eigenerstellte Leistung interpretiert.

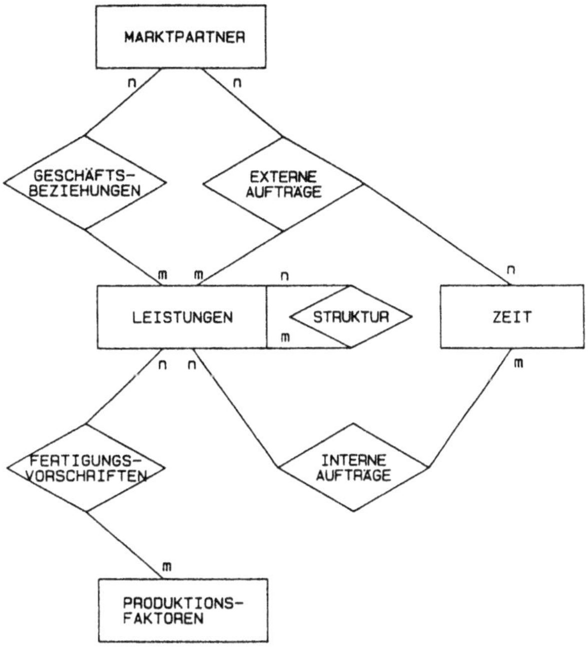

Abb. 9: Ergänzung der Abb. 8 um zeitabhängige Beziehungen

In der Regel wird eine absetzbare Leistung über mehrere Produktionsstufen aus den eingesetzten Produktionsfaktoren erzeugt. Dabei entstehen Zwischenprodukte, die gelagert und zu unterschiedlichen Enderzeugnissen weiterverarbeitet werden können. Dieser Zusammenhang kann in einem Graphen anschaulich dargestellt werden (vgl. Abb. 10). Die Vorleistung (Zwischenprodukt) B wird zu den Enderzeugnissen P1 und P2 verarbeitet und wird selbst aus den fremdbezogenen Leistungen (Werkstoffen) E1 und E2 hergestellt.

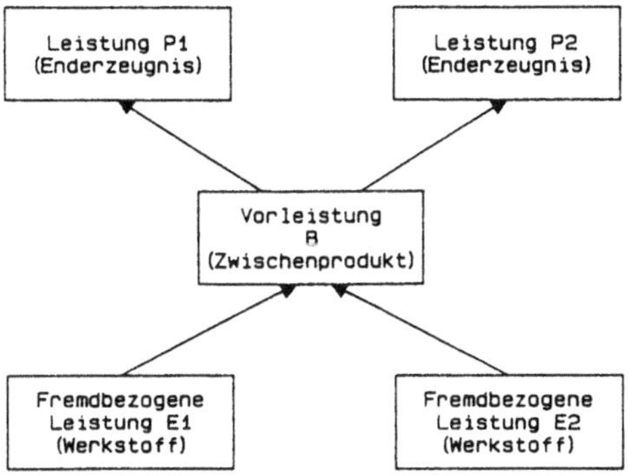

Abb. 10: Spezifizierung des Entitytyps LEISTUNG

Bei dieser weiten Fassung des Begriffs "Leistung" wird der Materialfluß durch eine n:m-Beziehung innerhalb des Entitytyps LEISTUNGEN dargestellt. Jede Leistung kann entsprechend der Materialflußrichtung in der Rolle "übergeordnet" oder "untergeordnet" gesehen werden (vgl. Abb. 11), wobei in dem Beispiel nur das Zwischenprodukt B beide Rollen annehmen kann. Das ERM-Diagramm (vgl. Abb. 12) drückt den Tatbestand durch die STRUKTUR-Beziehung aus, wobei jede Zuordnung durch Angabe der übergeordneten (OLENR) und untergeordneten Leistungsnummer (ULENR) identifiziert wird.

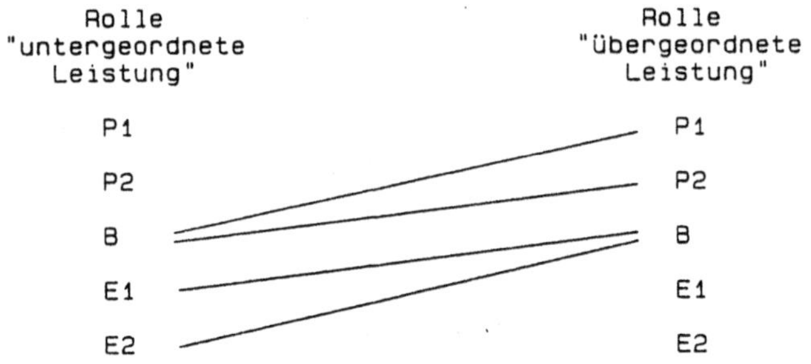

Abb. 11: Beziehung zwischen über- und untergeordneten Leistungen

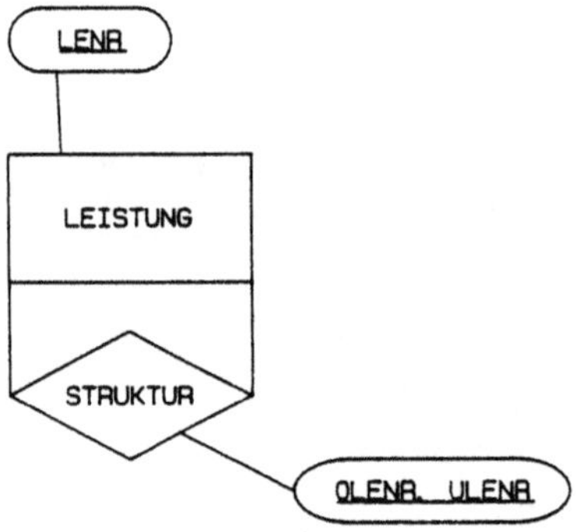

Abb. 12: m:n-Beziehung innerhalb des Entitytyps LEISTUNG

Da in dem Begriff der LEISTUNGEN auch die fremdbezogenen Leistungen in Form von Werkstoffen (Materialien, fremdbezogene Baugruppen) erfaßt sind, ist der Begriff MARKTPARTNER auf Kunden und Lieferanten sowie der Begriff EXTERNE AUFTRÄGE auf Kunden- und Bestellaufträge bezogen.
Da Abb. 9 die Leistungsverflechtung bereits enthält, gibt sie in sehr allgemeiner Form die Datenstruktur einer Unternehmung wieder.

In den nächsten Schritten wird sie verfeinert, indem eingeführte Begriffe in feinere Begriffe aufgespalten werden. Dieser Vorgang wird als Spezialisierung bezeichnet.

Der Entitytyp GESCHÄFTSPARTNER wird dazu in die Teilbegriffe KUNDEN und LIEFERANTEN aufgespalten. Ebenso werden die PRODUKTIONSFAKTOREN in WERKSTOFF, BETRIEBSMITTEL und MITARBEITER geteilt. Graphisch wird dieses zum Ausdruck gebracht, indem in Abb. 13 eine sogenannte "is-a"-Beziehung eingeführt wird, die die Spezialisierung eines allgemeinen Begriffs in Teilbegriffe kennzeichnet. Gleichzeitig werden die LEISTUNGEN in ABSETZBARE LEISTUNGEN, FREMDBEZOGENE LEISTUNGEN und EIGENERSTELLTE LEISTUNGEN gespalten. Während der Entitytyp FREMDBEZOGENE LEISTUNGEN aus Sicht der LEISTUNGEN eine Spezialisierung ist, da hier nur die Materialien und Baugruppen (Werkstoffe) erfaßt sind, ist er eine Generalisierung in bezug auf die Produktionsfaktoren WERKSTOFF und BETRIEBSMITTEL, da BETRIEBSMITTEL nicht in der Stückliste geführt werden, aber ebenfalls fremdbezogene Leistungen und damit z.B. Gegenstand von Beschaffungsaufträgen sind.
Auf die Angabe von Attributen wird aus Gründen der Übersichtlichkeit in Abb. 13 verzichtet.

Aus dieser Spezialisierung der Entitytypen folgen auch differenziertere Beziehungstypen. Während in Abb. 9 EXTERNE AUFTRÄGE noch Beschaffungs- und Verkaufsaufträge umfaßten, werden diese nun als selbständige Beziehungen eingeführt. Entsprechend beziehen sich die GESCHÄFTSBEZIEHUNGEN zwischen LIEFERANTEN und FREMDBEZOGENEN LEISTUNGEN auf Konditionen, die von Lieferanten eingeräumt werden, während in den GESCHÄFTSBEZIEHUNGEN zwischen KUNDEN und ABSETZBAREN LEISTUNGEN Daten mit Kundenbezug erfaßt werden.
Der Vorgang der Spezialisierung hat weitreichende Bedeutung für den Entwurf von Informationssystemen. Mit der Aufspaltung von GESCHÄFTSPARTNER in LIEFERANTEN und KUNDEN entstehen aus einem vorher einheitlichen Anwendungsgebiet, nämlich der Abwicklung von externen Aufträgen mit noch unspezifizierten Partnern die zwei getrennten Anwendungsgebiete "Beschaffung" und "Vertrieb".
Die spiegelbildlichen Datenstrukturen der beiden Bereiche machen aber noch ihre enge Verwandtschaft deutlich.

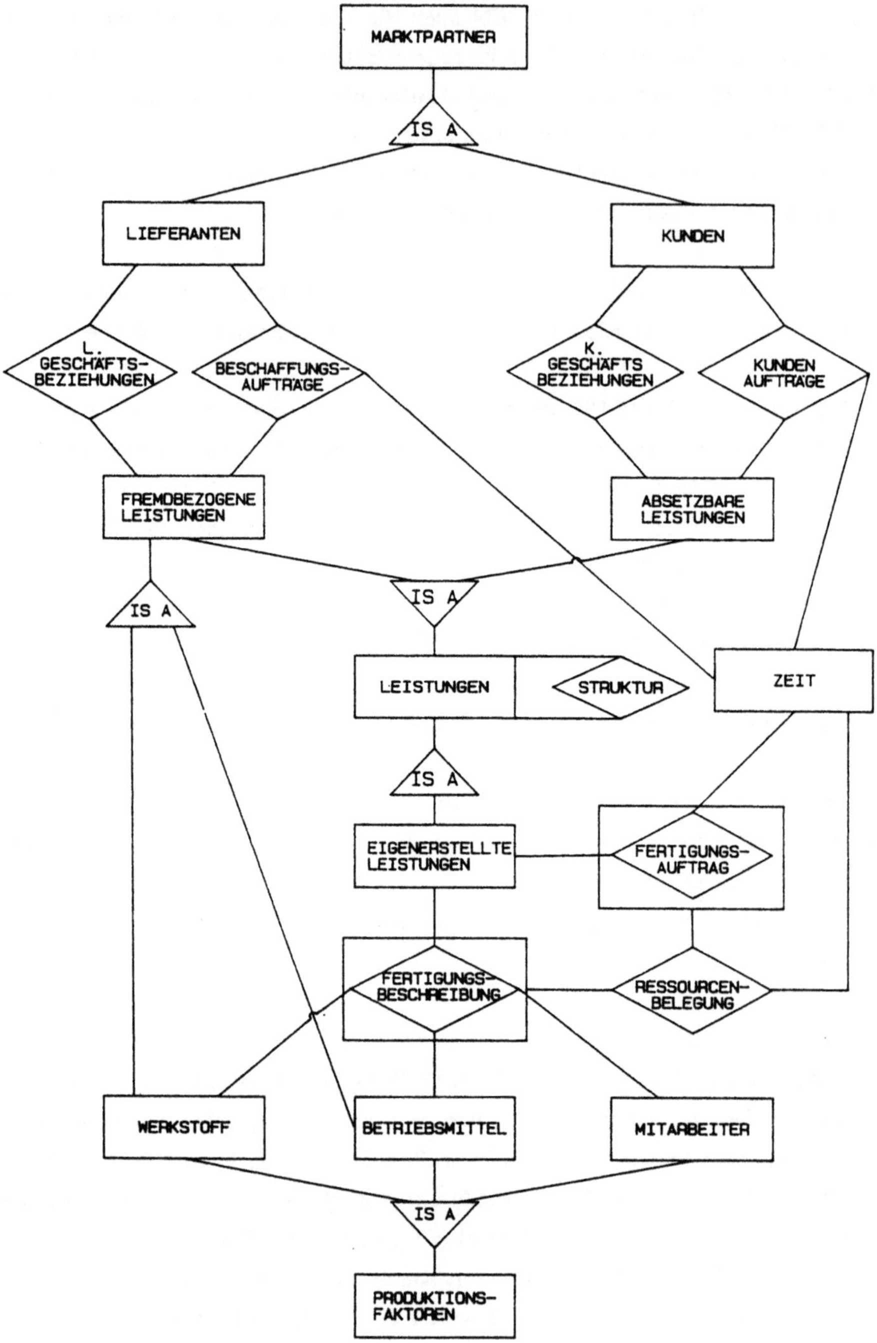

Abb. 13: Anwendung der Operation "Spezialisierung" zur Differenzierung der Datenstruktur aus Abb. 9

Eine zu frühe Spezialisierung von Begriffen führt demnach zu einer Aufsplitterung von Informationssystemen. Während man bei Betrachtung der Abb. 9 die Verarbeitung von externen Aufträgen noch mit **einem** Anwendungssoftwaresystem lösen könnte, liegt es bei der Abb. 13 nahe, zwei getrennte Anwendungssysteme für Beschaffung und Vertrieb zu entwickeln.

Der untere Teil in Abb. 13 bildet die Leistungserstellung ab. Die FERTIGUNGSBESCHREIBUNG beinhaltet die Informationen, wie eigenerstellte Leistungen durch WERKSTOFFE, BETRIEBSMITTEL und MITARBEITER erstellt werden. FERTIGUNGSAUFTRÄGE sind Bewegungsdaten und sind deshalb mit dem Entitytyp ZEIT verbunden. Ein Fertigungsauftrag enthält somit als wichtige Daten die zu erstellende Leistung (ausgedrückt z. B. durch eine Teilenummer), das Fertigstellungsdatum und die herzustellende Menge. Wird der Auftrag auf den Ressourcen eingeplant, so führt dieses zu einer Beziehung zwischen dem AUFTRAG und der zugeordneten FERTIGUNGSBESCHREIBUNG. Diese Beziehung wird als RESSOURCENBELEGUNG bezeichnet. Um diesen Vorgang durchzuführen, wird vorher der Fertigungsauftrag in einen Entitytyp "uminterpretiert". Er ist zwar als Beziehungstyp konstruiert worden, bezüglich der Einführung der Beziehung RESSOURCENBELEGUNG besitzt er aber nun den Charakter eines Entitytyps. Graphisch wird diese Unterscheidung dadurch sichtbar, daß bei Einführung von FERTIGUNGSAUFTRAG die Kanten an die Raute geführt werden, während die Kanten zur Beziehung RESSOURCENBELEGUNG von den Kanten des Kästchens ausgehen.

Auch das Unternehmensdatenmodell der Abb. 13 befindet sich noch auf einem hohen Abstraktionsgrad. Durch fortlaufende Spezialisierung der Begriffe muß es deshalb für praktische Zwecke weiter verfeinert werden. Dieses ist bei Scheer (vgl. hierzu Scheer, Wirtschaftsinformatik 1988) für einen Industriebetrieb durchgeführt worden. Das dort dargestellte Unternehmensdatenmodell umfaßt rund 300 Entity- und Beziehungstypen aus den operativen Bereichen Produktion, Beschaffung, Vertrieb, Personal und Technik. Eine Vorstellung von dem Detaillierungsgrad des Modells zeigt Abb. 14, in der ein Ausschnitt des Beschaffungsbereichs dargestellt ist. Es handelt sich somit um eine weitere Spezialisierung der in Abb. 13 mit den Entity- und Beziehungstypen LIEFERANTEN, L'GESCHÄFTSBEZIEHUNGEN, BESCHAFFUNGS-AUFTRÄGE und FREMDBEZOGENE LEISTUNGEN dargestellten Zusammenhänge.

Neben der Stammdatenverwaltung von Lieferanten, Lieferantenkonditionen, fremdbezogene Leistungen und Bestellauftragstypen ist die Bestellauftragsabwicklung von der Angebotseinholung über die Bestellauftragserteilung und den Wareneingang dargestellt. Die Liefer- und Prüfpläne sind als Spezialisierungen der Konditionen angegeben.

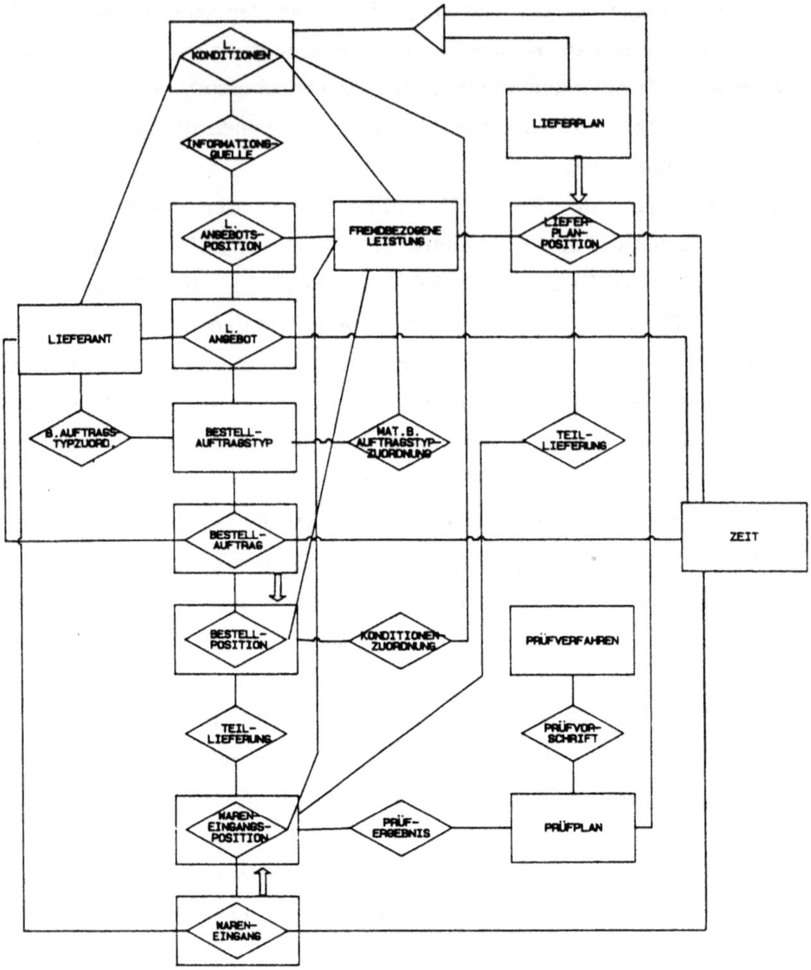

Abb. 14: ERM: Bestellung und Wareneingang

5 VERKNÜPFUNG DES OPERATIVEN UDM MIT DEN WERTORIENTIERTEN INFORMATIONSSYSTEMEN

Wie bei der Beschreibung der Abb. 1 bereits behandelt wurde, werden die mengenorientierten Administrations- und Dispositionssysteme von wertmäßigen Abrechnungssystemen begleitet. Vielfach geht ein mengenorientierter Ablauf direkt in einen wertorientierten Ablauf über, wie dieses bei der Beschreibung der Ablaufkette einer Bestellabwicklung in Abb. 2 bereits deutlich wurde. Dieser Zusammenhang wird auch von einem Unternehmensdatenmodell hergestellt, indem

Daten der operativen Ebene direkt in die Ebene der wertorientierten Informationssysteme weitergeleitet werden. In Abb. 15 ist der Zusammenhang für die Fortsetzung der in Abb. 14 eingeführten Bestellabwicklung angegeben. Sie beginnt mit dem Erhalt der Rechnung. Die Lieferantenrechnung (L'RECHNUNG) ist eine Beziehung zwischen den Entitytypen LIEFERANT und ZEIT. Ihr sind die einzelnen Lieferantenrechnungspositionen hierarchisch zugeordnet, die aber zunächst als Beziehung zwischen LIEFERANTENRECHNUNG und FREMDBEZOGENE LEISTUNGEN konstruiert werden. Durch Zuordnung der LIEFERANTENRECHNUNGSPOSITIONEN zu den bereits vorhandenen BESTELLPOSITIONEN kann direkt auf die Bestelldaten zugegriffen werden. Das gleiche gilt durch die Zuordnung der bereits angelegten WARENEINGANGSPOSITION zur L'RECHNUNGSPOSITION. Obwohl somit noch getrennte Begriffe für Bestell-, Wareneingangs- und Rechnungsposition bestehen, handelt es sich doch überwiegend um die gleichen Daten. Durch Wahl eines übergeordneten Begriffs hätten die drei Begriffe sogar vereinheitlicht werden können, wobei ihr unterschiedlicher Charakter jeweils durch eine Statusangabe gekennzeichnet worden wäre.
Der Übergang von der Rechnung in die Sphäre der Kreditorenbuchführung wird durch den Begriff "Beleg" verdeutlicht. Dabei wird jeder Rechnung ein Beleg zugeordnet. Auch hierfür brauchen keine neuen Daten angelegt zu werden, sondern es wird lediglich eine Verknüpfung zu den Daten der operativen Ebene hergestellt. Einem Beleg werden im Rahmen der Kreditorenbuchführung die Buchungsvorgänge zugeordnet, die jeweils mit den betreffenden Konten verbunden werden. Hierbei können aus einem Buchungsbeleg mehrere konkrete Buchungen, die unterschiedliche Konten berühren, resultieren. Beispielsweise wird in der Regel mit dem Buchungssatz "Wareneingang an Verbindlichkeiten" die Konten des Kreditors, des betreffenden Materials und das Mehrwertsteuerkonto berührt. Der Entitytyp KREDITORENKONTO ist über eine Zuordnungsbeziehung mit dem Entitytyp LIEFERANT verbunden. Ein Lieferant kann mehrere Kreditorenkonten besitzen; umgekehrt können über ein Kreditorenkonto auch mehrere Lieferanten (die z.B. zu dem gleichen Konzern gehören, für das ein Kreditorenkonto eingerichtet wurde) abgewickelt werden.

Nach der Rechnungsprüfung und der Kreditorenbuchführung wird die Zahlung veranlaßt. Einem Zahlungsvorgang können mehrere Zahlungspositionen zugeordnet werden. Jede Zahlung führt im Rahmen der Finanzbuchführung wiederum zu einem Beleg. Die Beleg-Zahlungspositionen werden über einen Zahlungsausgleich mit den offenen Rechnungen verbunden.

Das Beispiel der Abb. 15 zeigt die Verbindung zwischen dem operativen Ablauf eines Bestellvorgangs mit seiner wertmäßigen Abrechnung. Dieser Zusammenhang wird im folgenden verallgemeinert, indem generell die Verbindung zwischen operativen Systemen und der Finanzbuchführung durch Datenstrukturen charakterisiert wird.

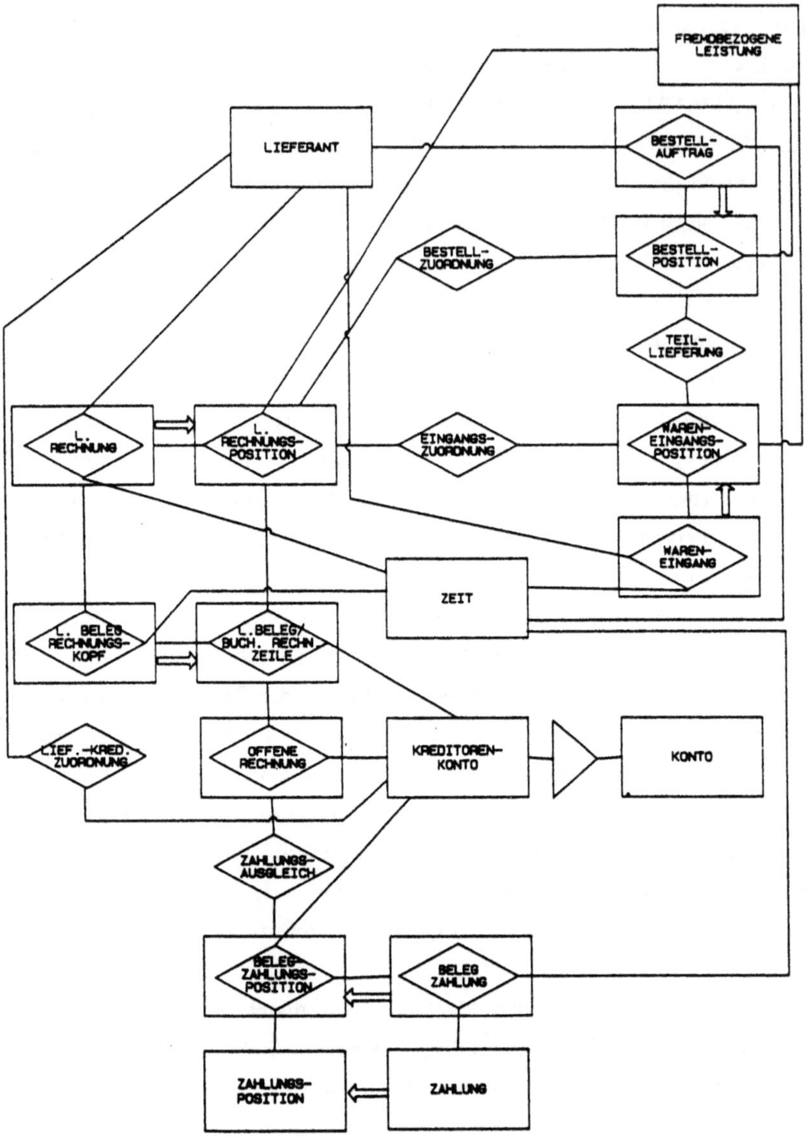

Abb. 15: ERM zur Kreditorenbuchführung

Die Finanzbuchführung (hier als Sammelbegriff auch für alle sogenannten Nebenbuchführungen verwendet) zeichnet die Geschäftsvorfälle einer Unternehmung in wertmäßiger Form auf. Hierzu benutzt sie als Datenstruktur den Entitytyp KONTO mit den verbundenen Buchungen. Durch Einführung des Begriffs KONTO wird eine hohe Abstraktion der einzelnen unterschiedlichen Geschäftsvorfallarten erreicht. In Abb. 16 ist dieser Prozeß durch die Verwendung der Generalisierungsoperationen dargestellt.

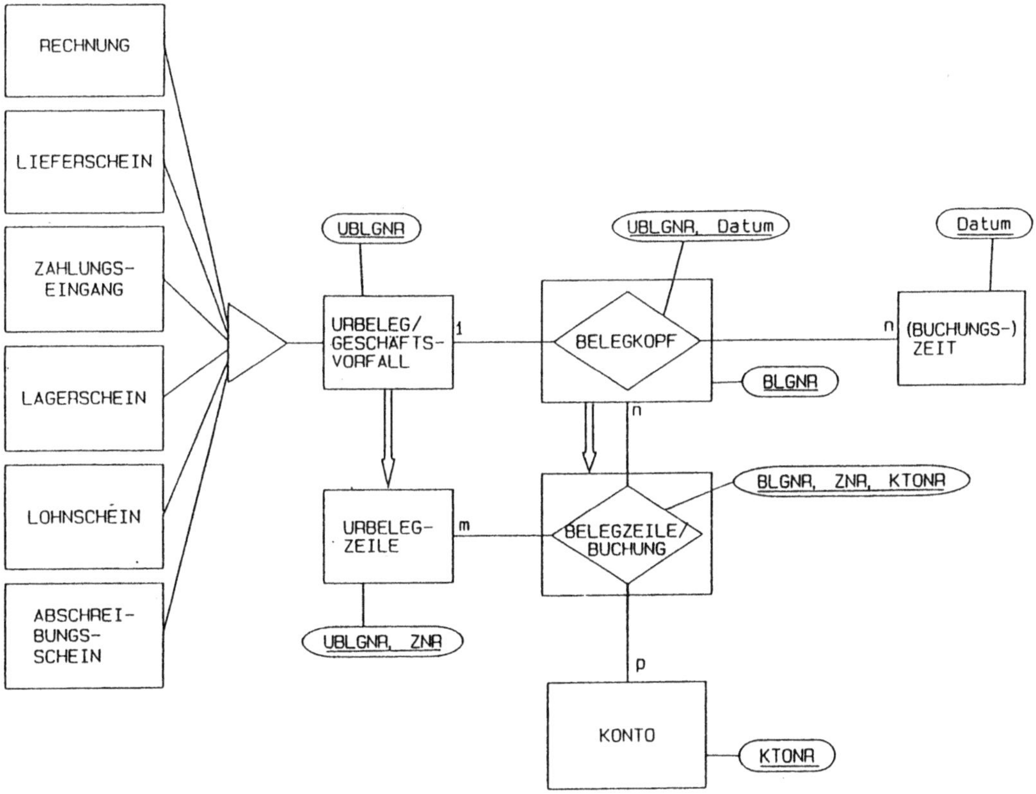

Abb. 16: ERM zur Belegdatenstruktur

Die auf der linken Seite angeführten Entitytypen stellen Datenelemente aus den operativen Systemen dar, die jeweils Geschäftsvorfälle charakterisieren. Jeder Geschäftsvorfall wird durch einen URBELEG charakterisiert, der zunächst eine sogenannte Kopfinformation enthält. Mit ihm sind einzelne URBELEGZEILEN verbunden, die die einzelnen zu dem Vorfall gehörenden Daten aufnehmen. Als Beispiel ist hierfür eine Rechnung zu sehen, die zunächst aus dem Rechnungskopf sowie den

einzelnen Rechnungspositionen besteht. Der Doppelpfeil zwischen URBELEG und URBELEGZEILE soll wiederum die hierarchische 1:n-Beziehung ausdrücken, die besagt, daß die Kopfinformation jeweils mindestens eine Zeilenposition voraussetzt und umgekehrt. Mit diesem ersten Generalisierungsschritt werden die vielfältigen Geschäftsvorfälle auf ein einheitliches "Format" zurückgeführt.
Im nächsten Schritt vollzieht sich der Übergang in die Sphäre der Finanzbuchführung, indem der eingeführte Begriff KONTO mit den Geschäftsvorfällen verbunden wird. Jeder Geschäftsvorfall wird in einem Standardbeleg repräsentiert. Der BELEGKOPF ist eine Beziehung zwischen dem konkreten GESCHÄFTSVORFALL und der BUCHUNGSZEIT. Mit dem BELEGKOPF sind einzelne BELEGZEILEN verbunden, die jeweils eine Buchung charakterisieren. Entsprechend wird die Belegzeile mit dem KONTO und der URBELEGZEILE, die die Buchung hervorruft, verbunden. Dabei kann eine Urbelegzeile (z. B. eine Rechnungsposition) mehrere Buchungszeilen erzeugen, indem z. B. eine Rechnungsposition zu Buchungen in der Kreditorenbuchführung und zu Ausgleichsbuchungen innerhalb der Sachkonten der Materialwirtschaft führt. Analog zur hierarchischen Urbelegzeile wird auch zwischen BELEGKOPF und BELEGZEILE eine hierarchische Beziehung angesetzt.

Sind die als Urbelege bezeichneten Vorgänge bereits in dem Unternehmensmodell erfaßt, so können die Belege entweder weitgehend automatisch erzeugt werden, oder sie besitzen lediglich eine virtuelle Funktion, indem direkt von der übergeordneten Schicht der Informationspyramide auf die untergeordnete Datenebene durchgegriffen wird.
Dieser Zusammenhang ist in Abb. 17 dargestellt, indem auf der untersten Ebene ein Ausschnitt der operativen Datenstruktur angegeben wird, in der nächsten Ebene ein Ausschnitt der Finanzbuchführung und übergelagert ein Ausschnitt der Datenstruktur der Kostenrechnung bzw. des Controllings. Beispielsweise ist dargestellt, daß der Begriff KOSTENTRÄGER der Kostenrechnung eine Verallgemeinerung der auf der operativen Ebene eingeführten Begriffe LIEFERANT, KUNDE, TEIL und FERTIGUNGSAUFTRAG ist. Auch der eingeführte Zusammenhang zwischen URBELEG bzw. URBELEGPOSITION und den Begriffen der operativen Ebene ist durch is-a-Beziehungen angedeutet.

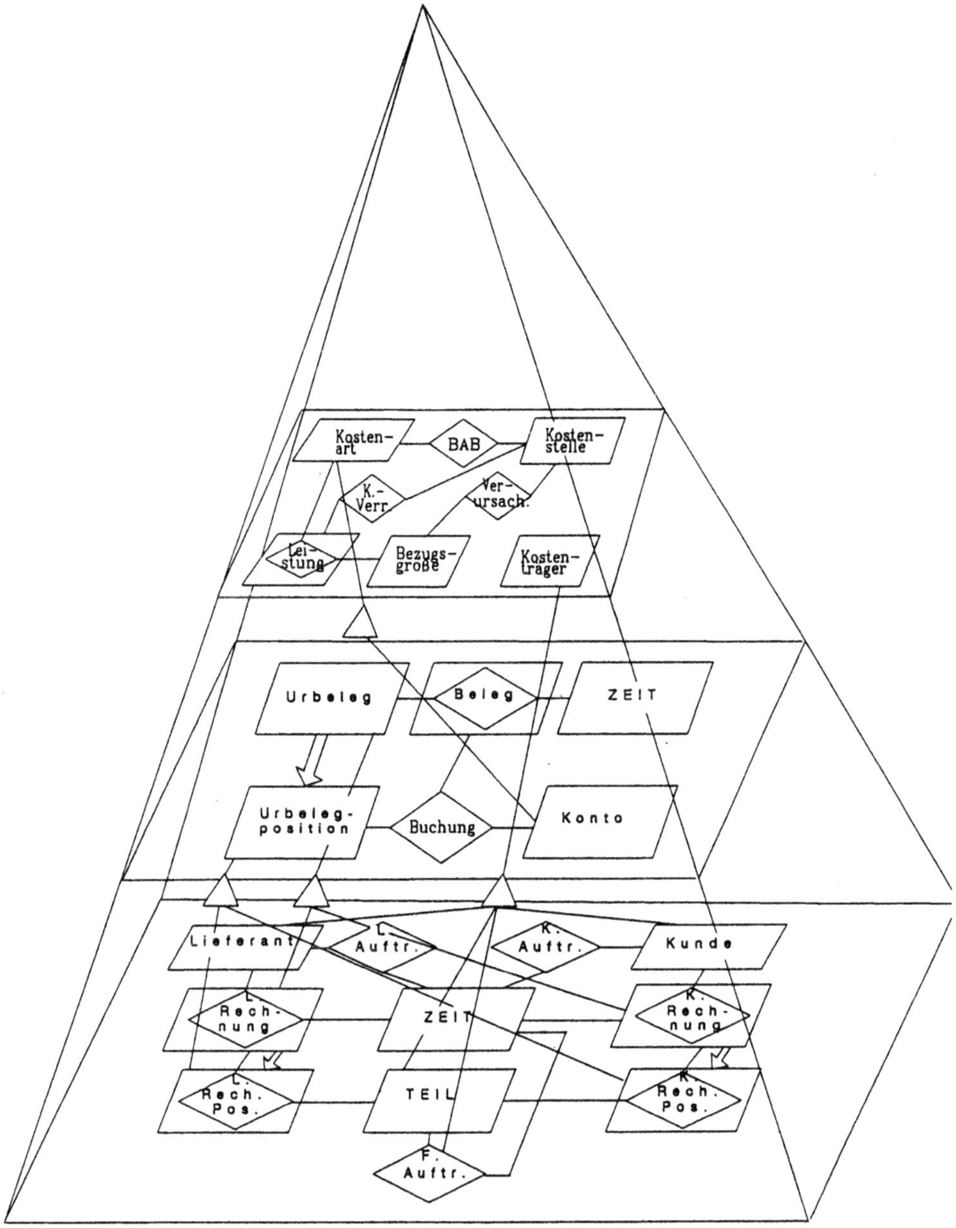

Abb. 17: Beispiel für die Weiterverwendung von Datenstrukturen der operativen Ebene

6 EINBETTUNG DES UDM IN DEN ENTWURFSPROZEß EINES INFORMATIONS-SYSTEMS

Der Entwurf eines Unternehmensdatenmodells ist ein relativ aufwendiger Prozeß. Zunächst muß festgelegt werden, welcher Detaillierungsgrad für das Modell erforderlich ist. Dabei muß darauf geachtet werden, daß dieser Detaillierungsgrad einheitlich über alle Anwendungsebenen hinweg aufrechterhalten wird. Der Entwurf erfordert funktionsübergreifendes Wissen und Wissen über die vertikale Weiterverwendung von Daten bis hin zur Unternehmenssteuerung (vgl. Abb. 18).

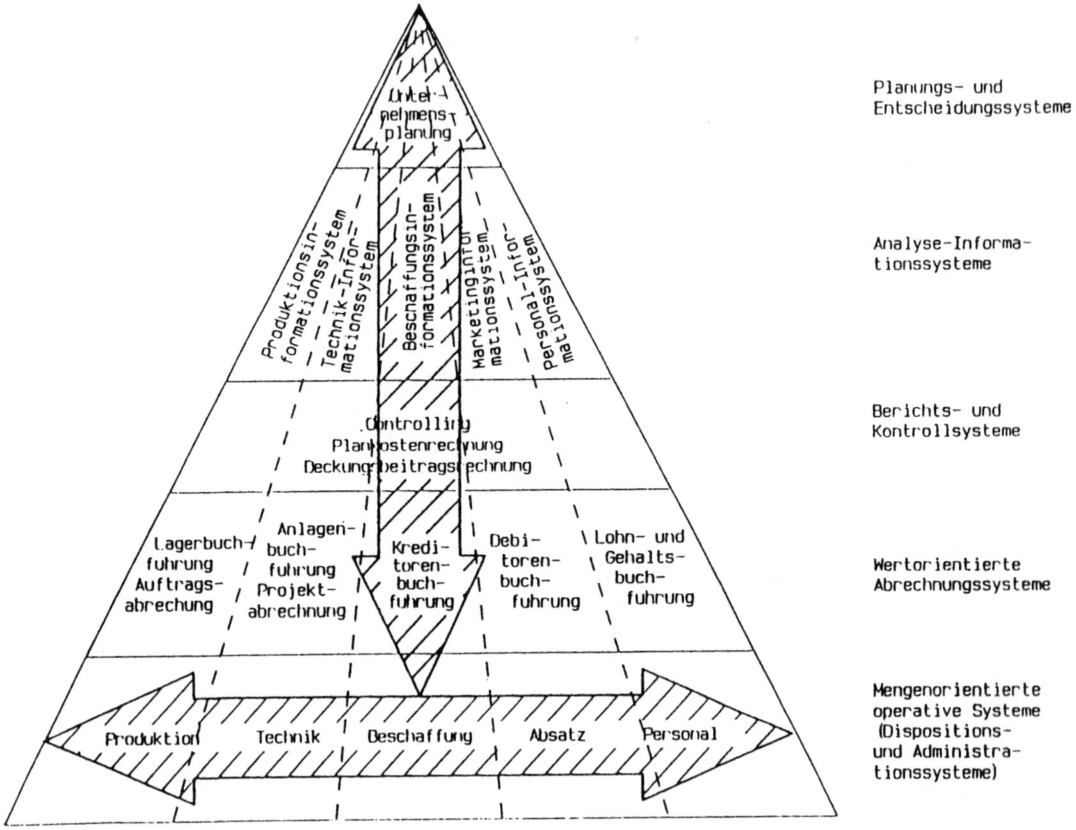

Abb. 18: Integrierte Informationssysteme

Ein bereits vorliegendes Muster eines Unternehmensdatenmodells (10) kann deshalb als Ausgangspunkt für eine konkrete, auf die Branche und Unternehmensspezifika ausgerichtete Konstruktion dienen.
Das UDM ist ein wichtiger erster Schritt zum Aufbau eines unternehmensweiten Informationssystems.
Der Entwurf der sachlogischen Datenstrukturen bildet die Schnittstelle zwischen dem Fachwissen und einer erforderlichen Formalisierung zur informationstechnischen Weiterverarbeitung.
Im zweiten Schritt werden die entworfenen sachlogischen Datenstrukturen in die formalen Anforderungen eines Datenmodells umgesetzt (vgl. Abb. 19 aus Wedekind, Datenbanksysteme I 1981 (11)). Datenmodelle sind dabei formalisierte Hilfsmittel zur Beschreibung von Datenstrukturen, wobei bestimmten Sichtweisen auf Daten gefolgt wird. Das Netzwerkmodell besitzt beispielsweise eine enge Verbindung zwischen der physischen Implementierung und der logischen Beschreibung der Datenstrukturen, während das Relationenmodell eine implementierungsunabhängige mathematische Abbildung von Datenstrukturen erlaubt (10) (11).

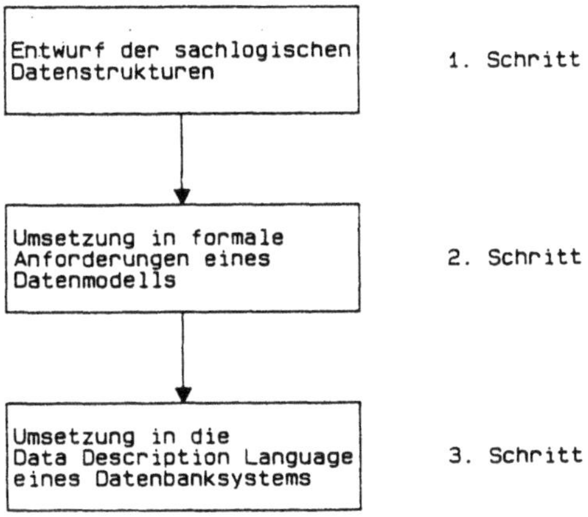

Abb. 19: Formalisierung eines realen Problems

Auf den Datenmodellen basieren konkrete Datenbankverwaltungssysteme, die mit der sogenannten Data Description Language eine Beschreibungsmöglichkeit der Datenstrukturen bereitstellt, so daß das Datenbanksystem diese Beschreibungen zur konkreten Verwaltung der Daten einsetzen kann.

Wie generell vom Entwurf von Informationssystemen bekannt ist, ist der erste Schritt, d.h. die Schnittstellen zwischen dem Anwendungswissen und dem ersten Ansatz zur Formalisierung für den Erfolg eines Informationssystems am wichtigsten. Fehler, die hier gemacht werden, haben unverhältnismäßig hohe Auswirkungen gegenüber späteren Fehlern in einer detaillierteren Entwurfsphase. Dieses gilt auch für den Entwurf der Datenstrukturen.

Literatur:

(1) Vgl. Scheer, A.-W.:
EDV-orientierte Betriebswirtschaftslehre, 3. Auflage, Berlin et al. 1987, S. 41 ff.

(2) Vgl. Scheer, A.-W.:
CIM (Computer Integrated Manufacturing) - Der computergesteuerte Industriebetrieb, 3. Auflage, Berlin et al. 1988.

(3) Vgl. Mertens, P.; Griese, J.:
Industrielle Datenverarbeitung, Bd. 2: Informations- und Planungssysteme, 5. Auflage, Wiesbaden 1986, S. 15.

(4) Vgl. Gutenberg, E.:
Grundlagen der Betriebswirtschaftslehre, Bd. 1: Die Produktion, 24. Auflage, Berlin et al. 1983.

(5) Vgl. Rosenkranz, F.:
Stand und Perspektiven der modell- und computergestützten Unternehmensplanung (und die dort angeführte Literatur), in: Kilger, W.; Scheer, A.-W. (Hrsg.), Investitions- und Finanzplanung im Wechsel der Konjunktur, 2. Saarbrücker Arbeitstagung, Würzburg-Wien 1981.

(6) Vgl. Chen, P. P.:
The Entity-Relationship Model: Towards a Unified View of Data, in: ACM Transactions on Database-Systems, Vol. 1 (1976), No. 1, S. 9 - 36.

(7) Vgl. Smith, J. M.; Smith D. C.:
Databases Abstractions: Aggregation, in: Communications of the ACM, 2 (1977), 6, S. 405 - 413, und
Databases Abstractions: Aggregation and Generalization, in: ACM Transactions on Database Systems, 2 (1977), 2, S. 105 - 133.

(8) Vgl. Chen, P. P.: (Hrsg.):
Entity-Relationship Approach to Information Modelling and Analysis, Proceedings of the 2nd International Conference on Entity-Relationship Approach (1981), Amsterdam-New York-Oxford 1983.

(9) Vgl. Davis, C. G.; Jajodia, S.; Ng, P. A.; Yeh, R. T. (Hrsg.):
Entity-Relationship Approach to Software Engineering, Proceedings of the 3rd International Conference on Entity-Relationship Approach (1983), Amsterdam-New York-Oxford 1983.

(10) Vgl. Scheer, A.-W.:
Wirtschaftsinformatik - Informationssysteme im Industriebetrieb, Berlin et al. 1988.

(11) Vgl. Wedekind, H.:
Datenbanksysteme I (Eine konstruktive Einführung in die Datenverarbeitung in Wirtschaft und Verwaltung), 2. Auflage, Mannheim et al. 1981.

Change-Management für die Kostenrechnung - Zur Notwendigkeit des beständigen Wandels der Kostenrechnung

Prof. Dr. J. Weber, Lehrstuhl für Betriebswirtschaftslehre, insb. Rechnungswesen / Controlling, Wissenschaftliche Hochschule für Unternehmensführung, Koblenz

Gliederung:

1 Einführung

2 Gründe für die Veränderungsnotwendigkeit der Kostenrechnung

2.1 Hohe Kosten der Kostenrechnung
2.2 Angebotsorientierung der Kostenrechnung
2.3 Aussagegrenzen der Kostenrechnung
2.4 Mangelnde Transparenz der Kostenrechnung
2.5 Durchdringungsdefizite der Kostenrechnung
2.6 Konsequenzen

3 Wichtige Kontextfaktoren der Kostenrechnung

3.1 Wettbewerbsstrategie des Unternehmens
3.2 Beeinflußbarkeit von Kosten
3.2.1 Beeinflußbarkeit der Kosten im "normalen" Betriebsablauf
3.2.2 Festlegung der Kosten durch langfristig wirksame Investitionsentscheidungen
3.3 Datenverarbeitung
3.4 Adressaten der Kostenrechnungsinformationen
3.4.1 Interne Adressaten
3.4.2 Externe Adressaten

4 Zusammenfassung: Permanenter Änderungsbedarf der Kostenrechnung

10. Saarbrücker Arbeitstagung 1989
Rechnungswesen und EDV
hrsg. v. A.-W. Scheer

1 EINFÜHRUNG

Kostenrechnung nimmt in der akademischen Forschung und Lehre in den letzten Jahren einen nahezu unveränderten Platz ein. Die Begeisterung der 50er Jahre mit ihren diversen Neuentwicklungen (Plankostenrechnung, Fixkostendeckungsrechnung, Einzelkosten- und Deckungsbeitragsrechnung) ist verflogen, Anstöße zur Weiterentwicklung - wie z.B. durch die Einbeziehung von Unsicherheit, die Dynamisierung der Kostenrechnung oder die Ausdehnung des Erfahrungsobjekts der Kostenrechnung auf Verwaltungs- und Logistikprozesse - sind rar und/oder derzeit noch in den Anfängen verhaftet, und auch die rasante Entwicklung der Kostenrechnungssoftware hat am grundsätzlichen Aufbau und an der Ausgestaltung des Kostenrechnungskonzepts kaum etwas geändert, hat sich oftmals im Kern auf das Abprogrammieren tradierter (manueller) Lösungen beschränkt. Die Kennzeichnung vieler neuerer Kostenrechnungsbücher mit dem Zusatz "moderne Verfahren" kann nicht über den weitgehenden Stillstand der Kostenrechnungsentwicklung hinwegtäuschen.

In der Praxis ergibt sich dagegen ein abweichendes Bild: Man kann eine deutliche Entwicklung ausmachen, die gegen die Kostenrechnung gerichtet ist; es besteht eine zunehmende Skepsis der Kostenrechnung gegenüber, die bis hin zu offen artikulierter Unzufriedenheit reicht. In Amerika z.B. ist bildhaft vom "Fall" der Kostenrechnung die Rede[1]. Einige der wichtigsten Gründe für die wachsende Distanzierung zu dem lange Zeit für die Wettbewerbsfähigkeit von Unternehmen als zentral bedeutsam eingeschätzten Informationsinstrument seien im folgenden genannt.

2 GRÜNDE FÜR DIE VERÄNDERUNGSNOTWENDIGKEIT DER KOSTENRECHNUNG

2.1 HOHE KOSTEN DER KOSTENRECHNUNG

Im Streben nach immer besserer Aussagefähigkeit für die unterschiedlichsten Rechnungszwecke ist die Kostenrechnung in den größeren Unternehmen immer komplizierter und damit zugleich immer teurer geworden. Hiervon ist nicht nur der Aufwand zur Datenerfassung (einschließlich des dafür erforderlichen

---

1 Vgl. insbesondere das die aktuelle Diskussion in den USA derzeit stark prägende Buch von KAPLAN, Robert S., H. Thomas JOHNSON: Relevance lost. The Rise and Fall of Management Accounting, Boston 1987.

Stabes von Spezialisten, z.B. den für die Implementierung und Pflege einer Plankostenrechnung benötigten Kosteningenieuren) betroffen. Auch die Realisierung und Pflege der diversen Schnittstellen zu anderen, datenliefernden Systemen sowie Kosten zur Anpassung der Kostenrechnungssoftware an Änderungen der sie umgebenden Systeme (insbesondere im Fall selbstprogrammierter Software) sind hier zu nennen.

2.2 ANGEBOTSORIENTIERUNG DER KOSTENRECHNUNG

Die Kostenrechner sind - als Tendenzaussage formuliert - zu stark angebots-, zu wenig nachfrageorientiert, oder - mit einem derzeit im Marketing sehr aktuellen Schlagwort ausgedrückt - das Bewußtsein zu einem kundennahen Verhalten ist im Servicebereich Kostenrechnung noch zu wenig entwickelt. Diese, für viele andere innerbetriebliche Servicebereiche ebenfalls feststellbare Erkenntnis wird exemplarisch etwa dann sichtbar, wenn sich ein Kostenrechner darüber beklagt, daß eine Abteilung noch niemals eine Rückfrage zu einer bestimmten umfangreichen, jeden Monat gelieferten Liste geäußert habe, sich jedoch nach erfolgter Einstellung der Belieferung plötzlich über das Ausbleiben der Liste beschwere. Bring- und Holschuld werden hier vertauscht. Es ist Aufgabe des Kostenrechners - in seiner Controllingfunktion -, die Informationsbedarfe der Fachstellen zu erkennen, Informationen bedarfsgerecht bereitzustellen und ihre adäquate Verwendung durch den Adressaten durch entsprechende Beratung sicherzustellen. Von diesem Idealbild ist man in der Praxis häufig noch sehr weit entfernt.

2.3 AUSSAGEGRENZEN DER KOSTENRECHNUNG

Die Kostenrechnung hat sich in den letzten Jahrzehnten in der Praxis von einer stark dokumentationsorientierten Rechnung zu einer Führungsrechnung weiterentwickelt, die vielfältigen Entscheidungsfeldern informatorische Grundlage sein kann (soll). Trotz dieser Entwicklung (und den damit verbundenen gestiegenen Kosten der Kostenrechnung) zeigen sich dennoch bei näherem Hinsehen diverse Schwachpunkte in der Aussagefähigkeit. Diese resultieren entweder aus bewußt inkaufgenommenen Ungenauigkeiten bei der Kostenerfassung (z.B. allgemein bei den unechten Gemeinkosten oder - um ein konkretes Beispiel zu nennen - dann, wenn man die Leistungen einer Instandhaltungskostenstelle lediglich pauschal, nicht einzelauftragsbezogen erfaßt und kalkuliert) oder aber sind systembedingt.

In diese zweite Kategorie von Ursachen für Schwachstellen ist etwa der alte Streitpunkt "Variabilität von Fertigungslöhnen" einzuordnen. Wenn im System der flexiblen Plankostenrechnung oder der Grenzplankostenrechnung eine Zuordnung dieser Kostenart zu der Kostenkategorie variable Kosten vorgenommen wird, so erfolgt dies vor dem Hintergrund des Zeithorizontes einer kostenstellenbezogenen Kostenplanung: Variabel sind alle jene Kosten, die sich mit Veränderungen der Beschäftigung einer Kostenstelle im anstehenden Planjahr gleichgerichtet verändern lassen. Bezogen auf diese Dispositionsfrist sind die Fertigungslöhne ohne Zweifel beweglich. Ändert man dagegen die Sichtweise und betrachtet kleine Veränderungen der Beschäftigung während des Planjahres - z.B. ausgelöst durch einen Zusatzauftrag -, folgen die Fertigungslöhne dieser Änderung in den meisten Unternehmen nicht. Wie insbesondere Paul Riebel herausgearbeitet hat, sind - von wenigen Beispielen abgesehen - Fertigungslöhne Bereitschaftskosten, deren Anfall durch den Abschluß von Arbeitsverträgen, nicht durch den Einsatz des Personals in der Produktion bestimmt wird.

Es kommt somit auf die jeweilige Fragestellung an, ob man Fertigungslöhnen tatsächlich das Prädikat "variabel" zuerkennen kann oder sie zu den fixen Kosten bzw. Bereitschaftskosten zu zählen hat. Diese Tatsache ist den Adressaten der (Plan-)Kostenrechnung allerdings zumeist nicht bekannt bzw. wird diesen nicht transparent gemacht. Hieraus resultiert - wie hinlänglich bekannt und nachgewiesen - die Gefahr von Fehlentscheidungen. Ähnlich problematisch ist jedoch auch die Konsequenz der Unzufriedenheit der Kostenrechnungs"kunden": Erweisen sich gelieferte Daten in Einzelfällen als unzutreffend oder nicht verwendbar, führt dies schnell zu einer generellen Ablehnung des Rechnungssystems (..."so teuer und doch falsch"...).

2.4 MANGELNDE TRANSPARENZ DER KOSTENRECHNUNG

Kostenrechnung stellt sich den Adressaten der Kosteninformationen zumeist als ein sehr undurchsichtiges, unergründliches Informationssystem dar. Stellvertretend sei auf den häufig anzutreffenden Fatalismus von Kostenstellenleitern verwiesen, wenn es um das Thema "angelastete Umlagen" geht. Auch Insider haben es nicht leicht, in toto die vielfältigen, verschlungenen Verrechnungswege von Kosten - insbesondere in der Kostenstellenrechnung - bei Bedarf unmittelbar nachzuvollziehen.

Mangelnde Transparenz betrifft darüber hinaus auch die Frage der grundsätzlichen Philosophie der Kostenrechnung. In den letzten beiden Jahrzehnten ist ein - auch heute noch nicht beendeter - Streit darüber ausgetragen worden, welches der in den 50er Jahren entwickelten Systemkonzepte denn nun das richtige, flächendeckend anzuwendende sei. Kommen schon Kostenrechnungsexperten bezüglich grundlegender Ansätze und Verrechnungsgrundsätze zu nicht überbrückbaren konträren Auffassungen, muß es nicht verwundern, daß für manchen Anwender in der Praxis die Kostenrechnung längst die Schwelle von vernünftigem kaufmännischen Ermessen zur Willkür überschritten hat. Die Aussage "Welcher Kostenwert, welches Kostenrechnungsverfahren richtig ist, läßt sich nicht allgemeingültig bestimmen, sondern hängt ganz von bestimmten Einflußgrößen ab", hilft der Praxis solange nicht weiter, wie man diese Einflußgrößen und ihre Wirkungen nicht genau spezifiziert. An einer solchen Spezifizierung, die sich letztlich in Handbüchern, Methodenbanken oder Expertensystemen konkretisiert, fehlt es aber in den meisten Unternehmen.

2.5 DURCHDRINGUNGSDEFIZITE DER KOSTENRECHNUNG

Obwohl (zumindest) seit Anfang dieses Jahrhunderts intensiv an der Entwicklung der Kostenrechnung gearbeitet wird, werden in der letzten Zeit zunehmend erhebliche Defizite in der kostenrechnerischen Durchdringung bestimmter Unternehmensbereiche moniert. Hier geht es weniger um Fragen richtiger bzw. adäquater Kostenrechnungssysteme, als vielmehr um die bislang mangelnde Auseinandersetzung mit speziellen Realprozessen im Unternehmen. Zwei Defizitbereiche seien exemplarisch genannt: Die Kostenrechnung hat sich zum einen bis dato "erfolgreich" um das Problem gedrückt, Verwaltungsbereiche differenziert abzubilden und damit einer Planung und Kontrolle zugänglich zu machen. Gemeinkostenwertanalysen mußten - mit eingeschränktem Erfolg - diese Lücke füllen. Zum anderen stellt man der Kostenrechnung auch für Zwecke der Logistik ein mangelhaftes Zeugnis aus. Weder das Gesamtvolumen der Logistikkosten noch ihre Zuordnung zu Kostenstellen und Kostenträgern sind bekannt, Fehlentscheidungen sind unvermeidlich. Beide beispielhaft genannten Unternehmensbereiche haben in Hinblick auf das von ihnen verursachte Kostenvolumen und/oder ihre Bedeutung für die Wettbewerbsfähigkeit des Unternehmens in den letzten Jahren eine zentrale Rolle erlangt, so daß die mangelnde kostenrechnerische Durchdringung umso schwerer wiegt.

2.6 KONSEQUENZEN

Diese und weitere Ursachen machen es verständlich, warum die Kostenrechnung aktuell in der Praxis kritisiert bzw. ganz in Frage gestellt wird, warum eine zunehmende undifferenzierte Ablehnung ("Pfennigfuchser") ebenso zu beobachten ist wie das Bestreben, den Differenzierungsgrad mehr oder weniger pauschal - z.B. über die Reduzierung der Zahl der Kostenstellen oder Vereinfachungen im Bereich der Verrechnung innerbetrieblicher Leistungen - zu vermindern ("Entfeinerung").

Will die Kostenrechnung aus der dadurch bedingten Defensivposition heraustreten, erscheinen weniger konzeptionelle Änderungen als Änderungen in der Einstellung der Kostenrechnungsverantwortlichen erforderlich. Sehr pauschal ausgedrückt, muß sich der Kostenrechner wieder an die Tatsache zurückerinnern, daß es sich bei der Kostenrechnung im Gegensatz zur vom Gesetzgeber obligatorisch vorgeschriebenen externen Rechnungslegung um ein fakultatives Informationssystem handelt, das seine Daseinberechtigung allein aus dem Nutzen der von ihm gelieferten Informationen für das Unternehmen und seine Entscheidungsträger ableiten kann bzw. ableiten muß. Somit sind Kostenrechnungsinformationen Dienstleistungen für diverse Stellen im Unternehmen. Abgesehen von vielen staatlichen Dienstleistungen - und auch hier ist Licht am Ende des Tunnels zu sehen[2] - müssen Dienstleistungen stets bedarfsgerecht sein. Dies gilt auch für die Kostenrechnung. Im Sinne einer benutzer- und problemadäquaten Informationsbereitstellung bestimmt grundsätzlich der Informationsadressat Art, Umfang, Gestaltung und Frequenz der bereitgestellten Kosten- und Erlösdaten, letztere sind zudem auf seine Interpretationskapazität auszurichten. Das diesbezüglich sehr oft geäußerte Bewußtseinsdefizit muß umgehend aufgearbeitet werden.

Die Herleitung von Daseinsberechtigung und Detaillierungsgrad der Kostenrechnung muß schon im Zeitpunkt der erstmaligen Implementierung - so zeigen empirische Erfahrungen[3] - sorgfältiger geschehen. In vielen mittelständischen Unternehmen erfolgt die Einführung von Kostenrechnung allein auf äußeren Druck, sei es, daß man durch eine Konzernzugehörigkeit in ein einheitliches (!) Abrechnungsraster gezwängt wird, sei es, daß man für das Umsatzkostenverfahren oder für die Bestandsbewertung, also für die externe Rechnungslegung, Daten benötigt. Darüber hinaus kann die Nutzenherleitung ebensowenig auf den einmaligen Implementierungsakt wie auf wenige, in Mehrjahreszeiträumen zu messende Reorganisationen (z.B. bei Einführung einer neuen Kostenrechnungssoftware) beschränkt sein. Die Einflußgrößen auf diesen Nutzen sind einem ständigen Wandel unterzogen (bzw. können dies zumindest sein). Gefordert ist somit ein stärkeres Bewußtsein dahingehend, daß dieser Wandlungsprozeß unmittelbar auf die Kostenrechnung durchschlagen kann, daß Kostenrechnung grundsätzlich als ein ständig an Umweltänderungen anzupassendes Informationssystem zu verstehen ist, daß das Beibehalten "bewährter" Kostenrechnungskonzepte kein Verdienst, sondern im Zweifel ein Versäumnis darstellt. Im folgenden sollen deshalb die wichtigsten Veränderungen der kostenrechnungsrelevanten Umwelt diskutiert werden, die als potentielle Kontextfaktoren Veränderungsbedarfe auslösen bzw. auslösen können.

---

2 Vgl. z.B. die vielfältigen entsprechenden Hinweise in den beiden Tagungsbänden von zwei im Jahr 1988 und 1989 veranstalteten Controlling-Kongressen für öffentliche Institutionen (WEBER, Jürgen, Otto TYLKOWSKI (Hrsg.): Controlling. Eine Chance für öffentliche Unternehmen und Verwaltungen, Stuttgart 1988, und WEBER, Jürgen, Otto TYLKOWSKI: Controlling in öffentlichen Institutionen. Konzepte - Instrumente - Entwicklungen, Stuttgart 1989.

3 Vgl. JÖRGENS, Henrik: Empirische Analyse der Gründe für die Einführung moderner Standard-Software im Bereich der Kostenrechnung, Diplomarbeit, Koblenz 1988.

3 WICHTIGE KONTEXTFAKTOREN DER KOSTENRECHNUNG

Es kann hier nicht darum gehen, eine umfassende, in sich geschlossene Theorie der Kontextabhängigkeit der Kostenrechnung zu entwickeln. Die Auswahl der Kontextfaktoren, die im folgenden diskutiert werden, ist das Ergebnis einer zwar plausiblen, aber doch subjektiven Auswahl. Trotz der Vielzahl angegebener möglicher Einflußgrößen, die auch - geordnet nach den spezifischen Anknüpfungspunkten der Wirkungen - die **Abbildung 1** wiedergibt, sollte keinesfalls der Eindruck entstehen, diese Auflistung wäre erschöpfend[4]. Umgekehrt stecken allerdings m.E. die genannten Kontextfaktoren tatsächlich einen nicht unbeträchtlichen Teil des Einflußgrößenspektrums ab.

3.1 WETTBEWERBSSTRATEGIE DES UNTERNEHMENS

Kostenrechnung ist kein Selbstzweck. Sie dient vielmehr dazu, die Unternehmensziele besser verfolgen zu helfen. Diese Ziele können von Unternehmen zu Unternehmen sehr unterschiedlich sein. Diese Divergenz betrifft nicht nur die grundsätzliche Zielausrichtung, nach der man etwa öffentliche, auf die Befriedigung des Bedarfs der Bürger gerichtete Verwaltungen und Unternehmen von erwerbswirtschaftlichen Unternehmen unterscheiden kann[5]. Auch innerhalb letzterer Gruppe gibt es sehr heterogene Wege, hohe langfristige Erfolge zu erzielen. Diese bündelt man in der unternehmenspolitischen Diskussion zumeist zu Wettbewerbsstrategien. Von den hier möglichen Einteilungen hat in den letzten Jahren insbesondere die Differenzierung von PORTER besondere Bedeutung erlangt[6].

PORTER unterscheidet zwei Basisstrategien. **Kostenführerschaft** kennzeichnet das Bestreben, Markterfolg insbesondere über niedrigere Preise zu erreichen, als sie die Konkurrenten fordern. Kostenführerschaft ist oft verbunden mit Massenproduktion eines weitgehend standardisierten, nur in einer oder wenigen Variante(n) angebotenen Produkts, eine Produktion, die es erlaubt, economies of scale bzw. Erfahrungseffekte zu realisieren.

Der Kostenführerschaft als Wettbewerbsstrategie steht die Strategie der **Differenzierung** gegenüber. Differenzierung geht auf die speziellen Bedürfnisse der Kunden ein, schafft bei diesen Zusatznutzen (z.B.

4 So fehlt beispielsweise der sehr wichtige Einfluß, den die Unsicherheit von betriebsin- und -externen Entwicklungen auf die Gestaltung der Kostenrechnung nimmt, ebenso wie der Einfluß der Internationalisierung und Globalisierung der Märkte und Unternehmen.

5 Vgl. zu den Konsequenzen einer derartigen Zielausrichtung auf das Rechnungswesen öffentlicher Institutionen WEBER, Jürgen: Zielorientiertes Rechnungswesen öffentlicher Betriebe, Baden-Baden 1983.

6 PORTER, M.E.: Wettbewerbsstrategie - Methoden zur Analyse von Branchen und Konkurrenten, 3. Aufl., Frankfurt/Main 1985.

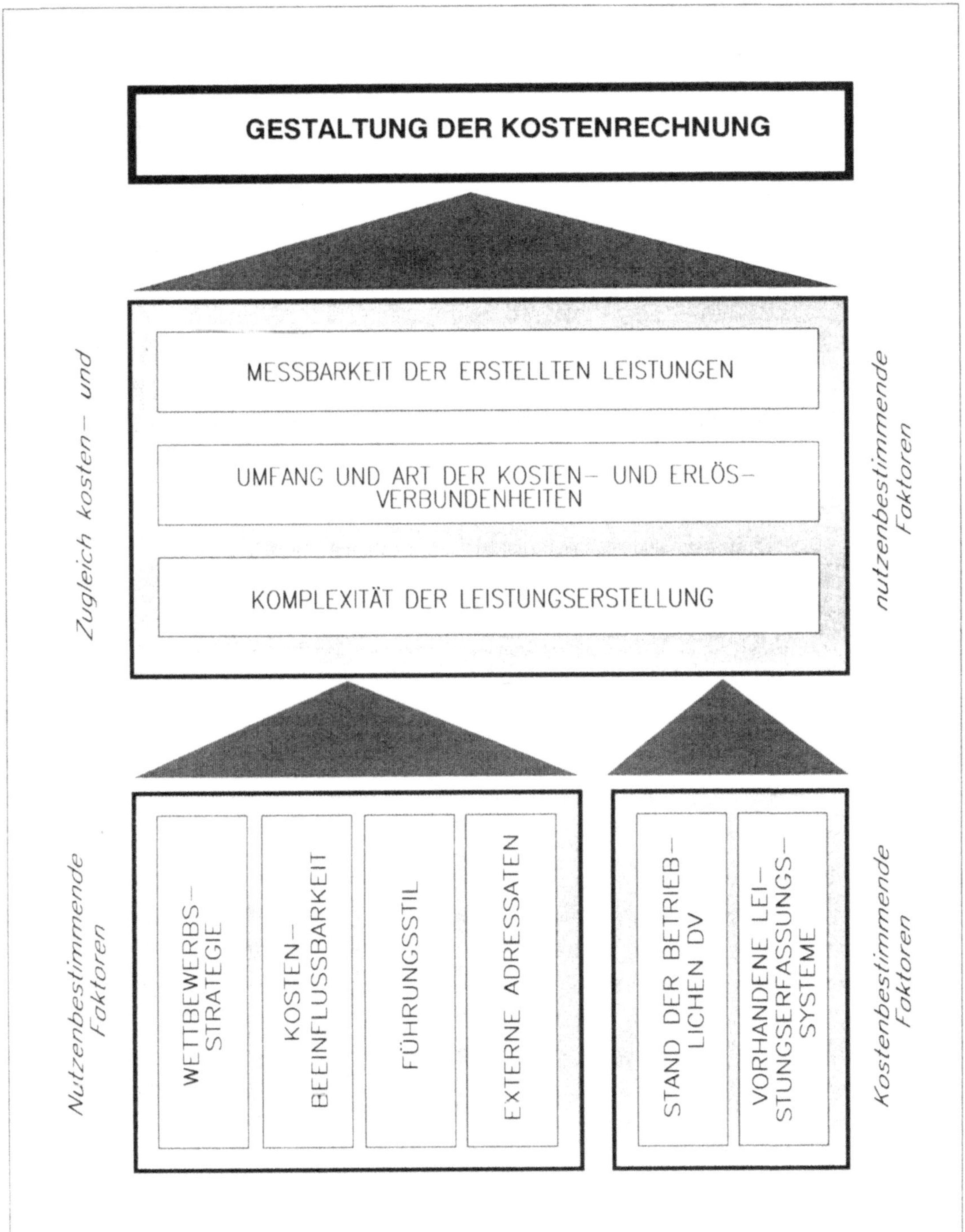

Abb. 1: Überblick über wichtige Kontextfaktoren zur Gestaltung der Kostenrechnung

durch die Möglichkeit, sich bei einem Automobil die Ausstattung beliebig individuell zusammenstellen zu können). Dieser Zusatznutzen gestattet es den Unternehmen, höhere Preise zu verlangen. Beide Strategievarianten können sowohl für den gesamten Absatzbereich eines Unternehmens (für alle belieferten Märkte) übereinstimmend als auch selektiv für einzelne Marktsegmente unterschiedlich angewandt werden[7].

Schon allein an der Bezeichnung der Strategien wird die potentiell unterschiedliche Bedeutung sichtbar, die der Kostenrechnung als Strategieunterstützung zukommt. Unternehmen, die Kostenführerschaft erreichen wollen, müssen zum einen sehr genau dazu in der Lage sein, die Kosten ihrer Produkte zu bestimmen, dies sowohl im Sinne von Durchschnittskosten als auch - z.B. im Rahmen der Gewinnung von Marktanteilen - im Sinne von Grenzkosten (Preisuntergrenzen). Zum anderen erfordert Kostenführerschaft einen optimierten Produktionsablauf. Hierdurch gewinnt eine detaillierte kostenstellenbezogene Kostenplanung und -kontrolle erhebliche Bedeutung.

Allerdings kann Kostenführerschaft auch zu einer Reduzierung von Umfang und/oder Differenzierung der Kostenrechnung führen, und zwar um mit den damit eingesparten Kosten der Kostenrechnung einen Beitrag zum Kostenvorteil gegenüber Konkurrenten zu leisten ("kleiner Verwaltungswasserkopf"). Beide konträren Konsequenzen des Kontextfaktors Wettbewerbsstrategie Kostenführerschaft lassen sich schließlich auch miteinander kombinieren, und zwar dann, wenn ein Unternehmen zur Erlangung der Position des billigsten Produzenten Kostenrechnungsinstrumente sehr stark inanspruchnimmt, auf einem gefestigten, weitgehend optimierten Level der Produktionskosten dagegen zur weiteren Kostenreduzierung die Kostenrechnung wieder stark zurückfährt[8].

Bei der Wettbewerbsstrategie Differenzierung muß man unterscheiden, auf welche Aspekte die Abgrenzung gegenüber den Konkurrenten gerichtet ist. Soll diese über Produktattribute erreicht werden, die qualitativer Natur sind (z.B. Image, Kundennähe), kann man in erster Annäherung davon ausgehen, daß die Kosteneffizienz der Produktion und die Kenntnis der exakten Produktkosten für das Unternehmen eine vergleichsweise nur geringere Rolle spielt. Allerdings sollte man diese Tendenzaussage stets kritisch hinterfragen. Besteht beispielsweise die Differenzierungsrichtung in der Verbesserung der Lieferfähigkeit (Erhöhung der Liefergenauigkeit, Verkürzung der Lieferfristen), so muß das Unternehmen sehr genaue

7 Neben diesen beiden Wettbewerbsstrategien führt PORTER noch die Strategie der Konzentration auf Schwerpunkte (z.B. Nischenmärkte) auf, für die jeweils als Untervarianten Kostenführerschaft und Differenzierung als Handlungsmöglichkeiten offenstehen. Als eigenständigem Kontextfaktor kommt der Konzentration auf Schwerpunkte damit keine Bedeutung zu.

8 Es zeigt sich schon an diesen ersten Überlegungen, daß die Betrachtung der Ausprägung einzelner Kontextfaktoren allein nicht dazu in der Lage ist, die "richtige" Ausgestaltung der Kostenrechnung für ein Unternehmen zu bestimmen, daß in praxi mehrere Kontextfaktoren zusammenwirken. Dennoch liefert erst (nur) die isolierte, einzelfaktorbezogene Analyse die notwendigen Ausgangsinformationen zur Beurteilung komplexer Kontextfaktor-Bilder.

Kenntnis über die Kosten dieser Nebenleistung besitzen, dies zumindest im Zeitpunkt der Entscheidung, um wieviel denn die Lieferfähigkeit erhöht werden soll. Der Schwerpunkt der kostenrechnerischen Aufgaben rückt in diesen Fällen aus der Produktion hinaus in diejenigen Leistungsbereiche des Unternehmens, die für die Bereitstellung des Zusatznutzens verantwortlich sind (in unserem Beispiel: in die Logistik).

3.2 BEEINFLUSSBARKEIT VON KOSTEN

Die Kostenrechnung soll - neben anderen Aufgaben - dazu beitragen, das anfallende Kostenvolumen auf ein - wie immer geartetes - Mindestmaß zu beschränken. Sie ist ceteris paribus für das Unternehmen umso wertvoller, je höher das Kostensenkungspotential ist, das sie eröffnet bzw. dessen Ausschöpfung sie auf Dauer sichert. Dieses Potential wiederum hängt von dem Grad der Beeinflußbarkeit der Kosten ab. Hierbei sind zwei Beeinflussungs"bereiche" zu unterscheiden: die Beeinflußbarkeit im laufenden, "normalen" Betriebsgeschehen und die Beeinflußbarkeit im Rahmen grundlegender Umstrukturierungen.

3.2.1 Beeinflußbarkeit der Kosten im normalen Betriebsablauf

Die Kostenrechnung, die man in den Lehrbüchern kennenlernt, ist eine Kostenrechnung von industriellen Produktionsunternehmen und innerhalb dieser sehr stark auf die Abbildung, Steuerung, Verrechnung und Kontrolle der Fertigungsprozesse und ihrer Kosten ausgerichtet. Letztere Ausrichtung gilt auch für die Kostenrechnung in der Praxis. Diese Schwerpunktbildung kommt nicht von ungefähr. Lange Zeit war die Produktion zum einen der Unternehmensbereich, der für den bei weitem größten Kostenblock verantwortlich zeichnete. Zum anderen waren die dort ablaufenden Prozesse bei weitem noch nicht optimiert, so daß Kosteninformationen wesentliche Anstöße für Rationalisierungen liefern konnten. Die Kostenrechnung war kurz gesagt auf das wesentliche Rationalisierungspotential des Unternehmens ausgerichtet.

Diese Ausgangssituation sieht heute in vielen Unternehmen anders aus. Die Erkenntnisse der Arbeitswissenschaft (beginnend bei Taylor), lange Produktionserfahrung und Automation haben dazu geführt, daß die Kosten in der Fertigung immer weniger beeinflußbar geworden sind. Die Rationalisierungspotentiale - so ist immer wieder zu hören - scheinen weitgehend ausgeschöpft.

In dieser Situation wenden sich die Rationalisierungsbemühungen auf die bislang nur am Rande betrachteten Unternehmensbereiche, die auch in der Kostenrechnung bislang stiefmütterlich behandelt wurden. Hierzu zählen insbesondere die Logistik, die Instandhaltung, die betriebliche Datenverarbeitung und die Verwaltung. In diesen typischen "Gemeinkostenbereichen" wird die Kostenrechnung allerdings übereinstimmend mit einem gewichtigen Problem konfrontiert: der **Schwierigkeit, Leistungen zu messen**. Man muß sich der Tatsache bewußt sein, daß sich Dienstleistungen wohl nie vollständig exakt definieren und umfassend, in toto, abbilden lassen[9]. Hierauf kommt es aber auch gar nicht an. Eine ausschnittsweise Messung mit Hilfe mehrerer Leistungsfacetten ("Indikatoren") reicht zur Planung, Steuerung und Kontrolle zumeist völlig aus.

Damit ist das interne Rechnungswesen gefordert, über die Abbildung von Kosten hinaus sich verstärkt der Erfassung von nicht stofflichen Leistungen (Dienstleistungen) zuzuwenden. Diese Leistungsaufzeichnung ist die Basis für Kostenkalkulation und -verrechnung ebenso wie für eine zielgerichtete Planung, Steuerung und Kontrolle der Dienstleistungsbereiche.

Die Forderung, die Kostenrechnung - wie auch (besonders) die teils vorgelagerte, teils eigene Rechnungszwecke erfüllende Leistungsrechnung - auf Gemeinkostenbereiche auszudehnen, sollte man dabei nicht automatisch als **Ausweitung** des gesamten Aufgabenvolumens ansehen; mangelnde Rationalisierungspotentiale in der Produktion legen es vielmehr nahe, zunächst von der Hypothese einer Aufgaben**verlagerung** auszugehen, legen es nahe, gleichzeitig mit dem Eindringen in Gemeinkostenbereiche die Abbildungstiefe und -genauigkeit, gegebenenfalls auch die Erfassungsgenauigkeit und -frequenz (stärkeres fallweises Vorgehen) in der Produktion zu reduzieren.

3.2.2 Festlegung der Kosten durch langfristig wirksame Investitionsentscheidungen

Entscheidungen über Erweiterungs- und/oder Ersatzinvestitionen beeinflussen neben den Kosten der bereitgestellten Kapazität (z.B. den Anschaffungskosten einer neuen Produktionsanlage) auch sämtliche laufend innerhalb dieser Kapazitäten anfallenden Kosten. Der Grad dieser Beeinflussung hat mit fortschreitender Automatisierung stark zugenommen. Derzeit geht man davon aus, daß mit der Entscheidung für eine automatisierte Produktionsanlage zwischen 75% und 90% aller laufenden Kosten (u.a. Material-, Energie-, Personal- und Instandhaltungskosten) irreversibel vordisponiert sind. Hieraus folgen (zumindest) zwei Konsequenzen.

9 Vgl. etwa die umfangreiche Analyse der Definitions- und Meßprobleme von Logistikleistungen bei WEBER, Jürgen: Zum Begriff Logistikleistung, in: ZfB, 56. Jg. (1986), S. 1197-1212.

Zum einen wird der Nutzen einer **laufenden** Planung und Kontrolle der **Kosten** derartiger Produktionsbereiche stark eingeschränkt. Das mögliche durch eine Kostenrechnung eröffenbare Rationalisierungspotential konvergiert - pointiert ausgedrückt - gegen Null. Der Verantwortliche braucht nur wenige Kosteninformationen zur Steuerung seines Bereichs. Wesentliche Bedeutung erlangen für ihn vielmehr Leistungsdaten, die ihm laufend Auskunft über die bestimmungsgemäße Nutzung der Anlagen geben (z.B. Laufzeiten, Stillstandszeiten, Qualitätsdaten). Diese Erkenntnis legt es nahe, die Kostenrechnung in Umfang und Genauigkeit erheblich einzuschränken, dafür aber eine aussagefähige, differenzierte, nicht nur auf Kostenverrechnungsaufgaben ausgerichtete **Leistungsrechnung** zu implementieren. Ein laufendes Leistungs-Berichtswesen hilft Servicestellen nicht allein bei Führungsaufgaben, sondern kann auch positiven Einfluß auf das Grundverständnis der Leistungsproduzenten und Leistungsempfänger nehmen: Der Status der Servicestellen wandelt sich vom (reinen) Kostenverursacher zum Leistungsersteller.

Wenn zwischen 75% und 90% der laufenden Kosten in Investitionsentscheidungen festgelegt werden, muß zum anderen die Forderung erhoben werden, im Rahmen des Entscheidungsprozesses die laufenden Kosten sehr präzise zu antizipieren. Handelt es sich um eine völlig neue Technologie, über deren Einführung befunden wird, kann die Kostenrechnung allerdings lediglich Bewertungsaufgaben übernehmen, d.h. die von den Technikern bestimmten Verbrauchsmengen mit Kosten versehen. Handelt es sich bei der neu installierten Investition dagegen um eine Technologie, die in gleicher oder ähnlicher Art schon im Unternehmen vorhanden ist, kann die Kostenrechnung eine weit bedeutsamere Rolle als Informationslieferant für Investitionsentscheidungen spielen. Unabhängig vom im konkreten Fall vorliegenden Erfahrungspotential besitzt der Kostenrechner bzw. Controller darüber hinaus stets insofern ein Gestaltungs- bzw. Beeinflussungspotential, als er die bedarfsanmeldenden Stellen zu einer exakten Kostenantizipierung einerseits und zur Beantragung nicht der technisch, sondern der wirtschaftlich besten Alternative anhalten kann. Empirische Erfahrung zeigt, daß diesem "Erziehungs"prozeß noch immer eine wesentliche Bedeutung zukommt.

Schließlich sollte sich bei einer derart gestiegenen Tragweite der Investitionsentscheidungen auch das Kontrollobjekt der Kostenrechnung ändern: Standen bislang periodenbezogene (monatliche oder jährliche) Kontrollen und Abweichungsanalysen für Kostenstellen im Vordergrund, benötigt man jetzt zunehmend investitionsobjektbezogene, auf die ganze Lebensdauer einer Investition gerichtete Kontrollen und feed-back-Informationen. Aus der periodischen wird eine überperiodische Rechnung, so wie dies etwa die auf Paul Riebel zurückgehende Einzelkostenrechnung (ohnehin) vorsieht.

3.3 DATENVERARBEITUNG

Kostenrechnung ist heute ohne DV nicht mehr denkbar. Die Bedeutung der DV als ein wesentlicher Kontextfaktor zur Gestaltung der Kostenrechnung muß auf dem Forum einer Saarbrücker Arbeitstagung kaum betont werden. Die DV unterstützt die Kostenrechnung sowohl auf dem Feld der Datenerfassung als auch dem der Datenverarbeitung wesentlich. Sollte die DV-Entwicklung zur Anwendbarkeit relationaler Datenbanken für Massendaten führen, kann sie auch das derzeit noch nicht in praxi realisierbare, für die Einzelkostenrechnung kennzeichnende Konzept der Grundrechnung praktikabel machen. Der Einsatz von Expertensystemtechnik schließlich verspricht darüber hinaus einen weiteren Nachteil des durch ein Höchstmaß an Differenzierung gekennzeichneten Rechnungssystems Paul Riebels zu beseitigen oder doch deutlich zu vermindern: Die Abhängigkeit des Konzepts vom (hohen) Know-How der Informationsadressaten. Maschinelle Unterstützung bei der problemadäquaten Datenselektion aus der Grundrechnungs-Datenbank vermeidet Fehlinterpretationen ebenso wie die maschinelle Hilfestellung bei anschließenden Verdichtungen der selektierten Daten.

3.4 ADRESSATEN DER KOSTENRECHNUNGSINFORMATIONEN

3.4.1 Interne Adressaten

Kostenrechnung wird zumeist als ein Informationssystem für den homo oeconomicus dargestellt. Die Theorie fragt überwiegend danach, was denn die "richtigen", der Realität des Kostenanfalls am nächsten kommenden Erfassungs- und Auswertungsmethoden sind, welches Kostenrechnungssystem welche Abbildungsfehler und Abbildungsgrenzen besitzt. Die Annahme, daß die Adressaten der Kostenrechnungsdaten, die handelnden Menschen, die gelieferten Werte tatsächlich "richtig", im Sinne von für das betreffende Entscheidungsproblem adäquat, verwenden, ist allerdings tatsächlich nicht mehr als eine These. Zwischen dem, was Kostendaten "eigentlich" aussagen und dem, wie die Empfänger der Daten diese verstehen und interpretieren, besteht potentiell ein erheblicher Unterschied.

Für diese Divergenz sind insbesondere zwei Faktoren ausschlaggebend. Auf der einen Seite ist dies das (mangelnde) **Know-How** der Empfänger der laufend oder fallweise bereitgestellten Kosteninformationen. Schon bei der "klassischen" Vollkostenrechnung sind Kostenstellenverantwortliche oftmals nicht mehr dazu in der Lage, die Zahlen des periodischen Berichtswesens richtig zu interpretieren, beeinflußbare von nicht beeinflußbaren Kosten zu differenzieren, Kostenentwicklungen richtig einzuschätzen. Beispiele des internen und externen "Aus-dem-Markt-Herauskalkulierens" finden sich fast in jedem Lehrbuch zur Kostenrechnung. Diese Fehlentscheidungen kommen nur zustande, weil einige Führungskräfte mit den Mängeln der Vollkostenrechnung nicht vertraut sind.

Noch weit höhere Anforderungen an die Auswertungs- und Interpretationsfähigkeit der Kostenrechnungsadressaten stellt - wie bereits angemerkt - die Einzelkostenrechnung als exponierteste Vertreterin von Teilkostenrechnungssystemen. Es erweist sich beispielsweise geradezu als gefährlich, einzelnen dezentral agierenden Verkäufern die (niedrigen) Einzelkosten der von ihnen vertriebenen Produkte als Informationen an die Hand zu geben: Es besteht eine hohe Wahrscheinlichkeit dafür, daß es zu einer zu nachgiebigen Preisstellung kommt. Die Regel "Jedes Geschäft ist lohnend, das einen positiven Deckungsbeitrag erbringt" ist sehr einfach zu verstehen und umzusetzen. Das Beachten der Zusatzbedingung "Darüber hinaus müssen die insgesamt erzielten Deckungsbeiträge dazu ausreichen, alle Gemeinkosten zu decken" besitzt dagegen längst nicht diese leichte Überschaubarkeit, weil sie nicht festlegt, mit welchem Produkt bzw. Auftrag in welchem Maße zur Deckung der Gemeinkosten beigetragen werden soll. Sie läßt einen erheblichen preislichen Spielraum, den adäquat auszunutzen hohe Anforderungen an die Verkäufer stellt. Je weiter man in der Organisationshierarchie des Verkaufs hinabsteigt, desto weniger kann man davon ausgehen, daß dieses hohe Know-How tatsächlich vorhanden ist. Diese für den Absatzbereich skizzierte Grundproblematik betrifft analog alle anderen Auswertungsfelder der Einzelkostenrechnung. Inwieweit im Unternehmen vorhandene Controller dieses Wissensdefizit vermindern bzw. ganz beseitigen können, sei hier dahingestellt, allerdings nach einiger einschlägiger Seminarerfahrung mit einem Fragezeichen versehen.

Der zweite wesentliche Grund, warum eine richtige Interpretation der von der Kostenrechnung gelieferten Daten beim Adressaten beeinträchtigt wird, liegt in der häufig mangelnden, zu unspezifischen Aufbereitung der Zahlen. Zur globalen Steuerung und Überwachung eines Bereichs sind aggregierte Kostendaten - neben Leistungsdaten und aus beiden zu bildenden Kennzahlen - erforderlich, lange Listen von Einzeldaten kontraproduktiv. Für eine Feinsteuerung dagegen muß man letztlich jede einzelne Transaktion gesondert betrachten. Wenn man etwa dem Leiter eines Instandhaltungsbereichs monatlich neben dem Kostenstellenbericht lediglich eine lange Liste erbrachter Instandhaltungsaufträge und deren Kosten auf den Tisch legt, hat man genau diesen Unterschied nicht berücksichtigt. Eine **benutzer- und problemadäquat gestaltete Kostenrechnung** verdichtete für den Instandhaltungsleiter beispielsweise durch Gruppierungen und den Vergleich zu Vorjahres- und Sollwerten die Datenvielfalt, baute das Berichtswesen hierarchisch auf, von hoch aggregierten Übersichtsinformationen bis zu Detaildaten reichend.

Derartige Differenzierungen sind in der Praxis zur Zeit noch wenig verbreitet. Die "Produkte" der Kostenrechnung werden eher angebotsorientiert, d.h. durch die Möglichkeiten der Kostenrechnungssysteme, bestimmt denn nachfrageorientiert, auf die Bedürfnisse der Benutzer ausgerichtet. Hilfestellung ist hier insbesondere durch PC zu erwarten, durch dezentrale Auswertungsintelligenz, die Zahlen der zentral geführten Kostenrechnung im down-load übernehmen und diese dann - z.B. in Tabellenkalkulationsprogrammen - verdichten und graphisch aufbereiten kann.

Darüber hinaus sei auf einen weiteren wichtigen Problemkreis hingewiesen, den man kurz mit **Führungsstil** bezeichnen kann. Kostenrechnung ist - und dies gilt insbesondere für die Teilkostenrechnungssysteme - Ausdruck einer rationalen Unternehmensführung, der Bereitschaft, unternehmerische Entscheidungen auf eine objektive Zahlenbasis zu stellen. Gilt diese Prämisse nicht, wird der Nutzen der Kostenrechnung stark eingeschränkt. Herrscht beispielsweise - wie in vielen mittelständischen Unternehmen - ein autokratischer, stark intuitiv geprägter Führungsstil vor, wird die Kostenrechnung leicht in eine Alibifunktion gedrängt: Die von ihr gelieferten Informationen dienen lediglich dazu, eine auf anderer Basis getroffene Entscheidung nachträglich (scheinbar) rational zu begründen.

Auch wenn man die Unternehmensführung strikt rational zu gestalten versucht, können führungsbezogen schließlich noch deutlich unterschiedliche Anforderungen an die Kostenrechnung gestellt werden. Diese leiten sich her aus dem hierarchischen Aufbau des Unternehmens und aus Art und Umfang der Dezentralisation von Kompetenz und Verantwortung zwischen den Hierarchiestufen. Angesprochen ist damit ein Problemfeld, das man zumeist unter dem Stichwort "Principal-agent-problem" diskutiert. Jede Führungskraft auf jeder Hierarchieebene steht vor dem Problem, nicht alle Entscheidungen selbst treffen zu können. Bei der Delegation von Entscheidungskompetenz und -verantwortung kann nun nicht a priori davon ausgegangen werden, daß der Untergebene durchweg dieselben Entscheidungen treffen würde wie sein Vorgesetzter. Er wird zumeist abweichende Zielvorstellungen, divergente Risikopräferenzen und eine unterschiedliche informatorische Ausgangsbasis[10] besitzen. Geht man vom Vorhandensein derartiger Assymmetrien aus, resultiert die zentrale Führungsaufgabe, ein Steuerungssystem zu konzipieren, das trotz dieser Assymmetrien ein durchgängiges Verhalten aller Hierarchiestufen ermöglicht bzw. gewährleistet. Die Grundzüge dieses Gestaltungsproblems auch nur zu skizzieren, sprengte bei weitem den Rahmen dieses Beitrags. Nur soviel: Die Kostenrechnung wird sich stäker als in der Vergangenheit mit der Frage auseinandersetzen müssen, welche Wirkungen auf das Verhalten dezentraler Entscheidungsträger von Kosteninformationen ausgehen. Ein bereits intensiv diskutierter Ausschnitt dieses Problems sind Verrechnungspreise, mit denen innerbetriebliche Leistungen belegt werden. Hier können Marktpreise vergleichbarer externer Leistungen zur Lösung des principal-agent-Problems ebenso relevant sein wie Vollkostenwerte oder die zusätzlich für einzelne innerbetriebliche Leistungen anfallenden Kosten.

10 Ihm fehlt - plastisch gesprochen - häufig der "unternehmerische Weitblick".

3.4.2 Externe Adressaten

Kostenrechnung ist ein Informationssystem, das an Unternehmensinterne gerichtet ist. Externe Adressaten als Kontextfaktoren aufzuführen, muß deshalb auf den ersten Blick verwundern. Allerdings wurde die Kostenrechnung schon frühzeitig von externen Informationswünschen beeinflußt, ja in ihrem Grundaufbau wesentlich geprägt: Die Vollkostenrechnung ist maßgeblich in der Zeit vor dem zweiten Weltkrieg geformt worden und letztlich nur dann vollständig zu verstehen, wenn man ihre Funktion für die Ermittlung von Selbstkosten als Basis zur Abrechnung öffentlicher Aufträge berücksichtigt. Dieser Rechnungszweck ist auch heute noch relevant, in bestimmten Industrien sogar bestimmend.

Einblick in die Kalkulation der Produkte will aber heute nicht mehr nur der Staat nehmen. Auch Großunternehmen gehen immer mehr dazu über, kleineren Lieferanten konkrete Vorschriften über einzuräumende Transparenz (Auskunftsrecht), anzuwendende Kalkulationsverfahren und nicht selten sogar über konkrete Kalkulationswerte zu machen (z.B. maximale Höhe von einzelnen Gemeinkostenzuschlagsätzen). Der Aufbau einer langfristigen Lieferbeziehung mit einem derartigen Kunden ist für einige mittelständische Unternehmen derzeit der Grund dafür, überhaupt eine Kostenrechnung einzuführen.

Im Extremfall führt diese Ausrichtung auf externe Adressaten dazu, zwei unterschiedliche Varianten von Kostenrechnung parallel zu führen: Die Rechnung, die für den Marktpartner bestimmt und entsprechend gestaltet und beeinflußt ist, und das System, das Daten an unternehmensinterne Führungskräfte liefert. Der damit verbundene Mehraufwand für die Kostenaufbereitung und ggf. -erfassung ist evident.

Unter dem Stichwort "Ausrichtung der Kostenrechnung auf externe Adressaten" ist schließlich der Einfluß der durch das Bilanzrichtliniengesetz geänderten handelsrechtlichen Rechnungslegungsvorschriften zu nennen. Das Umsatzkostenverfahren als eine Option zur Gestaltung der Gewinn- und Verlustrechnung ist ohne eine ausgebaute Kostenrechnung kaum denkbar, läßt sich sinnvoll nur mit einer vollkostenorientierten Kalkulation der Produkte vereinbaren.

4 ZUSAMMENFASSUNG: PERMANENTER ÄNDERUNGSBEDARF DER KOSTENRECHNUNG

Kostenrechnung ist kein in sich fest geschlossenes, konzeptionell vollständig ausdiskutiertes, in Umfang und Detaillierung festliegendes Informationssystem. Sie hält vielmehr einen reichhaltigen Instrumentenkasten parat, um für ein bestimmtes Unternehmen in einem bestimmten Umfeld den richtigen Kostenrechnungs"maßanzug" zu schneidern und anzulegen. In dieser Offenheit bietet sie allerdings manchen Anwender zugleich ein Bild von gewisser Orientierungslosigkeit, da sie viele Fragen nicht einheitlich beantworten kann:

- Ist eine Vollkostenrechnung besser als eine Teilkostenrechnung? Wenn ja, für wen?
- Wann muß eine flexible, wann eine Grenzplankostenrechnung eingeführt werden, wann wird gar keine benötigt?
- Ist die Zuschlagskalkulation besser oder schlechter als eine Bezugsgrößenkalkulation, oder liefern am Ende beide übereinstimmende Aussagen?
- Sind proportionale Abschreibungen besser als degressive, wiederbeschaffungswertbezogene besser als anschaffungswertbezogene?
- und und und...

Der Eindruck von Orientierungslosigkeit führt zum einen leicht zu Unverständnis und Abneigung. Zum anderen begünstigt er in der Praxis die (zu lange) Bewahrung einer einmal festgelegten Ausprägung der Kostenrechnung, an die sich sowohl die Kostenrechner als auch die Führungskräfte als Adressaten der Zahlen gewöhnt haben. Änderungen werden wegen mangelnder Urteilsfähigkeit behindert. Letzteres wiederum ist Quelle potentieller weiterer Unzufriedenheit, weil nach einiger Zeit mangelnder Anpassung an Veränderungen Aussagegrenzen und -mängel immer deutlicher zu Tage treten, eine Situation, die in den USA derzeit zu einer sehr intensiven Diskussion über den Veränderungebedarf der Kostenrechnung geführt hat. Dieser kann aus meiner Sicht in folgenden Thesen kurz zusammengefaßt werden:

- Die Kostenrechnung muß der Tatsache Rechnung tragen, daß immer mehr Kosten durch Investitionsentscheidungen festgelegt werden. Dies führt zur Forderung nach einer besseren Kostenfundierung der Investitionsentscheidungen und dem Aufbau einer effektiven Investitionskontrolle, für die die Kostenrechnung - in einer überperiodischen Auswertung periodisch erfaßter Daten - Kosteninformationen bereitstellen muß.
- Die Kostenrechnung muß der Tatsache Rechnung tragen, daß dispositive Leistungen und andere Dienstleistungen in den Unternehmen eine immer größere Bedeutung erlangen. Hieraus resultiert die Notwendigkeit, derartige Leistungen und die sie tragenden Prozesse mit weitaus größerer Sorgfalt und Intensität abzubilden, als dies derzeit der Fall ist.
- Die Kostenrechnung muß der Tatsache Rechnung tragen, daß sie nicht einem homo oeco-

nomicus, sondern normalen Menschen Informationen zu liefern hat. Hieraus läßt sich die Forderung ableiten, in Zukunft verstärkt auf die Verhaltenswirkungen von Kosteninformationen einerseits und die Interpretationsfähigkeit und -willigkeit der Adressaten andererseits abzustellen.

- Die Kostenrechnung muß der Tatsache Rechnung tragen, daß eine immer stärkere Entscheidungsorientierung den Erfassungs-, Speicherungs- und Auswertungsaufwand überproportional in die Höhe treibt. Dies bedeutet, stärker als bislang die Frage zu stellen, was vom benötigten Datenkranz laufend (z.B. in einer Grundrechnung), was dagegen lediglich fallweise bereitgestellt werden soll.

Damit ist sicher nur ein Ausschnitt des aktuellen Veränderungsbedarfs der Kostenrechnung aufgelistet. Dennoch sollte der hohe Veränderungsdruck deutlich geworden sein. Bewährte kostenrechnerische Instrumente müssen auf neue Problemstellungen angewendet, mit anderen Instrumenten und Ausprägungen neu kombiniert werden. Dies wird nur möglich sein, wenn das Know-How der Kostenrechnungsverantwortlichen diesen veränderten Rahmenbedingungen gewachsen ist. Entsprechende Weiterbildung tut Not.

Aufgaben des Controlling anlagenintensiver Produktionsstrukturen

Prof. Dr. W. Männel, Lehrstuhl für Betriebswirtschaftslehre, insb. Rechnungswesen und öff. Betriebe an der Universität Erlangen-Nürnberg, Nürnberg

1. Stand und Entwicklungsperspektiven der industriellen Anlagenwirtschaft

Angesichts der in den zurückliegenden Jahren in nahezu allen Industrieunternehmen sämtlicher Branchen zu beobachtenden, im wesentlichen auf die Produktionsbereiche ausgerichteten **Rationalisierungsbemühungen** haben sich der **Mechanisierungs-, Automatisierungs-, Roboterisierungsgrad** sowie teilweise der **Anlagenintegrationsgrad** als auch die **Anlagenflexibilität** stark erhöht. Zudem ist die **Anlagenintensität** - und dies insbesondere im Vergleich zur Personalintensität - meist deutlich angestiegen. Dies führte in der Vergangenheit dazu, daß jenen unternehmerischen Aktivitäten, die auf die Bereitstellung, Nutzung und die im Anschluß an die Nutzungsdauer vorzunehmende Ausmusterung von Anlagen ausgerichtet sind, eine zunehmende Bedeutung beigemessen wurde. In vielen Unternehmen führten diese Entwicklungen sowie die zwischen derartigen anlagenbezogenen Aktivitäten feststellbaren äußerst engen Wechselwirkungen bereits zu einer - teilweise auch organisatorischen - **Bündelung sämtlicher zuvor oft stark zersplitterter und nicht hinreichend koordinierter anlagenbezogener Planungs-, Entscheidungs-, Steuerungs-, Realisations- und Kontroll-Aktivitäten**. Gleichsam als Kristallisationskern für diesen **Auf- und Ausbau einer derartigen integrierten Anlagenwirtschaft** diente oftmals der Bereich der Anlageninstandhaltung, dem aufgrund seiner grundlegenden Zielsetzung, die Verfügbarkeit der Anlagen für die Produktion zu erhöhen, besondere Bedeutung zukommt.

Die **Anlagenwirtschaft** kann - wie dies **Abbildung 1** veranschaulicht - unter primärer Orientierung an den einzelnen, aufeinanderfolgenden Phasen des Anlagenlebenszyklus in die folgenden, sich wechselseitig beeinflussenden **Aktivitätsfelder** untergliedert werden:

- in die im Rahmen einer solchen Betrachtung zunächst zu berücksichtigende Phase, in der die Anlage noch nicht im geplanten Verwendungszusammenhang eingesetzt wird, zu der die **Anlagenprojektierung**, die **Anlagenbereitstellung** und die **Anlageninstallation** sowie die erstmalige **Anlageninbetriebnahme** zählen;

10. Saarbrücker Arbeitstagung 1989
Rechnungswesen und EDV
hrsg. v. A.-W. Scheer

Abbildung 1

ENTSCHEIDUNGSFELDER DER INTEGRIERTEN ANLAGENWIRTSCHAFT

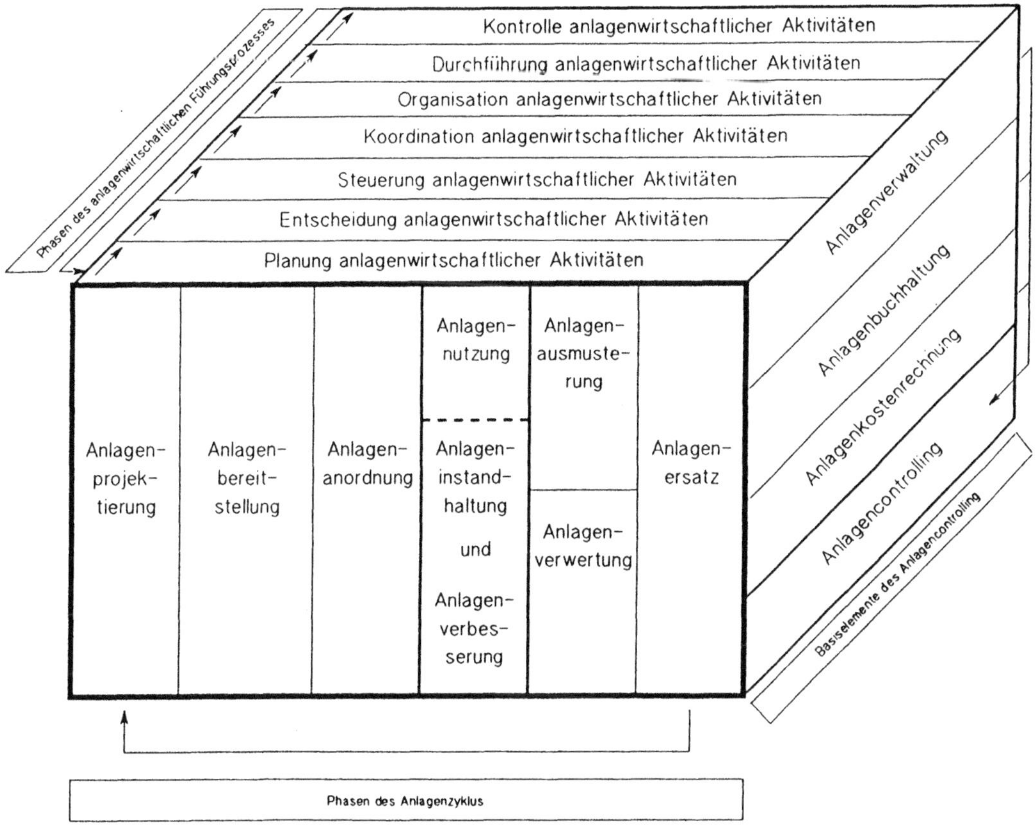

- in die sich daran anschließende Phase der eigentlichen Verwendung der Anlage, zu der die **Anlagennutzung**, die **Anlageninstandhaltung** sowie die **Anlagenverbesserung** zu rechnen sind und

- in die den Lebenszyklus der Anlage abschließende Phase, zu der **Anlagenausmusterung, -verwertung und -ersatz** zählen.

Der auf die Bündelung dieser anlagenwirtschaftlichen Aktivitätsfelder ausgerichtete Aufbau einer integrierten Anlagenwirtschaft kann einerseits die gegenseitige **Abstimmung sämtlicher anlagenbezogener Führungs- und Ausführungsaufgaben** verbessern. Die Integration der anlagenbezogenen Aktivitäten stellt letztlich die Voraussetzung dafür dar, deren äußerst engen, zudem weitreichenden und erfolgswirtschaftlich bedeutsamen **Wechselwirkungen** zu beherrschen.

So beeinflussen beispielsweise die im Rahmen der **Anlagenplanung, -projektierung und -konstruktion** getroffenen Festlegungen die innerhalb der **Anlagennutzung** zur Verfügung stehende Anlagenkapazität sowie nicht zuletzt auch das den Umfang der **Anlageninstandhaltung** und der **Anlagenverbesserung** bestimmende Ausfallverhalten einer Anlage. Die im Laufe der Nutzungsdauer einer Anlage meist zunehmenden Instandhaltungskosten sind ihrerseits - vor allem im Rahmen der Bestimmung des optimalen Ersatzzeitpunktes - wiederum bei **investitionspolitischen Entscheidungen** zu berücksichtigen. Umgekehrt erscheint es wirtschaftlich zweckmäßig, im Rahmen der Nutzungsphase gewonnene Informationen über das - etwa Teil-, Voll- und Überlastbetrieb - feststellbare Anlagenverhalten, speziell das Verschleißverhalten der Anlagenplanung, -projektierung und -konstruktion vorzugeben, um Ersatz- bzw. Neuanlagen von vornherein besser an die jeweiligen Nutzungsbedingungen anpassen zu können. Nicht zuletzt erhöht dies gegebenenfalls auch die Chancen, die nach Ablauf der Nutzungsdauer **ausgemusterte Anlage** noch mit Erfolg am Markt zu verwerten.

Die Beachtung solcher und anderer Wechselwirkungen kann die auf den gesamten Lebenszyklus einer Anlage bezogene **Wirtschaftlichkeit** beträchtlich verbessern. Insofern kommen Unternehmen, die die vorhandenen **Rationalisierungsreserven im Bereich anlagenwirtschaftlicher Aktivitäten** ausfindig machen und ausschöpfen wollen, nicht umhin, deren **Integration innerhalb der Anlagenwirtschaft** herbeizuführen. Unterstützt werden sollten solche Bemühungen durch das gleichzeitige Etablieren eines auf solche Konzepte ausgerichteten **Anlagen-Controlling**, das die umfassende Integration und Koordination sämtlicher Aktivitäten sicherstellen muß.

Eine derartige Bündelung herbeizuführen, ist jedoch keineswegs mit der bloßen

Zentralisation bisher selbständig agierender organisatorischer Teilbereiche gleichzusetzen. Vielmehr bedarf es im Rahmen des Etablierens einer integrierten Anlagenwirtschaft zunächst einer besonders sorgfältig durchzuführenden, gesamtunternehmensbezogenen sowie auf erfolgswirtschaftliche Zielsetzungen abstellenden **Analyse sämtlicher bedeutsamer Interdependenzen**. Eine solche Untersuchung führt in den meisten Fällen zu der Erkenntnis, daß Wechselwirkungen nicht nur innerhalb der aufgezeigten anlagenwirtschaftlichen Aktivitätsfelder, sondern auch zu anderen Unternehmensbereichen bestehen. Diese sind ebenfalls im Rahmen etwaiger Reorganisationsmaßnahmen zu berücksichtigen.

So bestehen beispielsweise im allgemeinen sehr enge Wechselwirkungen zwischen der **Anlagenbereitstellung**, der **Investitionspolitik** und dem **Beschaffungswesen** von Unternehmen. Darüber hinaus sind Fragen der **Anlageninstallation**, insbesondere der damit einhergehenden Standortwahl innerhalb der Produktionsstrukturen in der Regel nicht losgelöst von **Instandhaltungsanforderungen** einerseits sowie der **Logistik** andererseits zu beantworten. Letztere spielt wiederum ebenfalls aus Sicht der **Anlageninstandhaltung** insofern eine bedeutsame Rolle, als die Bewirtschaftung, Bevorratung und Bereitstellung von Reserveteilen, Ersatzteilen und anderen Instandhaltungsmaterialien nicht losgelöst von bestehenden logistischen Konzepten, aber auch nicht ohne Berücksichtigung der engen Interdependenzen zur **Materialwirtschaft** sowie zu bestehenden **DV-Konzepten** geregelt werden können.

Besonders enge und zudem komplexe Interdependenzen bestehen darüber hinaus zwischen anlagenwirtschaftlichen Aktivitätsfeld der **Anlagennutzung** und der **Produktion**. Diese sind sogar nahezu gleichzusetzen und sollten deshalb vor allem in **innovativen und anlagenintensiven Industrieunternehmen**, in denen moderne Konzepte des Produktions-, Logistik- und Qualitätsmanagements, flexible Fertigungstechnologien sowie CIM-orientierte Lösungen der DV-technischen Integration technisch-betriebswirtschaftlicher Informationskreise zum Einsatz gelangen, nicht durch allzu weitgehende Zentralisationsbemühungen zerschnitten werden.

Die in diesem Zusammenhang bedeutsamen **Aktivitätsfelder und Wechselwirkungen** sind in **Abbildung 2** verdeutlicht. Diese Darstellung läßt erkennen, daß die Anlagenwirtschaft in solchen Produktionsstrukturen nicht als separater Bereich organisierbar ist, sondern in der als **Gesamtaufgabenfeld** zu begreifenden **anlagenintensiven Produktion** aufgeht. Diesem Aufgabenfeld sind dann die **Anlagenbereitstellung als Investition** sowie **Produktentwicklung** vorgelagert, in deren Zu-

Abbildung 2

AKTIVITÄTSFELDER UND WECHSELWIRKUNGEN DER ANLAGENINTENSIVEN PRODUKTION

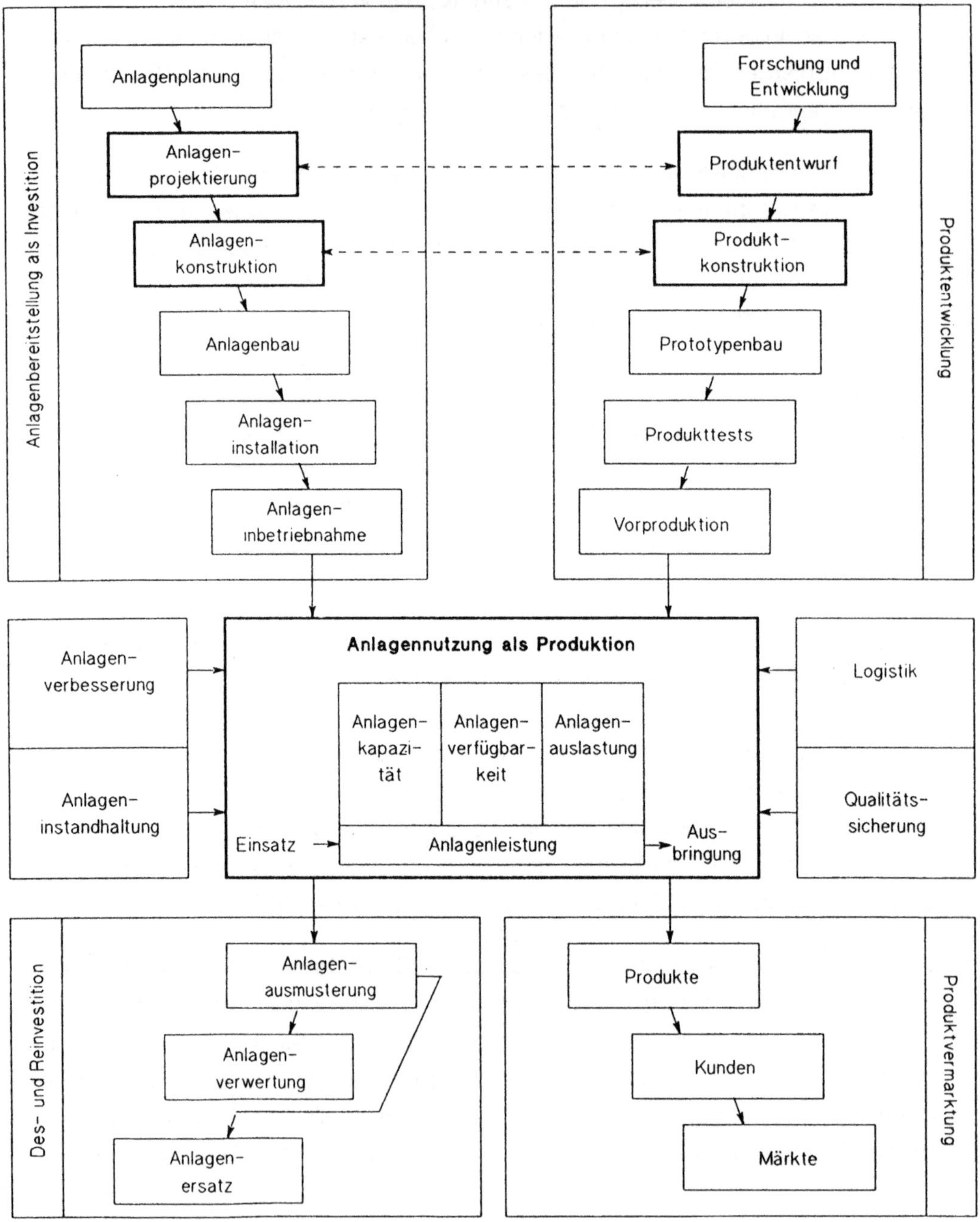

sammenhang wiederum äußerst enge Beziehungen, speziell zwischen der Anlagenprojektierung und der Produktentwicklung sowie zwischen der Anlagen- und der Produktkonstruktion herrschen. Aus anlagenwirtschaftlicher Sicht nachgelagert sind **Des- und Reinvestitionsaufgaben**, also Anlagenausmusterung, -verwertung und -ersatz. Im Mittelpunkt des Gesamtaufgabenfeldes steht die durch die Anforderungen der Märkte und Kunden geprägte **anlagenintensive sowie kundennahe Produktion**, die ihrerseits durch entsprechende Maßnahmen der **Anlagenverbesserung** und **Instandhaltungsstrategien** einerseits sowie durch moderne **Logistik- und Qualitätssicherungskonzepte** andererseits unterstützt werden muß, um eine wettbewerbspolitisch angemessene Leistungsfähigkeit zu erzielen. Aus Sicht technologieorientierter Zielsetzungen stehen dabei die erfolgswirtschaftliche **Optimierung der Kapazität, Flexibilität, Verfügbarkeit, Auslastung und Leistung der eingesetzten Anlagen** im Vordergrund. Im Zusammenhang mit dem Einsatz ebenfalls darauf ausgerichteter **Strategien der Produktionstiefenoptimierung sowie der Fertigungssegmentierung** resultieren somit äußerst **komplexe Koordinationsaufgaben**, zu deren Bewältigung der **Aufbau entsprechend leistungsfähiger Controlling-Konzepte** unabdingbar ist.

2. Betriebswirtschaftliche Konzepte des Controlling

Controlling-Konzeption können als Hilfestellungen verstanden werden, um das Management in die Lage zu versetzen, ihren Führungsaufgaben trotz der stark zunehmenden **Dynamik und Komplexität** des unternehmerischen Umfeldes sowie der deutlich steigenden **Integrations- und Koordinationsanforderungen** innerhalb der Unternehmen selbst gerecht zu werden. **Controlling** ist in diesem Zusammenhang - wie dies **Abbildung 3** veranschaulicht - insbesondere als **Verbindung von Rechnungswesen und Führungsprozeß** sowie gleichzeitig als **Teil des Führungsprozesses** auffaßbar.

Die Darstellung verdeutlicht, daß das **Controlling** in seiner Funktion als **Bindeglied zwischen Führungsprozessen und Rechnungswesen** primär die Auf gabe hat, Informationen aus dem Rechnungswesen mit Hilfe geeigneter **Instrumente und Methoden** für das Management aufzubereiten, die einzelnen Teilphasen von Füh-

Abbildung 3

AUFBAU EINES CONTROLLING-KONZEPTES FÜR DIE ANLAGENWIRTSCHAFT

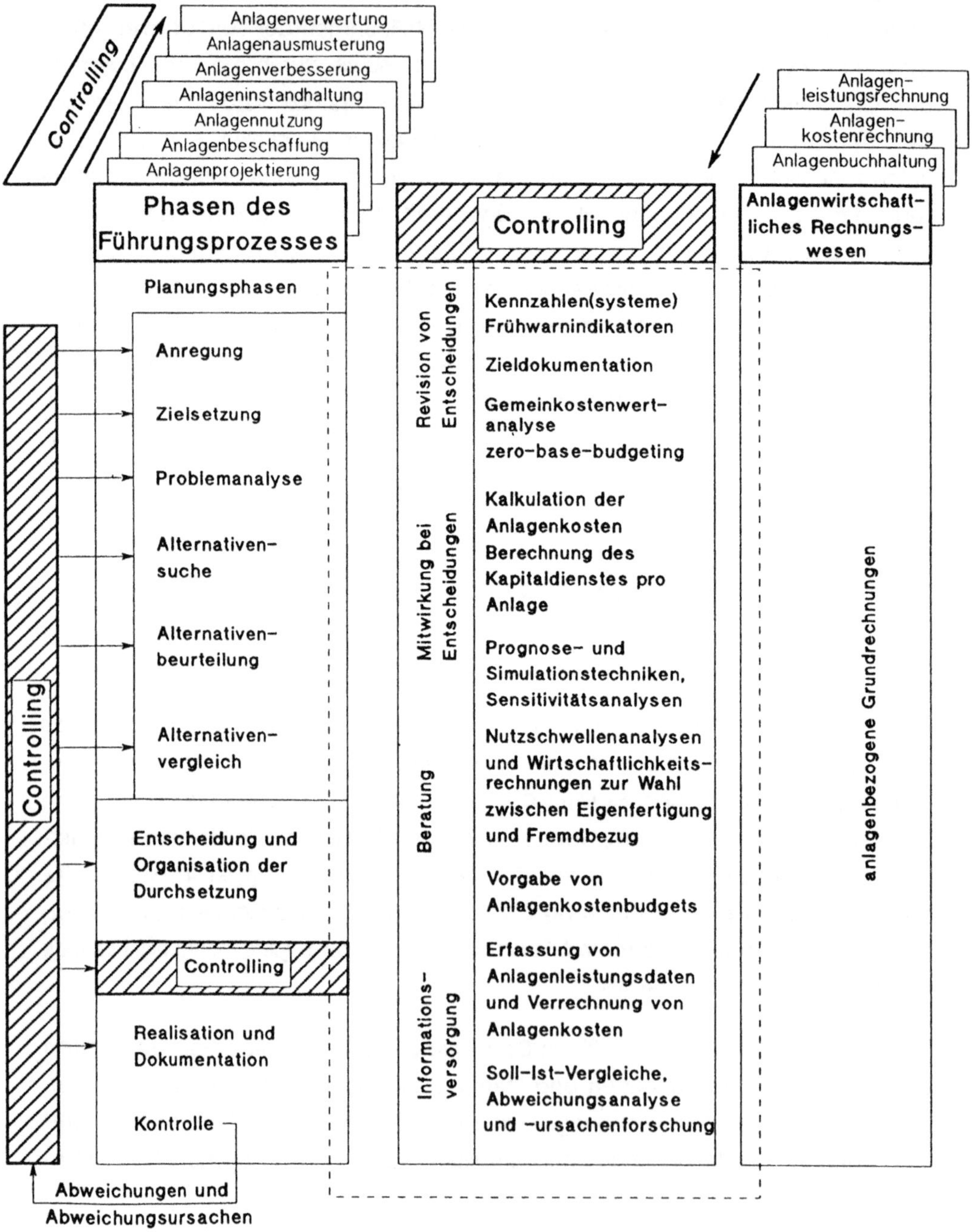

rungsprozessen methodisch und informationsbezogen zu unterstützen sowie das Management im Rahmen der Entscheidungsfindung mitwirkend zu beraten.

Darüber hinaus dient das **Controlling** in seiner eher operativen Funktion als **Bestandteil des Führungsprozesses** insbesondere der Durchsetzung getroffener Entscheidungen sowie der **Steuerung von Unternehmensaktivitäten** aus Abweichungen. Die Mitwirkung des Controlling bei der **Durchsetzung von Entscheidungen** wird etwa besonders deutlich im Rahmen von Budgetierungsprozessen. Die **Budgetierung** sollte vom Controlling mit dem Ziel gestaltet werden, die Rahmenplanung der Unternehmensführung auf der Grundlage von Budgetvorgaben an untergeordete Instanzen zu delegieren. Eingriffe seitens der Unternehmensführung werden bei einem solchen Vorgehen - im Sinne eines **Management bei Exception** - erst dann wieder erforderlich, wenn die im Rahmen der Budgetkontrolle durchgeführten Soll-Ist-Vergleiche Abweichungen erkennen lassen. Das Controlling hat somit in diesem Zusammenhang die Aufgabe, einerseits die Unternehmensführung von Alltagsroutinen zu entlasten und andererseits den nachgeordneten Instanzen motivierende **Gestaltungsspielräume** zu verschaffen. Darüber hinaus kann es dazu beitragen, auf eine allzu detaillierte Feinplanung von unternehmerischen Aktivitäten zu verzichten, da das Ergänzen von Planungs- und Entscheidungsprozessen um **controllingorientierte Steuerungsprozesse** das rasche und zudem differenzierte Eingreifen der Unternehmensführung bei auftretenden Abweichungen ermöglicht.

Schließlich hat das Controlling auch die Funktion, die **Koordination und Integration sämtlicher unternehmerischer Aktivitäten** zu optimieren. Das Controlling sollte in diesem Zusammenhang insbesondere gewährleisten, daß die unterschiedlichen Führungsprozesse der verschiedenen Unternehmensbereiche und deren Aktivitätsfelder im Interesse der obersten Unternehmensziele miteinander abgestimmt werden. Hierzu müssen bestehende **Wechselwirkungen**, wie sie im vorherigen Abschnitt aus Sicht der Anlagenwirtschaft aufgerissen wurden, analysiert und hinsichtlich ihrer Konsequenzen auf das jeweilige Zielsystem des Unternehmens untersucht werden. Besonders hohe Anforderungen resultieren somit vor allem dann für das Controlling, wenn die Interdependenzen unternehmerischer Aufgabenfelder besonders eng verzahnt sind, wie dies für **anlagenintensive Produktionsstrukturen** aufgezeigt wurde. In solchen Fällen muß das Controlling selbst in Teilgebiete und Teilaufgaben zerlegt werden, um die erforderlichen Koordinationsleistungen vollbringen zu können.

3. Teilgebiete und Teilaufgaben des Controlling anlagenintensiver Produktionsstrukturen

Der in vielen Industrieunternehmen sich bereits heute abzeichnende Trend zu besonders **anlagenintensiven Produktionsstrukturen** bedingt eine **Verlagerung der Führungsaufgaben und damit auch der Controllingaufgaben** in den betroffenen Unternehmen. Die Auswirkungen auf das erforderliche **Controlling-Konzept**, das eine effiziente Unterstützung der Führung gewährleisten kann, kennzeichnet **Abbildung 4**.

Die Darstellung läßt erkennen, daß anlagenintensive Produktionsstrukturen durch erhebliche **Veränderungen der Kostenstrukturen** gekennzeichnet sind. Es läßt sich feststellen, daß sich gerade durch Investitionen in fertigungstechnisch, logistisch und DV-technisch eng **verkettete Produktionsanlagen** die Bedeutung der **Anlagenkosten** gegenüber anderen Kostenarten stark erhöht hat. So erreichen etwa in der Automobilindustrie die Anlagenkosten heute bereits Größenordnungen von ca. 20% der gesamten Herstellkosten und sind insofern inzwischen oftmals bedeutsamer als die Personalkosten. Diese Entwicklung, die zu **extrem hohen Fixkostenbelastungen** führt, wird sich in Zukunft wohl noch verstärken. Demgegenüber nimmt der Anteil der variablen Kosten immer stärker ab. Abgesehen von den den Kostenträgern direkt zurechenbaren **Materialkosten** fallen etwa bei einer hochintegrierten Fertigungsstraße allenfalls noch die **Energiekosten** und die **Kosten anderer Serviceleistungen als variable Kosten** an. Hieraus resultieren Kostenstrukturen, die insgesamt durch eine **hohe Fixkostenlastigkeit** und insofern durch **ausgeprägte Inflexibilität** gekennzeichnet sind. Da zudem auch die Erlöse aufgrund hoher Wettbewerbsintensität in nahezu allen Märkten zunehmend inflexibler werden, agieren viele Industrieunternehmen in der unmittelbaren Nähe ihrer **Gewinnschwelle**. Dies ist mit einer **hohen Beschäftigungssensibilität** gleichzusetzen. Solche Unternehmen geraten, falls sie mit nur leicht rückläufigen Produktions- und Absatzmengen konfrontiert sind, sehr schnell in die Verlustzone. Die eingesetzten **Technologien** und deren fixkostendeckende Nutzung werden zu **kritischen Erfolgsfaktoren der strategischen Führung** eines Unternehmens.

Zur Vermeidung der aus solchen Entwicklungen resultierenden Gefahren lassen sich verschiedenartige, **gegensteuernde Strategien** einsetzen. So bemühen sich etwa derzeit bereits viele Unternehmen um die verstärkte **Reduzierung ihrer Produktionstiefe,** um dadurch einen Teil ihrer Kapazitäten abzubauen und damit einen

Abbildung 4

SCHWERPUNKTE DES CONTROLLING FÜR ANLAGENINTENSIVE BETRIEBE

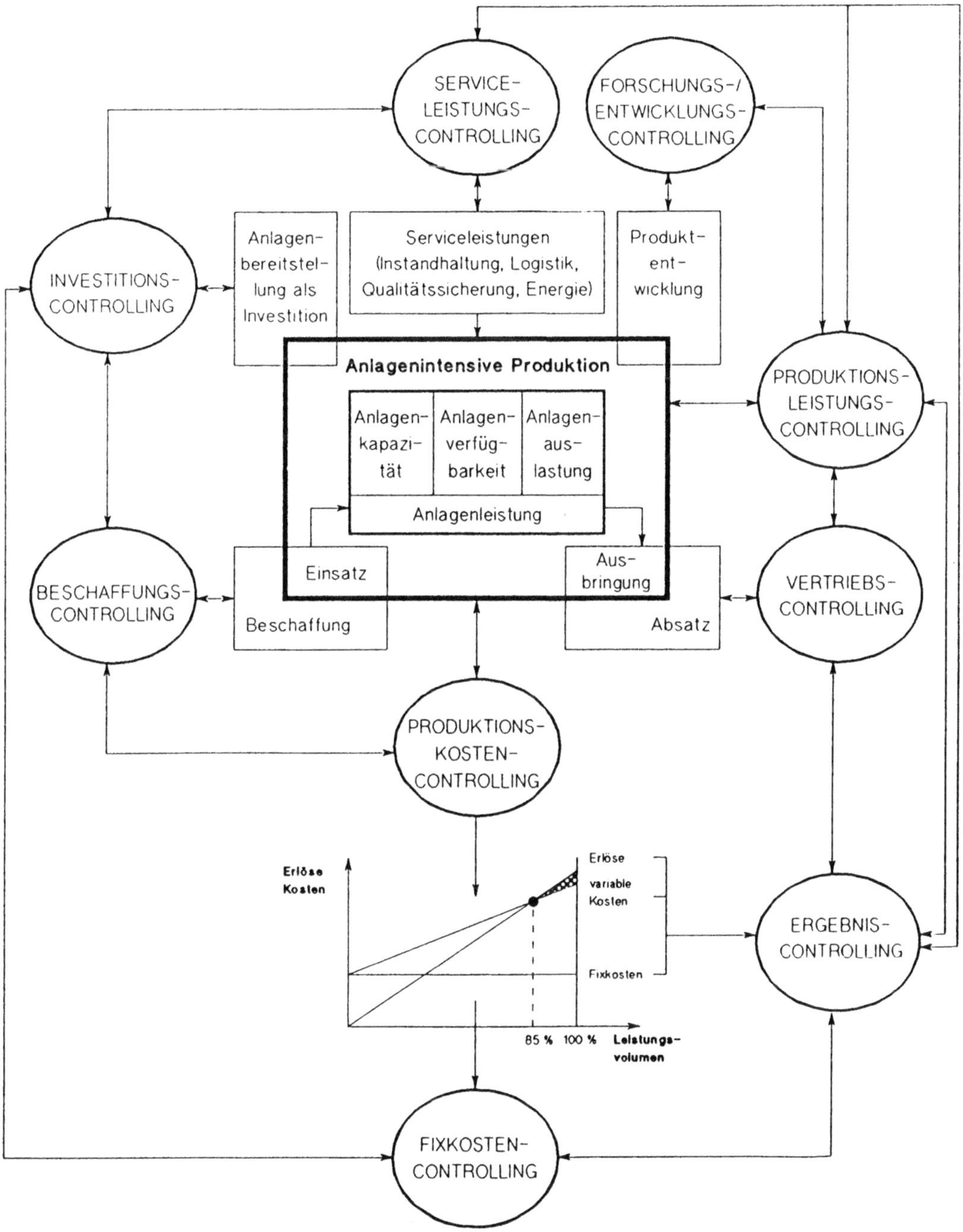

Teil der **Fixkosten in variable Fremdbezugskosten umzuwandeln**. Daneben gelangen zunehmend **Konzepte der Fertigungssegmentierung** zum Einsatz, die letztlich das Ziel verfolgen, die für die Produktion erforderlichen **Ressourcen zu minimieren** und gleichzeitig die gesamte **Wertschöpfungskette auf die speziellen Kundenbedürfnisse auszurichten**. Gekoppelt werden solche Strategien regelmäßig mit **Produktions- und Logistik-Konzepten**, die - etwa durch Just-in-time-An lieferung bedeutsamer Bauteile - den gesamten **Materialfluß und somit die Durchlaufzeiten optimieren** sollen.

Im unmittelbaren Verbund mit derartigen Strategien sollten auch entsprechende **Controlling-Konzepte** entwickelt und eingeführt werden, die die Unternehmensführung im Rahmen ihrer immer komplexeren Koordinations- und Integrationsaufgaben effizient unterstützen können. Dies bedeutet, daß sich **Controlling-Schwerpunkte zunehmend verlagern** müssen. In den Mittelpunkt rückt angesichts der zuvor aufgezeigten Fixkostenlastigkeit anlagenintensiver Produktionsstrukturen das **vorrangige Ziel**, Deckungsbeiträge in einer Höhe zu erwirtschaften, die die **zuverlässige Deckung der Fixkosten** sichert. Hierzu müssen letztlich Anlagenkapazität, Anlagenverfügbarkeit und Anlagenauslastung derart aufeinander abgestimmt werden, daß eine **möglichst hohe Anlagenleistung hinsichtlich der produzierten Mengen, aber auch entsprechenden Qualitäten vermarktungsfähiger, also kundennaher Produkte** realisiert werden kann.

Für das Controlling bedeutet dies, daß gegenüber dem bislang dominierenden **Produktionskosten-Controlling** zukünftig verstärkt ein entsprechend ausgerichtetes **Produktionsleistungs-Controlling**, das in enger Verbindung zu einem **Serviceleistungs-Controlling** stehen muß, zu etablieren ist. Diese Controlling-Teilgebiete müssen sich primär darum bemühen, die Anlagenleistungen im obengenannten Sinne zu optimieren. Hierzu zählt speziell etwa auch die Aufgabe, durch ein effizientes **Instandhaltungs-Controlling** eine möglichst hohe technische Anlagenverfügbarkeit sicherzustellen, die in einer auch organisatorische Anlagenverfügbarkeit umzuwandeln ist. Daneben ist beispielsweise das **Logistik-Controlling** als weiteres Teilgebiet des Serviceleistungs-Controlling auf die speziellen Ziele der Materialflußoptimierung auszurichten.

Darüber hinaus muß auch das **Fixkosten-Controlling** ausgebaut werden, das seinerseits in enger Verbindung zum **Investitions-Controlling** einerseits und zum **Ergebnis-Controlling** andererseits stehen muß, um dadurch bereits möglichst frühzeitig, also im Rahmen des Bereitsstellens neuer Technologien und unter Berücksichtigung sämtlicher erfolgswirtschaftlicher Konsequenzen auf investitionspolitische Entscheidungen Einfluß nehmen zu können.

Zu ergänzen sind diese Controlling-Bausteine um ein in enger Verbindung zum **Produktionskosten-Controlling** stehendes **Beschaffungs-Controlling**, das den im Beschaffungsmarketing durch Produktionstiefenreduzierung steigenden Anforderungen an den Fremdbezug von Materialien, Bauteilen und Baugruppen, sowie auch kompletten Dienstleistungen gerecht wird. Schließlich ist die optimale Verwertung der erstellten Leistungen durch ein die Produktentstehung begleitendes **Forschungs- und Entwicklungs-Controlling** sowie durch ein schlagkräftiges **Vertriebs-Controlling** sicherzustellen. Erst das Zusammenspiel der angeführten Teilgebiete des Controlling kann letztlich die **hohe Rentabilität kapital- und fixkostenintensiver Investitionen in moderne Produktionstechnologien** sicherstellen.

4. Leistungswirtschaftliche Verknüpfungen anlagenintensiver Produktionsstrukturen

Innerhalb der zuvor dargestellten Teilgebiete einer **umfassenden Controlling-Konzeption für anlagenintensive Produktionsstrukturen** verlangen jene anlagenwirtschaftlichen Aktivitätsfelder besondere Aufmerksamkeit, die in dem Bemühen um **Optimierung der Anlagenleistung** zunächst auf die **Erhöhung der Anlagenverfügbarkeit** ausgerichtet sind.

Zur letztlich erfolgswirtschaftlich ausgerichteten **Planung, Steuerung und Überwachung des Gesamtzusammenhangs zwischen Anlagenkapazität, Anlagenverfügbarkeit, Anlagenauslastung und Anlagenleistung** ist es erforderlich, kosten- und leistungswirtschaftlichen Verknüpfungen innerhalb solcher Produktionsstrukturen aufzudecken. Hierfür sind umfassende **Kosten- und Leistungsanalysen** erforderlich. Besondere Bedeutung erlangt in diesem Zusammenhang die **Instandhaltung** da sie jenes Aktivitätsfeld der Anlagenwirtschaft darstellt, das primär das Ziel zu verfolgen hat, eine möglichst hohe **Anlagenverfügbarkeit** und damit die **Voraussetzung für hohe Anlagenleistungen** sicherzustellen. Andererseits müssen mangels einer gut ausgebauten Anlagenleistungsrechnung die **Anlagenkosten oft-**

mals als Indikator für die Anlagenleistung herangezogen werden. Innerhalb der Anlagenkosten stellen in der Regel wiederum die Instandhaltungskosten den bedeutsamsten Anteil dar. Beide Tatbestände sprechen dafür, im Rahmen des Aufbauens eines umfassenden **Anlagen-Controlling** zunächst den **Regelkreis zwischen Instandhaltung und Produktion** zu bearbeiten.

Innerhalb dieses Regelkreises werden in den meisten Fällen die in den Werkstätten angefallenen **Instandhaltungskosten durch Umlagen auf die leistungsempfangenden Kostenstellen verrechnet**. Diese Vorgehensweise einer pauschalen und kostentheoretischer Sicht letztlich stets willkürlichen Gemeinkostenverteilung ist weder aus kostenrechnerischer Sicht noch angesichts der bedeutsamen Zielsetzungen des Anlagenleistungs-Controlling befriedigend.

Stattdessen sollte - wie dies in **Abbildung 5** dargestellt ist - das Bemühen darauf ausgerichtet werden, ausgehend von **leistungsbezogen gebildeten Verrechnungssätzen für unterschiedliche Instandhaltungsmaßnahmen** die **Instandhaltungskosten** über ein entsprechend etabliertes DV-gestütztes Auftragswesen **auf die jeweiligen Instandhaltungsobjekte**, also die instandgehaltenen Anlagen zu verrechnen und dann über diesen Weg in die betroffenen **Fertigungskostenstellen** weiterzuleiten. Dieses Vorgehen, das die Integration der Instandhaltungskostenstellen in die Kostenstellenrechnung voraussetzt, bietet in vielfacher Weise Vorteile. So besteht etwa die Möglichkeit, innerhalb entsprechend ausgebauter **Kosten- und Leistungsberichte** für einzelne Anlagenbaugruppen, Anlagen und Anlagenkomplexe nicht nur die jeweils anfallenden **Kosten** objektbezogen zu erfassen, sondern darüber hinaus - gestützt durch Betriebsdatenerfassungssysteme - auch spezifische **Anlagenleistungsdaten** festzuhalten. Erst die damit sich ergebende Möglichkeit, **Kosten-Leistungs-Relationen** für einzelne Anlagen abzuleiten, liefert die für ein umfassendes **Leistungs-Controlling** erforderlichen Informationen.

Desweiteren bietet ein derartiges **Auftragswesen**, in dem Aufträge für planmäßig auszuführende Instandhaltungsmaßnahmen automatisch und Aufträge für störungsbedingte Instandhaltungstätigkeiten bedarfsgesteuert ausgelöst werden, die Voraussetzung zur **Optimierung der Budgetierung** einerseits und der **Kalkulation** andererseits. So läßt sich etwa eine **differenzierte Kalkulationsdatenbank** aufbauen, die nicht zuletzt die Entscheidungsgrundlagen für die Wahl zwischen Eigen- und Fremdinstandhaltung verbessert. Dafür können **Kalkulationsschemata** herangezogen werden, die - wie dies aus **Abbildung 6** ersichtlich ist - im Falle der Auftragsauslösung mit Hilfe der im Auftragswesen zusammenlaufenden Kosteninformationen gespeist werden und sich für **auftragsspezifische Schätz-, Vor- und Nachkalkulationen mit integrierten Genehmigungsverfahren** verwenden lassen.

Derartige Kalkulationen bieten den Vorteil, daß die verschiedenartigen Instandhaltungsleistungen nicht mehr sehr pauschal mit nur einem einzigen Stundensatz abgerechnet werden. Vielmehr besteht die Möglichkeit, **unterschiedliche Maßnahmen der Instandhaltung** in Abhängigkeit etwa davon, ob Schlosser, Elektriker oder Elektroniker tätig wurden, welcher Qualifikationsgruppe das eingesetzte Personal angehört, ob Werkzeuge genutz werden mußten und welche Materialien verbraucht wurden, auch mit entsprechend **unterschiedlichen Kosten** zu bewerten. Die dafür erforderlichen Daten können auf sehr einfache Weise aus der Finanzbuchhaltung, dem Instandhaltungs-Auftragswesen, den Materialscheinen und der jeweiligen Kostenstellenrechnung der betroffenen Instandhaltungswerkstätten entnommen werden.

Diese Kalkulationen können in ein **Instandhaltungs-Planungs- und Steuerungssystem (IPS)** integriert werden, das nicht nur die Instandhaltungspläne und die Instandhaltungstermine verwaltet, sondern die gesamten Instandhaltungsaufträge steuert. Damit lassen sich zum einen sämtliche Dispositionen der Instandhaltung vereinfachen und andererseits die für die Beurteilung von Kosten-Leistungs-Relationen erforderlichen Informationen erfassen und anschließend dokumentieren. Der Aufbau solcher Kalkulationen ist letztlich nicht nur eine Voraussetzung dafür, die gesamte Instandhaltung zu verbessern und zu rationalisieren. Vielmehr stellt die zuvor skizzierte, von der Anlageninstandhaltung ausgehende **laufende Analyse, Dokumentation und Überwachung der leistungswirtschaftlichen Verknüpfungen anlagenintensiver Produktionsstrukturen** zugleich ein wesentliches Modul eines umfassenden **Anlagen-Controlling** dar. Zu ergänzen ist dieses Instrument durch ein darauf abgestimmtes **anlagenwirtschaftliches Berichtswesen**, in dem die für die erfolgsorientierte Führung der gesamten Anlagenwirtschaft erforderlichen Informationen zu bündeln sind.

Abbildung 5

ANLAGENBEZOGENE ABRECHNUNG VON INSTANDHALTUNGSAUFTRÄGEN

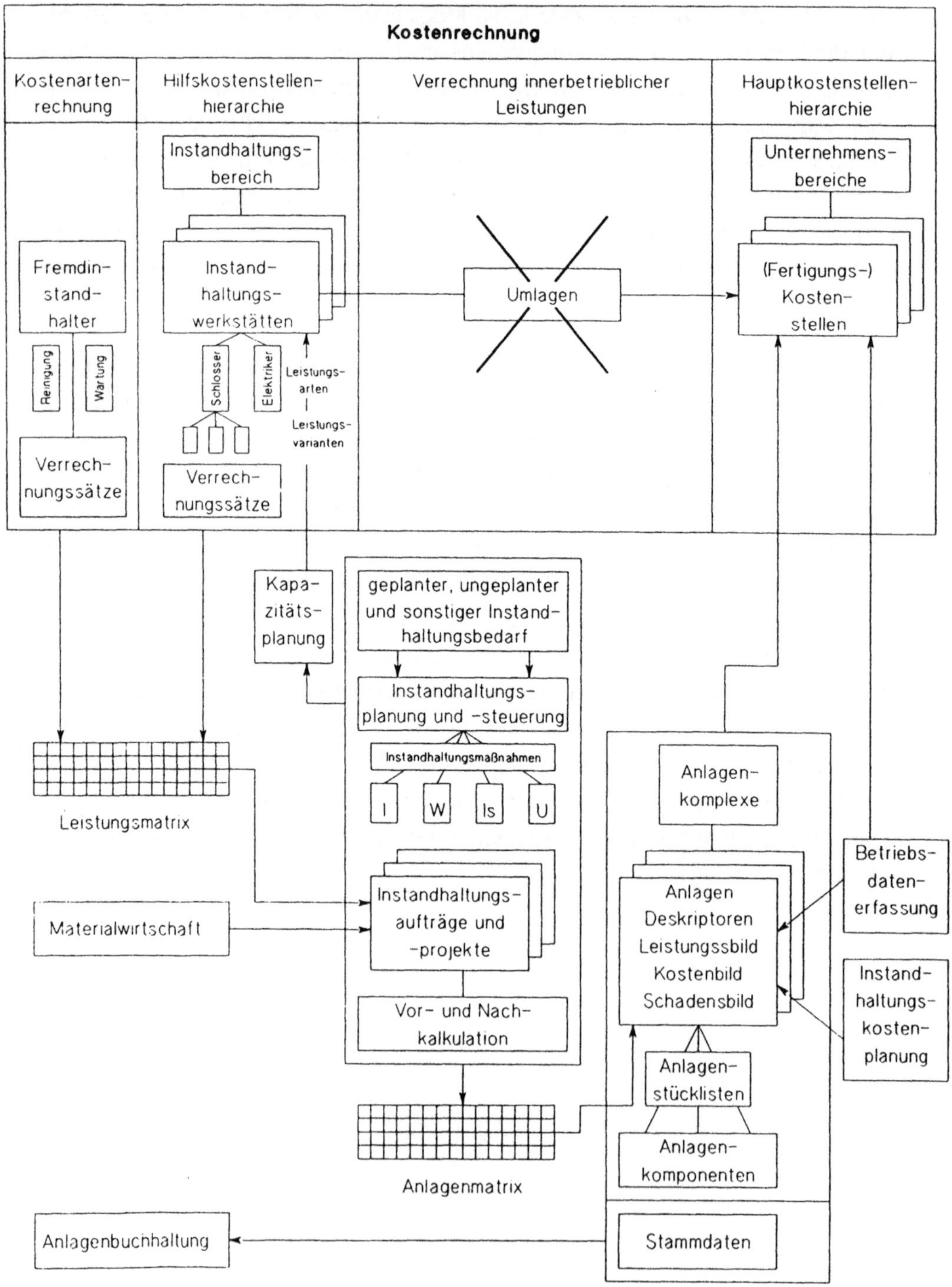

Abbildung 6

SCHEMA ZUR KALKULATION VON INSTANDHALTUNGSKOSTEN

Kostenart \ Zeit-Mengen-Struktur	Zeiten	Verrechnungssätze: prop. Kostensatz	Verrechnungssätze: Vollkostensatz	Mengen	Preise	Zuschlagssätze	prop. Kosten	Vollkosten
Personalkosten								
Werkzeugkosten								
Materialkosten								
Fremdinstandhaltungskosten Σ								
Meister Facharbeiter Hilfsarbeiter								
Schlosser Σ								
Elektriker								
Werkstätte 1 Σ								
Werkstätte 2								
Personalkosten Σ								
Werkzeugkosten Σ								
Reserveteile Ersatzteile Hilfsstoffe Betriebsstoffe								
Materialeinzelkosten Materialgemeinkosten								
Materialkosten Σ								
Eigeninstandhaltungskosten Σ								
Sonstige Kosten der Instandhaltung Σ								
Verwaltungskosten der IH Σ								
Σ								

5. Grundstruktur eines anlagenwirtschaftlichen Berichtswesen

Das **Anlagenberichtswesen** stellt eine aufbereitete, also strukturierte und gegebenenfalls vorverdichtete **Sammlung bedeutsamer Informationen über anlagenwirtschaftliche Objekte und Aktivitäten** dar, mit deren Hilfe das zuständige Management in die Lage versetzt wird, langfristige sowie laufende Entscheidungen fundiert zu treffen. Ziel eines solchen Controllinginstrumentes sollte es sein, in umfassender Form sowohl über anlagenwirtschaftliche **Stammdaten** als auch über **Bewegungsdaten** zu berichten.

Eine besonders bedeutsame Voraussetzung für eine möglicht umfassende Nutzbarkeit eines solchen Berichtswesens ist eine **hohe Berichtsflexibilität**. Dies bedeutet, daß die Reporte neben inhaltlich teilweise **standardisierten Informationen** durch Nutzung eines entsprechend ausgerichteten Berichtsgenerators auch **individuelle Zusatz- und Sonderinformationen** aufnehmen können. Unter zeitlichen Aspekten sollten grundsätzlich in bestimmten, im voraus festgelegten Intervallen periodenbezogene Auswertungen sowie - als Option - in Sonderfällen auch ad hoc-Berichte erstellt werden können.

Ein effizientes Anlagenberichtswesen sollte auf den **leistungswirtschaftlichen Zusammenhängen** basieren, die innerhalb des Regelkreises zwischen Produktion und Instandhaltung bestehen. Darüber hinaus müssen **Schnittstellen** zu anderen Bereichen, insbesondere etwa zur **Anlagenbuchhaltung**, zur **Kostenrechnung** und zur **Materialwirtschaft** in den Aufbau des Berichtssystems einbezogen werden, um die Bündelung möglichst umfassender anlagenwirtschaftlicher Informationen zu gewährleisten.

Entsprechend der Leistungsketten, die für den oben genannten Regelkreis typisch sind, sowie der angestrebten Zwecke der Berichterstattung resultieren die **fremden und eigenen Instandhaltungskapazitäten**, die **Instandhaltungsmaßnahmen (Aufträge)** sowie die **Instandhaltungsobjekte** als wesentliche **Berichtsobjekte**. Hinzu kommen die **Instandhaltungskostenstellen** (Werkstätten) und die leistungsempfangenden **Fertigungskostenstellen** als weitere Berichtsobjekte. Inhaltlich sollte in Bezug auf diese Berichtsobjekte über

- übergeordnete **Stammdaten** sowie Stammdaten der einzelnen Berichtsobjekte;

- anlagenwirtschaftlich relevante **Merkmale und Eigenschaften der Berichtsobjekte**;
- Arten und Dimensionierungen der vorhandenen **Kapazitäten** sowie deren **Auslastung**;
- eventuell vorhandene (redundante) hochwertige **Reserveteile**;
- **Kosten- und Investitionsplandaten** einzelner Berichtsobjekte;
- methodisch unterschiedliche **Instandhaltungsstrategien und Instandhaltungspläne**;
- **Ursachen** für das Auslösen **ungeplanter Instandhaltungsmaßnahmen**;
- den **Stand** der in Arbeit befindlichen **Instandhaltungsaufträge**;
- durchgeführte und **abgeschlossene Instandhaltungstätigkeiten**;
- vorgenommene **Änderungen von Instandhaltungsobjekten**;
- die jeweilige Höhe des **Herstellungs- und Erhaltungsaufwandes**;
- Höhe und Struktur der **Anlagenkosten**;
- **Leistungsbilder** besonders wichtiger Bauteile, Baugruppen, Anlagen und Anlagengruppen sowie
- die jeweilige Ausprägung bedeutsamer **Kennzahlen**

informiert werden. Diese Informationen sollten - soweit dies jeweils erforderlich ist - einerseits in laufende **periodenbezogene Berichte** und andererseits in **anlagenlebenszyklusorientiert kumulierte Berichte (Anlagenhistorie)** einfließen. Darüber hinaus bilden sie die Grundlage für den Aufbau von führungsunterstützenden **anlagenwirtschaftlichen Kennzahlen und Kennzahlensystemen**. Schließlich ist daran zu denken, die damit geschaffene anlagenwirtschaftliche Informationsbasis für ein entsprechend ausgerichtetes **Expertensystem** zu nutzen, das ebenfalls zur besonders effizienten Unterstützung der anlagen- und produktionswirtschaftlichen Planungs-, Entscheidungs-, Steuerungs- und Überwachungszusammenhänge einzusetzen ist.

6. Aufbau eines DV-gestützen Informationssystems für die Anlagenwirtschaft

Im Rahmen des Anlagen-Controlling für anlagenintensive Produktionsstrukturen hat ein **DV-gestütztes Anlagen-Informationssystem** insbesondere die Aufgabe, die **benutzerfreundliche, aktuelle und bedarfsgerechte Erfassung, Aufbereitung, Dokumentation und Bereitstellung anlagenwirtschaftlicher Informationen** zu unterstützen. Es ist insofern ein bedeutsames Hilfsmittel eines umfassend organisierten **Anlagen-Controlling** und dient nicht zuletzt auch dem Zweck, die einzelnen erforderlichen Controllinginstrumente im Unternehmen zu etablieren und die dort generierten und vorgehaltenen Informationen miteinander abzustimmen und zu integrieren. Insofern besteht die Chance, das **Anlagen-Controlling** durch Aufbau eines DV-gestützten Informationssystems **zu einem CIM-Baustein** fortzuentwickeln.

Ein an den umfassenden Informationsbedarfen anlagenintensiver Produktionsstrukten orientiertes **DV-Konzept** sollte die aus **Abbildung 7** ersichtlichen **Funktionsumfänge als integrierte Tools** beinhalten.

Ein **Dokumentationssystem** sollte der Erfassung, Strukturierung, Aufbereitung und Pflege spezifischer anlagenbezogener Datenumfänge dienen. Hierzu zählen etwa **Anlagenstammdaten**, Objektänderungsdaten, die in die **Anlagenhistorie** münden, sowie weitere **Stammdaten** über die zum Einsatz gelangenden eigenen und fremden anlagenwirtschaftlichen Kapazitäten. Ein solches Dokumentationssystem, das sich auch zur Hinterlegung der für das gesamte Informationssystem zugrunde gelegten **Anlagenhierarchien** eignet, muß über geeignete **Schnittstellen** vor allem zur Anlagenbuchhaltung verfügen. Die **Anlagenbuchhaltung**, die mit der Finanz- und Geschäftsbuchhaltung verbunden sein muß, liefert insbesondere die hier festzuhaltenden einfachen Daten über den jeweiligen Anlagenhersteller, das Anlagenalter, die bedeutsamsten Bauteile und Komponenten einer Anlage, den Anschaffungswert, der gegebenenfalls zum Wiederbeschaffungswert fortzuschreiben ist sowie Ausgangsdaten zur technischen und wirtschaftlichen Lebensdauer einer Anlage. Darüber hinaus sollten in das Dokumentationssystem auch Informationen über die Art der Integration einer Anlage in den Produktionsablauf sowie über den Anlagenstandort aufgenommen werden. Schließlich empfiehlt es sich, Schwachstellen- und Ausfallkostenstatistiken sowie Verschleiß- und Störpotentiale ebenfalls anlagenbezogen vorzuhalten. Insofern sollten auch Schnittstellen zu einem **Instandhaltungsplanungs- und Steuerungssystem** (IPS) sowie zur **Anlagenkosten- und**

Abbildung 7

GRUNDSTRUKTUR EINES INTEGRIERTEN, DV-GESTÜTZTEN INFORMATIONSSYSTEMS FÜR DIE ANLAGENWIRTSCHAFT

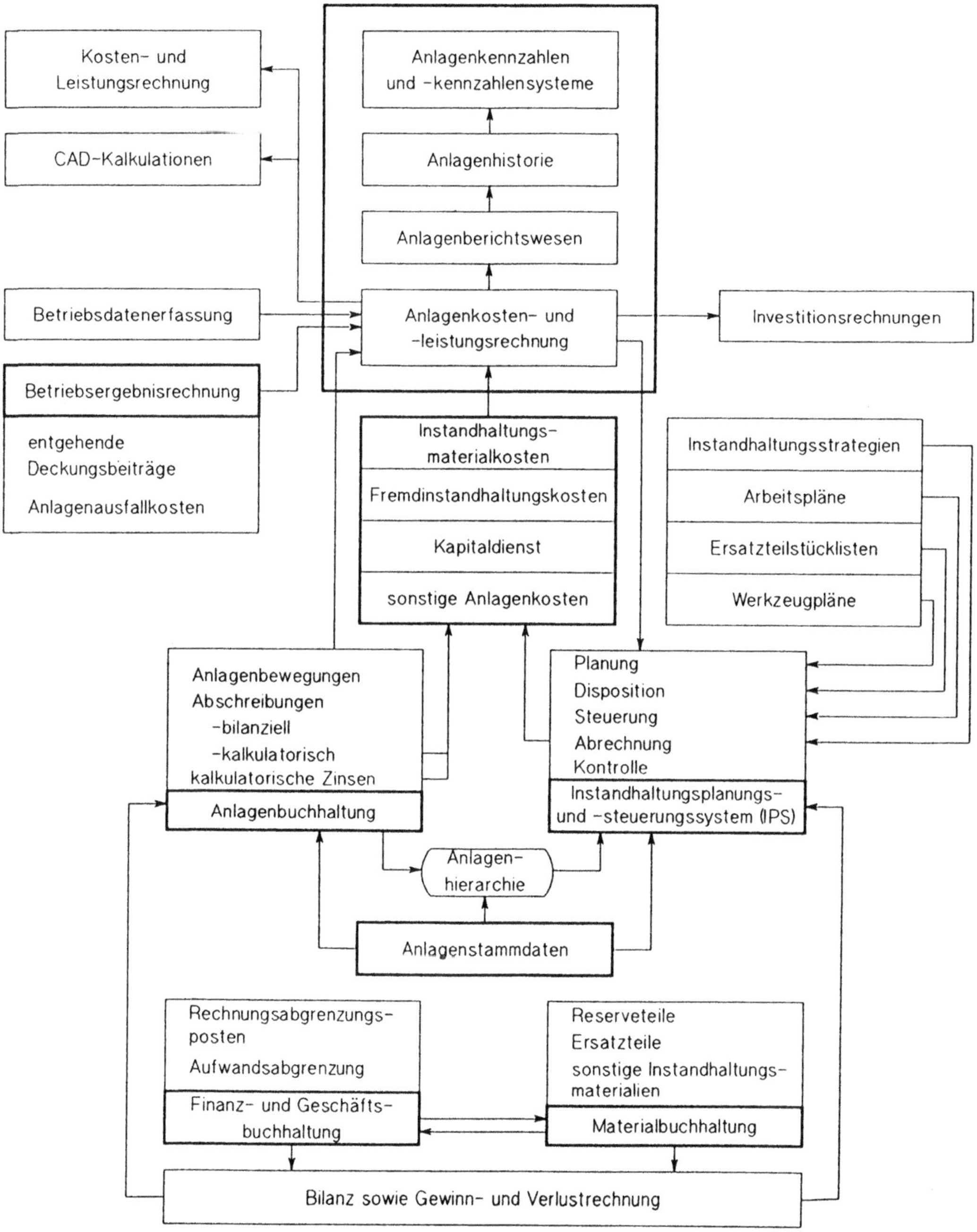

-leistungsrechnung bestehen.

Ein weiteres Systemmodul, das zunächst nicht zwingend in das PPS-System der Produktion integriert sein muß, sollte speziell für **Planungs- und Steuerungsbedarfe innerhalb der anlagenwirtschaftlichen Aktivitätsfelder** eingesetzt werden. Ein solches, zunächst zweckmäßigerweise für die **Anlageninstandhaltung** zu etablierendes System kann für die **Arbeits- und Werkzeugplanung**, das gesamte **Auftragswesen**, die **Terminsteuerung** sowie die **Personal- und Werkstattkapazitätsplanung** genutzt werden. Das System sollte unter Rückgriff auf die bedeutsamsten Instandhaltungs-Strategien in der Lage sein, die **Instandhaltungszyklen planbarer Maßnahmen** festzulegen und zu koordinieren. Davon ausgehend sollten detaillierte **Arbeitspläne für sämtliche Instandhaltungsmaßnahmen** erstellt, verwaltet, gepflegt und laufend verfeinert werden können. Für die erstellten Arbeitspläne sollten sodann automatisch **Zeitvorgaben** und **Ersatzteillisten** generiert werden können. Ein Dispositionssystem zur **Verwaltung von Instandhaltungsmaterialien sowie von hochwertigen Reserveteilen und Ersatzteilen**, das über entsprechende **Schnittstellen zur Materialbuchhaltung** verfügt, sollte insofern integriert sein.

Mit Hilfe eines derartigen Planungs- und Steuerungs-Systems sollten darüber hinaus - wie bereits kurz erwähnt - **auftragsspezifische Kostenvoranschläge** erstellt werden können. In Abhängigkeit von im voraus festzulegenden Wertgrenzen ist in die **Schätz- und Vorkalkulation** ein **auftragsbezogenes Genehmigungsverfahren** zu integrieren, das zur **automatischen Auftragsauslösung planmäßig auszuführender Instandhaltungsarbeiten** beziehungsweise zur **bedarfsgesteuerten Auftragsauslösung störungsbedingter Instandhaltungstätigkeiten** eingesetzt werden kann.

Das **Auftragswesen** sollte derart organisiert sein, daß vom Instandhaltungs-Leitstand aus **verschiedene Typen von Instandhaltungsaufträgen** DV-gestützt erstellt werden können. Gerade im Bereich der Instandhaltung ist es wichtig, auch **Daueraufträge und Kommissionen** vorzusehen, um einer nur noch schwer beherrschbaren Vielzahl von **Einzelaufträgen** vorzubeugen. Das DV-gestützte Auftragswesen sollte darüber hinaus in der Lage sein,

- eine auf festgelegten Prioritäten aufbauende, **gezielte Auftragssteuerung** und **Einsatzplanung der Instandhaltungshandwerker** vorzunehmen;

- **Auftrags-, Lohn- und Materialscheine** automatisch auszugeben;

- durch **Erfassung der Ersatzteil- und Instandhaltungsmaterialverbräuche sowie der Arbeitszeiten** die in der Durchführung befindlichen und die durchgeführten Instandhaltungsaufträge zu dokumentieren und laufend zu überwachen;

- die **Rückmeldung der Ausführung von Instandhaltungsaufträgen** und die erforderlichen **technischen Freigaben der betroffenen Anlage** auszulösen und

- in diesem Zusammenhang die festgestellten **Störursachen, Schadensfälle und Schwachstellen der Anlage** in das Dokumentationsmodul für Anlagendaten einzuspeisen.

Im Anschluß an die Erledigung einer Instandhaltungsmaßnahme sollte das DV-System auch die **Abrechnung und Nachkalkulation der Instandhaltungsaufträge** ermöglichen. Hierzu muß über eine **Schnittstelle zur Anlagenkosten- und -leistungsrechnung** auch die Integration zur allgemeinen **Kostenrechnung** sichergestellt sein, um eine **kostenstellenbezogene Überwachung der Ausschöpfung der Instandhaltungsbudgets** sowie die innerbetriebliche **Weiterverrechnung auftragsbezogen erfaßter Instandhaltungskosten** zu ermöglichen.

Es wurde bereits kurz darauf hingewiesen, daß die - im zuvor beschriebenen Sinne - vorzunehmende sinnvolle **Integration von Kosten- und Leistungsdaten der Instandhaltung in die Kostenrechnung** dort die Schaffung entsprechender **Voraussetzungen** bedingt. Dazu müssen insbesondere die **Instandhaltungswerkstätten als Hilfskostenstellen** in den Kostenstellenplan integriert werden. Für diese Kostenstellen sind dann DV-gestützt insbesondere

- die Kosten in Abhängigkeit von den Kostenstellenleistungen in **Kostenkategorien**, also in **variable und fixe Instandhaltungskosten** zu differenzieren;

- **leistungsbezogene Kostenpläne** aufzustellen;

- differenziert nach verschiedenen Kostenarten **Abstimmungen der Kostenpläne mit den vorgegebenen Budgets** vorzunehmen;

- maßnahmenorientierte und sonstige leistungsbezogene **Verrechnungssätze** zu bilden;

- die einzelnen, bereits ausgeführten **Instandhaltungsleistungen** zu dokumentieren;

- die jeweils entstandenen **Kosten zu kontrollieren** sowie

- gegebenenfalls auftretende **Abweichungen** hinsichtlich der jeweiligen Ursachen zu analysieren.

Es muß also auch für den **Instandhaltungsbereich** eine **entscheidungsorientierte Grenzplankostenrechnung** etabliert werden, die die für ein umfassendes **Instandhaltungs-Controlling** erforderlichen Informationen bereitstellen kann. Diese Aufgabe kann durch Einsatz von am Markt erhältlicher **Kostenrechnungs-Standardsoftware** bewältigt werden.

Abgerundet wird die **Anlagenkosten- und -leistungsrechnung** durch die Möglichkeit, neben den laufenden Funktionen auch **Sonderfunktionen**, wie etwa **Projektkosten-, Investitions- sowie Wirtschaftlichkeits- und Budgetrechnungen**, durchführen zu können.

Das im Rahmen eines umfassenden **Leistungs-Controlling für anlagenintensive Produktionsstrukturen** bedeutsamste Ziel besteht letzlich darin, das **Leistungsbild jeder einzelnen Anlage** zu dokumentieren. Insofern stellen die einzelnen Anlagen, aber auch integrierte Anlagengruppen sowie gegebenenfalls auch einzelne Bauteile die hauptsächlichen Objekte der im Mittelpunkt des Anlagenberichtswesens stehenden **Kosten- und Leistungsberichte** dar.

Zur Abbildung der **Anlagenleistung** müssen die wesentlichen Input- und Output-Daten abgebildet werden. Auf der **Input-Seite** sind sämtliche **Kosten für das Bereitstellen, Vorhalten und Nutzen von Anlagen**, bis hin zur exakten Erfassung der Kosten leistungsbedingter Faktorverbräuche (also etwa der Energiekosten, der Betriebsstoffkosten, etc.) zu erfassen. Diese Daten sind der **Anlagenkosten- und -leistungsrechnung** zu entnehmen, die daher ihrerseits wiederum insbesondere Schnittstellen zu den **Betriebsdatenerfassungssystemen** aufweisen muß. Auf der Output-Seite sind vor allem die Leistungsmengen und -qualitäten, die Anlagennutzungszeiten sowie der Wert der Anlagenleistung festzuhalten. Darüber hinaus müssen Informationen über die investierte sowie die verfügbare Anlagenkapazität und die Ausfallzeiten, -ursachen und -kosten erfaßt werden. Zu diesem Zweck kommt wiederum die **Anlagenkosten- und -leistungsrechnung** als Datenlieferant in Frage, die daher ihrerseits wechselseitig mit der **Anlagenbuchhaltung**, dem **Instandhaltungsplanungs- und Steuerungssystem** sowie der **Betriebsergebnisrechnung** zu koppeln ist.

Die damit insgesamt erfaßten anlagenwirtschaftlichen Informationen bilden den **Ausgangspunkt für entscheidungsorientierte Berichterstattungen** an verschiedene Managementebenen, wie etwa

- die Ermittlung und den Ausweis der **Anlagenproduktivität** und **Anlageneffizienz**,

- die Erfassung, Bündelung und Überwachung der **Instandhaltungskosten** sowie deren Vergleich mit den **Kosten der Schwachstellenanalyse, -bekämpfung und -beseitigung** sowie

- die Aufbereitung **anlagenbezogener sowie maßnahmenbezogener Kosten- und Leistungskennzahlen**.

Das insgesamt in den Grundzügen beschriebene **DV-gestützte Informationssystem für die Anlagenwirtschaft** sollte mit Hilfe leistungsfähiger **Hardware- und Software-Technologien** kompatibel zu anderen DV-Systemen eines Unternehmens aufgebaut sein und die erforderlichen **Schnittstellen** beinhalten, um langfristig in ein **umfassendes CIM-Konzept** integriert werden zu können.

Integriertes Investitions- und Instandhaltungs-Controlling

Prof. Dr. H. Kagermann, SAP AG, Walldorf

Inhaltsverzeichnis

1. Einleitung
2. Projektplanung und -kontrolle
2.1 Von der Projektierung bis zur Genehmigung
2.1.1 Informationskreise
2.1.2 Projektstrukturierung und -planung
2.1.3 Projektgenehmigung
2.2 Von der Bereitstellung bis zur Inbetriebnahme
2.2.1 Projektabwicklung
2.2.2 Aktive Verfügbarkeitskontrolle
2.2.3 Soll-Ist-Vergleiche
2.2.4 Projektabrechnung im Dialog
3. Anlagenbuchhaltung
3.1 Anlagenklassifizierung und Anlagengitter
3.2 Die Nutzungsphase der Anlage
4. Instandhaltung
4.1 Informationskreise
4.2 Objekte in der Instandhaltung, Anlagenbuchhaltung und Produktion
4.3 Instandhaltungsplanung und -simulation
4.4 Instandhaltungskostenrechnung
4.5 Instandhaltungsabwicklung
5. Interaktives Informationssystem
5.1 Bausteine des Informationssystems
5.2 Exemplarische Bildschirmbilder
6. Ausblick

10. Saarbrücker Arbeitstagung 1989
Rechnungswesen und EDV
hrsg. v. A.-W. Scheer

1. Einleitung

Die fortschreitende Automatisierung und die Bereitschaft, in neue Technologien zu investieren, bewirkt eine wachsende Anlagenintensität und -komplexität in Unternehmen nahezu aller Branchen. Da gleichzeitg aufgrund des beschleunigten technologischen Fortschritts mit abnehmenden Nutzungsdauern zu rechnen ist, kommt der Überwachung des Investitionsetats und der Steigerung der Anlagenverfügbarkeit zunehmende Bedeutung zu.

Dies wird noch verstärkt durch den Trend, daß die Faktoren Lieferbereitschaft und Produktqualität immer größerer Bedeutung für die Wettbewerbsfähigkeit der Unternehmen erlangen.

Während der Produktionsprozeß schon weitgehend optimiert ist, liegt hier ein großes, vielfach nicht hinreichend ausgeschöpftes, Rationalisierungspotential. Gefordert ist ein integriertes Investitions- und Instandhaltungs-Controlling, das den Lebenslauf einer Anlage von der Projektierung über die Realisierung, Aktivierung und Abschreibung bis zur Wartung nahtlos überwacht (Abb. 1).

Die zunehmende Bedeutung des die Felder Projektplanung und -kontrolle, Anlagenbuchhaltung und Instandhaltung umfassenden Gebiets Anlagenwirtschaft erfordert Software-Unterstützung sowohl im operativen wie im Controlling-Bereich. Ziel muß es sein, den Entscheidungsträgern während des gesamten Lebenszyklus zeitnahe Informationen über den kaufmännischen und technischen Status einer Anlage bereitzustellen.

Im folgenden wird mit den Komponenten

. Projektplanung und -kontrolle (RK-P)
. Anlagenbuchhaltung (RA)
. Instandhaltung (RM-I)

des Systems R/2 der SAP eine Lösung vorgestellt, die unter diesen globalen Gesichtspunkten entwickelt wurde (Abb. 2) und gleichzeitig die Anlagenwirtschaft als ein Unternehmensbereich betrachtet, der stark mit den anderen Funktionsbereichen

. Materialwirtschaft	(Bestellung von Anlagen, kontiertem Material und Dienstleistungen; Bevorratung von Ersatzteilen und Material)
. Produktion	(Verfügbarkeit von Betriebsmitteln)
. Kostenrechnung	(innerbetriebliche Leistungsverrechnung, Auftragsvor- und -nachkalkulation)
. Finanzbuchhaltung	(Rechnungseingang; Bilanz-, G+V-Konten, Finanzplanung)
. Personal	(Arbeitszeiterfassung)

integriert ist.

2. Projektplanung und -kontrolle

Die Systemkomponente RK-P begleitet die Anlage von der Projektierung über die Genehmigung und Realisierung bis zur Inbetriebnahme und Aktivierung im Anlagenvermögen.

2.1 Von der Projektierung bis zur Genehmigung

2.1.1 Informationskreise

Der gesamte Projektablauf gliedert sich in Iterationszyklen, die eine zunehmende Detaillierung der Projektstruktur sowie des Mengen- und Wertgerüstes nach sich ziehen. Voraussetzung eines erfolgreichen Multiprojektmanagements ist daher die Möglichkeit, Projekte aller Art - vom einfachen Kleinprojekt bis zum durchstrukturierten Großprojekt mit vielen Positionen - parallel und einheitlich zu bearbeiten sowie global zu überwachen. Ein geeignetes Instrumentarium bilden rollierende Mehrjahresprogramme für Investitionen. Sie stellen den obersten Informationskreis zur innerbetrieblichen Projektüberwachung dar und sind in der Regel dreidimensional gegliedert (Abb. 2):

. Die organisatorische Gliederung nach Sparten, Werken oder Ressorts ist notwendig zur Festlegung eindeutiger Verantwortlichkeiten.

. Die Gliederung nach Kategorien wie Rationalisierung, Erweiterung, Umweltschutz gibt an, wofür die Mittel bereitgestellt wurden und dient - unterstützt durch eine Prioritätensteuerung der Einzelmaßnahmen - zur Aufteilung in Muß- und Kannprojekte.

. Die zeitliche Dimension kann je nach Planungshorizont individuell differenziert werden. Eine Aufteilung nach Quartalen für die mittelfristige Planung und eine Aufteilung nach Jahren für die langfristige Planung stellt einen geeigneten Kompromiß zwischen den Forderungen des Controlling und den planerischen Möglichkeiten der Technik dar.

Kontrollgröße ist die zeitliche Entwicklung des Budgets aufgrund von genehmigten oder prognostizierten Änderungen. Um numerische Saldierungen von positiven und negativen Einflüssen zu vermeiden, werden Nachträge, Rückgaben, Umbuchungen und Überträge als getrennte Abweichungskategorien ausgewiesen.

Die Programmzeilen setzen sich aus einem oder mehreren Einzel- oder Pauschalprojekten zusammen. Sie bilden den mittleren Informationskreis und können je nach Größe und Bedeutung des Projektes über mehrere Stufen auf praktisch beliebig viele Positionen heruntergebrochen werden. Auf Projektpositionsebene erfolgt begleitend zur Fixierung des Strukturplanes die integrierte Kosten-, Termin- und Bedarfsplanung. Den vorgegebenen Zielgrößen (Budget, Termine etc.) werden über Fertigstellungsgrade ermittelte Sollwerte und prognostizierte Endwerte gegenübergestellt.

Die Projektstrukturierung erfolgt bis zur operativen Ebene "Arbeitspaket". Ein Arbeitspaket besteht aus einem oder mehreren Aufträgen oder Bestellungen, die nach Projektfreigabe bedarfsgesteuert eröffnet werden. Aufträge bilden den unteren oder operativen Informationskreis. Hier findet die Sammlung aller projektrelevanten Bewegungen aus den vorgelagerten Systemen statt, differenziert nach Vorgangsart (Mittelvorbindung, Mittelbindung, Aufwand, Anzahlung, Zahlung), Konto und Monat. Die Bewegungen werden als Einzelposten gespeichert und erlauben den jederzeitigen Rückgriff auf den Originalbeleg.

2.1.2 Projektstrukturierung und -planung

1) Struktur

Für jedes Projekt ist die Struktur frei wählbar. Die Kriterien, nach denen eine Strukturierung durchzuführen ist, können von unterschiedlicher Art sein.

In den meisten Fällen sind es technische Gesichtspunkte, die eine Projektstruktur bestimmen, ergänzt um Elemente, die sich aus zusätzlichen Anforderungen aus kaufmännischen Bereichen ergeben, um Kosten zu verfolgen oder Aktivierung nachweisen zu können.

2) Kostenplanung

Abhängig von der Projektart erfolgt die Kostenplanung nach Gewerken oder nach Kostenarten. Die Planung wird bei Bedarf durch technisch gegliederte Vorkalkulationen unterstützt. Für jede Projektposition können beliebig viele Kalkulationsversionen hinterlegt werden, die sich mit zunehmender Projektreife nach Detaillierungsgrad und Aktualität unterscheiden. Materialeinsatz und innerbetriebliche Leistungen werden unter dem Herkunftsbegriff Materialnummer bzw. Kostenstelle, Bezugsgröße mengenmäßig geplant und sofort durch Zugriff auf die vorgelagerten Systeme Materialwirtschaft und Kostenstellenrechnung bewertet. Rückgriff auf Standardkalkulationen, Umwertung, Simulation und automatische Kontenfindung vereinfachen die Arbeit des Kalkulators.

3) Terminplanung und zeitlicher Kostenverlauf

Für viele Projekte ist eine Terminverfolgung auf der Ebene Balkendiagramm ausreichend. Die Zeitangaben erfolgen in benutzerdefinierten Planungseinheiten relativ zum Beginn des Gesamtprojektes. Diese Form der relativen Zeitplanung eignet sich besonders für die frühen Phasen der Projektentwicklung, in der noch häufig globale Terminverschiebungen vorgenommen werden. Über den Relativplan können jederzeit mit Hilfe eines Projekt- oder Werkkalenders die jeweiligen Kalenderdaten vom System ermittelt, angezeigt und auf Wunsch als vorgegebene Echttermine oder prognostizierte Termine abgelegt werden. Zur Unterstützung einer aufragskonformen und termingerechten Projektabwicklung können Terminelemente erfaßt werden, die die dynamische Entwicklung der einzelnen Projektpositionen genauer spezifizieren.

Die Gebiete der Terminplanung und Kostenplanung sind nicht unabhängig voneinander. Da im allgemeinen nicht davon ausgegangen werden kann, daß die Kosten gleichmäßig während der Realisierung anfallen, kann der voraussichtliche Kostenverlauf der Projektpositionen in einem variablen Zeitraster erfaßt werden.

4) Netzpläne

Der Einsatz von Netzplänen erlaubt eine stärkere Integration von Termin-, Ressourcen-, Kostenplanung und -überwachung als es mit dem Werkzeug "zeitlicher Kostenverlauf" möglich ist. Den Netz-Aktivitäten sind nicht nur variable Vorgangsdauern und Anordnungsbeziehungen, sondern auch die Ressourcen Maschinen, Personal, Betriebsmittel und Material zugeordnet. Die Terminierung liefert deshalb im integrierten System neben den Start- und Endeterminen auch den Bedarf an Ressourcen (was z. B. zu Vorabbestellungen führen kann) und einen zeitlich gerasterten Plankostenverlauf.

5) Abschreibungssimulation

Abschreibungs-Vorschaulisten simulieren den Aufwand künftiger Perioden unter Einbeziehung aktiver Anlagen und unter gleichzeitiger Berücksichtigung von im Bau befindlichen, genehmigten oder beantragten Investitionsvorhaben (Projekten).

6) Integration zur Finanzplanung

Die im Rahmen des Projektmanagements geplanten Investitionsausgaben werden im getriggerten Verbund an die Finanzplanungskomponente übergeben und dort in Ausgabengrößen transformiert.

2.1.3 Projektgenehmigung

Durch maschinelle Kumulation der Planungsansätze können jederzeit im Dialog oder als Batchliste Vorschlagspläne für die verschiedenen Unternehmensprogramme (Investitionen, Instandhaltung etc.) abgerufen werden, wodurch die periodisch wiederkehrenden Genehmigungszyklen erheblich vereinfacht werden. Selektionen nach dem Reifegrad der projektierten Vorhaben oder Sortierungen nach Prioritätskennziffern ergeben zusätzliche Entscheidungskriterien für die Genehmigungsinstanzen.

Die Vorgaben der verabschiedeten Programme werden unter Angabe des Datums als Originalbudget in den genehmigten Projekten verankert und können zur Überwachung kritischer Teilprojekte gezielt weiter heruntergebrochen werden. Da jedes Budget zweckmäßigerweise mit einem bestimmten Anspannungskoeffizienten versehen ist, gehören Aktualisierungen des Budgets zum Alltagsgeschäft.

Die beantragten Budgetänderungen werden den Genehmigungsinstanzen periodisch als aktualisiertes Programm vorgelegt. Eine Grobanalyse wird neben der erwähnten dreidimensionalen Gliederung nach Verantwortlichkeit, Vorhabengruppe und Periode durch eine zusätzliche Aufteilung nach dem Genehmigungsjahr unterstützt. Hierdurch wird ersichtlich, ob Budgeterhöhungen eventuell auf Vorgriffe zurückzuführen sind, d. h. auf vorgezogene Maßnahmen (z. B. Ersatzinvestitionen), die ursprünglich für spätere Jahre vorgesehen waren. Die genehmigten Budgetänderungen werden lückenlos in Form einer Genehmigungshistorie dokumentiert.

2.2 Von der Bereitstellung bis zur Inbetriebnahme

2.2.1 Projektabwicklung

Der aktuelle Stand der Projekte kann jederzeit im Dialog abgefragt werden. Informationsbasis ist eine Einzelpostendatei, in der alle projektrelevanten Bewegungen abgelegt sind, z. B.:

. dispositive Maßnahmen (Termine oder Notizen)

. Aktualisierungen von Plan- oder Budgetwerten (Genehmigungshistorie)

. Bedarfsmeldungen (Bestellanforderungen, Reservierungen, Planaufträge)

. Verfügungen (Bestellungen, Kontraktabrufe, Aufträge),

. kosten- oder erlöswirksame Buchungen (Rechnungen, Magazinentnahmen, Auftragsabrechnung)

. Zahlungsströme (Anzahlungsanforderungen, Anzahlungen, Zahlungen).

Die Datenübergabe erfolgt simultan bei der Erfassung der Geschäftsvorfälle in den integrierten Systemkomponenten oder über normierte Schnittstellen. Der Obligoausgleich geschieht automatisch.

2.2.2 Aktive Verfügbarkeitskontrolle

Schon beim Erfassen budget- oder terminkritischer Aktivitäten (z. B. Bedarfsanforderungen oder Bestellungen) werden benutzergesteuerte Alarmfunktionen ausgelöst, wenn der Dispositionsspielraum nicht ausreicht. Im Rahmen einer aktiven Mittelüberwachung können Überschreitungen sogar verhindert werden durch Blockierung entsprechender Geschäftsvorfälle in den vorgelagerten Systemen.

2.2.3 Soll-Ist-Vergleiche

Drohende Abweichungen können während der Realisierungsphase nur durch einen permanenten Soll-Ist-Vergleich der Kosten und Termine signalisiert werden. Dies erfordert eine konsequente Kontrolle und Pflege des Fertigstellungsgrades auf der operativen Ebene und rechtzeitiges Aktualisieren der prognostizierten Zielwerte. Ein interaktives Reporting erlaubt es, die controllingwürdigen Objekte bedarfsgerecht zu selektieren und durch beliebiges Umschalten zwischen Kosten-, Termin-, Budget- und Finanzstatus optimal zu analysieren (vgl. Abschnitt 5.2).

2.2.4 Projektabrechnung im Dialog

Um ein effektives und zeitnahes Controlling zu gewährleisten, kann die Bereitschaft der Technik zu

. detaillierter rollierender Planung
. zeitnaher Rückmeldung der Istleistungen
. verursachungsgerechter und möglichst frühzeitiger Kontierung

durch kein maschinelles System ersetzt werden. Sie wird überdies immer wichtiger, da Planungs- und Strukturierungsfunktionen verstärkt in die technischen Bereiche verlagert werden, die damit viel von der Nacharbeit der klassischen Nachkalkulations- und Rechnungswesenabteilung abnehmen. Eine komfortable Auftragsabrechnung im Dialog kann jedoch eine weitgehende Unabhängigkeit der technischen Strukturen (Projekte, Equipments) von den bilanztechnischen Strukturen (Wirtschaftsgut) gewährleisten. Benötigt werden Bearbeitungshilfen im Dialog, die eine flexible Zuordnung verschiedener Abrechnungsvorschriften auf der Ebene Auftrag, Kostenart oder Einzelzugang erlauben. Eventuelle Strukturbrüche können mit Hilfe der interaktiven Abrechnung überwunden werden.

Das Bearbeitungsergebnis wird zu jedem Zeitpunkt in Form eines Buchhaltungsbeleges simuliert. Bei entsprechender Quittierung wird der Abrechnungsbeleg gebucht und unmittelbart die entsprechende Fortschreibung in den Gebieten

. Sachkontenbuchhaltung
. Anlagenbuchhaltung
. Kostenrechnung (Auftrag, Projekt, Kostenstelle)

generiert.

3. Anlagenbuchhaltung

Die Anlagenbuchhaltung ist zuständig dafür:

. die entstehenden Wirtschaftsgüter nach Ansatz und Bewertungsvorschriften zu klassifizieren

. die Werte für Abschreibung, Versicherung, Zinsen, Inventur etc. zu ermitteln und

. die Entwicklung der Bilanzpositionen des Anlagenvermögen zu dokumentieren.

3.1 Anlagenklassifizierung und Anlagengitter

Bei Einführung des Systems RA wird ein Klassen-Katalog in Form von Musterstammsätzen aufgebaut. Diese Musterstammsätze bestimmen über eine Bildauswahl-Steuerung das Spektrum der genutzten Funktionen sowie den Umfang der obligatorischen Felder und der "Kann"-Eingaben. Vorschlagswerte für AfA-Schlüssel, Nutzungsdauer, Indexreihen etc. erleichtern die Stammdatenpflege und sichern weitestgehend gegen Fehlhandling.

Ansatzvorschriften werden durch Zuordnung der Anlagenstammsätze zu Bilanzpositionen und Konten der Finanzbuchhaltung beachtet. Soweit die zugrunde liegende Handels- und Steuergesetzgebung Wahlrechte anbietet, werden diese über Tabellen wahrgenommen.

Bei Eröffnung des Anlagenstammsatzes wählt der Sachbearbeiter die entsprechende Klasse und legt damit Bewertungsverfahren für

. Abschreibungsrechnungen
. Vermögensbewertungen
. Wiederbeschaffungswert-Indizierung
. Investitionszuschuß/-zulage
. Versicherungswerte

sowie Zuordnungen zu verschiedenen Hierarchien fest:

. Bilanzposition/Konto
. Geschäftsbereich/Sparte
. Werk/Kostenstelle
. Standort/Gebäude/Raum.

Auf Basis dieser evtl. erst vorläufigen Festlegungen können Simulationsrechnungen die Auswirkungen auf den Jahresabschluß aufzeigen. Ein komfortables Massenänderungsverfahren in der Hand der Fachabteilung unterstützt nachträgliche Änderungen der bisherigen Festlegungen während der Abschlußarbeiten.

Die Entwicklung der Bilanzpositionen des Anlagenvermögens vom Anfangsbestand über Zugänge, Abgänge, Umbuchungen, Abschreibungen und Zuschreibungen zum Endbestand muß nach neuem Recht mit "Brutto"-Werten dargestellt werden. Eine übersichtliche und nachrechenbare Form des sogenannten Anlagengitters ist dazu unerläßlich (Abb. 3).

3.2 Die Nutzungsphase der Anlage

Die Nutzungsphase einer Anlage ist gekennzeichnet von ständig wiederkehrenden Auswertungsanforderungen wie auch von außergewöhnlichen Ereignissen einmaliger Art. Das System RA liefert eine Reihe von Reports für die verschiedenen Zwecke:

1) Inventurauswertungen werden dem Kostenstellenverantwortlichen vorgelegt, auf denen er die Existenz der Anlagen, Bemerkungen über Nutzungseinschränkungen oder erhöhte Nutzung im Mehrschichtbetrieb vermerkt.

2) Versicherungslisten nach Standort, Gebäude, Gefahrenklasse weisen die Basis- und Neuwerte der versicherten Gegenstände zu einer Meldung an den Versicherer aus und dienen dem Inventarnachweis im Schadensfall.

3) Kalkulatorische Abschreibungen und Zinsen werden üblicherweise monatlich nach Kostenstellen gebucht und der Kostenrechnung übergeben. Die Integration zum System RK-Kostenstellenrechnung übernimmt die Ist-Daten unmittelbar auf die Kostenstelle. Planabschreibungen und Zinsen können in die RK-Kostenplanung übergeleitet werden.

4) Bilanzielle Abschreibungen (planmäßige, außerplanmäßige und Sonderabschreibungen) müssen im Anhang zur Bilanz/G+V aufgrund verschiedener gesetzlicher Vorschriften ausgewiesen werden.

5) Vermögensaufstellungen zur Einheitsbewertung des Betriebsvermögens ermitteln Teilwerte und Anhaltewerte nach unterschiedlichen Bewertungsverfahren.

6) Außergewöhnliche Ereignisse im Lebenslauf der Anlage werden als werterhöhende Bewegungen wie

   . nachträgliche Zugänge (Nachaktivierungen)
   . Teileaustausch (Umbuchung)
   . Generalüberholung (Kosten ohne Zugang)

. Wegfall früherer Wertminderungen (Zuschreibungen)

oder als wertmindernde Buchungen

. eingeschränkte Nutzbarkeit (Teilwertabschreibung)
. Teilausfall (Teilabgang)
. Unbrauchbarkeit (Verkauf, Verschrottung)

auf der Anlage vorgenommen. Alle diese Buchungsbelege werden mit dem Anlagenstammsatz verknüpft, so daß nahezu alle Spezialauswertungen mit dem Reportgenerator aus diesem Grunddatenbestand erzeugt werden können.

4. Instandhaltung

Der Servicebereich Instandhaltung umfaßt ein weites Spektrum von Aktivitäten: von der kurzfristig zu behebenden Störung über geplante Instandhaltungsmaßnahmen bis hin zu längerfristig geplanten Anlagenverbesserungen. Die Sicherung der Anlagenverfügbarkeit durch

. Planungsunterstützung
. Kapazitätsterminierung
. Ersatzteildisposition
. Reduzierung der Ausfallzeiten
. Schwachstellenerkennung

erfordert jedoch ein sorgfältiges Abwägen der Kosten und Nutzen dieser Aktivitäten. Die Koordination der genannten Maßnahmen setzt daher eine völlige Kostentransparenz und aktive Verfügbarkeitskontrolle genehmigter Mittel voraus.

4.1 Informationskreise

Instandhaltungsetats werden z. B. pro Kostenbereich eröffnet und nach Leistungsklassen wie Wartung, Reparatur, Inspektion etc. und

Equipmentgruppen wie Motoren, Pumpen, Ventile etc. strukturiert. Diese Etats werden wie Projekte (vgl. Abschnitt 2.1) geplant und budgetiert. Das Budget dient zur globaleren Überwachung der laufenden Instandhaltungskosten, die aufgrund der Wartungsarbeiten (Aufträge) an den einzelnen Equipments anfallen (Abb. 2).

4.2 Objekte in der Instandhaltung, Anlagenbuchhaltung und Produktion

In der Anlagenbuchhaltung erfolgt die Definition von Objekten (Wirtschaftsgütern/Sachanlagen) nach Kriterien, die in der Aktivierung oder Abschreibungsmethode des jeweiligen Objektes begründet sind.

Diese Betrachtungsweise der Anlagenbuchhaltung muß mit der Instandhaltung nicht unbedingt identisch sein, da hier andere Kriterien gelten wie beispielsweise

. unterschiedliche Wartungsrhythmen für Teile des Wirtschaftsgutes oder

. detailliertere Anforderungen an die Historie einzelner Baugruppen.

Diese Überlegungen können dazu führen, daß in der Instandhaltung aus einem Wirtschaftsgut mehrere einzeln instandzuhaltende Objekte (= Equipments) gebildet werden.

Eine weitere wesentliche Verbindung gibt es von der Instandhaltung zur Fertigung und damit zur Produktionsplanung. Neben dem Ziel, durch gezielte Instandhaltung die Anlagenverfügbarkeit zu verbessern (Verringerung ungeplanter Stillstände), muß die über die verfügbaren Kapazitäten bestehende Abhängigkeit von Produktions- und Instandhaltungsplanung berücksichtigt werden. Dies erfolgt in einem integrierten System dadurch, daß geplante Stillstandszeiten eines Equipments gleichzeitig die Kapazitäten des Produktionsarbeitsplatzes belasten. Der Fertigungsvorbereiter in der Produktion erkennt dadurch sofort Konfliktsituationen zwischen Fertigung und Instandhaltung und kann darauf entsprechend reagieren (Umterminierung, Ausweicharbeitsplätze etc.).

Wie schon bei der Anlagenbuchhaltung gilt auch hier, daß die Gliederungstiefe innerhalb der Instandhaltung und der Produktion nicht identisch sein muß: ein Fertigungsplatz mit mehreren identischen Maschinen ist in der Produktion wegen der Austauschbarkeit als ein Arbeitsplatz definiert; in der Instandhaltung besteht jedoch Interesse daran, jede Maschine als Individuum zu verfolgen, um gezielte Aussagen über einzelne Objekte, z. B. hinsichtlich Verschleiß, zu treffen.

4.3 Instandhaltungsplanung und -simulation

In der Instandhaltung sind die erforderlichen Maßnahmen in Bezug auf ihre Planbarkeit zu unterscheiden nach den Kategorien

. geplante Instandhaltung mit bekanntem Ausführungstermin
  - abhängig von Zeitintervallen
  - abhängig von Zählerständen

. vorbereitete Instandhaltung
  - Ausführungstermin abhängig vom Zustand eines Objektes

. ungeplante Instandhaltung
  - im Falle des Auftretens eines Schadens.

Innerhalb des Systems RM-INST wird sowohl die geplante Instandhaltung wie auch die vorbereitete und ungeplante Instandhaltung unterstützt.
Die geplante Instandhaltung verwendet dabei drei Datenelemente, um wiederkehrende Maßnahmen zu beschreiben:

. Wartungsstrategien zur Festlegung von Rhythmen
. Arbeitspläne zu Festlegung der Tätigkeiten

. Wartungspläne zur Terminierung und Festlegung des Umfanges von Maßnahmen im Zeitablauf (Abb. 4).

Auf der Basis von Wartungsstrategien, Arbeitsplänen und Wartungsplänen ist eine zeitlich unbeschränkte Vorausschau künftiger Instandhaltungstermine möglich nach Kriterien der:

. Instandhaltung: fällige Termine, Kapatitätsbedarf der Werkstätten

. Kostenrechnung: Planung künftiger Kosten und Leistungen

. Produktion : geplante Stillstände

1) Wartungsstrategien werden für bestimmte Anlagen/Baugruppen oder Equipments in einer tabellarischen Form definiert, wobei die wesentlichen Größen einer Strategie sind:

   . Dauer eines kompletten Wartungszyklus
   . kleinstes Intervall zwischen zwei Aktionen
   . Anzahl und Frequenz der Wartungspakete
   . Terminierungsparameter (Pufferzeiten, Verschiebefaktor, Eröffnungshorizont)

2) Zur Beschreibung der erforderlichen Tätigkeiten stehen Arbeitspläne zur Verfügung, die die Art der Tätigkeit, ihre Dauer, erforderliche Fachkenntnisse, Materialien und Betriebsmittel beschreiben. Gelten diese Regeln nur für ein spezielles Equipment, kann dafür ein individueller Instandhaltungsplan angelegt werden. Haben diese Regeln jedoch allgemeine Gültigkeit, stehen dafür zentrale Tätigkeitskataloge zur Verfügung. Die Frequenzen der Ausführung werden nicht im Arbeitsplan selbst definiert, sondern über die Zuordnung eines "Paketes" der Wartungsstrategie. Somit ist die Frequenz entkoppelt von der Tätigkeit selbst und kann zentral gepflegt werden.

3) Wartungspläne greifen auf Equipments, Strategien und Arbeitspläne zurück und kombinieren diese zu einem - zentral ge-

takteten - Rahmen, aus dem die künftigen Instandhaltungsbedarfe generiert werden.

4.4 Instandhaltungskostenrechnung

Je mehr die Kostenrechnung ein Instrument zur Unterstützung und Kontrolle unternehmerischer Entscheidungen bilden soll, desto speziellere Kosteninformationen werden benötigt. Dies führt dazu, die Kostenrechnung stärker auf einzelne Ausschnitte der betrieblichen Realität auszurichten. Neben objektbezogenen Teilrechnungen sind auch funktionsbezogene Strukturierungen der Kosteninformation eines Unternehmens von Bedeutung.

Beispiele sind die Instandhaltungskostenrechnung, die auf Transporte und Lagerung spezialisierte Logistikkostenrechnung oder die Qualitätssicherung, Prüfung und Mängelbeseitigung umfassender Qualitätskostenrechnung.

Dies hat zur Konsequenz, daß die bisher übliche zweidimensionale Gliederung der Kostenrechnung durch mehrdimensionale Klassifikation der elementaren Informationsbausteine erweitert wird.

Hierbei kann es sich z. B. um die Geschäftsvorfälle eines Unternehmens handeln, die einheitlich in einem relational strukturierten Grunddatenbestand (Belegdatenbank) gespeichert sind und über flexible Reportdefinitionen das Controlling ad hoc definierter mehrdimensionaler Objekte ermöglichen.

Oder die elementaren Informationsbausteine werden - wie im Fall einer Instandhaltungs-Kostenrechnung - durch die Wartungs- und Reparaturaufträge gebildet, in denen alle für das Instandhaltungscontrolling relevanten Klassifikationen wie Einsatzkostenarten, Leistungsklassen, Equipment, Schadenscode, verantwortlicher Kostenbereich etc. gespeichert sind.

Andererseits werden die Instandhaltungskosten über die integrierte Auftragsabrechnung an die Kostenstellen verrechnet und gehen dort in den Kostensatz und damit in die Kalkulation der Produkte oder Leistungen des Unternehmens ein.

Da im Rahmen der Planpreisiteration die Ermittlung der Kostensätze nach alternativen Teilkosteninformationen, z. B. nach Primärkosten oder den Kosten von Funktionsbereichen unterstützt wird, ist ein Ausweis des Instandhaltungskostenanteils an den Kostensätzen und damit über die Kalkulation an den einzelnen Produkten möglich.

4.5 Instandhaltungsabwicklung

1) Instandhaltungsbedarfe werden maschinell über die Terminierung von Wartungsplänen im System erzeugt oder bei ungeplanten Maßnahmen wie Schäden, Umbaumaßnahmen etc. direkt im Dialog erfaßt.

   Somit stehen dem Planer zentral alle Instandhaltungsanforderungen zur Bearbeitung (Arbeitsvorbereitung, Kostenschätzung, technische Freigabe etc.) zur Verfügung. Flexible Abgrenzungskriterien nach Termin, Priorität, Standard, Anlage, Gewerk etc. helfen, den Arbeitsvorrat zur portionieren. Der aktuelle Bearbeitungsstand wird über eine Statusverwaltung dokumentiert, die gleichzeitig die Umsetzung einer Anforderung in eine konkrete Arbeitsanweisung für die Werkstätten (Instandhaltungsauftrag) steuert.

2. Bei der Auftragseröffnung werden die für die Bearbeitung der Maßnahmen benötigten Ressourcen abgeglichen:

   . Eigenleistungen: Vergleich mit der aktuellen Kapazitätssituation der Werkstätten

   . Lagermaterial: Vergleich mit der aktuellen Verfügbarkeit

   . Fremdleistungen/Lieferungen von Nichtlagerteilen

und die erforderlichen Bedarfe sofort an die anderen beteiligten Fachbereiche schnittstellenfrei übermittelt:

. Die benötigten Ausführungsdauern vermindern als Kapazitätsbelastung die verfügbaren freien Kapazitäten der beteiligten Arbeitsplätze.

. Die benötigten Materialien werden im Lager termingerecht für den zugrunde liegenden Auftrag reserviert.

. Die zu beschaffenden Leistungen und Nichtlagermaterialien werden in Form von Bestellanforderungen an den Einkauf weitergeleitet.

Parallel wird das Mengengerüst mit den Verrechnungspreisen

. Bewertungsmatrix für innerbetriebliche Leistungen
. Standardpreis und Preisabweichung für Lagermaterial
. Angebotspreise für Fremdleistungen
. Planzuschläge proportional/fix

bewertet, das Ergebnis kostenartengerecht im Auftrag festgehalten.

3) Zur Überwachung des Auftragsfortschritts ist es erforderlich, Rückmeldungen zeitnahe im System zu erfassen.

. Zeitrückmeldungen werden direkt oder per BDE pro Auftrag erfaßt; dadurch werden die Kapazitätssituation der Werkstatt sofort aktualisiert und die rückgemeldeten Zeiten sowohl stunden- als auch wertmäßig dem Auftrag belastet.

. Materialentnahmen, die reservierte Bestände betrafen, bauen die Reservierung automatisch wieder ab; zusätzlich benötigte Teile werden ebenfalls in die Auftragshistorie aufgenommen. Alle Mengen und Werte werden als Ist den Sollwerten gegenübergestellt.

Waren- und Rechnungseingänge aufgrund von Fremdbestellungen führen zu einer direkten Belastung des Auftrages mit Frembeschaffungskosten; gleichzeitig wird im Auftrag festgehalten, daß die speziell zu beschaffenden Teile jetzt für die Auftragsdurchführung zur Verfügung stehen.

Durch die sofortige Verfügbarkeit dieser Informationen ist die Möglichkeit gegeben, den Soll-/Istvergleich zeitnah durchzuführen und auf Abweichungen entsprechend zu reagieren. Sie wird noch unterstützt durch die schon im Zusammenhang mit der Investitionsauftragsabwicklung besprochene Optionen der Obligoverwaltung (für Bestellanforderungen, Bestellungen und Materialreservierungen) und der aktiven Verfügbarkeitskontrolle gegen den Instandhaltungsetat.

4) Technische Befunde über Ausfallzeiten, Schadensursachen schadhafter Bauteile etc. werden im Dialog über vordefinierte Schemate oder formatfrei erfaßt.

5. Interaktives Informationssystem

Aufgabe des Anlagencontrolling ist es, Planung und Durchsetzung anlagenwirtschaftlicher Entscheidungen durch Bereitstellung der dazu benötigten Informationen zu unterstützen. Darüber hinaus sind alle Realisations- und Nutzungsereignisse zu dokumentieren und zu überwachen.

Voraussetzung für die Implementierung eines derart umfassenden Anlagencontrolling ist neben der Integration aller anlagenwirtschaftlichen Aktivitäten der Aufbau eines adäquaten interaktiven Berichtswesens.

5.1 Bausteine des Informationssystems

Die Vernetzung der Daten in hochintegrierten Anwendungssystemen eröffnet Möglichkeiten an Analysen und Auswertungen, die weit über den normalen Rahmen hinausgehen.

Allerdings können nicht alle aus der aktuellen Situation entstandenen Fragestellungen durch einen vollständigen und vordefinierten Ausdruck der Daten beantwortet werden. Die Information muß vielmehr strukturiert in überschaubaren Einheiten angeboten werden mit der Option, im Bedarfsfall in einen anderen Informationsbereich oder auf eine detailliertere Informationsebene zu verzweigen. Die erweiterten Auswertungsmöglichkeiten erfordern deshalb auch neue Auswertungstechniken.

Mit dem interaktiven Investitions-, Anlagen- und Instandhaltungscontrolling stehen einheitlich aufgebaute, direkt vernetzte Subsysteme eines umfassenden "Unternehmens-Informationssystem" zur Verfügung. Entsprechend den Anforderungen der unterschiedlichen Benutzergruppen gliedern sie sich in drei Ebenen, die z. B. für das Investitionscontrolling durch die Objekte Investitionsetat, Projekt und Auftrag charakterisiert werden (Abb. 5).

Primäre Datenbasis sind die in den operativen Systemen Finanzbuchhaltung, Anlagenbuchhaltung, Materialwirtschaft, Kostenrechnung und Personalabrechnung verwalteten Grunddaten (Lieferant, Kostenstelle, Material, ...) und Belege.

Obwohl der Detaillierungsgrad in den Informationsebenen verschieden ist, sind die Anforderungen an die Informationstechnologie dieselben:

. Bereitstellung hochverdichteter Informationen für eine schnelle Grobanalyse (Kenngrößen).

. Schneller Zugriff auf die relevanten Analyseobjekte bei gravierenden Abweichungen oder strukturellen Änderungen (Strategische Indices).

. Individuelle Auswertung von Datenbankinformationen für ad-hoc-Fragestellungen (ABAP/4-Query).

. Bündelung aller über ein Objekt (Anlage, Projekt, Lieferant ...) vorhandenen Informationen (Report-Cluster).

. Nahtloser Übergang zu den angrenzenden Informationsebenen (Vertikale Integration).

. Navigation zwischen verschiedenen Informationssubsystemen (Horizontale Integration).

. Einheitliche Oberfläche und auf die Bedürfnisse der unterschiedlichen Personengruppen zugeschnittene Bedienerführung (Benutzerfreundlichkeit).

5.2 Exemplarische Bildschirmbilder

1) Die erste Sequenz zeigt drei Beispiele zum Investitionscontrolling. In Abb. 6 ist die Entwicklung des Investitionsbudgets - differenziert nach den frei definierbaren Investitionskategorien und den Abweichungskategorien Umbuchungen, Nachträge und Überträge - dargestellt.

   Um eine Kontrollfunktion ausüben zu können, kann diese Information ausreichend sein, nicht aber für eine Steuerungsfunktion. Dazu wird die Verknüpfung zu den verursachenden Objekten benötigt, um konkret korrigierende Maßnahmen ergreifen zu können. Voraussetzung hierfür ist die Integration des Informationssystems mit den operativen Systemen.

   Die einfachste Form der Verknüpfung wäre der Detailaufriß einer Investitionsplanzeile nach allen zugeordneten Projekten (Projektliste). Dieser Weg ist jedoch nicht immer zufriedenstellend, da man nur eine Auswahl der bearbeitungsbedürftigen, d. h. relevanten Projekte benötigt. Abhängig von der jeweiligen Aufgabenstellung können dabei unterschiedliche Strategien existieren, nach denen entschieden wird, was "bearbeitungsbedürftig" in der momentanen Situation bedeutet.

Durch Cursorselektion kann deshalb über eine Funktionstaste irgendeine der Zeilen durch eine Projektrangliste detailliert erklärt werden [im vorliegenden Fall (Abb. 7) durch eine über die Projektgröße erstellte Rangliste].

Veranlaßt das Ergebnis aus der Auflistung der Rangliste den Benutzer zu einer weiterführenden Analyse, kann er direkt in den Report-Cluster des ausgewählten Objektes verzweigen (vertikale Integration). Über ein Objekt liegen im System eine Vielzahl von Informationen bereit, die für unterschiedlichste Fragestellungen und Rechenzwecke von Bedeutung sind. In traditionellen Systemen werden alle diese Informationen durch eigenständige und voneinander unabhängige Auswertungen repräsentiert. Im System R/2 werden alle - auch weiterhin eigenständig nutzbare - Auswertungen zu einem Report-Cluster (Abb. 8) vernetzt, in dem auch eigene Menues und Reports eingebunden werden können.

2) Den obersten Informationskreis des Anlageninformationssystems (Abb. 9) bilden frei definierbare Hierarchien, die durch die klassifizierenden Merkmale im Anlagenstammsatz (z. B. Bilanzposition, Konto, Anlagenklasse) gebildet werden. Auf jedem Hierarchieknoten wird ein summarischer Überblick über die wesentlichen Wertkomponenten angeboten und durch eine Objektliste erklärt (Abb. 10, 11).

   Wahlweise können über eine Rangliste der Top n Anlagen in den nächsttieferen Informationskreis verzweigt werden (Abb. 12), wobei die eingestreute Kurzinformation (hier die Anlagenbezeichnung) beliebig variierbar ist. Sie bildet den Ausgangspunkt für eine detailliertere Untersuchung einzelner Wirtschaftsgüter oder den Übergang zu Reportclustern für die Objekte Projekt, Equipment, Lieferant, Kostenstelle etc. (horizontale Integration).

3) Einstiegspunkte für das Instandhaltungsinformationssystem (Abb. 13) sind der Instandhaltungsetat (mit analogen Analysemöglichkeiten wie der Investitionsetat in Abb. 6) oder ein

Kennzahlentableau (Abb. 14). Basis für die Kennzahlenermittlung sind die auf Equipmentebene abgelegten Wertkomponenten

- Anschaffungswert, Wiederbeschaffungswert
- Ausfallkosten
- Wartungskosten pro Leistungsklasse und Kostenartenkategorie
- Zeiten

die über alternative Indexreihen vergleichbar gemacht werden. Einschränkende Selektionen bei der Kennzahlenbildung sind beliebig nach den Kriterien

- Zeitraum (Geschäftsjahr)
- Verantwortlichkeit (Firma, Werk, Kostenstelle, ...)
- Betriebsgeographie (Werk, Standort, ...)
- Anlagenstruktur (Anlagenklasse, Anlage, ...)
- Equipmentklassifikation
- Hersteller

kombinierbar. Abb. 15 zeigt die Auflösung der IH-Rate in die einzelnen Equipments. Von hier aus kann wiederum in Spezialuntersuchungen wie Schadensanalyse (Abb. 16), Gesamtkostenanalyse, Equipmentshistorie oder benachbarte Reportcluster für Anlage, Kostenstelle und Hersteller verzweigt werden.

6. Ausblick

Funktionalität und Bedienungskomfort haben einen Stand erreicht, der es erlaubt, von einem wirklich umfassenden und integrierten System zu sprechen.
Neben Verbesserungen im Detail wird die weitere Entwicklung bestimmt durch die Schwerpunkte:

- Vereinheitlichung der Benutzeroberfläche (CUA)
- Verteilung der Anwendungen auf HOST und Workstation
- Konvertierung von EDI-Nachrichten mit direktem Input in das System R/2
- Einbindung interaktiver Graphik.

Abb. 1) Geschlossener Controllingkreis

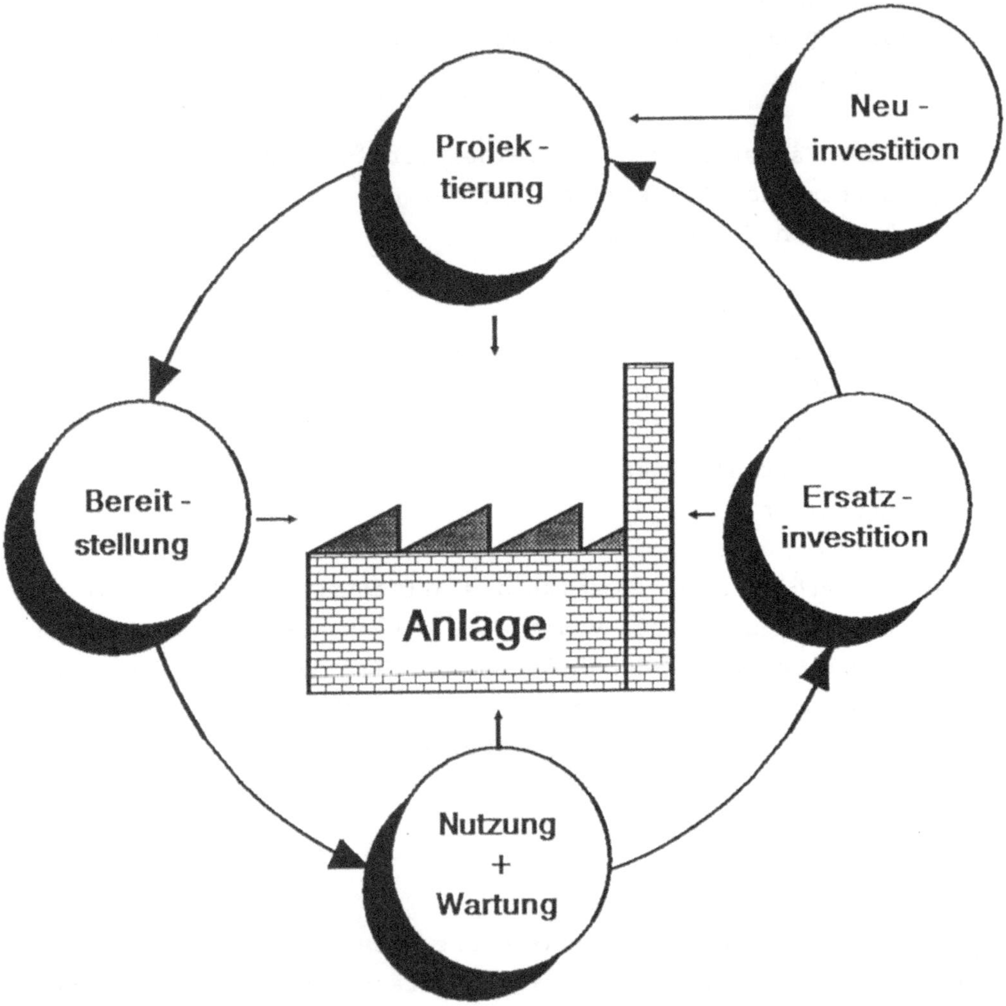

Abb. 2) Integriertes Investitions- und Instandhaltungscontrolling

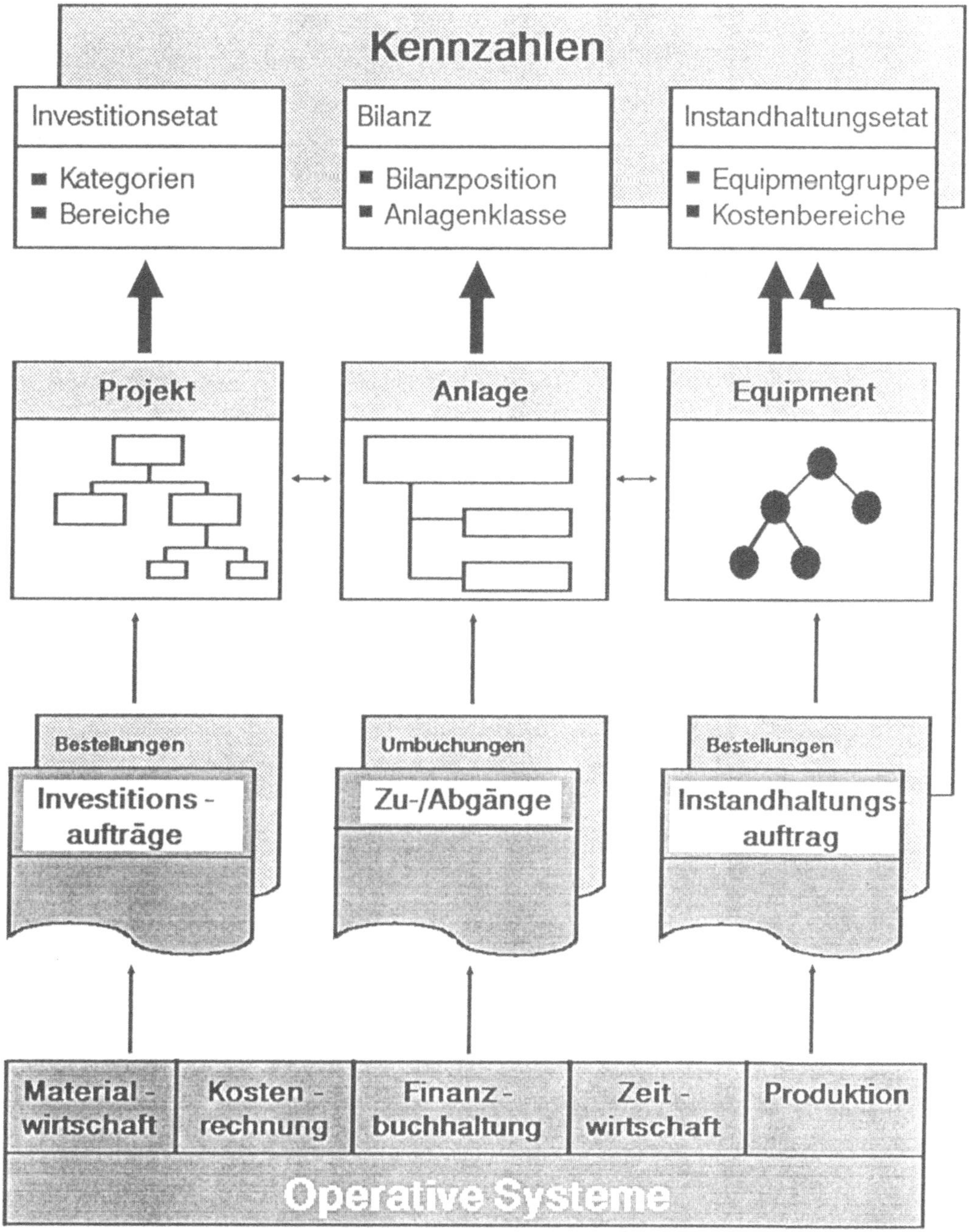

Abb. 3) Anlagengitter

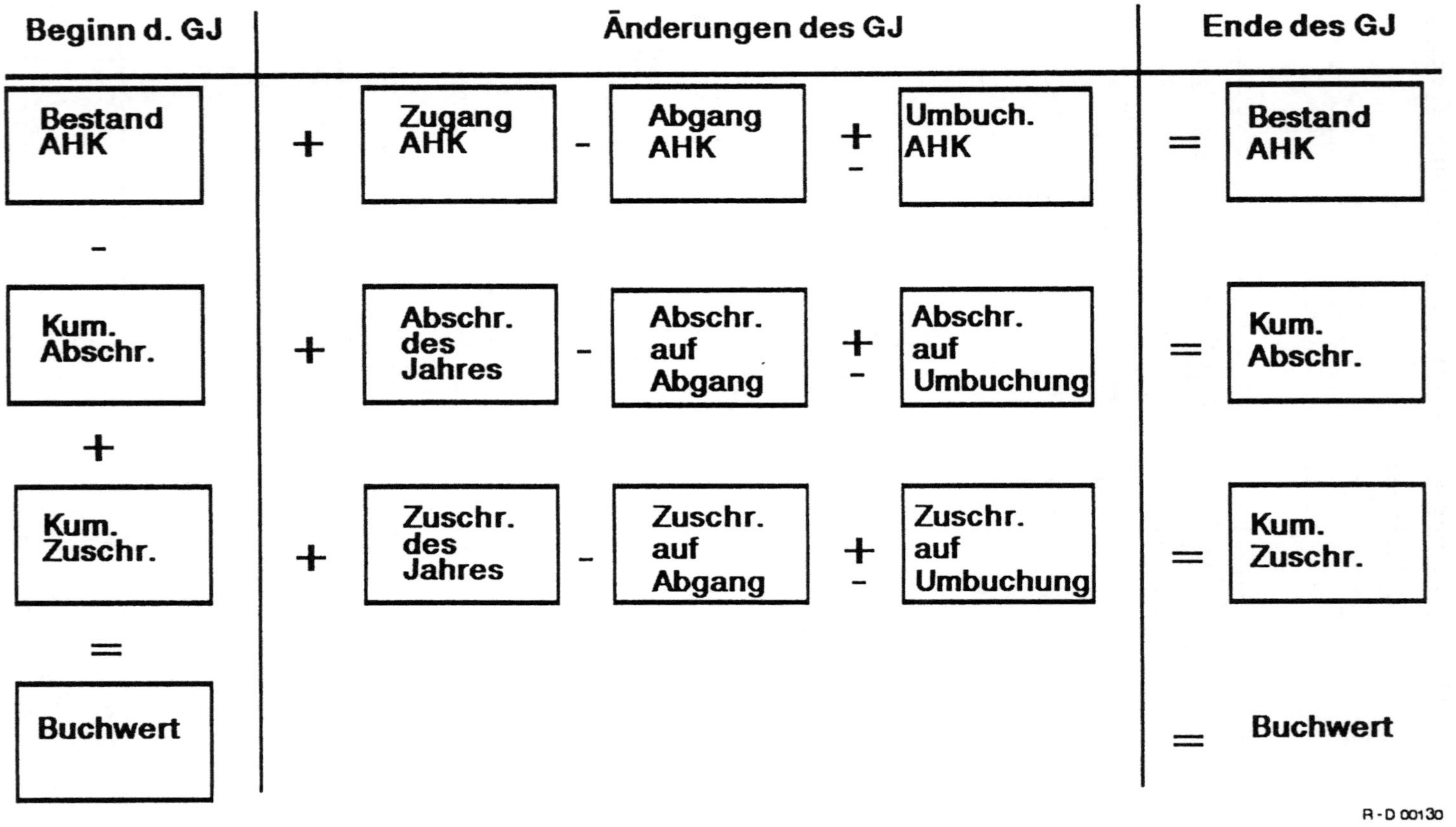

Abb. 4) Zusammenspiel von Wartungsstrategien, Arbeitsplan und Wartungsplan

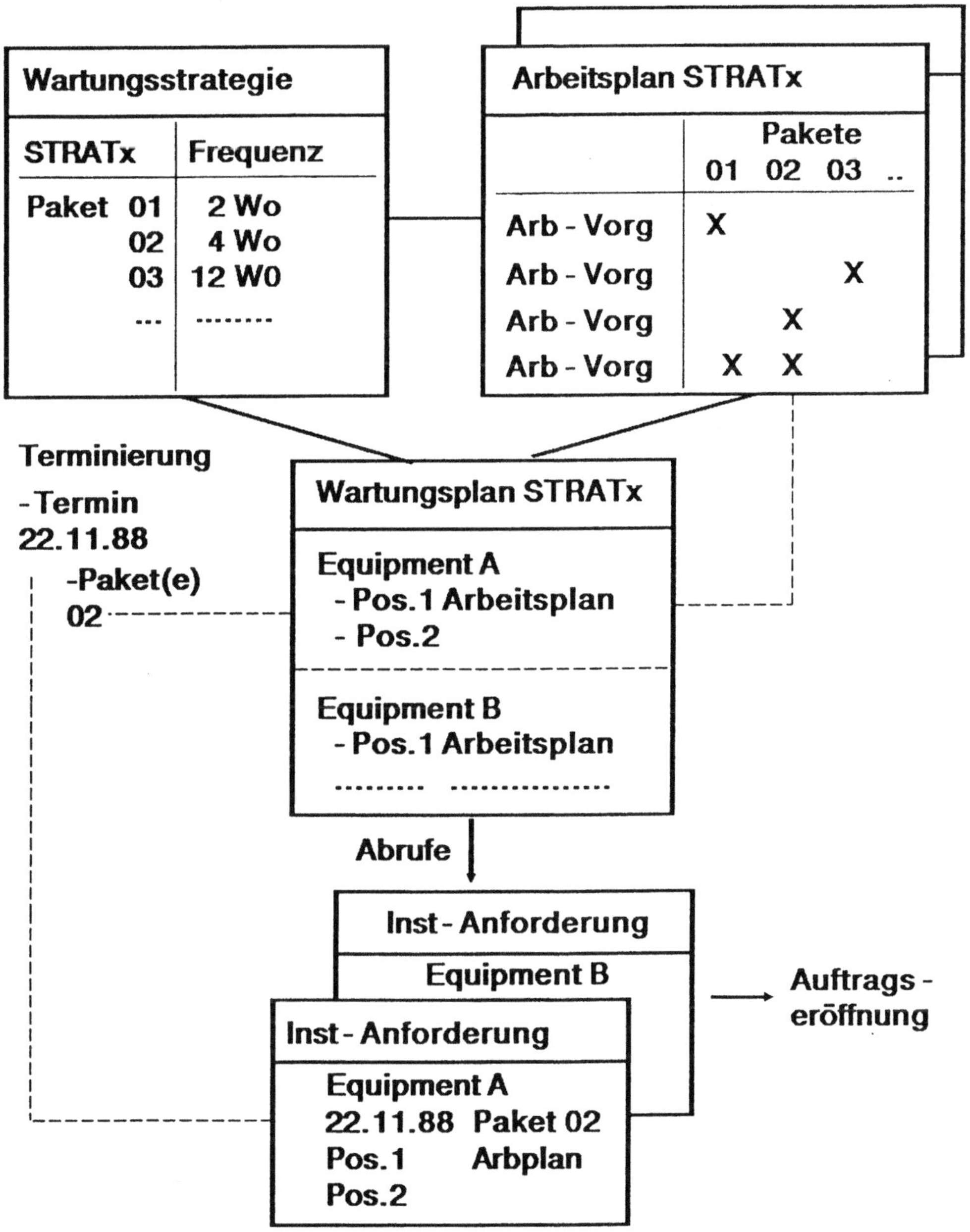

Abb. 5) Informationssystem Investitionscontrolling

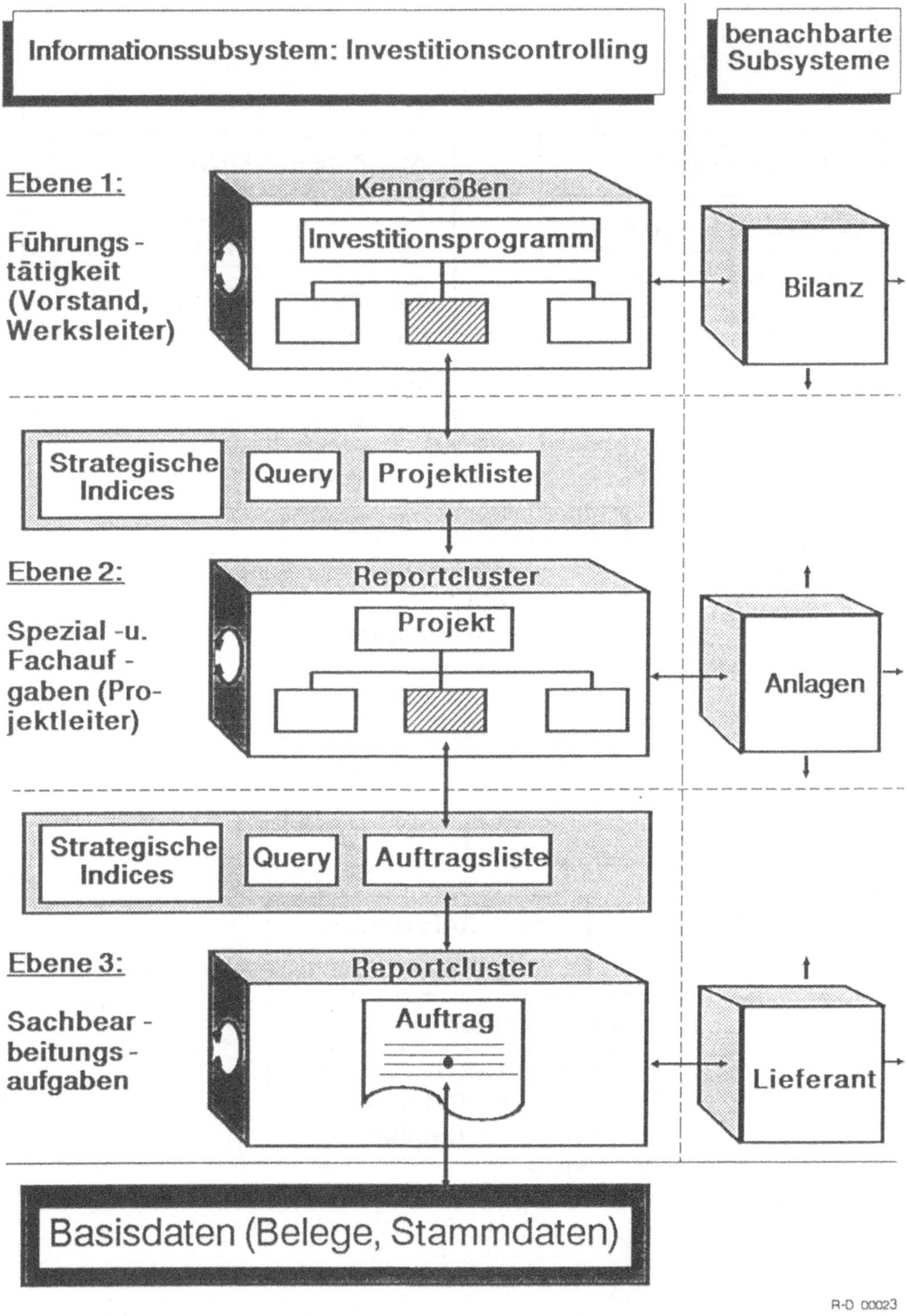

Abb. 6)

```
13.12.88                   INVESTITIONSPROGRAMM                          1
----------------------------------------------------------------Version 01
Position        Bezeichnung              Budget  Umbuchung  Nachtrag  -betrag
--------------------------------------------------------------------------
1               INVESTITIONSPROGRAMM    267.109        116     4.873    2.635
--------------------------------------------------------------------------
1.1             KATEGORIE 1             241.808        148     4.600    2.220
1.1.1           KAPAZITÄT                83.329       121-       400      760
1.1.2           RATIONALISIERUNG        134.539        199     3.360      900
1.1.4           AUFRECHTERHALTUNG        23.940         70       840      560
1.2             KATEGORIE 2              25.301        32-       273      415
1.2.1           VORSTANDSPAUSCHALE       22.403        30-        23      340
1.2.2           PAUSCHALE FÜR GWG           868         2-       220       15
1.2.4           ETAT FÜR WERKSTÄTTEN      2.030          0        30       60

OK _     PF: 2 = Proj., 10/11 = Vers.+/-, 12 = Kstart, ...        1 -38120
```

Abb. 7)

```
13.12.88           P R O J E K T Ü B E R S I C H T :  TOP N              1
--------------------------------------------------------------------------
Nr  Stufe  Hierarchietext Projektnummer  Bezeichnung.....................
Art Status Eigensch.      Leiter.......  Org.Budget Akt.Budget Abweichung
--------------------------------------------------------------------------

1   01     HAUPTPROJEKT   B.0024         R-TTELMASCHINE
1   GE     12             RITTER, ANTON   1.002.199  1.004.399      2.200
--------------------------------------------------------------------------
2   01     HAUPTPROJEKT   B.0015         WEINKELLER
1   GE     12             RITTER, ANTON     202.050    204.100      2.050
--------------------------------------------------------------------------
3   01     HAUPTPROJEKT   B.0023         KORKENANLAGE
1   GE     23             BUI               109.930    107.630      2.300-
--------------------------------------------------------------------------
4   01     HAUPTPROJEKT   B.0022         ABF-LLANLAGE
1   GE                    NAGY, PETER        58.670     61.670      3.000
--------------------------------------------------------------------------
5   01     PROJEKT        B.0015.02      LEITUNGEN
1   GE     2              RITTER, ANTON      51.030     52.060      1.030
--------------------------------------------------------------------------

OK _     PF: 3=Back                                               1 -38120
```

Abb. 8)

```
13.12.88                  P R O J E K T A N A L Y S E                   1
-------------------------------------------------------------------------

S.01234          ERWEITERUNG LINIE B1                  Dürr, Andrea     GE


-------------------------------------------------------------------------
i PF-Taste i     Funktion          i         Plan i   Aktuell/Ist i  ABW(%) i
-------------------------------------------------------------------------
i ==> 10   i     HIERARCHIE        i              i               i         i
i ==> 11   i     STAMMDATEN        i              i               i         i
i ==> 12   i     RESSOURCEN *      i              i               i         i
i ==> 13   i     TERMINE           i     23.03.89 i      28.03.89 i         i
i ==> 14   i     KALKULATION       i    1.359.265 i     1.500.765 i    10,4-i
i ==> 15   i     BUDGET            i    1.400.000 i     1.555.000 i    11,1-i
i ==> 16   i     MITTEL            i    1.555.000 i       247.205 i    84,1 i
i ==> 17   i     PROGNOSE          i      880.383 i     1.290.000 i    46,5-i
i ==> 18   i     FINANZEN          i              i               i         i
-------------------------------------------------------------------------
             (* = noch nicht freigegeben)


OK _     PF: 2=Pickup 6=Up 7=Down 8=Left 9=Right ...              1-38120
```

Abb. 9) Anlageninformationssystem

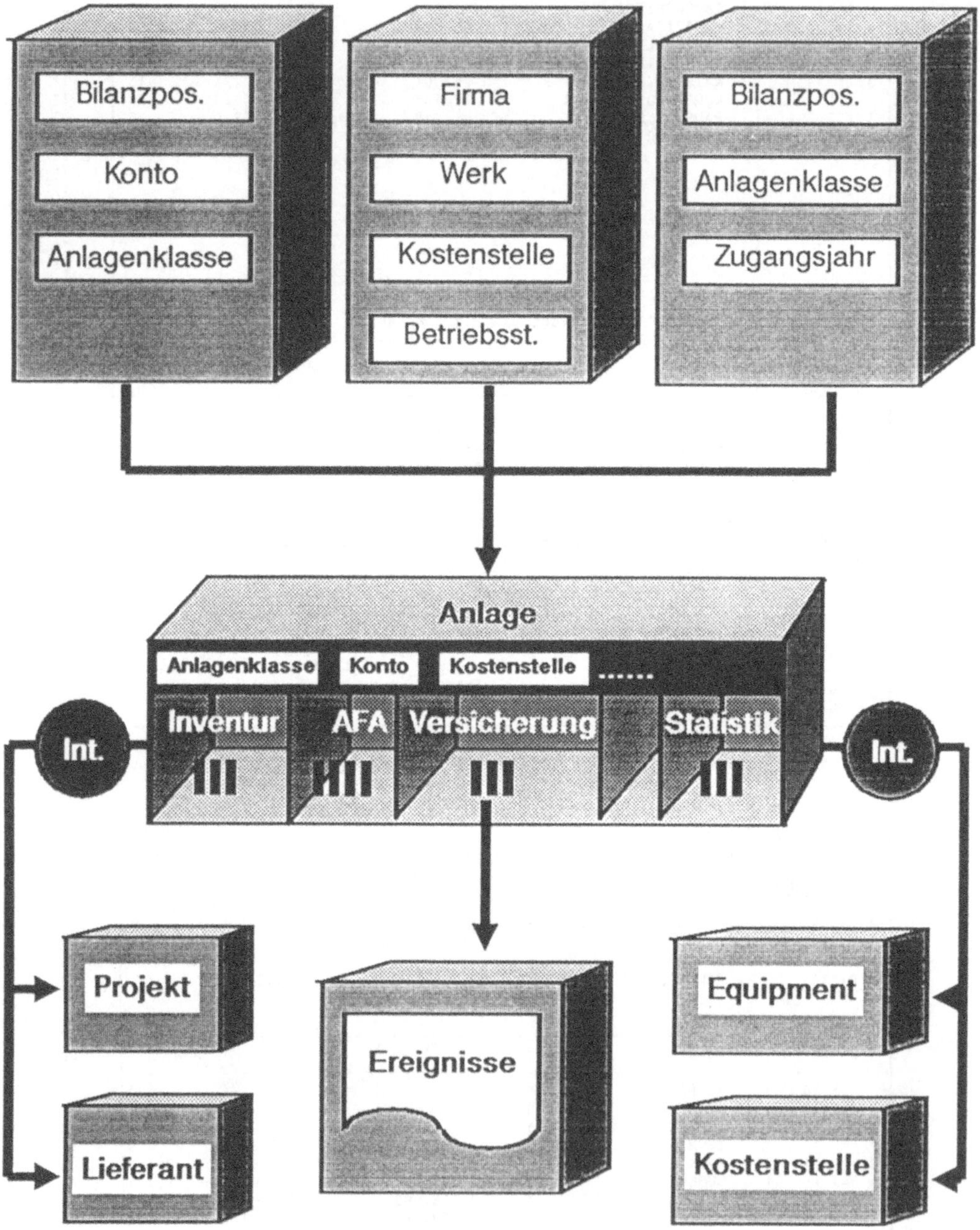

Abb. 10)

```
NAME     KONIK          BS P002      CONV 0009  20.07.89  08:39:18  ABAP DYN120

+-----------------------------------------------------------------------------+
!                                                                             !
! Bilanzposition / Sachkonto / Anlagenklasse / Werk / Kostenstelle            !
!-----------------------------------------------------------------------------!
! Bilanzposition   Geschäftsjahr 88 in 1000 DM               Jahresendebuchwert !
!-----------------------------------------------------------------------------!
! 24               Anzahlungen und Anlagen im Bau                     2.459,7 !
! 22               Technische Anlagen + Maschinen                     2.175,5 !
! 23               Betriebs- Geschaeftsausstattung                       94,3 !
!-----------------------------------------------------------------------------!
! Gesamt                                                              4.729,5 !
!                                                                             !
!                                  Jahresendebuchwert :               4.729,5 !
!                                             Zugänge :               1.691,3 !
!                                             Abgänge :                   0,0 !
!                                         Umbuchungen :                   0,0 !
!                                         Abschreibung :              1.511,8 !
!                                                                             !
!                                                                             !
!                                                                             !
!                                                                             !
! OK _     PF: 2=Select 7=Integration 8=Rangliste 9=Umsortieren ...     01/01!
+-----------------------------------------------------------------------------+
```

Abb. 11)

```
NAME     KONIK          BS P002      CONV 0009  20.07.89  08:41:16  ABAP DYN120

+-----------------------------------------------------------------------------+
! Bilanzposition  Sachkonto                                                   !
! 24              00032000                                           2.459,7 !
!-----------------------------------------------------------------------------!
! Anlagenklasse    Geschäftsjahr 88 in 1000 DM               Jahresendebuchwert !
!-----------------------------------------------------------------------------!
! 1000             MASCHINEN                                          2.020,8 !
! 3000             ANLAGE IM BAU                                        438,9 !
!                                                                             !
!                                                                             !
!                                                                             !
!                                                                             !
!-----------------------------------------------------------------------------!
! 3000             ANLAGE IM BAU                                        438,9 !
!                                                                             !
!                                  Jahresendebuchwert :                 438,9 !
!                                             Zugänge :               1.097,3 !
!                                             Abgänge :                   0,0 !
!                                         Umbuchungen :                   0,0 !
!                                         Abschreibung :                658,4 !
!                                                                             !
! OK _     PF: 2=Select 7=Integration 8=Rangliste 9=Umsortieren ...   2-01/02!
+-----------------------------------------------------------------------------+
```

Abb. 12)

```
NAME     KONIK          BS P002      CONV 0009  20.07.89  08:39:32  ABAP DYN120

+-----------------------------------------------------------------------------+
! 20.07.89 Geschäftsjahr 88 in 1000 DM    Rangliste der Top  14 Anlagen Seite  1!
!-----------------------------------------------------------------------------!
! Nr. BK Anlage    Sub Bezeichnung                           Jahresendebuchwert !
!-----------------------------------------------------------------------------!
!   1 01 00001001 000 MASCHINE IM BAU                                 2.020,8 !
!   2 01 00001000 000 ERSTE MASCHINE                                  1.796,1 !
! --------------------------- 80 % Schwelle ----------------------------------!
!   3 01 00007000 000 MUELLVERBRENNUNG                                  180,4 !
!   4 01 00007002 000 HEIZHAUS                                          144,0 !
!   5 01 00001005 000 SEILWINDE                                         115,5 !
!   6 01 00001003 000 SEILMASCHINEN                                     102,7 !
!   7 01 00001004 000 DREHAUTOMAT                                        84,9 !
!   8 01 00001002 000 FRAESMASCHINEN                                     76,3 !
!   9 01 00001006 000 KOPIERAUTOMAT                                      73,1 !
!  10 01 00007001 000 KANTINE                                            60,3 !
!  11 01 00007003 000 GARAGE                                             54,3 !
!  12 01 00001007 000 DRUCKER                                            10,8 !
!  13 01 00001008 000 FOTOKOPIERER                                        7,5 !
!  14 01 00001009 000 CHEFSESSEL                                          2,9 !
!-----------------------------------------------------------------------------!
! Gesamt                                                              4.729,5 !
!                                                                             !
! OK _     PF: 2=Pickup 7=Integration 10=Information 15=Split Screen ..  1-01/01!
+-----------------------------------------------------------------------------+
```

Abb. 13) Instandhaltungsinformationssystem

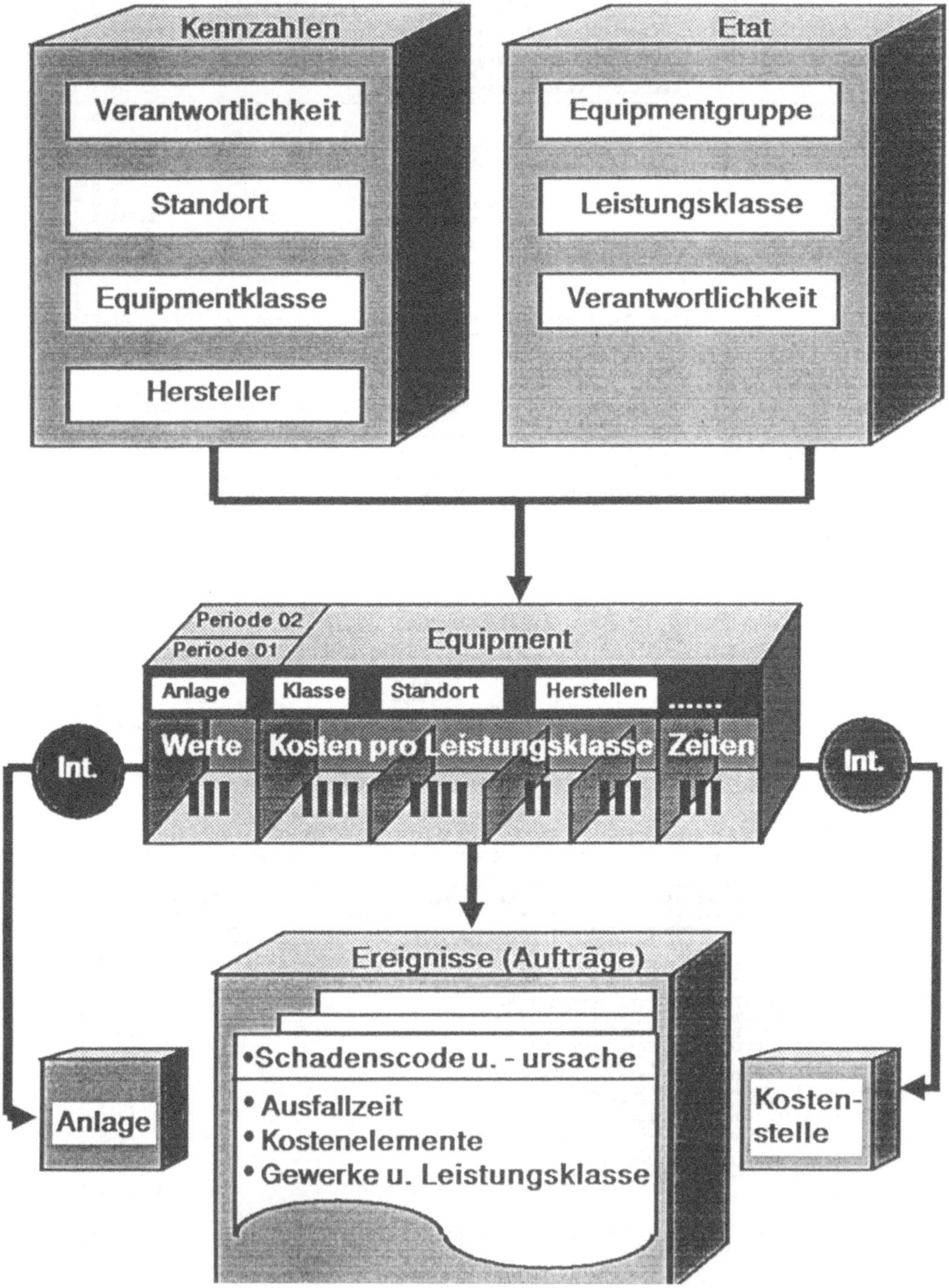

Abb. 14)

```
+------------------------------------------------------------------------------+
| 19.07.89                  K E N N Z A H L E N - K O S T E N                  |
| ---------------------------------------------------------------------------- |
|                                                                              |
| ---------------------------------------------------------------------------- |
| Kennzahlen-Kosten                                                            |
| ---------------------------------------------------------------------------- |
|                                                                              |
| LOHN/MAT.VERH.   =   LOHNKOSTEN     / MATERIALKOSTEN                 9,70 %  |
| LOHNKOSTEN       =   LOHN EIGEN     + LOHN FREMD                394.966,23 DM |
| MATERIALKOSTEN   =   MATERIAL EIGEN + MATERIAL FREMD          4.072.706,18 DM |
| IH-Rate          =   GESAMTKOSTEN   / GES. WIEDERB. WERT              19,39 % |
| KOSTEN/MITARB.   =   GESAMTKOSTEN   / ANZ. MITARB. INST         83.393,16 DM |
| LOHNK. + DIENST. =   LOHN EIGEN     + LOHN FREMD                             |
|                  +   DIENST.KOSTEN                             475.510,33 DM |
|                                                                              |
| 4AÜ                                                                          |
| OK _      PF: 3=Back 15=Equip.liste 17=Grafik 20=Anteil Gesamt ...  24,05  02 |
+------------------------------------------------------------------------------+
```

Abb. 15)

```
+------------------------------------------------------------------------------+
| 19.07.89                                                                     |
| ---------------------------------------------------------------------------- |
| BK WK EQUIPMENT-NR.         WIEDERBE-WERT       GESAMTKOSTEN         IH-RATE |
|                                       DM                 DM               %  |
| ---------------------------------------------------------------------------- |
| 01 01 A300-01               5.000.000,00        2.377.793,23           47,56 |
| 01 01 A300-02               1.000.000,50        2.100.109,00          210,01 |
| 01 01 A300-03               1.350.000,00           27.000,00            2,00 |
| 01 01 A300-04               3.440.000,00           59.488,75            1,73 |
| 01 01 A300-05               3.250.000,00           22.232,84            0,68 |
| 02 01 A300-30               1.197.786,02                0,00            0,00 |
| 02 01 A300-31               1.344.640,00                0,00            0,00 |
| 02 01 A300-32                  70.400,00                0,00            0,00 |
| 01 02 A300-33                 550.000,00                0,00            0,00 |
| 01 01 A310-01               2.950.000,00                0,00            0,00 |
| 01 01 A310-02               3.500.000,00                0,00            0,00 |
|                                                                              |
| 4AÜ                                                                          |
| OK _      PF: 3=Back 17=Grafik (Vert.)                             24,05 1-01 |
+------------------------------------------------------------------------------+
```

Abb. 16)

```
+------------------------------------------------------------------------------+
| 19.07.89       SCHADENSANALYSE PRO KLASSE/BAUTEIL/SCHADENSCODE               |
| ---------------------------------------------------------------------------- |
| Klasse/Bauteil/SCode        Anz. Schäden    %           Istkosten      %    |
| ---------------------------------------------------------------------------- |
| AIRBUS 30                              A300                                  |
| - ohne Bauteil                                                               |
| 010 UNDICHTHEITEN                   80      60,61 %    268.276,25     14,5   |
| 011 ÖLVERLUST                        1       0,76 %      1.210,00      0,0   |
| 020 GERÄUSCHENTWICKLUNG             24      18,18 %    143.301,00      7,7   |
| 030 ÜBERSETZUNG                      5       3,79 %     58.708,89      3,1   |
| 040 BRUCH                            9       6,82 %    684.001,25     37,1   |
| 041 RISS                             3       2,27 %    679.660,00     36,9   |
| 999 UNSPEZIFISCH                     8       6.06 %      1.310,65      0,0   |
|                                                                              |
| - Bauteil WK Nr. 01                      BAUWK01                             |
| 010 UNDICHTHEITEN                    1       0,76 %        160,00      0,0   |
|                                                                              |
| - ohne Bauteil                           0                                   |
| 010 UNDICHTHEITEN                    1       0,76 %      5.000,00      0,2   |
| ---------------------------------------------------------------------------- |
|                                    132                1.841.628,04  DM       |
|                                                                              |
| 4AÜ                                                                          |
| OK _      PF: 13=Anzeigen Anforderung 15=Grafik                    24,05  01 |
+------------------------------------------------------------------------------+
```

Grenzen der Plankostenrechnung für mittelfristige Planungs- und Entscheidungsrechnungen

Dipl.-Ing. H. Gruber, Steyr-Fahrzeug-Technik Ges. m.b.H., Graz-Thondorf

INHALTSVERZEICHNIS

1. AUSGANGSSITUATION
2. DEFINITION UND ZIEL EINER MITTELFRISTIGEN PLANUNGS- UND ENTSCHEIDUNGSRECHNUNG
3. BESONDERE ANFORDERUNGEN AN EINE MITTELFRISTPLANUNG
4. GRENZEN DER PLANKOSTENRECHNUNG FÜR DIE MITTELFRISTIGE PLANUNGS- UND ENTSCHEIDUNGSRECHNUNG
5. LÖSUNGSANSÄTZE AUS DER PRAXIS
6. SCHLUSSBETRACHTUNG UND AUSBLICK

1. AUSGANGSSITUATION

Das unmittelbar vor der Tür stehende letzte Jahrzehnt des zwanzigsten Jahrhunderts wird gekennzeichnet sein durch teilweise drastische Veränderungen und Wandlungen, deren Geschwindigkeit und Vielfalt immer stärker zunehmen. Wandel und Veränderung an sich sind nichts Neues und haben auch in den letzten Jahrzehnten zu beachtlichen Entwicklungen geführt. Was wirklich neu ist, ist das zu beobachtende Ausmaß an Intensität, Dynamik und Schnelligkeit dieses Wandels und die außerordentliche Turbulenz der Umwelt.1)

Folgende strukturelle Veränderungen sind bereits heute festzustellen bzw.

1) Vgl. BERGEN: NEW MARKETING 1989, S. 30 f
GOMEZ/PROBST: GANZHEITLICHES DENKEN 1989, S. 10
PATZAK,G: SYSTEMTHEORETISCHE ANSÄTZE 1989, S. 11

10. Saarbrücker Arbeitstagung 1989
Rechnungswesen und EDV
hrsg. v. A.-W. Scheer

noch zu erwarten:

- UNTERNEHMUNGEN:
  CIM-Konzepte, Just-in-time Produktion und Zulieferung, sowie neue Technologien einschließlich der Informationstechnologie führen zu einer weitgehenden Neustrukturierung produzierender Unternehmen im Sinne einer "Fabrik der Zukunft".
- MÄRKTE:
  Die Erwartungen an den EG-Binnenmarkt, die wirtschaftliche Öffnung des Ostblocks sowie der bevorstehende Sprung von Entwicklungs- und Schwellenländern in den Status von Industrieländern lassen für die nächsten Jahre viele Wachstumspotentiale erwarten.
- PRODUKTE:
  Neue Technologien, neue Märkte, ein neues Selbstverständis der Kunden und ein starker Wertewandel führen zu höherer Innovationsgeschwindigkeit und zu kürzeren Produktlebenszyklen.
- UNTERNEHMERISCHES DENKEN:
  Die immer stärker werdenden Vernetzungen zwischen Unternehmung, Markt, Zulieferern, Mitbewerbern und Umwelt verlangen ein Abrücken von linearkausalen Denkmustern und ein Übergehen auf ganzheitlich-systemisches Denken, ein Umgehen mit Nichtlinearitäten und Komplexitäten bzw. eine Verbindung von Analytik und Intuition.

Vor dieser Ausgangssituation befinden sich ein traditionelles innerbetriebliches Rechnungswesen, dessen Basis historische Daten aus der Finanzbuchhaltung sind und eine Plankostenrechnung, deren Stoßrichtung sich auf die kurzfristige operative Planung und das operative Controlling richtet.

Aus dieser Problematik heraus ist die Unzufriedenheit vieler Praktiker mit ihrer Plankostenrechnung und deren Begrenztheit für mittelfristige Planungs- und Entscheidungsrechnungen zu verstehen.

Die in diesem Artikel angerissenen Themen und Probleme stammen zum Teil aus der Praxis einer Unternehmung der Kraftfahrzeugindustrie, welche sich in den letzten Jahren als potenter Partner für Lohnauftragsentwicklungen auf dem Allradsektor und auch als Zulieferer für Allrad-Teile und Komponenten etablieren konnte.

Als Kostenrechnung steht seit mehr als 2 Jahrzehnten eine Grenzplankostenrechnung zur Verfügung, bei der im Verfahren der Parallel- oder Doppelkalkulation nebeneinander Voll- und Grenzkosten ermittelt werden.2) Seit einigen Jahren sind die SAP-Software-Pakete RF und RK im Einsatz.

2. DEFINTION UND ZIEL EINER MITTELFRISTIGEN PLANUNGS- UND ENTSCHEIDUNGSRECHNUNG

Betrachtet man die PLANUNG in einer Unternehmung als einen mehrstufigen Prozeß, so wird dieser Prozeß im wesentlichen nach den in Abb. 1 dargestellten Stufen, Fristigkeiten, Elementen etc. ablaufen. Allerdings finden sich in der Literatur unterschiedliche Bezeichnungen der einzelnen Planungsstufen.3) Wir wollen uns hier an die Definitionen von SCHREYÖGG halten.

Die mittelfristige (taktische) Planungs- und Entscheidungsrechnung stellt dabei das BINDEGLIED zwischen strategischer und operativer (Kurzfrist-) Planung dar.

Der Brückenschlag zwischen Strategie und Budgetierung bedeutet:

- von der Idee zu den Zahlen
- vom Verbalen zum Numerischen
- von Werten und Qualitäten zu Zahlen und Quantitäten
- von der Zukunft (Vision) in die Gegenwart (Ist-Daten)
- von hoher Unsicherheit zu großer Wahrscheinlichkeit
- von globalen Leitbildern zu konkreten Anordnungen

Wenn strategische Planung Auskunft gibt über die Frage: "Was wollen wir eigentlich" und operative Planung auf die Frage "Was ist heute zu tun", so beschäftigt sich mittelfristige Planung mit dem Thema: " Wie wollen wir das strategische Ziel erreichen".

---

2) Vgl. KILGER PLANKOSTENRECHNUNG 1981, S. 607
3) Vgl. SCHREYÖGG: UNTERNEHMENSTRATEGIE 1984, S. 85 und 126
DEYHLE: CONTROLLERHANDBUCH 1980, S. 179
Deyhle verwendet die Bezeichnung strategische, operative und dispositive Planung.
HORNGREN/FOSTER: COST-ACCOUNTING 1987, S. 141. Hier finden sich die Begriffe strategic, long-run and short-run planning.

PLANUNGS-STUFEN	FRISTIGKEIT	ELEMENTE	QUALITÄT
STRATEG. PLANUNG ↓	Langfristplanung	Strategische Analyse und Strategie-Auswahl	global, in groben Zügen, vorwiegend qualitativ - verbal
TAKTISCHE PLANUNG ↓	Mittelfristplanung, meist 1-5 Jahre	mittelfristige Programm- und Maßnahmenplanung, möglichst differenziert nach Funktionsbereichen	Übergang von der Idee zur Zahl, 1. Planungsjahr sehr detailliert, Folgejahre immer weniger detailliert. Im 1. Jahr überlappen sich Kurz- und Mittelfristplanung
OPERATIVE PLANUNG	Kurzfristplanung, das Jahr wird heruntergebrochen auf Quartale, Monate, Wochen	Kurzfristige Aktionsplanung und Budgetierung, Detailpläne nach Funktionsbereichen, Kostenstellen und Monaten	sehr detailliert, quantitativ - monetär, hohes Datenvolumen

Abbildung 1: Stufen, Fristigkeiten, Elemente und Qualität der Planung

Aus der im vorigen beschriebenen Stellung zwischen strategischer Planung und Budgetierung werden an die Mittelfristplanung erhöhte Anforderungen gestellt. Der Strategieplan wird in der Umsetzung in mittelfristige Programme - zumeist mit einem Planungshorizont von fünf Jahren - zerlegt, wobei die Strategie über die Zeit bis auf die Gegenwart hin stufenweise zu konkretisieren und zu detaillieren ist.4) Im ersten Planungsjahr sind die mittelfristigen Programme soweit detailliert, daß sie sich mit der Kurzfristplanung (Budgetierung) überlappen.

Als Global-Ziel für die Mittelfristplanung sei die

- Bereitstellung zukunftsorientierter, entscheidungsrelevanter Daten, speziell Planung der Periodenerfolge

genannt, als Teil-Ziele die Hilfestellung für die wesentlichsten betrieblichen Entscheidungen 5) wie:

- Verfahrenswahl
- Artikelauswahl (Verkaufssteuerung) und
- Investitionsentscheidungen
- Preisbildung bzw. Übernahme neuer Aufträge.

Außerdem sollte sowohl eine prozeßkonforme Abbildung des betrieblichen Geschehens, als auch eine kurzfristige Bereitstellung fallbezogener Informationen möglich sein.

3. BESONDERE ANFORDERUNGEN AN EINE MITTELFRISTPLANUNG

Wir wollen an den Beginn unserer Überlegungen eine Definition KILGER's zur Plankalkulation stellen:

"Unter Plankalkulation versteht man Kalkulationen, bei denen für eine bestimmte Planperiode im voraus geplante Herstell- und Selbstkosten pro Er-

---

4) Vgl. SCHREYÖGG: UNTERNEHMENSSTRATEGIEN 1984, S. 124 ff

5) Vgl. KILGER: PLANKOSTENRECHNUNG, S. 739
Die von Kilger zitierten Entscheidungen für die kurzfristige Planung: Verfahrenswahlentscheidungen und Absatzentscheidungen gelten natürlich auch für die Mittelfristplanung, sie sind jedoch um den Aspekt der Mittelfristigkeit und die damit verbundenen vielschichtigen Veränderungsmöglichkeiten zu erweitern.

zeugniseinheit ermittelt werden".6)

Nehmen wir nun eine sinngemäße Erweiterung vor von der Kalkulation auf die

- Kostenstellenrechnung, aus welcher die Kostensätze für die Kalkulationen bzw. die Ansätze für Material-, Verwaltungs- und Vertriebsgemeinkosten ermittelt werden, und auf die
- Kostenträgerzeit- oder Ergebnisrechnung, welche uns die Periodenergebnisse nach Produkten, Märkten, strategischen Geschäftseinheiten etc. liefert,

so haben wir die wichtigsten Anforderungen an die Mittelfristplanung definiert.

Im Gegensatz zur kurzfristigen Planungs- und Kontroll-Rechnung, und als solche ist eine flexible Plankostenrechnung zu sehen, soll die Mittelfristplanung für einen erweiterten Planungshorizont von 3 - 5 Jahren gelten.

Besonders erschwerend wirken sich dabei jene Aspekte aus, welche unter Punkt 1 bereits angedeutet wurden:

- Die Vernetzung der Unternehmung in einem komplexen Umfeld (siehe Abb. 2) nimmt ständig zu.
- Die Auswirkungen von Entscheidungen werden immer beschränkter analysierbar, immer weniger prognostizierbar, immer schwerer quantifizierbar. Die Unternehmen werden immer stärker von externen Faktoren gesteuert, die immer weniger gestaltbar und lenkbar werden.7)
- Die Stabilität der Märkte wird immer geringer, immer weniger Märkte weisen längerfristig berechenbare Trends auf. 8)
- Die laufende Anpassung der Fertigungsstruktur an die Erzeugnisstrukturen, der Organisationsstruktur an die Unternehmensziele etc. 9) führt zu einer permanenten Strukturplanung.

---

6) siehe KILGER: PLANKOSTENRECHNUNG 1981, S. 605
Hier behandelt Kilger unter "Pkt. 6: Die Kostenträgerrechnung in der flexiblen Plankostenrechnung" die PLANKALKULATION als kalkulator. Grundrechnung einer Kostenträgerstückrechnung für standardisierte Erzeugnisse.
7) Vgl. PROBST: GANZHEITLICHER MANAGER 1989, S. 8 f
8) Vgl. BERGEN: NEW MARKETING 1989, S. 31
9) Vgl. GÖTZ/PAWELLEK/POLENSKY: INTEGRIERTE PRODUKTIONSORGANISATION 1989, S. 226. Bei z.B. vier Jahren durchschnittlicher Lebensdauer würden sich pro Jahr ca. 25 % aller Produkte verändern.

Damit gehen die Anforderungen an die Mittelfristplanung bei weitem über die der Kurzfristplanung hinaus.

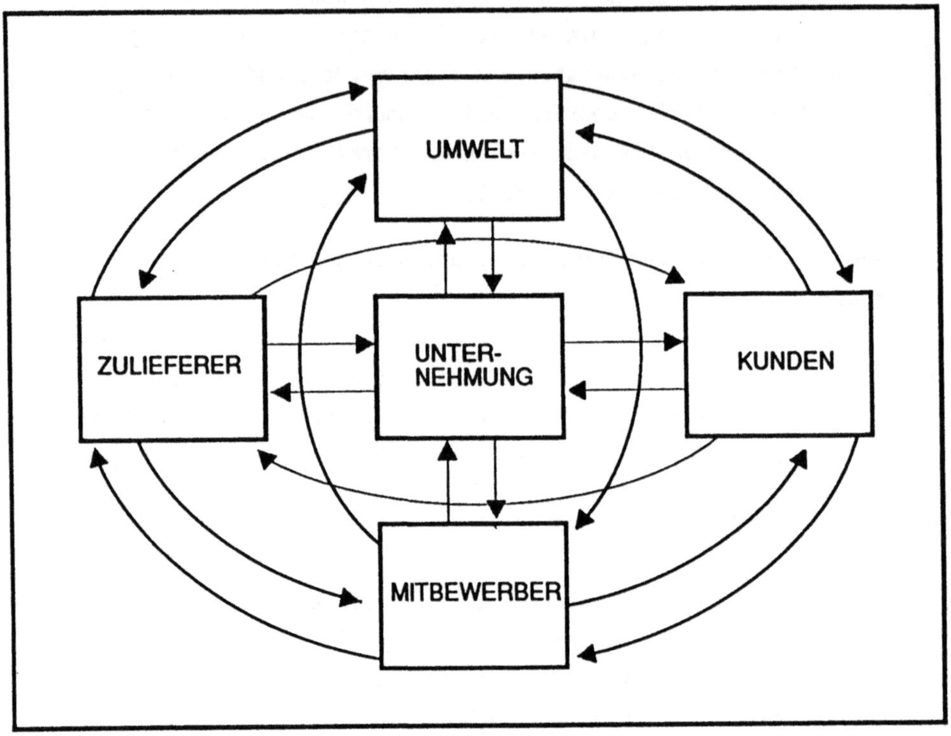

Abbildung 2: Die Unternehmung und ihre Vernetzung in einem komplexen Umfeld

4.) GRENZEN DER PLANKOSTENRECHNUNG FÜR DIE MITTELFRISTIGE PLANUNGS- UND ENTSCHEIDUNGSRECHNUNG

Die unter diesem Punkt gemachten Aussagen erheben weder Anspruch auf Vollständigkeit, noch auf Allgemeingültigkeit. Sie entstammen einfach aus der Alltagspraxis von Unternehmungen. Es handelt sich dabei auch sicher nicht um Einzelfälle, was zahlreiche Publikationen aus Wissenschaft und Praxis bestätigen.

Wir wollen das Thema von 3 Aspekten her beleuchten:

- Die systemimmanenten methodischen Grenzen
- Der begrenzte Informationsgehalt einer auf monetären Größen basierenden Plankostenrechnung
- Das Fehlen einer strategischen Unternehmensplanung und/oder detaillierter Planungsinformationen

DIE SYSTEMIMMANENTEN, METHODISCHEN GRENZEN

Bereits die für eine flexible Plankostenrechnung so eminent wichtige Festlegung, welche Kosten als fix, als proportional oder als teilweise fix zu betrachten sind, kann in verschiedenen Unternehmen sehr unterschiedlich ausfallen. Feststeht nur, daß im Zuge der immer mehr zunehmenden Automatisierung und CIM-Durchdringung die Fixkosten immer stärker ansteigen, und daß es "gerade für ein Unternehmen mit hohen Fixkosten notwendig ist, möglichst genaue Grenzkosten für alle wichtigen Entscheidungen vorliegen zu haben" (H.G. Plaut in der November-Nummer 1987 der IO-Management Zeitschrift).

Betrachten wir weiter die Kostenstellen- und Kostenträgerrechnung, so stellen wir fest, daß die darin verwendeten Kosten- und Kalkulationsbestandteile von sehr unterschiedlicher Qualität sind.10)

In jeder Kostenstelle, jeder Kalkulation und jeder Ergebnisrechnung existieren Kosten mit

- hoher bzw. ausreichender Zuverlässigkeit (Gruppe 1)
- bedingter Zuverlässigkeit (Gruppe 2)
- geringer Zuverlässigkeit, z.T. rein willkürlicher Zuordnung (Gruppe 3)

---

10) Vgl. GRUBER: FERTIGUNGSTIEFEN-OPTIMIERUNG 1989, S. 427 ff
Hier wird auf die Grenzen einer mit Standard-Materialpreisen und Standard-Kostensätzen arbeitenden Plankostenrechnung für Einzelentscheidungen hingewiesen im Zusammenhang mit Fertigungstiefenoptimierung.
ISSLER: KALKULATION 1987, S. 157 f

Da Kosten als "Werteinsatz zur Leistungserstellung" definiert sind, hängt der Grad ihrer Zuverlässigkeit davon ab, wieweit die beiden Faktoren Menge und Wert/Mengeneinheit genau und zuverlässig bestimmt werden können.

Sind beide Faktoren verläßlich genau spezifizierbar, so gehören diese Kosten zur Gruppe 1, ist z.B. die Menge nicht detailliert erfaßbar, aber mit einer gewissen Wahrscheinlichkeit/Genauigkeit schätzbar oder errechenbar, so könnten diese Kosten in die Gruppe 2 eingeordnet werden.

In die Gruppe 3 fallen alljene Kosten des Gemeinkosten- und Overhead-Bereichs, für die im Rahmen einer Kostenrechnung oft gewaltsam eine Zuordnung, Verteilung, Schlüsselung oder Umlage getroffen wird. Mag hinter dieser Zuordnung auch noch so viel Mühe, Erfahrung, Plausibilität und gute Absicht stecken, im Grunde genommen handelt es sich letztlich doch um einen Akt der Willkür.

Folgende Zuordnungen zu den einzelnen Gruppen könnten getroffen werden:

Gruppe 1: alle Einzelkosten, Gemeinkosten wie direkt verrechnete innerbetriebliche Leistungen, kalk. Raumkosten, kalk. Abschreibungen, kalk. Belegschaftsnebenkosten etc.

Gruppe 2: kalk. Energieverbräuche, kalk. Reparaturkosten, kalk. verteilte, aber einigermaßen quantifizierbare innerbetriebliche Leistungen etc.

Gruppe 3: Materialgemeinkosten-Zuschläge, Verwaltungs- und Vertriebsgemeinkosten-Zuschläge, Quotenverrechnungen aller Art, Umlagen aus dem Overhead-Bereich, Fixkosten sekundärer Stellen

Wie hoch die Anteile der Gruppe 2 und 3 sind, kann aus den Abbildungen 3 und 4 beispielhaft entnommen werden.

Selbst unter Einbeziehung von kalk. Abschreibungen, kalk. Raumkosten und kalk. Belegschaftsnebenkosten bewegt sich die Gruppe 1, also die Gruppe mit hoher bzw. ausreichender Zuverlässigkeit, nur in einer Größenordnung von

ca. 60 % der Gesamtkosten

Würde man sich nur auf die Grenzkosten beziehen, so läge der Wert in den angenommenen Beispielen auch nur bei ca. 80%.

KOST. NR.: 8514		Bezeichnung ZANGENSCHWEISSEN			LSTART NR.: 064 VORGABE-STD PLANKOSTEN					
KOSTENART Nummer		Bezeichnung	LEIST. KOSTL.	LEIST. LSTAR.	FIX	PROP	GES	1		3
4050	4510	Werkzeuge	3168	128	13	28	41	28		13
	4590	Instandhaltung	3168	128	100	214	314	214		100
	5110	Laufende Instandhaltung	2113	305	748	1.285	2.034	1.285		748
	5110	Laufende Instandhaltung	2163	305	218	164	382	164		218
	5110	Laufende Instandhaltung	3168	128	67	86	153	86		67
	5110	Laufende Instandhaltung	3176	305	1	2	3	2		1
4101	0000	Fertigungslohn				4.451	4.451	4.451		
4451	0000	Werkzeuge				384	384	384		
4511	0000	Laufende Instandhaltung			7	188	195	188		7
4561	0000	Nacharbeit				81	81	81		
4571	0000	Ausschuß				45	45	45		
4810	0000	Kalk. Abschreibungen			756	546	1.302	1.302		
4811	0000	Kalk. Reparaturkosten				74	74		74	
4830	0000	Kalk. Belegschaftsk.				4.585	4.585	4.585		
4840	0000	Kalk. Raumkosten	1419	467	1.257		1.257	1.257		
4850	0000	Kalk. Wasserkosten	1634	431	13	14	27		14	13
4855	0000	Div. kalk. I-Leistungen	3495	443	1.042	1.332	2.374		1.332	1.042
			3497	443	461	540	1.000		540	461
			4098	443	995	282	1.277		282	995
4859	0000	Kalk. Stromkosten	1691	445	127	173	300		173	127
4870	0000	Kalk. Leitungskosten	1013	465	78		78			78
			3500	452	3.992	2.104	6.096		2.104	3.992
4893	0000	Fixkosten Sozialstellen	1895	492	266		266			26
JAHRESKOSTEN (in 1000 öS)					10.140	16.577	26.718	14.071	4.519	8.128
%					38%	62 %	100 %	53 %	17%	30 %

Abbildung 3: Zuverlässigkeit der Kostenzuordnung auf eine Fertigungskostenstelle

KALKULATIONS-SCHEMA	KOSTENSTRUKTUR Voll HK = 100			GRUPPE		
	FIX	PROP	GES	1	2	3
Materialeinzelkosten	-	43	43	43	-	-
Materialgemeinkosten	1	1	2	-	-	2
Materialkosten	1	44	45	43	-	2
Fertigungskosten	19	31	50	27	9	14
Sondereinzelkosten der Fertigung	5	-	5	-	3	2
Herstellkosten	25	75	100	70	12	18
Verwaltungs - und Vertriebsgemeinkosten	8	2	10	-	-	10
Kalk.Zinsen auf AV und UV	5	2	7	-	-	7
Sondereinzelkosten des Vertriebs	2	1	3	-	2	1
Selbstkosten	40	80	120	70	14	36
%	33	67	100	58	12	30

Abbildung 4: Zuverlässigkeiten der Kosten einer Produktkalkulation

Die Anteile der Gruppe 2 und 3 sind somit in der Regel viel höher, als man annimmt. Die Kostenanteile mit bedingter und geringer Zuverlässigkeit bzw. rein willkürlicher Zuordnung können selbst in der kurzfristigen Plankostenrechnung durchaus ein Drittel und mehr ausmachen. Im Grunde genommen bedeuten diese Aussagen, daß wir auch bei noch so aufwendig gestalteter Kostenstellen- und Kostenträgerrechnung für Einzelentscheidungen eine erhebliche Unsicherheit bei der Verwendung von Standardinformationen aus der Kostenrechnung ins Kalkül ziehen sollten. Diese Unsicherheit erhöht sich dramatisch, wenn wir den Planungshorizont auf mehrere Jahre ausweiten, wenn sich die in der Kurzfristplanung gültigen und bekannten Strukturen verändern und durch zum Teil nur mehr verbal definierte Zielformulierungen ersetzt werden.

DER BERGRENZTE INFORMATIONSGEHALT EINER AUF MONETÄREN GRÖSSEN BASIERENDEN PLANKOSTENRECHNUNG

Wenn der Kostenrechner für ein neues Produkt/Projekt die erforderlichen Kostensätze gebildet, damit eine detaillierte Plankalkulation durchgeführt und eine Ergebnisvorschau errechnet hat, dann hat er alles getan, was sein Instrumentarium ihm ermöglicht. Er kann dann auch über die Höhe der verwendeten Kostensätze, über verschiedene Details seiner Kalkulation und über die Bestandteile seiner Ergebnisrechnung Auskunft geben, soferne es um Stückzahlen, Kosten, Erlöse etc. geht, also um Daten, die als Rechengrößen in seine Planung eingeflossen sind.

Wird er aber um Strukturen und Mengen gefragt, also z.B. um die Anzahl der in seiner Planung enthaltenen Mitarbeiter und ihrer Qualifikation, der Flächen, Abschreibungen, Maschinenauslastungen, der Struktur im Verwaltungs-, Vertriebs- oder Logistikbereich etc., dann muß er sich Zeit erbitten für umfangreiche und schwierige Nebenrechnungen. Hat er sich nämlich zur Vereinfachung und Beschleunigung seiner Arbeit soweit dies möglich war bestehender Kostensätze und Gemeinkostenzuschläge (z.B. für Material, Verwaltung oder Vertrieb) bedient, so besitzt er die geforderten Informationen nur implizit über die Kostenplanung. Aber gerade die expliziten Struktur- und Mengeninformationen sind es, die die Planung und Kalkulation für die Verantwortlichen durchschaubar und entscheidbar machen.

Nur wenn wir dem Meister einer Abteilung sagen können, wieviel er an Vorarbeitern, Einstellern, Hilfsarbeitern zur Abwicklung eines Projektes bekommt, wenn wir den Qualitätsverantwortlichen über die in der Kalkulation enthaltenen Mitarbeiter seines Bereiches informieren können, nur wenn wir dem Logistikchef über Personal, zur Verfügung stehendes Lager etc. Auskunft geben können, ist Beurteilung, Akzeptanz und Identifikation für sie möglich.

Zeitgemäße Kostenrechnungen haben zwar einen Großteil dieser Informationen irgendwo gespeichert, es fehlen aber entsprechende Auswertungs-Tools.

DAS FEHLEN EINER STRATEGISCHEN UNTERNEHMENSPLANUNG UND/ODER DETAILLIERTER PLANUNGSINFORMATIONEN

In einer Welt rascher und tiefgreifender Veränderungen, in der über die Zukunft nur relativ unsichere Aussagen gemacht werden können, scheint für viele Unternehmungen eine strategische Unternehmensplanung mit langfristigem Aktionsrahmen keinen Sinn zu haben. Die Anwendung von Planungsmethoden, vor allem die Portfolio-Analyse, setzt voraus, daß die Umwelt gut vorhersehbar ist, und die Planer somit über die notwendigen Informationen verfügen, um präzise Strategien zu formulieren. Mangelnde Prognostizierbarkeit von Märkten und Technologien sind somit der wichtigste Grund für das oftmalige Fehlen langfristiger Planungen. 11)

Trotzdem besteht in den letzten Jahren wieder gesteigertes Interesse an eine strategische Planung, speziell wegen der wachsenden Betriebsgrößen und der gestiegenen Komplexität. Die Unternehmungen erwarten sich davon eine Verminderung des Risikos von Fehlentscheidungen durch systematische Analyse der strategischen Handlungsmöglichkeiten, der strategischen Chancen und Risken und eine Verhinderung der Aufeinanderfolge ungeplanter und eventuell widersprüchlicher Einzelschritte durch Integration der operativen Entscheidungen in einen langfristigen Strategieplan. Bei Fehlen einer strategischen Planung kommt der Mittelfristplanung defacto die Funktion zu, strategische Aspekte zu übernehmen, womit sie in der Regel überfordert ist.

Trotzdem sollte eines nicht übersehen werden:
Zur konsequenten Planung und Umsetzung von CIM-Philosophien sind längerfristige, strategische Instrumente erforderlich. Anderseits erfordert der immer stärker werdende Trend zur Just-in-time Produktion und Zulieferung

11) Vgl: SCHREYÖGG: UNTERNEHMENSSTRATEGIE 1984, S. 72 f

den Einsatz kurzfristiger Planungs- und Steuerungsinstrumente. Die bisherigen mittelfristigen Planungs- und Dispositions-Systeme verlieren daher an Gewicht. 12) Durch den ständigen Strukturwandel, erhöhte Innovationsgeschwindigkeit und verkürzte Produktlebenszyklen wird sich der strategische Planungshorizont wesentlich verkürzen. Wenn in der Vergangenheit eine Unternehmung im Verlauf einer Generation wenige überlebenswichtige Entscheidungen zu treffen hatte, so hat sie dafür heute eher nur mehr 5 Jahre Zeit mit zeitlich abnehmender Tendenz in der Zukunft.13)

Wann stößt ein Kostenrechner in der Mittelfristplanung somit an die Grenzen?

- wenn eine strategische Unternehmensplanung fehlt
- wenn die notwendigen Informationen für die Planung fehlen
- wenn die Zeit für eine seriöse Planung zu kurz ist und
- wenn sein Kostenrechnungsinstrumentarium entweder zu grob oder zu komplex ist

Abschließend sei auf zwei Entscheidungskomplexe hingewiesen, welche im betrieblichen Alltag wahrscheinlich die größten Schwierigkeiten verursachen:

- Entscheidungen für Investitionen, die bereichs- und systemübergreifend sind, die Bestandteil eines längerfristigen Gesamtkonzeptes sind oder die die Vorausetzung für die Schaffung einer strategischen Technologie- oder Kapazitätsposition darstellen. Hier versagen herkömmliche Investitionsverfahren, weil sie den Nachweis der Wirtschaftlichkeit nicht erbringen können.

- Angebots- und Preisbildungsentscheidungen bei Produkten oder Aufträgen, für die nur Kosten- und Kalkulationsinformationen auf Basis historischer Daten zur Verfügung stehen, deren Realisierung aber in eine völlig veränderte Zukunft fällt.

12) Vgl. SCHEER: INTEGRATIONSTREND 1988, S. 14
13) Vgl. BERGEN: NEW MARKETING 1989, S. 35

5. LÖSUNGSANSÄTZE AUS DER PRAXIS

Aus den im vorigen genannten Anforderungen und Grenzen wollen wir einen Themenkreis schwerpunktmäßig herausgreifen. Es geht dabei darum, die sich ständig verändernden und daher ständig neu zu planenden und neu zu entscheidenden STRUKTUREN einer Unternehmung auch in der Kostenrechnung sichtbar zu machen.
Wir möchten diesen Ansatz daher bezeichnen als

STRUKTURELLE KOSTENRECHNUNG:

Es geht dabei darum, in einer auf monetären Größen aufbauenden Kostenrechnung nicht nur den Wertefluß bzw. den entsprechenden Mengenfluß einer Unternehmung darzustellen, sondern vor allem die dahinter stehenden Strukturen 14) wie:

- Erzeugnisstruktur (Produktstruktur, Teilestruktur)
- Fertigungsstruktur (Technologiestruktur, Werkstattstruktur, Maschinenstruktur)
- Organisationsstruktur (Aufbauorganisation, Ablauforganisation)
- Kostenstruktur (Personalkosten, innerbetrieb. Leistungen, Fertig. Hilfsmat., Fremdleistungen, kalk. Kosten)

Der hier getroffene Ansatz geht davon ab, die Kostenplanung und Kostenrechnung primär als Instrumentarium zur Gewinnung von Kosten- und Ergebnisdaten zu betrachten, sondern vor allem als Planungsmodell, welches auch STRUKTURELLE INFORMATIONEN beinhaltet <u>und</u> zur Verfügung stellt.

Wie kann nun eine solche Forderung konkret realisiert werden?

Beginnen wir zuerst mit der Kostenstellenrechnung:
Eine der wesentlichen Forderungen an eine Kostenstellenrechnung ist die, die bestehende Aufbauorganisation realitätskonform abzubilden, um dem Aspekt der Kostenverantwortung gerecht zu werden. Weiters gilt als methodische Voraussetzung für eine analytische Kostenplanung, die Mengeneinsätze und Mengenverbräuche zu erfassen und mit aktuellen oder standardisierten Preisen zu bewerten. Schließlich kann von einem zeitgemäßen Softwareprodukt heute durchaus verlangt werden, daß es die innerbetrieblichen (sekundären)

---

14) Vgl. GÖTZ/PAWALLEK/POLENSKY: INTEGRIERTE PRODUKTORGANISATION 1989, S. 226 f

Leistungsbeziehungen verursachungsgerecht erfaßt, iteriert und bewertet an die Empfänger-Kostenstellen weiterverrechnet.

In Abb. 5,6 und 7 wurde versucht, bestimmte Zusammenhänge zu visualisieren. Abb. 5 stellt ein SCHICHTMODELL 15) der Unternehmungsstruktur dar, aus dem die wesentlichen Funktionsbereiche bzw. Sekundärbereiche ersichtlich sind.

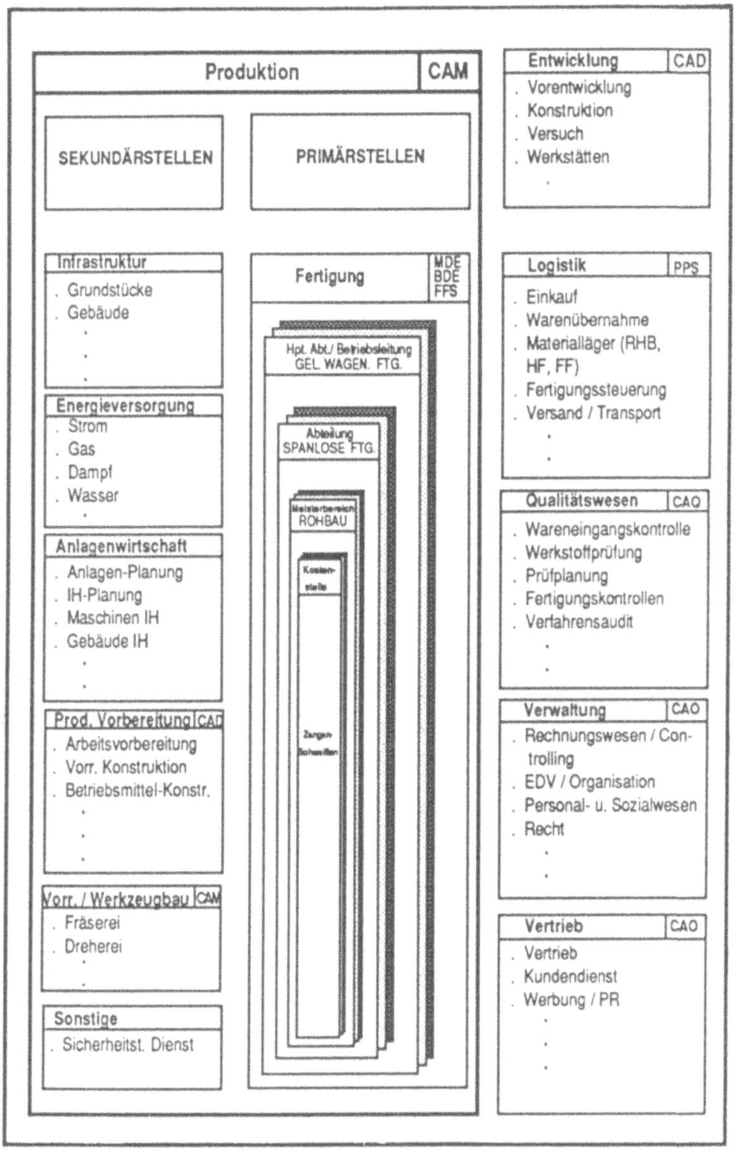

Abbildung 5: Schichtenmodell der Unternehmensstruktur

15) Vgl. PATZAK: SYSTEMTHEORETISCHE ANSÄTZE 1989, S. 11
Patzak verwendet den Begriff ZWIEBELSCHALENMODELL, wobei immer von einer Systemabgrenzung auf eine nächst weitere übergegangen wird

In Abbildung 6 ist der Ausdruck einer Kostenstelle wiedergegeben, in dem ihre innerbetrieblichen Leistungsbeziehungen dargestellt sind. Es handelt sich dabei um eine Realisierung mit der Standardsoftware RK der SAP, Walldorf.

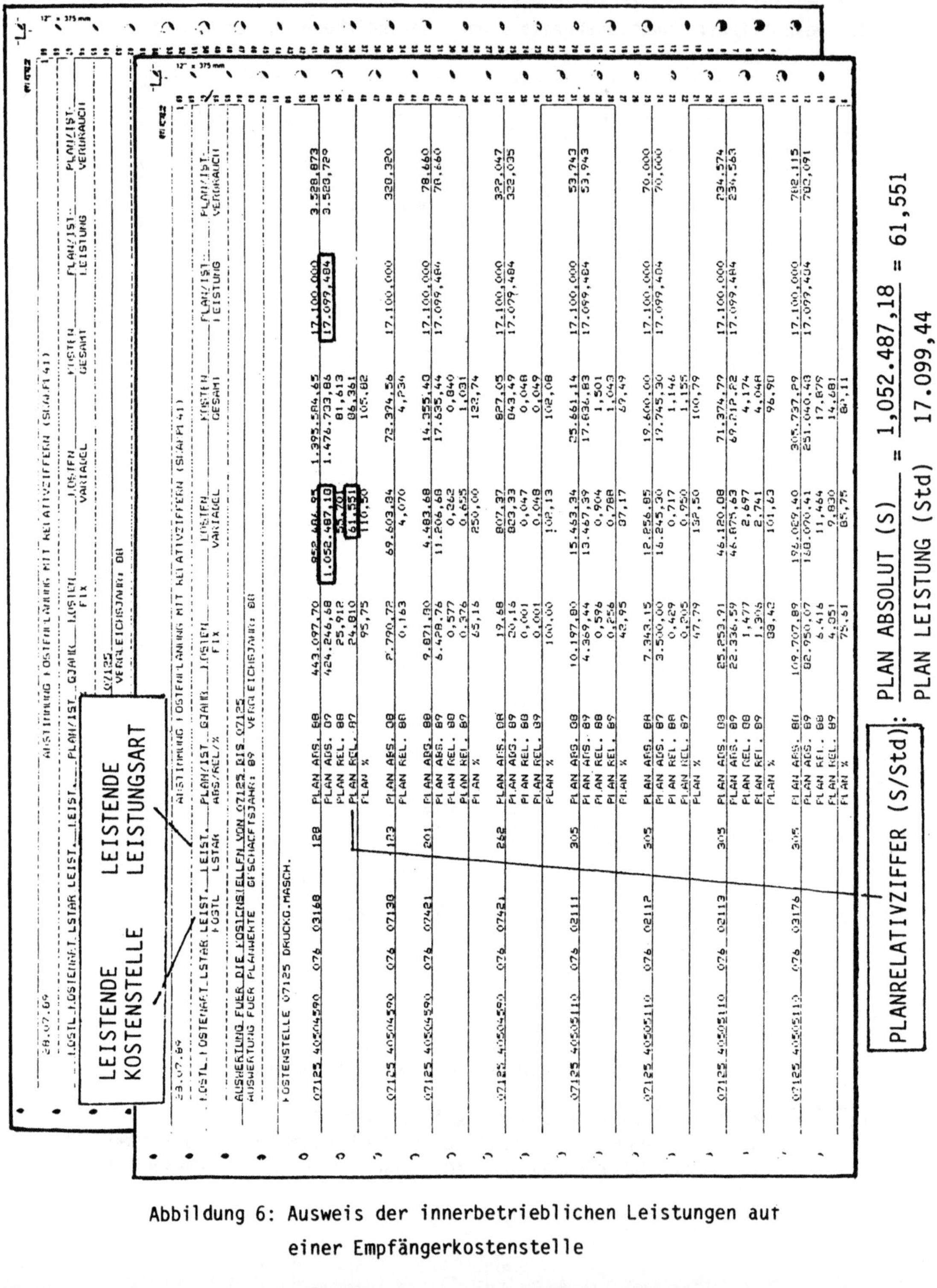

28.07.89 ABSTIMMUNG KOSTENPLANUNG MIT RELATIVZIFFERN (SCAFP141)

AUSWERTUNG FUER DIE KOSTENSTELLEN VON 07125 BIS 07125
AUSWERTUNG FUER PLANWERTE GESCHAEFTSJAHR: 89 VERGLEICHSJAHR: 88

KOSTENSTELLE 07125 DRUCKG.MASCH.

KOSTL	KOSTENART	LSTAR	LEIST. KOSTL	LEIST. LSTAR	PLAN/IST GJAHR ABS/REL/%	KOSTEN FIX	KOSTEN VARIABEL	KOSTEN GESAMT	PLAN/IST LEISTUNG	PLAN/IST VERBRAUCH
07125	40504590		076	03168	128 PLAN ABS. 88	443.097,70	952.484,95	1.395.584,65	17.100,000	3.528,873
					PLAN ABS. 89	424.246,68	1.052.487,18	1.476.733,86	17.099,484	3.528,729
					PLAN REL. 88	25,912	55,701	81,613		
					PLAN REL. 89	24,810	61,551	86,361		
					PLAN %	95,75	110,50	105,82		
07125	40504590		076	07138	123 PLAN ABS. 88	2.790,72	69.603,84	72.394,56	17.100,000	328,320
					PLAN REL. 88	0,163	4,070	4,234		
07125	40504590		076	07421	201 PLAN ABS. 88	9.871,80	4.483,68	14.355,40	17.100,000	78,660
					PLAN ABS. 89	6.428,76	11.206,68	17.635,44	17.099,484	78,660
					PLAN REL. 88	0,577	0,262	0,840		
					PLAN REL. 89	0,376	0,655	1,031		
					PLAN %	65,16	250,00	122,74		
07125	40504590		076	07421	262 PLAN ABS. 88	19,68	807,37	827,05	17.100,000	322,047
					PLAN ABS. 89	20,16	823,33	843,49	17.099,484	322,035
					PLAN REL. 88	0,001	0,047	0,048		
					PLAN REL. 89	0,001	0,048	0,049		
					PLAN %	100,00	102,13	102,08		
07125	40505110		076	02111	305 PLAN ABS. 88	10.197,80	15.463,34	25.661,14	17.100,000	53,743
					PLAN ABS. 89	4.369,44	13.467,39	17.836,83	17.099,484	53,943
					PLAN REL. 88	0,596	0,904	1,501		
					PLAN REL. 89	0,256	0,788	1,043		
					PLAN %	42,95	87,17	69,49		
07125	40505110		076	02112	305 PLAN ABS. 88	7.343,15	12.256,85	19.600,00	17.100,000	70,000
					PLAN ABS. 89	3.500,00	16.245,30	19.745,30	17.099,484	70,000
					PLAN REL. 88	0,429	0,717	1,146		
					PLAN REL. 89	0,205	0,950	1,155		
					PLAN %	47,79	132,50	100,79		
07125	40505110		076	02113	305 PLAN ABS. 88	25.253,91	46.120,08	71.374,79	17.100,000	234,574
					PLAN ABS. 89	22.336,59	46.875,63	69.212,22	17.099,484	234,563
					PLAN REL. 88	1,477	2,697	4,174		
					PLAN REL. 89	1,306	2,741	4,048		
					PLAN %	88,42	101,63	96,90		
07125	40505110		076	03176	305 PLAN ABS. 88	109.707,89	196.029,40	305.737,29	17.100,000	782,115
					PLAN ABS. 89	82.950,07	168.090,41	251.040,48	17.099,484	782,091
					PLAN REL. 88	6,416	11,464	17,879		
					PLAN REL. 89	4,851	9,830	14,681		
					PLAN %	75,61	85,75	82,11		

Abbildung 6: Ausweis der innerbetrieblichen Leistungen auf einer Empfängerkostenstelle

In Abbildung 7 wurden anhand einer weiteren Kostenstelle die geplanten Sekundärbeziehungen mit dem Unternehmensschichtenmodell optisch verbunden.

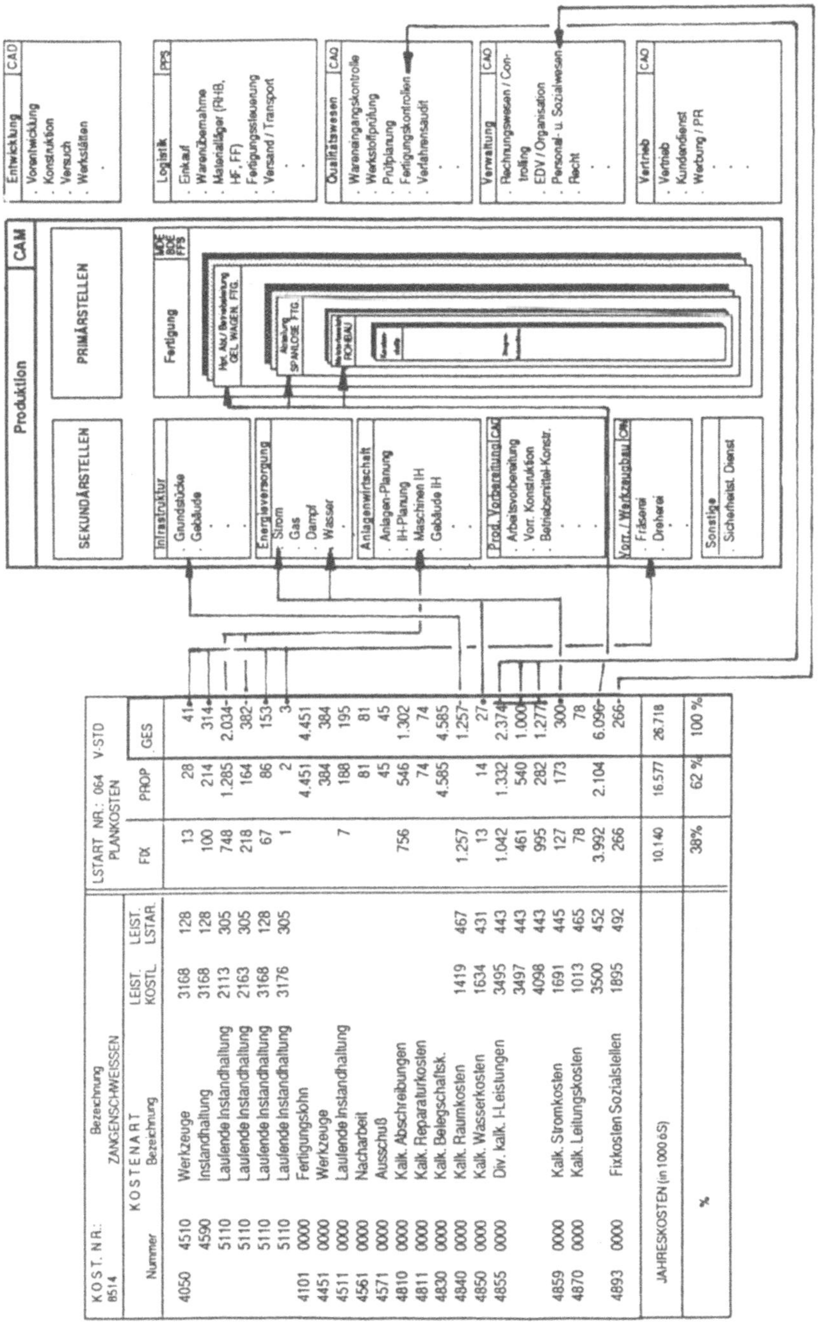

KOST. NR.: 8514		Bezeichnung ZANGENSCHWEISSEN			LSTART NR.: 064 V-STD PLANKOSTEN		
KOSTENART Nummer		Bezeichnung	LEIST. KOSTL.	LEIST. LSTAR.	FIX	PROP	GES
4050	4510	Werkzeuge	3168	128	13	28	41
	4590	Instandhaltung	3168	128	100	214	314
	5110	Laufende Instandhaltung	2113	305	748	1.285	2.034
	5110	Laufende Instandhaltung	2163	305	218	164	382
	5110	Laufende Instandhaltung	3168	128	67	86	153
	5110	Laufende Instandhaltung	3176	305	1	2	3
4101	0000	Fertigungslohn				4.451	4.451
4451	0000	Werkzeuge				384	384
4511	0000	Laufende Instandhaltung			7	188	195
4561	0000	Nacharbeit				81	81
4571	0000	Ausschuß				45	45
4810	0000	Kalk. Abschreibungen			756	546	1.302
4811	0000	Kalk. Reparaturkosten				74	74
4830	0000	Kalk. Belegschaftsk.				4.585	4.585
4840	0000	Kalk. Raumkosten	1419	467	1.257		1.257
4850	0000	Kalk. Wasserkosten	1634	431	13	14	27
4855	0000	Div. kalk. I-Leistungen	3495	443	1.042	1.332	2.374
			3497	443	461	540	1.000
			4098	443	995	282	1.277
4859	0000	Kalk. Stromkosten	1691	445	127	173	300
4870	0000	Kalk. Leitungskosten	1013	465	78		78
			3500	452	3.992	2.104	6.096
4893	0000	Fixkosten Sozialstellen	1895	492	266		266
JAHRESKOSTEN (in 1000 öS)					10.140	16.577	26.718
%					38%	62 %	100 %

Abbildung 7: Darstellung der innerbetrieblichen Leistungsbeziehungen einer Fertigungskostenstelle

Grundsätzlich sind alle für eine STRUKTURELLE KOSTENRECHNUNG benötigten Daten explizit oder implizit in einem zeitgemäßen Sofware-Produkt oder zumindest in Neben-Dateien/Rechnungen/Aufschreibungen vorhanden, es fehlen nur die entsprechenden Auswertungs-Tools.

Wenn wir somit die wesentlichen Strukturinformationen analog einer Primärkostenrechnung oder einer Rechnung mit partiellen Kostensätzen bis auf den einzelnen Kostensatz weiterführen, so haben wir damit auch die Möglichkeit der Weitergabe an die Kalkulation und an die Ergebnisrechnung.

Wir wenden dieses Verfahren in vergröberter Form, d.h. bezogen auf wenige Wirkfaktoren und Schwerpunktbezugsgrößen mit Erfolg für die Planungsbeurteilung neuer Produkte an und können damit für die wesentlichsten Sekundärbereiche, Logistik, Qualitätswesen etc. die über die Vorkalkulation gedeckten Mitarbeiter, Flächen, Investitionen, Fixkosten etc. ermitteln und mit den Wünschen der Fachabteilungen abstimmen. Wir greifen dabei aus Termingründen wo es möglich ist auf bestehende Plankostensätze zurück, was uns eine Alternativ-Kostenplanung für das neue Produkt erspart.

Wir bedienen uns dabei des in der Praxis bewährten Lösungsansatzes, die für die Planung notwendige und für die Einbindung der Verantwortlichen wichtige Detaillierung durch die Auflösung anhand der Strukturen der Vergangenheit zu gewinnen.16) Die planerische Komponente kann sich dann auf die Festlegung von Trendparametern und die Berücksichtigung strategischer Veränderungen beschränken.

Wir beabsichtigen zusätzlich, die Kosten nach ihrer Beeinflußbarkeit durch die Funktionsbereiche zu strukturieren, um für zukunftsorientierte Entscheidungsrechnungen die Veränderungen aufgrund des strategischen Global-Planes oder aufgrund der bereits vorliegenden kurz- und mittelfristigen Detailpläne einzuarbeiten.

Basis für die Überlegungen wäre dann die auf der bestehenden Plankostenrechnung und ihren Strukturen aufbauende PLANKALKULATION, aus der die für das Projekt zu erreichende ZIEL-KALKULATION abgeleitet wird (siehe Abb. 8). Damit liegen für die Ausgangsposition (PLANKALKULATION) alle Details vor, sie können auch entsprechend dem Vorhergesagten strukturiert werden.

16) Vgl: VIKAS: PC-EINSATZ IM RW 1989, S. 32

KALK.SCHEMA	PLAN-KALK.	VERÄNDERUNGEN AUFGRUND VON GLOBAL- UND DETAILPLÄNEN								ZIEL-KALKULATION
		FuE	Logistik	Produktion	Qualitäts-wesen	Personal-wesen	Finanz	Vertrieb	Umfeld	
Material	43	×	×		×				×	47
Mat.gem.Ko.	2		×							2
Ftg.Kosten	50	×		×	×	×			×	41
So.Einzel.Ko.Ftg.	5	×			×			×		4
Verw.Kosten	4					×	×			3
Vertriebskosten	6					×		×		5
Kalk.Zinsen	7		×	×			×	×		5
So.Einzel.Ko.Vertrieb	3		×					×		2
Gewinn	12							×	×	11
Erlös	135	×	×	×	×	×	×	×	×	120

Abbildung 8: Überführung PLAN-KALKULATION in ZIEL-KALKULATION

Der hier propagierte Ansatz einer strukturellen Kostenrechnung ist selbstverständlich nur mit entsprechender EDV-Unterstützung zu realisieren. Es werden dazu jedoch entsprechende Planungs-Tools benötigt, speziell zur Planungsunterstützung und Strukturierung, aber auch zur Berichterstattung, um die Informationen aus den Planungsmodellen in geeigneter Form für die Verantwortlichen darzustellen.

Um an die benötigten Daten heranzukommen bzw. mit den gigantischen Datenmengen fertig zu werden, sind entsprechende Kopplungen zwischen Abteilungsrechner/PC und Host vorzusehen, welche einen vollen Filtertransfer ermöglichen mit der Fähigkeit zur selektiven Datenextraktion.

Weitere Ansätze zur Verbesserung der Plankostenrechnung an sich, vor allem aber zur Erhöhung der Einsatzmöglichkeiten einer Plankostenrechnung für die mittelfristige Planung sind:

- Abbildung der zeitlichen Dimension von Entscheidungen in der Kostenrechnung.17)
- Objektorientierte Kostenplanung, wobei die von SAP/PLAUT entwickelte Realisierung im Rahmen der integrierten Standard-Software RA der SAP von der Anlagenplanung auch auf die Personalplanung erweiterbar sein müßte.18)

Die seit Jahren propagierten Ansätze zur Primärkostenrechnung bzw. dynamischen Grenzplankostenrechnung gehen ebenfalls in die im vorigem angesprochene Richtung, da auch sie versuchen, Strukturen und Fristigkeiten, welche für zukunftsorientierte Entscheidungen bekannt sein müssen, abzubilden.

---

17) Vgl. KOCH: ZEITL. DIMENSION VON ENTSCHEIDUNGEN 1986, S. 52
Koch geht hier unter anderem auch auf Ansätze zur differenzierten Abbildung der zeitl. Dimension von Entscheidungen im Rahmen der Plankostenrechnung ein.

18) Vgl. VIKAS: OBJEKTORIENTIERTE KOSTENPLANUNG 1988, S. 260 ff

6. SCHLUSSBETRACHTUNG UND AUSBLICK

Die Mittelfristplanung überbrückt einen Zeitraum, über dessen Beginn (1. Jahr der Planung) detaillierte Informationen zur Verfügung stehen, und für dessen Planung und Kontrolle auch sehr ausgereifte Plankostenrechnungsverfahren existieren. Je weiter sich allerdings der Planungshorizont in die Zukunft erstreckt, desto unsicherer, globaler, auch visionärer werden naturgemäß die Informationen und Annahmen.

Die Rasanz der Wert- und Strukturveränderungen und die Beschleunigung der Innovationszyklen stellen die kommenden 90er Jahre vor eine völlig neue Herausforderung. Unsere Zukunft wird immer weniger prognostizierbar, anstelle einer berechenbaren Entwicklung ist eine neue Unübersichtlichkeit und Unsicherheit getreten, bedingt durch die Vernetztheit und Komplexität des Gesamtsystems, in dem sich unsere Unternehmungen befinden.

Fließen ist das Prinzip der Zukunft, die bereits heute überschätzten Lenkungsmöglichkeiten werden dadurch eher noch geringer.

Trotzdem ergibt sich aus dem Vorerwähnten kein Grund zur Panik. Es geht einfach darum, die Fakten zu erkennen, sie zu akzeptieren und sich darauf einzustellen. Das bedeutet, daß anstelle prognostizierbarer zukünftiger Zustände wahrscheinliche, überraschungsarme oder überraschungsreiche Szenarien treten werden. Für die Mittelfristplanung bedeutet das unserer Meinung nach folgendes:

- Die Techniken der kurzfristigen Plankostenrechnung sind auch auf einem mittelfristigen Horizont anzuwenden, der sich allerdings laufend verkürzen wird.

- Zur Gewinnung der mittelfristigen Plandaten können die Strukturen der Plankostenrechnung herangezogen und um zukunftsorientierte strategische Ansätze ergänzt werden. Dazu ist eine entsprechende EDV-Unterstützung zu entwickeln (Simulationstechnik, Planung der Trendparameter und Detaillierung anhand der Iststrukturen).

- Als Vorausetzung für eine ganzheitliche Strukturplanung bzw. eine strukturelle Kostenrechnung ist eine gemeinsame Datenbasis zu schaffen, eine Durchgängigkeit der Informationen, eine Abbildung der strukturellen Zusammenhänge in der Kostenplanung und dadurch eine größere Transparenz des betrieblichen Geschehens.

- Das Spielen mit alternativen Szenarien wird bei verbesserter EDV-Unterstützung und fortschreitender CIM-Integration immer selbstverständlicher werden.

Wir stehen erst am Beginn einer allgemeinen Integrations-Entwicklung. Die neuen Informations- und Kommunikationstechnologien werden neue Daten schaffen, die dafür nötigen neuen Instrumente zur Analyse, Strukturierung und Planung werden mit Sicherheit folgen.

LITERATURVERZEICHNIS

BERGEN, H.v.: NEW MARKETING 1989
Transformation des Denkens zum New Marketing : Erst verkaufen, dann produzieren. In: Gablers Magazin 4.89, S. 30 - 35

DEYHLE, A.: CONTROLLERHANDBUCH 1980
Controllerhandbuch Band I, 2. überarbeitete u. erweiterte Auflage, München 1980

GOMEZ, P.;PROBST, G.: GANZHEITLICH DENKEN 1989
Ganzheitliches Denken für die strategische Führung: Fehler beim Umgang mit der Komplexität. In: Gablers Magazin 5.89, S. 10 - 15

GÖTZ, E.;PAWELLEK, G.;POLENSKY, W.: INTEGRIERTE PRODUKTIONSORGANISATION, 1989
Lösungsansätze für eine integrierte Produktionsorganisation
In: ZWF/CIM 1989/5, S. 223 - 227

GRUBER, H.: FERTIGUNGSTIEFEN-OPTIMIERUNG 1989
Fertigungstiefen-Optimierung (FTO) aus Sicht der Kostenrechnung
In: Praxis des Rechnungswesens 4/1989, Gruppe 8, S. 413 - 444

HORNGREN, C.T.;FOSTER, G.: COST ACCOUNTING 1987
Cost accounting, a managerial emphasis. 6th edition, Englewood Cliffs 1987

ISSLER, R.: KALKULATION 1987
Wie zuverlässig ist eine Kalkulation ? In: IO-Management-Zeitschrift 3/1987, S. 157 - 158

KILGER, W.: PLANKOSTENRECHNUNG 1981
Flexible Plankostenrechnung und Deckungsbeitragsrechnung, 8. Auflage, Wiesbaden 1981

KOCH, J.: ZEITL.DIMENSION VON ENTSCHEIDUNGEN 1986
Ansätze zur Abbildung der zeitlichen Dimension von Entscheidungen in der Kostenrechnung. In: KRP 2/86, S. 51 - 58

PATZAK, G.: SYSTEMTHEORETISCHE ANSÄTZE 1989
Systemtheoretische Ansätze im Projektmanagement
In: Der Wirtschaftsingenieur (1989) 2, S. 11 - 18

PROBST, G.J.B.: GANZHEITLICHER MANAGER 1989
Und was macht ein ganzheitlicher Manager
In: Die Unternehmung 1989, Nr. 1, S. 2 - 13

SCHEER, A.W.: INTEGRATIONSTRENDS 1988
Das Rechnungswesen in den Integrationstrends der Datenverarbeitung
In: SCHEER, A.W. (Hrsg.) Rechnungswesen und EDV 1988, S. 3 - 22

SCHREYÖGG, G.: UNTERNEHMENSSTRATEGIE 1984
Unternehmensstrategie, Grundfragen einer Theorie strategischer Unternehmensführung, Berlin - New York 1984

VIKAS, K.: PC-EINSATZ IM RW 1989
PC-Einsatz im Rechnungswesen und Controlling. Von der Euphorie zur Ernüchterung. In: Gablers Magazin 3.89, S. 32 - 34

VIKAS, K.: OBJEKTORIENTIERTE KOSTENPLANUNG 1988
Objektorientierte Kostenplanung: Eine dialoggestützte Technik der analytischen Kostenplanung für Großunternehmen der Industrie und des Dienstleistungsbereiches. In: SCHEER,.A.W. (Hrsg.) Rechnungswesen und EDV 1988, S. 251 - 268

Anforderungen an das Rechnungswesen aus der Sicht des Managements

Dr. H. Ploner, Julius Blum GmbH, Höchst

INHALTSVERZEICHNIS

1. Einleitung
2. Aufgaben und Rahmenbedingungen
3. Strategisches Denken
4. Kommunikation mit den Anwendern
5. Methoden und Werkzeuge
6. Daten
7. Management des Rechnungswesens

1. Einleitung

Tom PETERS (1) hat das letzte Kapitel seines Buches "Kreatives Chaos" übertitelt mit "Systeme für eine chaotische Welt". Er bringt damit drastisch zum Ausdruck, daß sich die Bedingungen für das Management ändern, aber auch, daß die verwendeten Systeme diesem geänderten Szenario angepaßt werden müssen. Die Geschichte wird zeigen, wie dramatisch diese Änderungen ausfallen werden, sie wird auch zeigen, ob das Rechnungswesen diesen geänderten Ansprüchen gerecht werden kann.

Auch geänderte Begriffswahl - das "Rechnungswesen" wird zunehmend durch "Controller", "Controlling" usw. ersetzt - dürfte doch mehr als nur eine sprachliche Modeerscheinung oder ein weiteres Beispiel der Anglisierung der deutschen Sprache sein.

10. Saarbrücker Arbeitstagung 1989
Rechnungswesen und EDV
hrsg. v. A.-W. Scheer

Es zeigt sich darin wohl auch eine andere Schwerpunktsetzung: weg vom (Ab)rechungs-(Un)wesen, hin zur Unternehmenssteuerung.

Es ist wichtig, die beiden Begriffe auseinanderzuhalten. Controlling ist eine definierende Aufgabe des Managers, das Rechnungswesen bzw. der Controller sollten ihn dabei unterstützen. In dieser Betrachtung als gemeinsame Aufgabe ließe sich das Thema etwas enger, konkreter fassen: Anforderung des Managers an den Controller, um mit ihm gemeinsam Controlling zu "betreiben".

Die Vielfalt der Formen, Aufgaben und Rahmenbedingungen von wirtschaftlichen Unternehmungen erlaubt es selbstverständlich nicht, die Begriffe "Management" und "Rechnungswesen" so allgemeingültig zu definieren, daß im Sinne der Themenstellung direkt ausführbare Schlußfolgerungen gezogen werden könnten. Es muß auch weiseren Köpfen vorbehalten sein, im Rahmen von wissenschaftlichen Überlegungen und Arbeiten, das Unbehagen, das man vielleicht hinter der Themenstellung vermuten könnte, für den Praktiker aus der Welt zu schaffen.

Daß hier ein gelernter Informatiker aufgerufen ist, sozusagen im Namen des Managements einige Wünsche und Anregungen an das Rechnungswesen vorzubringen, mag einige etwas überraschen, ist aber sicherlich kein Zufall. Wie sich im folgenden zeigen wird, bestehen zwischen Rechnungswesen und Informatik viele Gemeinsamkeiten. Beide verstehen sich als Dienstleistungs-Stellen mit übergreifender Funktion und im allgemeinen ist das Rechnungswesen wohl einer der intensivsten Kunden der Informatik in einem Unternehmen.

2. Aufgaben und Rahmenbedingungen

Aufgabe des Rechnungswesens ist es, allen betrieblichen Stellen für ihre Entscheidungen die entsprechenden betriebswirtschaftlichen Grundlagen in methodischer und informationeller Hinsicht zur Verfügung zu stellen.

Diese Zielsetzung muß durch Ableitung von Teilaufgaben operational gemacht werden, d.h. strukturell, personell und zeitlich in eine Organisation eingeordnet werden. Ob letztlich das Ziel erreicht wurde, kann leider nur indirekt festgestellt werden. Ein funktionierendes Rechnungswesen ist keinesfalls hinreichend, oft nicht einmal notwendig für den Erfolg eines Unternehmens. Seinen wahren Wert zeigt es erst in Zeiten der Krise und der Unsicherheit - vor allem dann, wenn es nicht oder nur rudimentär vorhanden ist.

Die wesentlichsten Bestimmungsfaktoren für Art und Umfang der Dienstleistungen des Rechnungswesens sind

- Allgemeine Unternehmenszielsetzungen und Strategien
- Anforderungen aus den Fachbereichen (den unterstützten Abteilungen)
- Methoden und Werkzeuge
- Daten
- Management des Rechnungswesens

Anhand dieser Auflistung will ich versuchen, den Anforderungen an das Rechnungswesen etwas Struktur zu geben. Zunächst muß betont werden, daß es sich hier nicht um einseitige, funktionale Abhängigkeiten handelt - so als könnte man aus den einzelnen Punkten formelhaft ein Anforderungsprofil herleiten. Es handelt sich vielmehr um komplexe, vernetzte Beziehungen, aus denen sich auch Forderungen des Rechnungswesens an das Management ergeben.

Modell und Wirklichkeit

Diese Tagung steht unter dem Generalthema "Rechnungswesen und EDV". Damit haben wir es gleichzeitig in zweifacher Hinsicht mit der Frage der Modell-Qualität zu tun. Da sind zunächst die betriebswirtschaftlichen Modelle bzw. die zugrundegelegten Theorien. Unabhängig von der Frage, welches Modell nun in einer gegebenen Situation (Modelle im ökonomischen und sozialen Bereich sind meist entweder allgemein gültig aber kaum praktisch anwendbar oder aber konkret, dafür jedoch nur für eine bestimmte Bandbreite von "Realitäten" zutreffend) am ehesten in Frage kommt, gelten in jedem Fall wesentliche Restriktionen.

Die Anzahl der Parameter des Modells ist begrenzt und die Beschreibung der gegenseitigen Abhängigkeiten muß sich aus Gründen der Mathematisierbarkeit und Algorithmisierbarkeit in der praktischen Anwendung zumeist auf einfache Funktionen beschränken. Als einfaches, aber typisches Beispiel sei auf die Beschäftigungsabhängigkeit von Kostenverläufen verwiesen.

Nun kommt aber noch eine weiterere kritische Annahme hinzu. Betriebswirtschaftliche Theorien gehen im allgemeinen von einem vollständigen Informationszustand aus. Wir alle wissen, daß diese ideale Voraussetzung kaum gegeben ist. Sie ist auch nicht gegeben für den überschaubaren Bereich eines Unternehmens oder einer einzelnen Organisationseinheit.

Informationen sind wiederum nur Modell einer physischen Realität und damit unvollständige Beschreibung - eine weitere Ebene der Unsicherheit. Wir sehen die Realität gleichsam durch 2 Zerrspiegel, die sich in ihrer Wirkung im positiven Fall gegenseitig entschärfen, im negativen Fall aber zu katastrophalen Fehlern führen können.

Modelle geben immer nur einen Teil der Realität wieder. Nur die Anwendung in diesem Teilbereich (räumlich, zeitlich, strukturell) verspricht, wenn überhaupt, sinnvolle Ergebnisse. Diese Erkenntnis sollte vor allem die manchmal geradezu mit missionarischem Eifer geführten Diskussionen über d i e richtige Methode oder Theorie entkrampfen.

Es gibt auch Modelle, für die es keinen Auschnitt der Realität gibt, auf den sie angewendet werden können.

3. Strategisches Denken

Strategische Planung ist (wieder einmal) "in" - zu Recht. Jeder Manager, der etwas auf sich hält, nimmt für seine Planung das Attribut "strategisch" in Anspruch.

Dabei ist positiv festzuhalten, daß sich das Verständnis von strategischer Planung in den vergangenen Jahren von der simplen Formel "je langfristiger desto strategischer" wesentlich in Richtung einer echten strategischen Planung entwickelt hat.

Die Fortschreibung von operativen Plänen mit gleicher Struktur wurde vor allem dadurch nahegelegt, daß die Leistungsfähigkeit der EDV von Jahr zu Jahr geradezu dramatisch zunahm. Erst später zeigte sich, daß es sich bei strategischer Planung auch um neue Qualitäten handeln muß.

Effizienz und Effektivität

Diese Grundproblematik charakterisiert vielleicht am eindrücklichsten den Unterschied zwischen Kontrolle und Controlling. Fast könnte man fallweise den Eindruck gewinnen, daß das Kriterium der Effizienz in der Vergangenheit etwas zu stark betont wurde.

Für den Controller und damit das Rechnungswesen von heute müssen Überlegungen dieser Art zum kleinen Einmaleins gehören. Aus der Sicht des Managements muß erwartet werden können, daß die Dienstleitstung auch in dieser Hinsicht vollständig ist.

Der Manager erwartet sich einen kompetenten Gesprächspartner, der auch Kreativität in Fragen der Effektivität zeigt und bereit ist, diese auch zur Diskussion zu stellen.

Begriffe wie Portfolio-Management, Kostenerfahrungskurve, Ertragspotentiale, strategische Geschäftseinheiten sind heute allgemein gebräuchlich - auf Managementebene.

Aber wie weit sind diese wichtigen Überlegungen auch in den Rechnungswesen-Abteilungen zu Hause? Für Interessierte sei auf eine inzwischen wohl als klassisch zu betrachtende Darstellung von GÄLWEILER (2) verwiesen, in der die Wechselwirkung von Liquidität, Erfolg und Erfolgspotential sehr anschaulich dargestellt wird.

Wir wollen das Rechnungswesen als Partner für das Management sehen. Das muß dann wohl aber heißen, daß Strategische Unternehmensplanung auch zur Sache des Rechnungswesens gemacht wird. Dies hat Konsequenzen:

- Aus- und Weiterbildung der Mitarbeiter
- Einbindung des Rechnungswesens in den strategischen Planungsprozeß
- Integration von strategischer und operativer Planung
- Strategisches Controlling

Damit verbunden ist die Auseinandersetzung mit neuen Methoden, Modellen und Denkweisen. Nach dem Schwerpunkt auf der Kostenkontrolle in den Anfängen, der mehr zukunftsorientierten Unternehmenssteuerung (Controlling) in der Folge geht es hier um die Mitarbeit bei der Vorsteuerung eines Unternehmens. Das hier im Vordergrund stehende Ziel ist ganz einfach - es heißt Existenzsicherung des Unternehmens.

Wer strategische Planung ernst nimmt, kommt ohne die Grundwerkzeuge des Rechnungswesens nicht aus - vor allem dann, wenn die Integration der verschiedenen Planungsebenen angestrebt wird. Die große Herausforderung für das Rechnungswesens besteht darin, mit dem Methodenwissen und den vorhandenen Informationen einen wichtigen Beitrag für die "Operationalisierung" der strategische Planung zu leisten.

Beispiele dafür sind

- Abstimmung von Berichtssystemen (z.B. Produkt- und Marktklassifizierungen)
- Suche nach nicht realisierten Rationalisierungspotentialen
- Quantifizierung von strategischen Plananṡätzen
- Analyse von langfristigen Entwicklungen (Kosten, Erträge)

Strategische Planungen sind nur so weit von wirklicher Bedeutung, wie sie in der Gegenwart zu Aktivitäten und Maßnahmen führen. Damit werden sie aber auch zur Sache des Rechnungswesens.

4. Kommunikation mit den Anwendern

Die Wünsche und Anforderungen aus den Fachabteilungen an das Rechnungswesen sind vielfältig und scheinbar voller Widersprüche. Berichte sollen auf "einen Blick einen detaillierten Überblick" verschaffen, "der Situation angepaßt, aber mit Vergangenheitsdaten vergleichbar sein" und derartiges mehr.

Prinzipiell erwarten sich die Fachbereiche auf allen organisatorischen Stufen vom Rechnungswesen einerseits ein gewisses, anteilsmäßig eher abnehmendes Maß an regelmäßigen Informationen und Berichten und daneben individuelle Unterstützung bei besonderen Problemen und Fragestellungen.

Schon durch Berücksichtigung einiger weniger Aspekte kann die Zusammenarbeit wesentlich beeinflußt und die Effizienz gesamthaft erhöht werden.

Sprache

Wer heute als interessierter Laie ein Handwörterbuch des Rechnungswesens zur Hand nimmt, kann nur staunen, wieviele Begriffe und Namen für ein- und denselben Sachverhalt definiert und auch verwendet werden. Das ist der eine Aspekt. Und nicht jeder Manager hat die flexible Plankostenrechnung von Kilger studiert. Das ist eine weitere Tatsache.

Die Konsequenzen liegen auf der Hand:

- Für einen Sachverhalt nur einen Begriff verwenden

- Definitionen festhalten und - mit betriebsspezifischen Beispielen ergänzt - dokumentieren und allen Partnern verfügbar machen.

- Abkürzungen einheitlich definieren (EDV-Listen und Bildschirm-Masken!)

- Einfache, klare Sprache verwenden

Form

Fragen der Darstellung werden heute intensiv diskutiert und gelegentlich kann man den Eindruck bekommen, daß mit graphischer Aufbereitung und Verwendung von Farben die Probleme gelöst sind.

Gerade im Rechnungswesen ist zu diesem Trend ein "kritischer Abstand" gefordert. Tatsache ist, daß es Menschen gibt, die gerade in diesem Geschäft nur mit Zahlen konfrontiert werden wollen - eventuell mit einer unterstützenden Graphik. Für sie hat eine Zahlenreihe einen auch unmittelbar intuitiv wahrnehmbaren Inhalt.

Für graphische Darstellungen gilt, was man boshafterweise vielfach der Statistik nachsagt, in doppeltem Maße - die Versuchung zur Manipulation ist latent vorhanden.

Für die Darstellung betriebswirtschaftlicher Fakten (und das sind nun einmal zumeist Zahlen) sollte also die Graphik nicht primärer Informationsträger sein. Sie kann unterstützen und ist z.B. für Präsentationen unverzichtbar.

Präsentationsunterlagen und Berichte lassen sich heute im Zeitalter des Desk Top Publishing (DTP) optimal gestalten. Wir sind nicht mehr auf die starren Formen der klassischen EDV angewiesen. Doch der Euphorie folgt vielfach bereits wieder die Ernüchterung, wenn das Berichtswesen zur Spielwiese von Hobby-Graphikern geworden ist.

Der menschliche Wunsch nach Stabilität gilt auch für unsere Kommunikation und damit auch für die Form der Informationsdarstellung und -weiterleitung. Ansprechende Gestaltung ist für den Außenstehenden zweifellos ein Kriterium. Konstanz in der Darstellung und im Aufbau von Berichten ist in der praktischen Anwendung aber wahrscheinlich noch wichtiger.

Wer kennt nicht den raschen Blick auf Seite x, Tabelle y eines bestimmten Berichtes durch einen Rechnungswesen-Konsumenten - wahrscheinlich auch den erbosten Griff zum Telefon, wenn die erwartete Information dort plötzlich nicht mehr zu finden ist.

Es sind ganz einfache Forderungen, die wir an die Präsentation von Berichten und Ausarbeitungen stellen müssen, wenn sie ein selbstverständliches Hilfsmittel werden sollen:

- Konstanz in der Darstellungform
- nicht manipulativ
- das Wesentliche zeigen
- Strukturierung (Top-Down, vom Gesamten zum Detail)
- Selbstbeschränkung in Vielfalt und Farbe

Aktualität

Die Periodenorientierung des Rechnungswesens ist vielfach ein Hemmschuh für eine verbesserte Aktualität der gelieferten Informationen. Berichte laufen damit Gefahr, nur noch abgelegt zu werden - dies gilt für den laufenden Betrieb ebenso wie für Projekte. Die geforderte Aktualität steht oft in Konkurrenz mit (selbst auferlegten?) Ansprüchen an die Genauigkeit.

Genaues Arbeiten ist wichtig, aber exakte, hieb- und stichfeste Informationen, die zu spät kommen, sind wertlos. Eine rasch verfügbare, angenäherte Information mit einigen kompetenten, qualitativen Aussagen (Annahmen, Streubreite) bewirkt oft mehr - auch wenn das Risiko für den Informations-Lieferanten etwas größer ist.

Problembezug

Im Idealfall spielen betriebswirtschaftliche Überlegungen bei allen innerbetrieblichen Entscheidungen eine Rolle, das Rechnungswesen ist also immer "präsent". Die Frage ist, ob das, was geliefert wird, auch immer problemadequat ist, das heißt, ob eine vorliegende betriebswirtschaftliche Größe für eine Entscheidung verwendet werden kann oder nicht.

Für den Außenstehenden ist das betriebliche Rechnungswesen eine komplizierte und anspruchsvolle Angelegenheit - das kann mit gutem Recht auch objektiv festgestellt werden. Es gibt aber auch die Möglichkeit, einfache Problemstellungen in der Bearbeitung soweit theoretisch anzureichern, Alternativen zu entwickeln, Voraussetzungen zu definieren und zu verifizieren, daß für den Empfänger schließlich nur noch Resignation bleibt. Der Kunde des Rechnungswesens fordert für die Bearbeitung seines Problemes

- eine rasche und klare Reaktion
- Bezug zu seiner Aufgabenstellung

- offene Deklaration der sicheren und der zweifelhaften Erkenntnisse.

Wenn wir als Controller Controlling in den Fachabteilungen unterstützen - manchmal zuerst einführen - wollen, so genügt es nicht, im Elfenbeinturm des Stabskrals darauf zu warten, bis irgendein Manager in seiner letzen Verzweiflung auch diesen Weg nach Canossa geht. Aktivität heißt die Devise, mit dem Finger auf Probleme aber auch auf Erfolge zeigen, Mut zur eigenen Meinung auch in inhaltlichen Fragen haben - kurz das Spiel zu machen.

Der eine oder andere Fachbereichsleiter wird sich zunächst über einen aktiven Mitarbeiter im Rechnungswesen wundern, wenn statt der monatlichen Übergabe des BAB Anspruch auf einen Besprechungstermin erhoben wird, wenn Fragen gestellt werden. Aber er wird ein ehrliches Angebot bald zu schätzen wissen.

Wir müssen mit dem Manager über s e i n Problem sprechen und nicht über unsere Probleme, eine uns bekannte Methode oder Technik des Rechnungswesens auf sein Problem anzuwenden.

5. Methoden und Werkzeuge

Konsequenterweise könnte nun gesagt werden, daß aus der Sicht des Managements die im Rechnungswesen verwendeten Methoden und Werkzeuge irrelevant sind. Dem ist nicht so.

Natürlich ist an das Rechnungswesen die Forderung zu stellen, daß es für seine Arbeit dem heutigen Standard entsprechende Methoden und Werkzeuge einsetzt. Diesen Standard bestimmen

- Art des Geschäftes und der Aufgaben
- Vorhandenes Wissen und Fertigkeiten
- EDV-technische Unterstützung
- verfügbare Daten und Informationen.

Methoden

Für den Anwender von betriebswirtschaftlichen Informationen ist es wichtig, die Prinzipien der im Rechnungswesen verwendeten Methoden und Modelle zu verstehen, weil nur dann das erforderliche Vertrauen gegeben ist. Das setzt ein bestimmte Maß an Schulung voraus, wobei immer wieder die Gefahr besteht, neue Kostenrechner ausbilden zu wollen.

Mindestens so wichtig ist es aber, einmal getroffene Methoden- und Verfahrensentscheidungen nicht permanent zu ändern - auch dann nicht, wenn es sich um sogenannte Verbesserungen handelt. Der Grund liegt auf der Hand. Die inhaltliche Umsetzung einer gegebenen betriebswirtschaftlichen Größe (absolut oder relativ) ist im allgemeinen sehr schwierig und problematisch. Es ist daher wichtig, durch Erfahrung (lernen) betriebsspezifische Abhängigkeiten und Beeinflussungsmöglichkeiten zu erkennen, um dem Manager die Grundlage für rationales Handeln zu geben. Das ist nicht möglich, wenn die angewendeten Verfahren permanent geändert werden.

Das heißt wiederum nicht, sich mit neuen Methoden nicht auseinanderzusetzen - im Gegenteil. Das Management kann erwarten, daß der "state of the art" bekannt ist, es gibt aber auch den "state of common use".

Änderungen von Methoden müssen also von langer Hand geplant, fachliche verifiziert, geschult und kontrolliert eingeführt werden.

Eine Anmerkung sei von der Informatik-Seite aus gestattet. Viele historisch im RW angewendeten Methoden und Verfahren orientierten und orientieren sich an recht beschränkten EDV-technischen Möglichkeiten. Die Voraussetzungen haben sich vielfach geändert und die Zeit ist reif für eine kräftige Entrümpelung. Die Prioritäten sind klar gesetzt: Ausgangspunkt für eine Methodenwahl müssen betriebswirtschaftliche Überlegungen und nicht vorhandene DV-Infrastrukturen sein, wenn auch die EDV in den meisten Fällen eine notwendige Bedingung für einen erfolgreichen Methodeneinsatz ist.

Umgekehrt ist es aber auch so, daß neue Möglichkeiten der Informatik auch neue Perspektiven eröffen. Als Beispiel sei auf einen Artikel von KRAEMER/SCHEER (3) und einen Vortrag dieser Veranstaltung verwiesen, in denen das ewig junge Thema der Abweichungsanalyse von einer ganz anderen Seite mit Hilfe der sogenannten "Künstlichen Intelligenz" unter dem Thema "Wissensbasiertes Controlling" behandelt wird.

"Der Meister kann die Form zerbrechen, mit weiser Hand zur rechten Zeit" (Schiller). Auch der Meister des Rechnungswesens zeigt sich darin, in besonderen Fällen die klassischen Methoden-Pfade zu verlassen - nicht um sich seine eigene Betriebswirtschaftlehre aufzubauen, sondern um einer ganz speziellen Situation gerecht zu werden, in der sich ein Manager oder ein Projektteam befindet. Etwas weniger prosaisch drückt ZEMANEK (4) dies wie folgt aus (Zitat):

"Gewiß gibt es Experten, die über das Niveau des Computers nicht hinausreichen - besonders die selbsternannten Experten - aber als echten Fachmann darf man doch denjenigen definieren, der in bestimmten Situationen etwas anderes, ja das Gegenteil dessen veranlaßt, was die Auswertung der gespeicherten Daten empfehlen würde. Weil der echte Experte eben Geist hat, weil er Routinen nicht nur benützt, sondern zugleich auch über ihnen steht."

Gerade im Zusammenhang mit strategischer Planung ist die Informationsbasis oft sehr unvollständig und Kompromisse sind an der Tagesordnung. Ohne "Mut zur Lücke" und eine gewisse "Hemdsärmeligkeit" sind die Erfolgschancen sehr gering.

Werkzeuge

Das wichtigste Werkzeug für das Rechnungswesen ist heute zweifellos die EDV. Es ist beeindruckend, welche Entwicklung vor allem die Hardware in den vergangenen Jahrzehnten gemacht hat, leider konnte die Software nicht ganz Schritt halten. Grenzen der heute angewendeten Technologie sind erkennbar, aber noch lange nicht erreicht.

Sichtbares Zeichen für diese Entwicklung sind die heute überall anzutreffenden PC´s. Generell können wir sagen, daß Computerleistung individueller genutzt werden kann, weil wir uns sozusagen schlechte Nutzungsgrade "leisten" können. Allzuoft breitet sich dieses schlechte Nutzung geradezu krebsartig auch auf die eingesetzten Personen aus - dann wird die ganze Sache problematisch.

Aus der Sicht des Managements heißt individuelle DV natürlich Potential für höhere Flexibilität und Aktualität. Es ist also mehr zu fordern als größere Unabhängigkeit von den Servicezeiten der zentralen EDV, individuelle Gestaltung der Arbeitszeit und Kreativität bei der Gestaltung von Berichten und Graphiken. IDV erlaubt und fordert einen qualitativen Sprung des Einsatzes des Werkzeuges EDV, wenn einige Grundbedingungen gegeben sind:

- operative Grundsysteme (Kostenplanung, Kalkulation etc.) sind vorhanden und werden auch angewendet.

- Ausbildung der Mitarbeiter (Datenorganisation, Einführung in EDV, Standard-Tools - nicht Programmierung)

- Systemauswahl, -Einführung und Betreuung durch eine zentrale Stelle

- Integration in die bestehende Infrastruktur (Systeme)

Wenn irgendwo im kaufmännischen Bereich eines Unternehmens IDV ihre Berechtigung hat, dann im Rechnungswesen. Sie kann aber nicht als Ersatz für fehlende betriebswirtschaftliche Basissysteme dienen - in dieser Erkenntnis liegt die Begründung für viele euphorisch begonnene und in Resignation zur Seite gelegte, individuell gestartete Anwendungen. Eine langfristig angelegte Systemplanung gemeinsam mit der Informatik ist immer noch die beste Voraussetzung für einen guten Werkzeugkasten.

6. Daten

Dem Thema Daten und Informationen ist ein Plenarvortrag gewidmet, in dem die Bedeutung der unternehmensweiten Datenorganisation dargelegt wird.

Was sind die Folgerungen für das Rechnungswesen?

Die eminente Bedeutung, die heute und zukünftig dem Informationsmanagement und hier insbesonders dem Datenmanagement zukommt, gilt geradezu exemplarisch auch für das Rechnungswesen, weil es auf Gedeih und Verderb damit verbunden ist. Erfassung von Daten "für das Rechnungswesen" können wir uns zukünftig immer weniger leisten, abgesehen davon, daß in diesen Fällen die Qualität im allgemeinen stark zu wünschen übrig läßt. Qualitativ gute Informationen sind im allgemeinen jene, die auch für das operative Geschäft relevant sind.

Auch heute noch kann man auf die irrige Ansicht treffen, daß mit der Anschaffung eines Programmes, bei dem man dann nur noch den ominösen Knopf drücken muß, die Probleme gelöst sind. Damit beginnen sie erst, weil fehlende Daten dann erst schmerzlich zum Bewußtsein kommen. Datenorganisation und Datenstrukturen wachsen langsam in einem Unternehmen - sie können es zielgerichtet, wenn ein unternehmensweites Datenmodell existiert. Das Rechnungswesen sollte dabei darauf achten, daß von vornherein seine Anforderungen mit berücksichtigt werden - Nachbesserung ist teuer. Das heißt z.B. Kontierungs- und Abrechnungsinformationen in den Datenstrukturen der operativen Anwendungen mitzuführen, zeitliche Abgrenzungen vorzusehen u.a.m.

Wenn wir davon ausgehen, daß ein wichtiger Aufgabenbereich des Rechnungswesens heute darin besteht, Informationen und Entscheidungsgrundlagen außerhalb der standardisierten Abrechnungs- und Berichtssysteme aufzubereiten und diese Aufgabe auch in einer gewissen Eigenständigkeit wahrgenommen werden soll, so bedeutet dies für den Mitarbeiter im Rechnungswesen, sich die vorhandene Datenorganisation im Unternehmen zu eigen zu machen. Das heißt konkret

- Weiterbildung in den Bereichen Datenorganisation
- enge Zusammenarbeit mit der Datenadministration bzw. den Informatik-Projektleitern.

Nur damit ist sichergestellt, daß einerseits die vorhandenen Daten richtig verwendet werden (auf der Basis einer semantischen Definition) und daß die oben erwähnten Möglichkeiten der IDV auch effizient genutzt werden können.

7. Management des Rechnungswesens

Rechnungswesen ist nicht statisch, jedenfalls sollte es das nicht sein. Viele der Forderungen an diese betriebliche Dienstleistungsstelle könnten unter den Schlagworten "mehr Flexibilität", "Aktualität", "Individualität und Benutzernähe" subsumiert werden. Dynamik erfordert aber in besonderem Maße Setzen von Zielen und in der Folge zielorientierte Steuerung - Management also.

Methoden

Betriebswirtschaftliche Methoden und Verfahren sind die Basis, auf der die Arbeit des Rechnungswesens aufbaut. Ausgehend von der strategischen Ausrichtung des Unternehmens (Veränderungen in der Fertigungsstruktur, Produktstruktur, Marktstruktur) sind die Ziele des Rechnungswesens abzuleiten - ein SOLL-Panorama des Rechnungswesens, vgl. DEYHLE (5).

Wichtig ist nun, diese (methodischen) Ziele nicht schamhaft zu verstecken, sonderen anderen Stellen (z.B. der Informatik) zugänglich zu machen. Dann kann aber auch erwartet werden, daß diese Zielvorstellungen in den Planungen anderer berücksichtigt werden. Aber auch im internen Gespräch des Rechnungswesens und mit allen anderen Partnern bietet ein festgeschriebenes Ziel gute Dienste, wenn es darum geht, die Zielkonformität von geplanten Veränderungen zu prüfen oder neue Aufgaben in Angriff zu nehmen.

Diese Aufgabe ist in der Entscheidung nicht delegierbar, denn sie kann nur aus unternehmerischer Sicht unter Berücksichtigung aller betrieblichen Gegebenheiten erfolgen.

Aufgabenzuordnung

Abhängig von der Größe und dem Spektrum der wahrgenommenen Aufgaben einer betriebswirtschaftlichen Abteilung ist der Bezug zu einer Person oder einer Personengruppe für einzelne Aufgaben gegeben. Nicht jeder Mitarbeiter kann und soll alles machen, aber im Sinne einer echten Dienstleistung muß er sich für das Ganze verantwortlich fühlen. Das ist zu verstehen als empfängerorientiertes (kundenorientiertes) Handeln, sodaß sich das Rechnungswesen als eine kompakte Service-Stelle darstellt.

Das bedeutet in der Praxis, daß ein Mindestmaß an Wissen innerhalb der Abteilung über die gesamthaft wahrgenommenen

Aufgaben vorhanden ist, das es dem einzelnen ermöglicht, als kompetenter Partner aufzutreten.

Dazu gehört auch ein Mindestmaß an Selbdokumentation mit einer entsprechenden Kommunikation (z.B. Werkszeitung). Wenn wir überzeugt sind, daß unser Produkt sinnvoll, ja notwendig, ist, dann muß es auch verkauft werden.

Als Konsequenz aus der Forderung, daß Controlling Aufgabe des jeweiligen Linienmanagements ist, ist auch für das Rechnungswesen in größeren Organisationseinheiten eine gewissen Dezentralisierung zu fordern. Diese "betriebswirtschaftliche Außenstelle" -personell der Linie zugeordnet - könnte z.B. folgende Aufgaben wahrnehmen

- Kommunikation mit den zentralen Stellen
- Beratung für den täglichen Kleinkram (z.B. Kontierungen)
- Bearbeitung von wiederkehrenden Problemstellungen
- Vorbereitende und begleitende Arbeiten sowie Analysen in der Kostenplanung etc.

Abhängig von der vorhanden Erfahrung und Ausbildung kann das Aufgabengebiet durchaus variabel gestaltet werden. Voraussetzung dafür ist selbstverständlich eine gute informatorische Unterstützung in den speziellen Anwendungsbereichen und in der allgemeinen Kommunikation.

Auch wenn in derartigen aufbauorganisatorischen Strukturen immer eine gewisse, manchmal sehr leistungsfördernde Problematik liegt, so sind die Vorteile nicht von der Hand zu weisen:

- Nähe zum Anwender und damit gute Vertrauensbasis
- stärkere Identifikation der Linienstellen
- kompakte Zentralstellen

Als Alternative für mittlere und kleinere Unternehmen könnten z.B. zusätzlich die Aufgaben eines für die Informatik- und Organisations-Belange zuständigen DV-Koordinators wahrgenommen werden. Für einen Allroundler gibt sich dadurch eine echte Herausforderung und ein attraktives Aufgabenspektrum.

Mitarbeiter

Die Folgerungen ergeben sich beinahe zwangsläufig. Neben der (selbstverständlichen) fachlichen Qualifikation, Aus- und Weiterbildung sind es zwei weitere Schwerpunkte, die sich einerseits aus der Entwicklung der Methoden und Werkzeuge und andererseits aus den gestiegenen Erwartungen ergeben. Das ist zum einen die Forderung nach verbesserter Qualifikation im Informatik-Bereich (Datenorganisation, Integration) und zum anderen ein hoher Anspruch im kommunikativen Bereich (Artikulationsfähigkeit, Konfliktfähigkeit, etc.).

Wenn wir Grenzen zwischen einzelnen Aufgabengebieten, aber auch zwischen Abteilungen, Werken und Standorten durchlässig machen und damit die Reibungsverluste vermindern wollen, so geschieht dies am einfachsten durch mehr übergreifendes Wissen und Erfahrung. Dies kann auch durch Job-Rotation gefördert werden.

Effizienz

Auch an das Rechnungswesen ist hinsichtlich der eigenen Tätigkeit die Forderung zu stellen, daß die vorhandenen Kostensenkungspotentiale realisiert werden. Die Schwierigkeit besteht manchmal darin, sie erkennen, wenn mit klassischen Betrachtungsweisen an die Aufgabe herangegangen wird.

Rationalisierungspotentiale verschieben sich in der Betriebsstruktur langsam nach oben, zunehmend auch in den überbetrieblichen Bereich (CIM, EDI). Das Schlüsselwort dafür ist "Integration" und sie ist auch Ansatzpunkt für die Rationalisierung des Rechnungswesens.

Am wirtschaftlichsten wird eine Aufgabe dann gelöst, wenn sie gar nicht ausgeführt werden muß. Eine periodisch stattfindende, kritische Bestandsaufnahme der Aktivitäten, Tätigkeiten und des Berichtswesens leistet hier gute Dienste.

ZUSAMMENFASSUNG

Anforderungen, die aus dem Management an das Rechnungswesen herangetragen werden, scheinen manchmal sehr oberflächlich, gelegentlich vielleicht auch widersprüchlich. Es wäre aber falsch, sie aus einer rein fachlichen Perspektive heraus zu ignorieren. Dahinter steckt der Wunsch, die Leistungen des Rechnungswesens im Vertrauen auf die fachliche Kompetenz der Mitarbeiter als Dienstleistung in Anspruch nehmen zu können. Erfolgreiche Zusammenarbeit ist das Ergebnis der Bemühungen beider Partner. Seitens des Rechnungswesens kann durch problemorientiertes, individuelles Vorgehen, aufbauend auf einer geeigneten Methoden- und Werkzeugbasis der entscheidende Beitrag dazu geleistet werden. Der Weg vom Kontrolleur zum Berater ist die große Chance des Rechnungswesens.

Literatur

(1) PETERS T.:
Kreatives Chaos.
Hoffmann u. Campe, 1988

(2) GÄLWEILER A.:
Unternehmensplanung Grundlagen und Praxis
Campus 1974

(3) Kraemer W., Scheer A.-W.:
Wissensbasiertes Controlling
Zeitschrift f. Information Management Nr. 2/89, Seite 6 ff.
IDG Communications

(4) ZEMANEK H.:
Ausgewählte Beiträge zur Geschichte und Philosophie der Informationsverarbeitung
Oldenbourg Wien/München 1988

(5) DEYHLE A., STEIGMEIER B. und Autorenteam:
Zeitschrift "Die Orientierung" Nr. 93
Schweizerische Volksbank

B. Informationstechnologie und Rechnungswesen

Wissensbasiertes Controlling des Betriebsergebnisses

Prof. Dr. P. Mertens, Dipl-Hdl. R. Fiedler, Lehrstuhl für Betriebswirtschaftslehre, insb. Wirtschaftsinformatik an der Universität Erlangen-Nürnberg, Nürnberg

Dr. W. Sinzig, SAP AG, Walldorf

1 Einleitung

2 Problemstellung

3 Hard- und softwaretechnische Grundlagen

4 Systemaufbau

4.1 Hierarchien der Betriebsergebnisrechnung
4.2 Kennzahlen
4.3 Vergleichsarten

5 Analyseablauf

5.1 Eingrenzung des Untersuchungsbereichs
5.2 Vorläufige Ursachenanalyse des Untersuchungsobjekts
5.3 Vertiefende Ursachenanalyse

6 Wissensrepräsentation

7 Einsatzmöglichkeiten im Rahmen der Standardsoftware RK-E

7.1 Ausgangslage und Lösung im SAP-System RK-E
7.2 Einbindung von BETREX in das SAP-System: kaufmännische Aspekte

7.2.1 Berichte und Analysen für den Vertriebscontroller im SAP-System
7.2.1.1 Berichtsformen
7.2.1.2 Suchstrategien für Marktsegmentanalysen
7.2.1.3 Suchstrategien für Ereignisverkettungen

7.2.2 Zusätzliche Unterstützung durch BETREX
7.2.2.1 Ergänzung durch regelgesteuerte Analysen
7.2.2.2 Verzweigung in andere Anwendungen
7.2.2.3 Textliche Präsentation

7.3 Einbindung von BETREX in das SAP-System: technische Aspekte

7.3.1 Datenverbund
7.3.2 Kommunikation in der Analyse

8 Ausblick

10. Saarbrücker Arbeitstagung 1989
Rechnungswesen und EDV
hrsg. v. A.-W. Scheer

1 Einleitung

Verschiedene Entwicklungen erschweren es dem Controller, den Überblick über sein Zahlenmaterial zu behalten. So erhöht sich allmählich die Zahl der DV-Systeme, die einschlägige Listen und Tabellen ausgeben, wir erleben die Ausdifferenzierung in Fertigungs-, Vertriebs-, Logistik-Controlling usw.

Charakteristisch ist eine Situation, in der ein Controller die Vielfalt der von der Rechenanlage gelieferten "Zahlenfriedhöfe" gleichzeitig ausbreitet, nach beachtenswerten Datenkonstellationen Ausschau hält, diese in seinen Listen ankreuzt und schließlich auf dieser Grundlage einen verbalen Bericht an sein Management diktiert.

Abstrakt betrachtet werden bei dieser Prozedur Elemente von Diagnosen, Begutachtungen und Textverarbeitung gemischt. Textverarbeitung ist eine Standardaufgabe der EDV, von Diagnosen wissen wir, daß mit Wissensbasierten Systemen beachtliche Erfolge erzielt worden sind, und auch mit dem Einsatz dieser neueren Methodik zum Erstellen von Gutachten hat man zumindest Anfangserfolge registrieren können.

Vorbilder haben wir auch in der Kontrolle technischer Prozesse: dort fallen soviele Daten an, daß ein mehr oder weniger intelligentes DV-System eingesetzt werden muß, welches das Zahlenwerk filtert und auf wenige Informationen für den Operateur und das Management verdichtet.

Alles zusammengenommen liegt es nahe zu untersuchen, ob man den Arbeitsplatz des Controllers mit Expertensystemen ausstatten soll, um so die computergestützte Management-Information weiterzuentwickeln.

- Zum "Stand der Kunst"

Die Entwicklung des Rechnungswesens hin zu einem Management-Informations-Werkzeug ist heute soweit gediehen, daß der Ersatz entsprechender Moduln im herkömmlichen Software-Angebot durch Wissensbasierte Systeme keinen hinreichenden Nettonutzeffekt verspricht. Infolgedessen gilt es hier wie an vielen anderen Stellen der betrieblichen Entscheidungsunterstützung auch, vorhandene Software um Expertensystem-Elemente anzureichern.

Auf der Basis einer in der Abteilung für Wirtschaftsinformatik der Universität Erlangen-Nürnberg angelegten Datensammlung zur Entwicklung und zum Einsatz Wissensbasierter Systeme im betriebswirtschaftlichen Bereich (1) können wir folgende Aussagen über das Teilgebiet Controlling treffen:

1. Fast man den Begriff Controlling eng, so lassen sich nur ganz wenige Ansätze zur Expertensystem-Unterstützung nachweisen.

2. Eine der unseren verwandte Arbeit läuft am Institut für Wirtschaftsinformatik der Universität des Saarlands und wird im Folgereferat präsentiert. Der Unterschied liegt im wesentlichen darin, daß CEUS nicht auf der Datenbasis einer kommerziellen Standardsoftware arbeitet und schwerpunktmäßig den Soll-Ist-Kostenvergleich unterstützt (2).

3. BEREX, das am Institut für Wirtschaftsinformatik der Universität Bern entwickelt wurde, ist ein wissensbasiertes System zur Analyse des Betriebsergebnisses. Es untersucht Absatzzahlen und erstellt einen Management-Bericht für ein Handelsunternehmen (3).

4. Im Fachgebiet Wirtschaftsinformatik der Universität Osnabrück entstand EXARK, ein Expertensystem zur Analyse von DV-, insbesondere Rechenzentrums-Kennzahlen (4).

5. Der Prototyp LOGEX wurde im Rahmen eines Kooperationsprojekts zwischen der Abteilung für Wirtschaftsinformatik der Universität Erlangen-Nürnberg und der Siemens AG entwickelt. Das System dient dem Controlling der Absatzlogistik (5).

6. Eine Reihe von Pilotprojekten betreffen die Wissensbasierte Analyse von Ergebnissen des externen Rechnungswesens, etwa zur Beurteilung der Kreditwürdigkeit oder zur Diagnose der relativen Situation mittelständischer Unternehmen (6).

Mehr Material findet man, wenn die Grenzgebiete zwischen Controlling und Revision mit untersucht werden. Hier taucht immer wieder der Gedanke auf, die Prüferinnen und Prüfer mit Expertensystem-Hilfe gezielt auf vorhandene oder potentielle Schwachstellen hinzuweisen und ihnen damit zu helfen, ihre knappe Kapazität sehr effizient einzusetzen. Ein in der Abteilung für Wirtschaftsinformatik der Universität Erlangen-Nürnberg entwickelter Prototyp befindet sich im Praxistest der Siemens AG (7).

2 Problemstellung

Bereits 1983 haben wir an gleicher Stelle die Einsatzmöglichkeiten von Expertensystemen im Rechnungswesen angedeutet (8). Anläßlich der letztjährigen Saarbrücker Arbeitstagung skizzierte Hasso Plattner die Möglichkeiten eines solchen Systems für den Benutzer von integrierter Standardsoftware. Auf der Basis der vollständigen Dialogisierung des SAP-Systems R/2 besteht für ihn die Aufgabe eines "automatischen Controllers" in der "Erstellung von Vorschlägen und Hinweisen zur anschließenden Bearbeitung durch den Menschen" (9). Diese Aussage wurde vor dem Hintergrund eines Forschungsprojekts zwischen der SAP AG und der Abteilung für Wirtschaftsinformatik der Universität Erlangen-Nürnberg getroffen, dessen langfristiges Ziel es ist, Prototypen für ein Controlling-Expertensystem (CONTREX) zu entwickeln, mit denen Möglichkeiten und Grenzen Wissensbasierter Systeme zur Unterstützung des SAP-Anwenders ausgelotet werden sollen. Die Aufgabe von CONTREX besteht zunächst darin, zielgetrieben durch den Datenpool der SAP-Software zu navigieren und relevante Berichtsdaten zu selektieren. Bei der sich anschließenden Interpretation werden die identifizierten Abweichungen beurteilt und soweit möglich auf ihre Ursachen zurückgeführt. Schließlich präsentiert das System die Analyseergebnisse in Form von SAP-Standardberichten und erklärenden Texten ("Expertisen").

CONTREX besteht aus Moduln für die Analyse des Betriebsergebnisses (BETREX) und der Kostenstellenabweichungen (KOSTEX) (10). In diesem Beitrag wird der Prototyp für die Betriebsergebnisrechnung beschrieben (11).

BETREX unterstützt zwei unterschiedliche Benutzergruppen. Für den Fachabteilungsverantwortlichen mit einem meist geringen betriebswirtschaftlichen Background, der zudem im Umgang mit der SAP-Software unerfahren ist, übernimmt das System die Funktion des Spezialisten. Erklärende Texte und Hinweise auf relevante Zahlenberichte sollen die fehlenden Kenntnisse der Betriebswirtschaft und des SAP-Systems kompensieren. Dagegen fungiert BETREX für den Controller als intelligenter Assistent, der Hinweise auf Querverbindungen, Kompensationen und Frühwarnsignale generiert. Außerdem können die Expertisentexte als Grundlage für Managementberichte herangezogen werden.

3 Hard- und softwaretechnische Grundlagen

Untersuchungsgegenstand für BETREX ist ein simulierter Fertigungsbetrieb, der Zweiräder herstellt. Dieser Modellbetrieb ist unter Verwendung von Stammdaten der Firma Hercules GmbH in Nürnberg entstanden und sehr realitätsnah (er wird in der Abteilung für Wirtschaftsinformatik der Universität Erlangen-Nürnberg für ganz unterschiedliche Lehr- und Forschungszwecke auf den Gebieten CIM, Rechnungswesen und Expertensysteme benutzt) (12).

Als Hardwareumgebung stand ein Compaq PC mit dem 80386-Prozessor zur Verfügung. Die PC-Lösung bot sich an, weil sie im Gegensatz zur Großrechneralternative den Vorteil hat, mit niedrigen Kosten, komfortabler Benutzeroberfläche und ohne Rücksicht auf die Rechenzeitbelastung Wissensbasen im Sinne eines "rapid prototyping" erstellen zu können. Wir verwendeten die hybride Shell NEXPERT OBJECT. Abb. 3/1 verdeutlicht die Integration von BETREX in die zentrale SAP-Umgebung.

4 Systemaufbau

4.1 Hierarchien der Betriebsergebnisrechnung

Das SAP-System bietet die Möglichkeit, die Betriebsergebnisrechnung mehrdimensional aufzubauen. Dabei können alle Objekte, für die Kosten und Erlöse gegenübergestellt werden sollen, also beispielsweise Sparten, Artikel, Vertriebskostenstellen, Kunden oder Regionen, als Kostenträger definiert werden (13).

Abb. 3/1 Organisatorisches Integrationskonzept

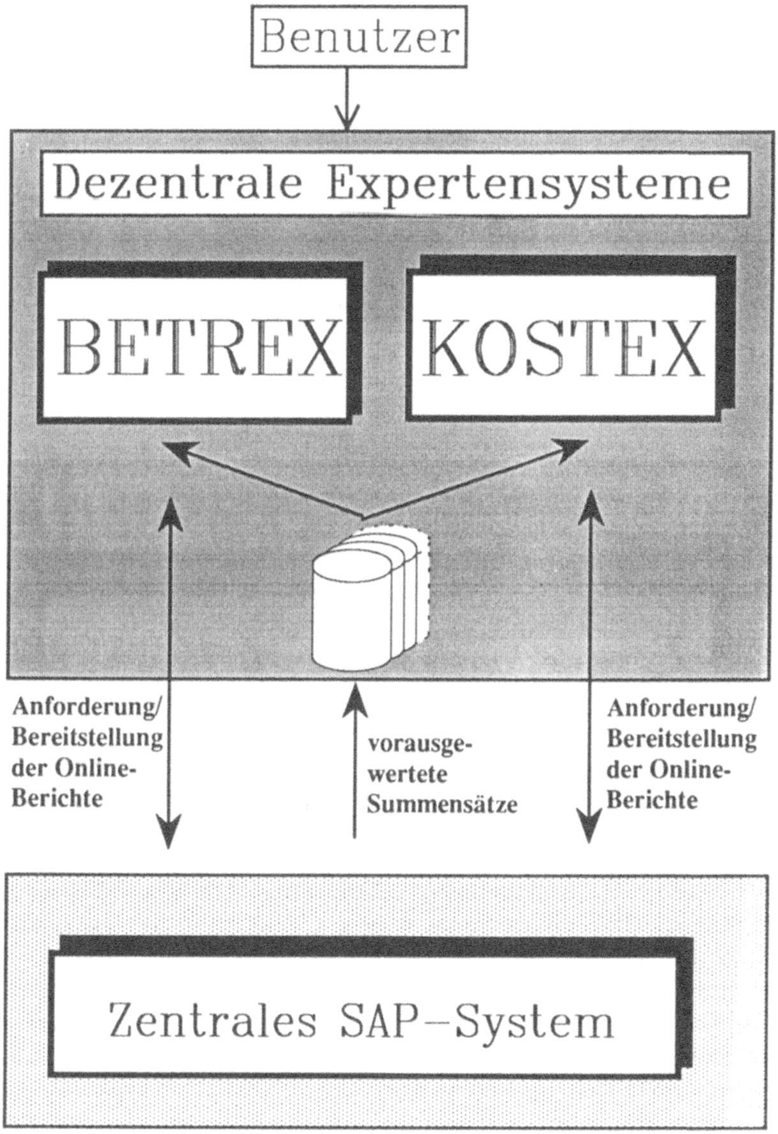

Da sich das Berichtswesen der SAP-Software für die Betriebsergebnisrechnung sehr stark an den vorhandenen betriebsindividuellen Hierarchiebeziehungen orientiert (14), werden Ergebnisse top down entlang der implementierten Hierarchien durch eine schrittweise differenzierte Aufspaltung analysiert. Dadurch kann beispielsweise erkannt werden, welche Kunden für den rückläufigen Erlös einer Artikelgruppe verantwortlich sind. Entscheidend ist, den optimalen Analysepfad, der sich u. U. über mehrere Hierarchien erstrecken kann, zu finden. Abb. 4.1/1 soll einen Eindruck von der Komplexität solcher Hierarchien vermitteln (15).

Vor allem der ungeübte Benutzer hat Schwierigkeiten, mit vertretbarem Zeitaufwand innerhalb der vorhandenen Hierarchien zu navigieren. Für das Expertensystem ist es jedoch leicht möglich, die verschiedenen Hierarchieverknüpfungen bei der Ursachenanalyse zu berücksichtigen. Die optimale und nicht auf betriebsindividuelle Strukturen angelegte Abarbeitung der Hierarchiebeziehungen war dementsprechend eine sehr wesentliche Forderung, die bei der Erstellung des konzeptuellen Wissensmodells berücksichtigt werden mußte.

4.2 Kennzahlen

BETREX unterscheidet Kennzahlen der Deckungsbeitragsrechnung, der Deckungsbeitragsflußrechnung und ergänzende Kennzahlen. Sie erlauben es dem System, im Sinne eines "Information by Exception" wichtige Informationen aus dem vorhandenen Datenpool herauszufiltern und Signale bei auffälligen Entwicklungen zu geben.

Die gefundenen Abweichungen werden aus verschiedenen Blickwinkeln beurteilt, beispielsweise danach, ob sie eher den Absatz- oder den internen Bereich repräsentieren bzw. ob sie kurz- oder langfristig zu beeinflussen sind.

BETREX analysiert in der jetzigen Version auf der Grundlage eines Standard-Dekkungsbeitragsschemas (vgl. Abb. 4.2/1), dem über externe Dateien die betriebsindividuellen Kosten- und Erlösbestandteile zugeordnet werden. Z.B kann der Benutzer bestimmen, welche Positionen (Skonti, Boni usw.) die Erlösschmälerungen enthalten sollen. In einem verbesserten Prototyp, der vor allem diverse Anregungen von Controllern berücksichtigen wird, wollen wir u.a. das Deckungsbeitrags-Schema dahingehend flexibilisieren, daß der Anwender die einzelnen Positionen entsprechend seinen Informationsbedürfnissen gewichten kann, beispielsweise um die Erlösschmälerungen für die Analyse in den Vordergrund zu stellen und die stufenweise Fixkostenrechnung auszuschalten. Darüber hinaus werden kleinere kennzahlenbezogene Spezialmodule implementiert, die bei auffälligen Erscheinungen der aggregierten Kennzahlengrößen vertiefte Untersuchungen vornehmen. Dabei kann auf Kennzahlen, die einen unmittelbaren Zusammenhang mit der Erlösentstehung aufweisen, Bezug genommen werden.

Abb. 4.1/1	Betriebsergebnishierarchien eines Anwenders der SAP-Standardsoftware

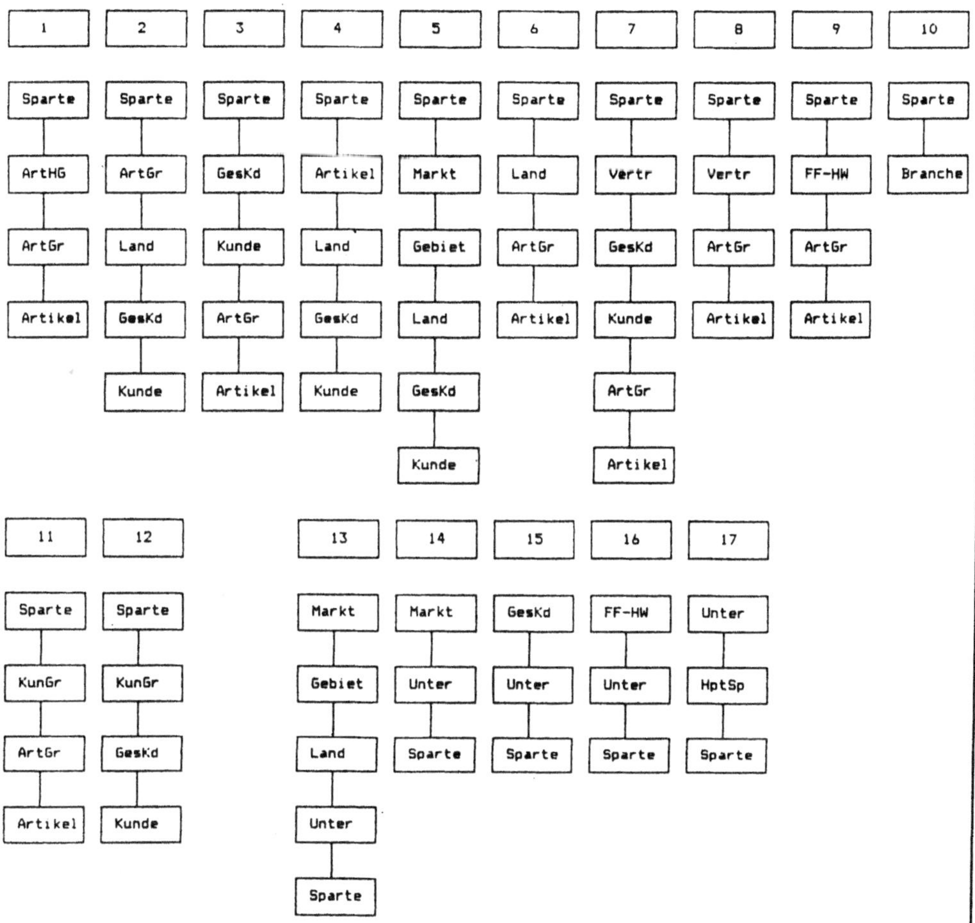

Legende:

ArtHG = Artikelhauptgruppe
ArtGr = Arikelgruppe
KunGr = Kundengruppe
GesKd = Gesamtkunden
Vertr = Vertreter
FF-HW = Eigenerzeugnisse-Handelswaren
Unter = Unternehmen
HptSp = Hauptsparte

Beispielsweise erlauben Reklamations- und Garantiequoten Einsichten in Veränderungen der Leistungsqualität. Interessant sind in diesem Zusammenhang u.a. Informationen über Angebotserfolge und Auftragsverluste, über noch laufende Aufträge, die zukünftige Umsätze widerspiegeln, oder Marktdaten (gesamter bzw. relativer Marktanteil, Umsatzpotential), die eine Abschätzung der allgemeinen Branchen- und Produktsituation erlauben. Hier bieten sich auch Schnittstellen von BETREX zu speziellen Marketing- oder Logistik-Moduln (16) an.

Abb. 4.2/1	Deckungsbeitragskennzahlen in BETREX
	Bruttoerlös - Erlösschmälerungen -------------------------- Nettoerlös - variable Absatzkosten - variable Produktionskosten -------------------------- Deckungsbeitrag I - Absatzfixkosten - Produktionsfixkosten -------------------------- Deckungsbeitrag II

4.3 Vergleiche

Die Werte einzelner Kennzahlen gewinnen erst durch den Vergleich mit anderen Daten an Aussagekraft. Bei der Konzeption des Wissensmodells wurden verschiedene Überlegungen zu den für die Analyse notwendigen Betrachtungszeiträumen (Einzelmonat, kumulierter Zeitraum) und Wertstellungen (Plan, Ist, Prognose) angestellt. Abb. 4.3/1 zeigt an einem Beispiel, welche Vergleichsarten BETREX kombiniert, um Problembereiche aufzudecken.

Monatliche Betrachtungen wie der Plan-/Ist-Vergleich der vergangenen Periode oder der Plan-/Prognose-Vergleich des kommenden Monats lassen kurzfristige Differenzen erkennen. Diese spielen vor allem bei einer starken Marktdynamik eine Rolle, weil dann frühzeitig Nachfrageveränderungen erkannt werden müssen. Die Ist-Entwicklung der letzten zwei Monate kann aufgrund der nicht eliminierten Störgrößen nur indirekt zur Ergebnisbeurteilung herangezogen werden. Dieser Vergleich dient dazu, den Plan zu relativieren und besser einzuschätzen. Liegt beispielsweise trotz negativer Planabweichung eine hohe positive Ist-Steigerungsrate vor, so ist die Differenz weniger gravierend zu bewerten, da evtl. zu hohe Erwartungen an das Hierarchie-Objekt gestellt worden sind.

Abb. 4.3/1	Vergleichskombinationen in BETREX

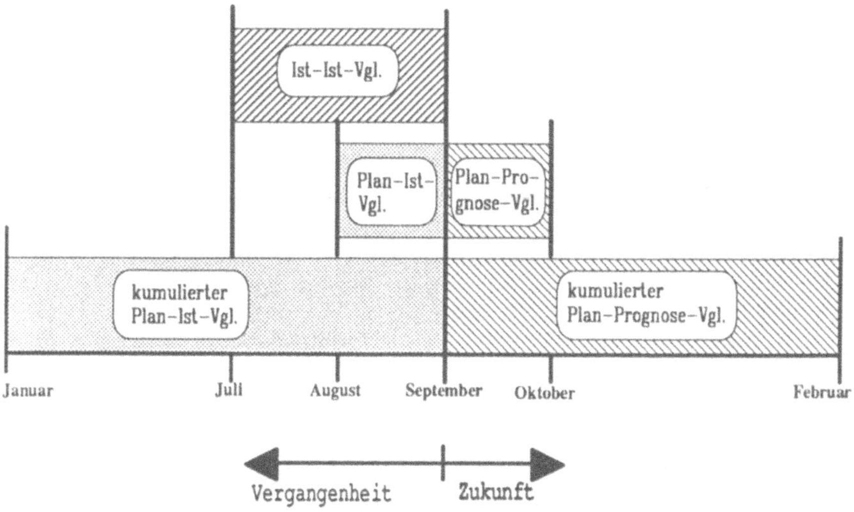

Kumulierte Vergleiche identifizieren Kennzahlen, die geringe Abweichungen aufweisen und deshalb bei der monatlichen Betrachtung nicht auffallen, deren Ergebnisdifferenz sich aber dauerhaft in eine Richtung verstärkt. Außerdem werden hohe monatliche Differenzen, die insbesondere bei starken periodischen Schwankungen auftreten, relativiert.

5 Analyseablauf

Das BETREX-Wissensmodell orientiert sich an einem vierstufigen Analyseprozeß (vgl. Abb. 5/1). Zunächst wird ein konkretes Untersuchungsobjekt (im folgenden Einstiegsobjekt genannt), wie z.B. die Sparte Spezialräder, einer vorläufigen Ursachenanalyse unterzogen (Analysephase 1). Danach betrachtet man das Einstiegsobjekt als Element in einer Kette von Zusammenhängen (vertiefende Ursachenanalyse).

Insbesondere um die Relevanz einer Ergebnisabweichung richtig einzuschätzen, wird ihre Auswirkung auf die übergeordnete Hierarchieebene berücksichtigt (Analysephase 2). Daneben

Abb. 5/1	Überblick über die einzelnen Analysephasen

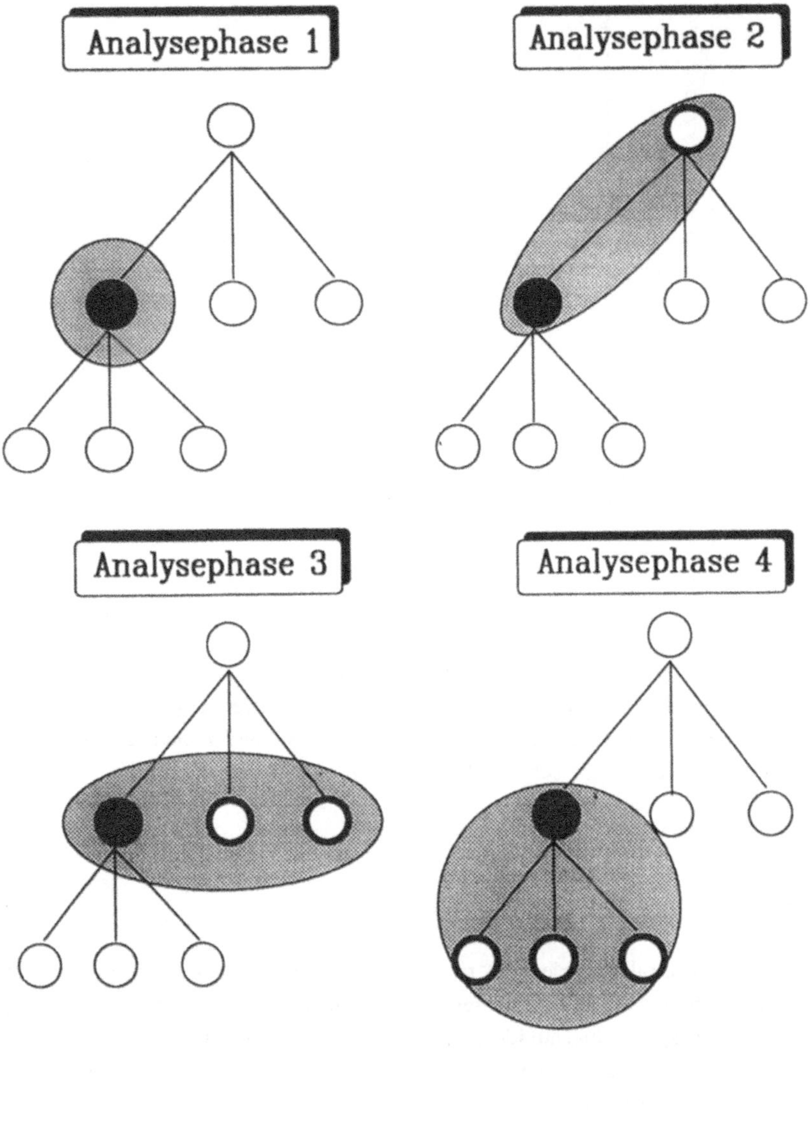

ist es wichtig zu wissen, ob Abweichungen nur bei dem betrachteten Einstiegsobjekt oder auch bei hierarchisch gleichgeordneten auftreten (Analysephase 3, zur Zeit aus Speicherplatzgründen noch nicht implementiert). Beispielsweise sind dadurch segmentübergreifende Auswirkungen im Rahmen von Marktveränderungen zu sehen (17), etwa wenn eine rückläufige Konjunktur das Ergebnis *aller* Sparten verschlechterte. Im Anschluß daran setzt der eigentliche Aufspaltungsprozeß ein, der Abweichungen des Einstiegsobjekts auf Einzelursachen zurückführen soll (Analysephase 4).

Der Anwender wird zur Zeit noch sehr stark in den Analyseablauf eingebunden. An allen entscheidenden Stellen fragt BETREX, ob der Benutzer den Systemvorschlag für die weitere Analyse akzeptiert oder eigene Vorschläge hat. Da jedoch auch Situationen denkbar sind, in denen die Analyse möglichst schnell ohne zusätzliche Belastung des Benutzers gewünscht wird, bietet BETREX künftig die Möglichkeit, das System völlig im Batch mit Defaultwerten ablaufen zu lassen. Als Ergebnis erscheint dann eine mehrseitige Expertise mit erklärenden Texten des Expertensystems und ergänzenden Berichtsvorschlägen für eine anschließende Bearbeitung im zentralen SAP-System.

5.1 Einschränkung des Untersuchungsbereichs

Der Benutzer kann die Analyse mit den in Abb. 5.1/1 aufgeführten Parametern beeinflussen. Die Parametrisierung des Systems erfolgt zur Zeit noch während der Analysesitzung, soll jedoch später davon getrennt in einem separaten Initialisierungsteil vorgenommen werden, der nur bei Bedarf durchlaufen wird. Außerdem ist der Anwender dann in der Lage, verschiedene Konfigurationsversionen mit einer Benutzernummer zu verknüpfen, so daß er in Abhängigkeit seiner jeweiligen Analyseintention die dazu passenden Standardeinstellungen heranziehen kann.

Abb. 5.1/1	Einflußmöglichkeiten des Benutzers
	- Analyseklasse (z.B. Kostenträger - Analyseobjekt (z.B. Sparte Spezialräder) - Abweichungsrichtung (negativ oder positiv) - Vergleichsart (z.B. Plan-Ist-Vergleich) - Aufspaltungskennzahl (z.B. Deckungsbeitrag I) - Aufspaltungspfad (vgl. dazu Abb. 5.3/1) - Analyseschärfe (Schwellwerte) - Analysebreite (Selektion der Analysemoduln)

Eine besonders wichtige und mächtige Beeinflussungsmöglichkeit erhält der Benutzer durch die unterschiedlichen Schwellwerte. Dadurch kann man beispielsweise steuern, wieviele Objekte als betrachtungswürdig eingestuft werden. Dies hat zur Folge, daß auch die Länge und Übersichtlichkeit der Expertisen individuell bestimmbar sind. Ursprünglich sollte das System selbständig in Abhängigkeit einer vom Anwender zuvor spezifizierten Objektzahl die optimalen Schwellen über verschiedene Simulationsläufe ermitteln. Die Realisierung dieser Idee wurde aus technischen Gründen zurückgestellt.

Im folgenden sollen die Schwellen, die BETREX dem Benutzer anbietet und die er nach Belieben abändern kann, beschrieben werden.

Monatliche Abweichungen sind in einer gewissen Schwankungsbreite als normal anzusehen. Die Ursache kann beispielsweise bei Plan-Ist-Differenzen in ungenauen Planvorgaben oder einmaligen, zufälligen Einflüssen liegen. Deswegen ist es sinnvoll, eine "Tabuzone" zu definieren, innerhalb derer Abweichungen als unbedeutend eingestuft werden. BETREX bestimmt dafür einen dynamischen Toleranzbereich, der sich aus dem Durchschnitt und der Streuung der vergangenen monatlichen Abweichungen des laufenden Geschäftsjahres errechnet (vgl. Abb. 5.1/2).

Mit **kumulierten Vergleichen** sollen Trendverschiebungen, die sich ankündigen, wenn sich positive und negative Abweichungen nicht mehr ausgleichen und einen definierten Toleranzbereich durchbrechen, erkannt werden. Die Schwelle differiert in Abhängigkeit vom Kumulationszeitraum, da z.B. Abweichungen im ersten Quartal tendenziell größer sein dürfen als diejenigen für das gesamte Jahr. Die Toleranzgrenzen müssen sich deshalb mit steigender Monatszahl verringern und sich so der am Jahresende maximal zulässigen Abweichung annähern. BETREX errechnet nun ausgehend von einer vorgegebenen Jahresendtoleranz die jeweils gültigen monatlichen Schwellen (vgl. Abb. 5.1/3).

Ergänzend benutzt das System bei der Auflösung der Hierarchien einen **relativen Wert**, der die Auswahl abweichungsverursachender Objekte auf unteren Hierarchieebenen steuert. Beispielsweise möchte der Benutzer in Abb. 5.1/4 die absolute Abweichung der Artikelgruppe "Rennräder" in Höhe von -10.000 DM zu 80 % erklärt haben. Wie aus Abb. 5.1/4 hervorgeht, würde das Fahrrad "Coppi" selektiert, weil dessen Abweichung von -9.000 DM allein bereits 90 % der Ausgangsabweichung erklärt. Aus dem Beispiel wird auch deutlich, daß bei einer undifferenzierten Verwendung der relativen Abweichungen als Auswahlkriterium der Analysepfad das weniger geeignete Objekt Hinault enthalten würde.

Abb. 5.1/2 Standardschwellen für Einzelmonatsvergleiche

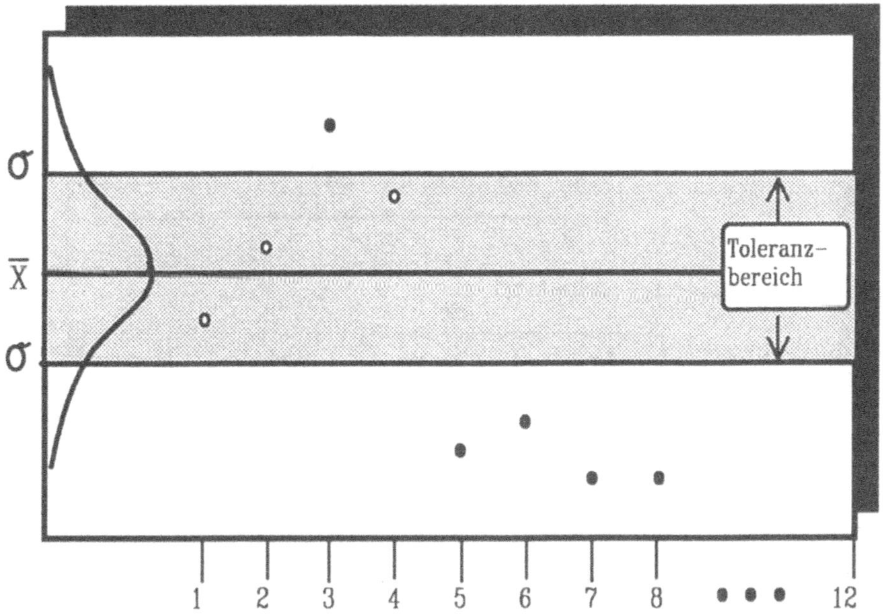

Abb. 5.1/3 Standardschwellen für kumulierte Vergleiche

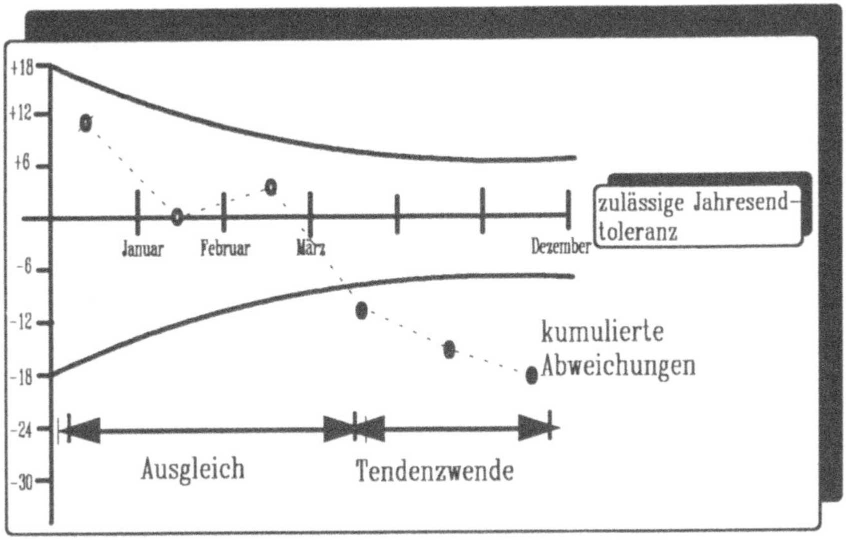

Abb. 5.1/4 Schwelle für die gewünschte Ergebniserklärung

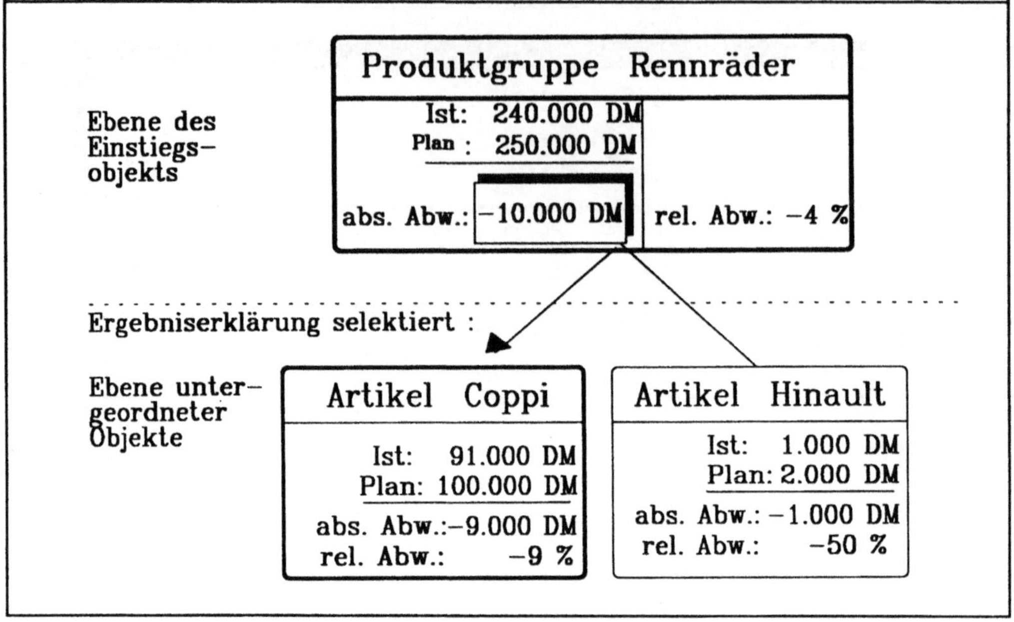

5.2 Vorläufige Ursachenanalyse des Untersuchungsobjekts

BETREX ermittelt für die Ausprägung des Einstiegobjekts die signifikanten Abweichungen hinsichtlich aller Kennzahlen und Vergleichsarten. Ziel ist es, Ansatzpunkte für eine möglichst optimale Ursachenanalyse zu finden. Abb. 5.2/1 zeigt wesentliche Aussagen, die BETREX aufgrund der vorläufigen Ursachenanalyse dem Benutzer präsentiert. Dabei wird auch das Zusammenspiel zwischen Expertensystemtexten und Berichten der SAP-Software deutlich.

5.3 Vertiefende Ursachenanalyse

Nachfolgend wird die Aufspaltungsanalyse (Analysephase 4) als Kernpunkt der Ursachenfindung beschrieben. Für den Aufspaltungsprozeß in untergeordnete Hierarchiestufen sind die dafür maßgebliche Vergleichsart, z.B. Plan-Ist-Vergleich, die Aufspaltungskennzahl, etwa Deckungsbeitrag I, und die gewünschte Abweichungsrichtung, beispielsweise negative Abweichungen, anzugeben. Aus den vorhandenen Hierarchieebenen wird diejenige selektiert, welche die höchste Abweichungskonzentration (die maximale Abweichungskonzentration ist - etwas vereinfacht dargestellt - auf derjenigen Ebene gegeben, bei der man mit den wenigsten Objekten den größten Teil der Ausgangsabweichung erklären kann) aufweist.

Abb. 5.2/1	Expertisenausschnitt

	Ist- Ist- Abw.	Plan- Ist- Abw.	Plan- Ist- Abw. kum.	Plan- Prog.- Abw.	Plan- Prog.- Abw. kum.
Bruttoerlöse	-2,00	6,90	23,70	8,70	4,90
Erlösschmälerung.	-6,50	16,70	28,90	23,30	12,30
Nettoerlöse	-1,40	5,60	23,00	6,90	4,00
Variable Kosten	-1,30	-15,40	-51,80	-16,30	-12,70
DB I	-7,20	-12,00	-28,90	25,90	28,60
Fixkosten	1,10	-4,40	-11,10	-5,60	-8,30
DB II	-15,90	-30,40	-73,50	-27,60	-34,10

Sie können zu dieser Tabelle Expertisen einholen.

Bitte ankreuzen mit (x) ☐

.
.
.

Wird das Ergebnis der Deckungsbeitragsflußanalyse mit der relativen Abweichung der Kosten von **-15,40 %** verknüpft, ist festzustellen, daß diese negative Änderung allein auf eine Mengenausweitung zurückzuführen ist, d. h. die Stückkosten haben sich nicht verändert.

Die relative Erlössteigerung von 6,90 % wird dadurch beeinflußt, daß durch eine Preissenkung mehr Mengen abgesetzt werden konnten. Die Preissenkung hat sich deshalb wahrscheinlich als vorteilhaft erwiesen.

Der Break-Even-Punkt ist in der Vergangenheit überschritten worden, d. h., die gesamten Fixkosten, die bis zum Jahresende geplant waren, werden durch das erwirtschaftete Ergebnis gedeckt. Es wurde jedoch ein wesentlich kleinerer Betrag erzielt als geplant.

Im Vergleich zum Vorjahr ist die Deckungsbeitragskraft des Umsatzes stark gefallen. Im Vorjahr wurden 25 % der Erlöse als Deckungsbeitrag erzielt, in den vergangenen Monaten des Berichtsjahres 19,79 %.

Für weitere Informationen können Sie SAP-Berichte anfordern:

Bitte ankreuzen mit (x) ☐

Einzelausprägungen dieser Ebene sind dann weiter aufzuspalten. BETREX ermittelt quasi einen optimalen Pfad durch die Hierarchien, indem an jedem selektierten Hierarchieknoten ein Wegweiser für den Benutzer gesetzt wird, der in die Richtung des für die Erklärung der Ausgangsabweichung geeignetsten Zielobjekts zeigt. Die Segmentierung wird solange fortgesetzt, bis keine eindeutige "Verursachungslinie" mehr zu erkennen ist (vgl. Abb. 5.3/1). Diese Methodik besitzt folgende Vorteile:

- Bei einer Ursachendiffusion in verschiedene Richtungen stoppt der Aufspaltungsprozeß auf der höchsten Verdichtungsebene, wodurch einer Informationsflut vorgebeugt wird.

- Der Entscheidungsprozeß des Expertensystems kann im Sinne einer Erklärungskomponente schrittweise nachvollzogen werden.

Vor der endgültigen Bestimmung einer Aufspaltungshierarchie bzw. eines Analyseobjekts kann der Benutzer den Systemvorschlag modifizieren und der weiteren Analyse jede mögliche Alternative zugrundelegen (vgl. die Optionen des Benutzers in Abb. 5.3/2).

Abb. 5.3/1 Exemplarische Darstellung der Aufspaltungsanalyse

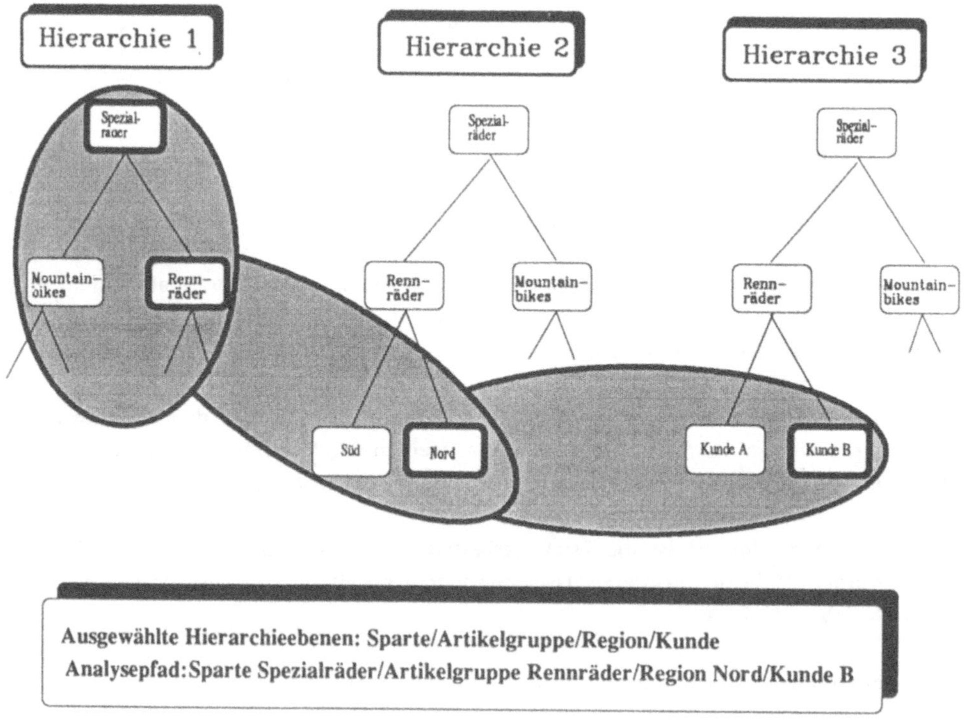

Abb. 5.3/2	Ergebnisse der Aufspaltungsanalyse

Für die weitere Analyse bietet das Expertensystem folgende Hierarchiestufen an:

Artikelgruppe

Modifikation

Modifizieren Sie, wenn erforderlich, die Hierarchie! [Artikelgruppe]

Weiter mit rechter Maustaste oder RETURN ...

↓

Folgende Artikelgruppe hat die DBI-Abweichung auf der übergeordneten Ebene der **Sparte Spezialraeder** verursacht:

Artikelgruppe **Mountainbike**

Absolute DBI-Abweichung der Sparte Spezialraeder: -19100 DM
Absolute DBI-Abweichung der Artikelgruppe
Mountainbike : -15000 DM

Modifikation

Modifizieren Sie, wenn erforderlich, das vorgegebene Objekt! [Mountainbike]

Interpretation

Verbale Interpretation der Ursachenanalyse? -> Bitte mit X markieren! [ ]

Aufspaltung

Weitere Aufspaltung der Abweichungen? [Mountainbike]

Weiter mit rechter Maustaste oder RETURN ...

↓

Kundengruppe 2:

Das Produktergebnis von **-28000 DM** kann weiterverfolgt werden bis zur Kundenabweichung, die ein Minus von **-15541 DM** aufweist.

Für spezielle Maßnahmen wird empfohlen, das Teilsegment **Artikel Gelaende Kundengruppe 2** zu bearbeiten.

Kundengruppe 1:

Dieses "Sorgenkind" weicht nicht nur bei dem betreffenden Produkt mit **-12463 DM** ab, sondern auch bei anderen Artikeln wird diese Tendenz verstärkt, wodurch ein Endergebnis von **-49052 DM** entsteht.

6 Wissensrepräsentation

BETREX wurde mit der hybriden Shell NEXPERT OBJECT implementiert, mit der das Wissen in Form von Klassen, Objekten und Attributen, sogenannten Properties, darstellbar ist (18). Jedes Wissenselement in BETREX ist eindeutig als Klasse(Objekt)-Attribut-Wert-Tripel gekennzeichnet und enthält folgende Informationen:

- Klassen(Objekt)-Name, z.B. "Deckungsbeitrag I",
- Attribute, beispielsweise "Plan-/Ist-Abweichung" oder "Ist-Ist-Abweichung",
- Werte, etwa "14 Prozent" oder "10.000 DM".

Ergänzend können

- übergeordnete Klassen, beispielsweise die Klasse "Kennzahlen",
- Subobjekte, z.B "Deckungsbeitrag I" von Objektausprägungen untergeordneter Hierarchieebenen

angegeben werden, mit denen die betrachtete Objektausprägung verbunden ist und an die (bzw. die) bestimmte Eigenschaften im Rahmen der Vererbung weitergegeben werden (bzw. weitergeben).

BETREX unterscheidet zwischen statischen Objekten (z.B. Deckungsbeitrag I), die in der Wissensbasis fest verankert und lediglich hinsichtlich der Attributausprägung (z.B. Plan-Ist-Abweichung von 10%) modifizierbar sind, und dynamischen, die erst während der Analyse generiert werden und im wesentlichen die betriebsindividuellen Hierarchien, Hierarchieobjekte und -ausprägungen darstellen.

Eine merkliche Reduzierung des Erstellungsaufwands konnte durch Regeln erreicht werden, die mit Variablen zur Mustererkennung (Pattern Matching) besetzt waren. Beispielsweise lautet eine solche Regel, die zur Verifizierung der Hypothese "Entwicklungswende" dient:

"Wenn der kumulierte Plan-Ist-Vergleich bei einem Objekt der Klasse Kennzahlen signifikant positiv und der kumulierte Plan-Prognose-Vergleich derselben Kennzahl signifikant negativ ist, dann ist eine Entwicklungswende wahrscheinlich".

Die Zahl der Regeln, die zur Diagnose eines solchen Sachverhalts erforderlich ist, konnte dadurch von elf auf eins verringert werden.

Abb. 6/1 stellt die Repräsentation der wesentlichsten Bestandteile des Wissensmodells im Überblick dar.

Abb. 6/1	Wissensrepräsentation in BETREX	
Strukturparameter	Wissensre-präsentation	Beispiele
Absatzobjekt Marktsegment Organisations-einheit	Klassen	Kostenträger Kunde, Auftrag, Gebiet Kostenstelle
Deckungsbeitrags-kennzahlen	Objekte	Bruttoerlös, ... DB II
Deckungsbeitrags-flußkennzahlen	Objekte	Preisabweichung, Mengenabweichung
Weitere Kennzah-len	Objekte	Deckungsbeitragssatz
Vergleiche	Attribute	Plan-Ist, Ist-Ist, Plan-Prognose

7 Einsatzmöglichkeiten im Rahmen der Standardsoftware RK-E

7.1 Ausgangslage und Lösung im SAP-System RK-E

BETREX ist in erster Linie dem Vertriebscontrolling zuzuordnen. Automatisierung im Vertriebscontrolling bedeutet in besonders hohem Maße Dialogisierung und Einbeziehen der Endbenutzer. Dies deshalb, weil - neben einem Bodensatz routinemäßiger Kontrollrechnungen - aus der Dynamik des Absatzmarktes heraus permanent neue Fragestellungen auftreten. Beispielsweise seien hier genannt:

- Die erfolgsmäßige Beurteilung von Marktsegmenten, die in ihrer Struktur ständig wechseln.

- Die Überprüfung und simulative Veränderung der Preis- und Konditionengestaltung.

- Die kosten- und erlösbezogene Beobachtung von Maßnahmen, wie z. B. Veränderungen in der Aufbauorganisation des Absatzbereichs, Veränderungen in der logistischen Abwicklung, segmentbezogene Werbemaßnahmen.

- Die Vorbereitung von Kundengesprächen.

Diese Art der Aufgabenstellung stellt folgende Anforderungen an die Software:

- Die Unvorhersehbarkeit der Fragestellungen verlangt eine höhere Abstraktion der Datenstruktur als solche Systeme, die mit festen Kontierungsbegriffen wie Kreditor, Debitor, Sachkonto, Material und Kostenstelle arbeiten können. Die Ordnungsbegriffe des Vertriebscontrolling sind betriebsindividuell festzulegen. Die Spezifikation ist im Data Dictionary vorzunehmen und hat damit keine Programmierung zur Folge.

- Die Unvorhersehbarkeit der Fragestellungen verlangt außerdem ein Retrieval im Sinne einer universellen Auswertbarkeit der Daten. Die Request-Möglichkeiten der Anwender dürfen nicht durch das Einhalten bestimmter Zugriffspfade eingeschränkt werden.

- Vertriebscontrolling darf sich nicht nur auf Umsatzstatistiken beschränken. Die Analysen verzweigen in alle Bereiche des betrieblichen Informationssystems.

- Die Datenbasis des Vertriebscontrolling ist in besonders hohem Maße in die Geschäftsvorfälle der operierenden Systeme integriert. Sie ist damit ständigen Aktualisierungen unterworfen. Dies gilt je nach betrieblichen Gegebenheiten für die Vertriebsabwicklung (Erlöse, Erlösschmälerungen, Vertriebskosten) und für Produktion und Lager (Herstell- bzw. Einstandskosten). Die operierenden Systeme und das Vertriebscontrolling sind also im Realtime miteinander zu verbinden.

- Da zahlreiche Fragestellungen des Vertriebscontrolling darauf abstellen, Tendenzen zu erkennen, und da sich - wegen der Integration in die operierenden Systeme - die Datenbasis permanent ändert, lohnt es sich auch bezüglich der gleichen Fragestellungen permanent mit dem System zu arbeiten.

- Die Fragestellungen entstehen - projiziert auf die betriebliche Aufbauorganisation - auf Sachbearbeiter-Ebene und auf Management-Ebene. Es kann sich dabei zum einen um wohlstrukturierte Fragestellungen handeln. Hierbei nimmt der Anwender die Rolle eines parametrischen Benutzers an, der Eingaben in vorformulierten Abläufen tätigt. Zum anderen treten - speziell auf Management-Ebene - unstrukturierbare Aufgabenstellungen auf. Diese werden üblicherweise durch das Controlling in Form von Sonderauswertungen bearbeitet. Der Controller tritt hier in der Rolle des anspruchsvollen DV-Laien auf, dem die Umsetzung der betrieblichen Gegebenheiten in die logischen Datenstrukturen bekannt ist und der seine Fragestellung ohne DV-technische Kenntnisse - also quasi wie im manuellen Betrieb - beantwortet haben möchte.

Den hier formulierten Ansprüchen steht im SAP-System RK-E (Realtime Kostenrechnung; Teil: Ergebnisrechnung) eine Lösung gegenüber, die

- eine Anpassung des Systems an die betrieblichen Gegebenheiten - eine zentrale Controlling-Funktion - ermöglicht,
- einen wahlfreien Zugriff auf die Geschäftsvorfälle erlaubt,
- auf einer vollen Integration mit den operierenden Systemen basiert und
- einen Anwender in der Rolle des parametrischen Benutzers unterstützt.

Die SAP-Basis bietet - über die anwendungsspezifischen Funktionen hinaus - zusätzlich zahlreiche Instrumente, um diese Gruppe der parametrischen Benutzer, die es mit gut strukturierten Aufgabenstellungen zu tun hat, zu unterstützen: hierarchische, adressatenbezogene, dynamische Menüs, Funktionstasten und Report-Cluster. Die Fragestellung nun lautet: Können Expertensysteme helfen, auch nicht strukturierbare Aufgabenstellungen durch den Endanwender lösen zu lassen?

7.2 Einbindung von BETREX in das SAP-System: kaufmännische Aspekte

7.2.1 Berichte und Analysen für den Vertriebscontroller im SAP-System

7.2.1.1 Berichtsformen

Eine wesentliche Datenbasis des Vertriebscontrolling sind die Umsätze und die ihnen zugeordneten Erlöse, Erlösschmälerungen und Kosten. Diese Umsatzdaten sind nach zahlreichen Produkt-, Kunden- und Marktgesichtspunkten klassifiziert (vgl. Kapitel 4.1). Daneben werden diesen Objekten aus der Stellenrechnung, aus der Auftragsabrechnung und aus der Buchhaltung Daten zugeordnet. Bei den Marktsegmentanalysen handelt es sich um hierarchische Anordnungen dieser Objekte, wie z. B. Artikel einer Sparte, Kunden einer Region insgesamt oder nach Vertriebswegen differenziert (vgl. Abbildung 4.1/1). Diese Hierarchien können in zweierlei Formen dargestellt werden (vgl. Abb. 7.2.1/1):

- Staffelform
- Hitliste

Bei der Staffelform werden von den Erlösen sukzessive die Erlösschmälerungen und die Kosten abgezogen. Das Rechenschema wird vom Anwender tabellengesteuert definiert. Es können beliebig viele Schemata parallel aufgebaut werden.

Im Zeilenschema lassen sich beliebige Zwischensummen und Kennzahlen bilden. In den Spalten können Beträge einzelner Perioden oder kumulativer Zeiträume angezeigt werden. Sachlich kann man dort Plan-, Soll- und Ist-Daten sowie deren Abweichungen einstellen. Die Abweichungen können ihrerseits bezüglich der Ursachen Kurs-, Preis-, Mengen- und Salesmix-Abweichungen erklärt werden. Die diesbezüglichen Rechenvorschriften kann der Anwender formulieren.

Abb. 7.2.1/1	Formen der Ergebnisdarstellung im SAP-System

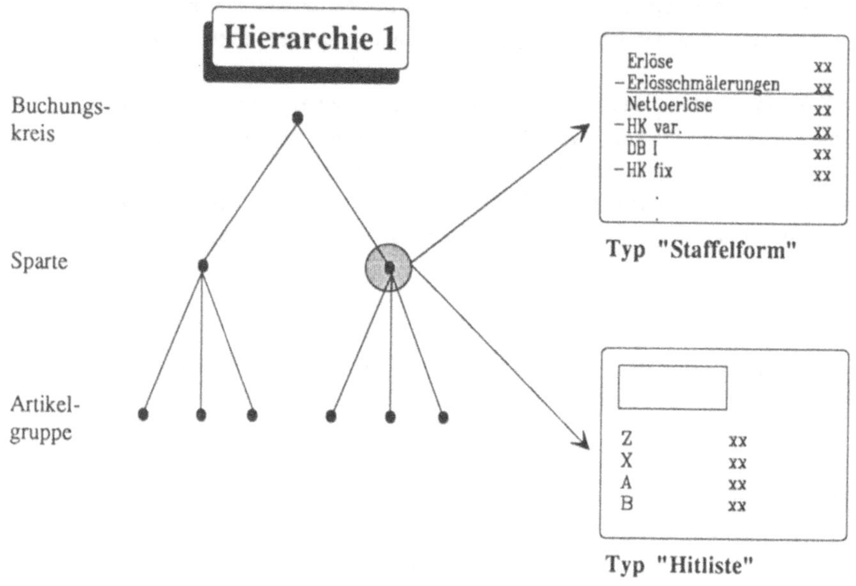

Bei der Hitliste wird gezeigt, wie der Betrag einer Kosten-, Erlös- oder Ergebniszeile durch Aggregation der Unterknoten zustande kommt. Die Hitliste kann man auf- oder absteigend sortieren. Schwellwertbezogen lassen sich Daten unterdrücken. Die Hitliste kann auf jeder Stufe einer Hierarchie einsetzen und bis zu den Einzelposten zurückgehen. Sind die SAP-Systeme "Vertrieb", "Kalkulation" und "Kostenstellenrechnung" im Einsatz, so ist es möglich, interaktiv auf die Kundenaufträge und in das Produktions-Controlling zu verzweigen. Mit Hilfe der SAP-Finanzbuchhaltung kann über die Belege in die Kundenkreditkontrolle eingestiegen werden.

7.2.1.2 Suchstrategien für Marktsegmentanalysen

Hitliste und Staffelform können in zwei Suchstrategien eingebunden werden:

- GET NEXT
  Hierbei wird lediglich die Staffelform benutzt. Wie mit einem Mikroskop werden die einzelnen Knoten einer Hierarchie untersucht: nach rechts, nach links, eine Stufe nach unten, eine Stufe nach oben.

- FLIP-FLOP
  Hierbei werden Staffelform und Hitliste alternierend gemischt. Die Staffelform zeigt ein einziges Objekt - z. B. eine Sparte - mit allen Wertkomponenten z. B. als Plan-Ist-Vergleich. Von dort aus wird auf alle zugehörigen Unterobjekte - z. B. Artikelgruppen - verzweigt. Der Anwender wählt ein oder mehrere Objekte aus und analysiert diese in der Staffelform. Dieses Verfahren kann innerhalb einer vordefinierten Hierarchie von der obersten bis zur untersten Ebene durchgeführt werden.

7.2.1.3 Suchstrategien für Ereignisverkettungen

Die Marktsegmentanalyse führt den Anwender bis zu den Faktura-Einzelposten. Diese sind mit Vorgängen anderer Prozeßstationen im betrieblichen Abwicklungsprozeß verbunden (von Kundenauftrag, evtl. auch Anfrage oder Angebot bis zur Zahlung). Zur Analyse dieser Ereignisverkettungen werden ebenfalls zwei Suchstrategien angeboten (zur Zeit in Arbeit):

Der Wirkungszusammenhang kann vorwärtsverkettend (z. B. von einem Kundenauftrag zu den entsprechenden Fakturen: "Stammbaum" eines Kundenauftrags) und rückwärtsverkettend (z. B. von einer Faktur zu den zugrundeliegenden Kundenaufträgen: "Ahnentafel" einer Faktur) untersucht werden. Die rückwärtsverkettende Analyse schließt sich sinnvollerweise an die oben beschriebene Top-down-Analyse einer Hierarchie an.

7.2.2 Zusätzliche Unterstützung durch BETREX

7.2.2.1 Ergänzung durch regelgesteuerte Analyse

Die Marktsegmentanalysen basieren auf vordefinierten Hierarchien. Derartige Vorverdichtungen sind technisch notwendig, um die Anwendung als Dialogsystem einsetzen zu können. Daneben existiert für Anfragen, die nicht auf der Basis der Hierarchien beantwortet werden können, ein Rückgriff auf die Einzelposten. Dieser findet jedoch bei großem Datenvolumen in den langen Antwortzeiten seine Grenzen.

Die Analyse wird derzeit in zwei Punkten eingeschränkt:

- Der Anwender muß die zu analysierenden Objekte selbst aussuchen.
- Die Analyse bewegt sich innerhalb einer ausgewählten Hierarchie.

Das beschriebene Expertensystem kann in beiden Punkten helfen. Der Anwender formuliert Regeln, die den Ablauf der Analyse steuern. Das System navigiert dann, quasi unter Verwendung der beiden Darstellungsformen, durch den gesamten Datenbestand. Die zur Zeit realisierten Regeltypen und ihr Bezug zum Untersuchungsobjekt sind in den Kapitel 4.2, 4.3 und 5.1 beschrieben.

Speziell seien erwähnt:

- Schwellwertvorgaben generell oder für einzelne Objekte; somit auch: "betrachte immer", "betrachte nie"
- Deckungsbeitragskennzahlen
- Deckungsbeitragsflußanalysen (Preis-, Mengen-, Mixabweichung)
- Vergleichsarten

7.2.2.2 Verzweigung in andere Anwendungen

Speziell Erkenntnisse des Vertriebscontrolling bilden häufig den Ausgangspunkt für Analysen in anderen betrieblichen Funktionsbereichen wie z. B. Fertigung, Lager, Beschaffung und Finanzierung ("marktorientierte Unternehmensführung"). Besonders auf Management-Ebene stellen die fachliche Verantwortlichkeit und der Zugriffsschutz keine Restriktionen für eine unternehmensweite Sicht dar.

Das SAP-Gesamtsystem beinhaltet Instrumente zur Analyse aller betrieblichen Teilbereiche. Der Einsatz in der skizzierten Weise wird jedoch dadurch eingeschränkt, daß Handlings-Know-How vom Anwender verlangt wird. Dies ist besonders störend, da das Management typischerweise nicht als dauernder Benutzer, sondern eher als gelegentlicher Benutzer anzusehen ist.

Das Expertensystem kann in dieser Situation Hinweise auf relevante Transaktionen, die entsprechenden Daten und die erforderlichen Steuerungsfunktionen geben ("intelligentes Menü"). Der Einsatz eines Expertensystems für solche anwendungsübergreifende Analysen wird derzeit am Beispiel der Verbindung des Vertriebscontrolling mit der Kostenstellenrechnung realisiert. Stellt das System BETREX einen Fixkostenbereich als untersuchenswert fest, so wird auf die entsprechende Transaktion im System RK-S verwiesen. Verzweigt der Anwender dorthin, werden automatisch die Kostenstellenbereichsnummer, das Geschäftsjahr und als Steuerungsinformation die Berichtsvariante eingestellt.

7.2.2.3 Textliche Präsentation

Es ist eine wesentliche Aufgabe des Controllers, durch Kombination von Berichten, d. h. aus Zahlen und Graphiken, Entwicklungen zu erkennen. In den bisherigen Ausführungen wurde die Expertensystemtechnik als Hilfsmittel zur Automatisierung des Analyseprozesses beschrieben. Das Ergebnis der Analyse sind im wesentlichen qualitative Aussagen; die durch Selektion, Verdichtung und In-Beziehung-Setzen gewonnenen Daten dienen eher als Beleg für die Thesen. Daher kommt der textlichen Präsentation eine besondere Bedeutung zu.

Expertensysteme sind in besonderer Weise darauf eingerichtet, Texte zu generieren. Auch hierin besteht eine wesentliche Erweiterung gegenüber den bisherigen Präsentationsformen des Systems RK-E.

7.3. Einbindung von BETREX in das SAP-System: technische Aspekte

7.3.1 Datenverbund

Das Expertensystem läuft dezentral zum System RK-E. Träger kann dabei ein PC oder eine Workstation sein. Die Datenbasis des Systems RK-E ist im wesentlichen realtime mit den anderen Komponenten des SAP-Systems verbunden. Das Expertensystem erhält seine Daten durch periodisch übertragene Summensätze aus dem Hostsystem (vgl. Abb. 3/1). Bei diesem Transfer kann eine Filterfunktion aktiviert werden, mit deren Hilfe Daten, die eine Signifikanzschwelle unterschreiten, unberücksichtigt bleiben oder in einem Restobjekt kumuliert werden. Zusätzlich zu diesen Bewegungsdaten werden auch Stammdaten, Berichtsbeschreibungen und relevante Teile des Data Dictionary auf der dezentralen Einheit zur Verfügung gestellt.

7.3.2 Kommunikation in der Analyse

Es wäre denkbar, das Expertensystem im Modus "dunkel" zu betreiben. Dieser Modus unterstützt eine Einsatzform, bei der - z. B. nachts - die Analyse ohne Beeinflussung durch den Benutzer durchgeführt wird und die schriftliche Expertise morgens vorliegt. Da das Expertensystem nur die periodisch übernommenen, d. h. eingefrorenen Daten nutzt, besteht während der Analyse keine Kommunikation zum SAP-System. Die schriftliche Expertise kann in die SAP-Textverarbeitung gestellt werden (zur Zeit in Arbeit) und dort zum einen redaktionell nachbearbeitet werden; zum anderen stellt sie selbstverständlich nur einen Vorschlag dar, der vom Controller auch inhaltlich modifiziert werden kann.

Das Expertensystem kann auch zur Beantwortung von Ad hoc-Anfragen genutzt werden. In diesem Fall wird es im Modus "hell" betrieben. Hierbei steuert der Anwender durch Eingaben, z. B. von Schwellwerten und Objekten, die Suchrichtung der Analyse. Bei dieser

"Montage" des Analysepfades kann es notwendig sein, aus eigenem Antrieb oder auf Vorschlag des Expertensystems mit Hilfe der SAP-Transaktionen auf die Daten des Hostsystems zuzugreifen ("look aside") (vgl. Abb. 3/1).

8 Ausblick

Der vorgestellte Prototyp gehört zur Klasse der Expertisesysteme als Erscheinungsform der Expertensysteme (19). Mit dieser Methodik wurden bisher an anderer Stelle einige Erfahrungen gesammelt, die sich auf die hier skizzierte Problemlösung übertragen lassen:

1. Mit der Treffsicherheit der Diagnosen darf man i.a. zufrieden sein.

2. Stilistische Unebenheiten in den vom Wissensbasierten System formulierten Texten, etwa sog. Wiederholungsfehler, lassen sich nicht immer vermeiden, bleiben aber in einem i.a. akzeptablen Rahmen.

Für das System BETREX bieten sich dennoch einige Möglichkeiten der Weiterentwicklung an:

1. Was die Allgemeingültigkeit oder umgekehrt den Spezialisierungsgrad der Aussagen betrifft, so spürt man deutlich ein Spannungsverhältnis: Leicht geraten die Statements des Expertensystems zu allgemein. Zumindest ein professioneller Controller (weniger der "nebenamtliche Analytiker" in der Fachabteilung) erfährt dann zuwenig Neues oder fühlt sich gar von der Maschine auf altkluge Weise belehrt. Versucht man hingegen, die Aussagen mehr auf das einzelne Unternehmen bzw. einen seiner Teilbereiche zuzuschneiden, so muß man entsprechend spezialisierte Wissensbasen einrichten. Diese können nicht für mehrere Betriebe aufgebaut werden und sind daher zu teuer (der Entwicklungsaufwand kann nicht auf mehrere Implementierungen verteilt werden). Die Lösung der Zukunft könnte darin bestehen, daß man einen allgemeingültigen Kern von Modulen trennt, die für das einzelne Unternehmen, Geschäftsfeld usw. hinzugefügt werden; gelingt es, hinreichend benutzerfreundliche "Controller-Shells" (20) zu entwickeln, so könnte diese Ergänzung im Anwenderbetrieb selbst entstehen und dort auch gepflegt werden (vgl. Abb. 8/1).

2. Große Unterschiede existieren unter den Benutzern, was die Darstellungsform (Tabellen, Grafiken, schematisierte Sätze, gefälliger Fließtext) betrifft. Naheliegend wäre es, die Texte und Zahlentabellen um grafische Darstellungsformen zu ergänzen. Zunächst könnte man versuchen, die Präsentation an der Datenkonstellation zu orientieren. Beispielsweise eignet sich bei in etwa gleicher Aufteilung einer Gesamtheit (z.B. Marktanteil) auf eine sehr große Zahl von Items (z.B. 30 konkurrierende Unternehmen) kein "Kuchendiagramm"; sobald nur *ein* negativer Wert vorkommt, verbietet sich diese Grafikvariante von vornherein. Zum anderen kann gerade in diesem Zusammenhang ein

Benutzermodell als moderne Komponente eines Wissensbasierten Systems eine wichtige Rolle übernehmen: die Auswahl der Darstellungsform orientiert sich an den Präferenzen des Anwenders. Im einfachsten Fall kommen als Grundlage sog. Stereotypen in Frage ("Bankleute ziehen einen Zahlenaufriß nach dem Muster einer Bilanz vor, Ingenieure Grafiken, mittelständische Unternehmer Fließtext nach Art eines Kurzgutachtens in Briefform" u.a.m.).

3. Eine besondere und bisher nur ansatzweise bewältigte Herausforderung stellen automatische Zusammenfassungen und der Rückgriff auf bzw. die Anknüpfung an frühere Expertisen dar ("wie schon im letzten Quartal", "erneut...").

Abb. 8/1	Individualisierungskonzept in BETREX

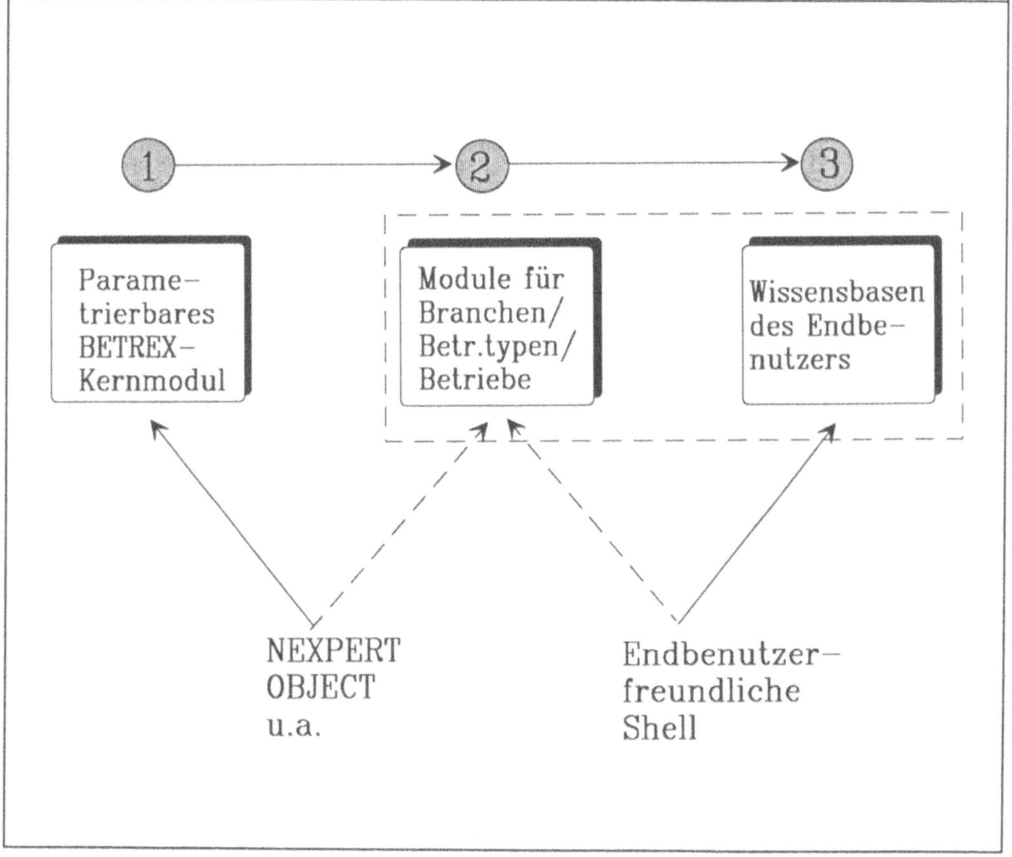

Anmerkungen:

1) Mertens, P., Borkowski, V., Geis, W., Betriebliche Expertensystem-Anwendungen - Eine Materialsammlung. Berlin u.a. 1988.

2) Kraemer, W., Scheer, A.-W., Wissensbasiertes Controlling. In: Information Management 4. Jg. (1989) 2, S. 6 ff.
Kraemer, W., Spang, S., Expertensysteme zum intelligenten Soll-Ist-Kostenvergleich. In: Handbuch der modernen Datenverarbeitung 26. Jg. (1989) 147, S. 77 ff.

3) Von Weissenfluh, D., Überblick über Einsatzgebiete betrieblicher Expertensysteme. Arbeitsbericht Nr. 15, Bern 1987, S. 87 f.

4) Nonhoff, J., Entwicklung eines Expertensystems für das DV-Controlling. Berlin u.a. 1989.

5) Dräger, U., Fiedler, R., Wissensbasierte Systeme in der Logistikkosten- und Leistungsrechnung. In: Logistik Spektrum 1. Jg. (1989) 3, S. 70)

6) Mertens, P., Borkowski, V., Geis, W., Betriebliche Expertensystem-Anwendungen - Eine Materialsammlung. Berlin u.a. 1988, S. 154 ff.
Büttner, U. u.a., Expertensysteme zur Jahresabschlußanalyse für mittlere und kleine Unternehmen. In: Schmalenbachs Zeitschrift für betriebswirtschaftliche Forschung 58. Jg. (1988) 2, S. 229 ff.

7) Stuckenberger, M., Konzeption und Implementierung eines wissensbasierten Moduls zur Beurteilung der Ordnungsmäßigkeit und Sicherheit von DV-Verfahren. Diplomarbeit Nürnberg 1989.

8) Mertens, P., Einflüsse der EDV auf die Weiterentwicklung des betrieblichen Rechnungswesens. In: Kilger, W., Scheer A.-W. (Hrsg.): Rechnungswesen und EDV. 4. Saarbrücker Arbeitstagung, Würzburg-Wien 1983, S. 23-36.

9) Plattner, H., Neue Wege für das Controlling in einem hoch integrierten Anwendungssystem. In: Scheer A.-W. (Hrsg.): Rechnungswesen und EDV. 8. Saarbrücker Arbeitstagung, Würzburg-Wien 1987, S. 58-81.

10) Fiedler, R., Hamann, N., Riedel, C., KOSTEX - Ein prototypisches System zur Kostenstellenanalyse. In: Information Management (1989), in Vorbereitung.

11) Fiedler, R., Mertens, P., Wenzlaw, G., Ziegler, G., Zur Unterstützung des Controlling durch wissensbasierte Analyse des Betriebsergebnisses, In: Die Betriebswirtschaft 49. Jg. (1989) 3, S. 353 ff. Weitere Details enthält Fiedler, R., Wenzlaw, G., Ziegler, G., BETREX- Ein System zur wisssensbasierten Analyse des Betriebsergebnisses, Arbeitspapiere der Informatik-Forschungsgruppe VIII der Universität Erlangen-Nürnberg, 2. Aufl., Erlangen 1988.

12) Wir danken der Hercules GmbH für die Überlassung von wirklichkeitsnahen Daten, insbesondere Stammdaten (Stücklisten, Arbeitsplänen) zum Aufbau unseres Modellbetriebes.

13) Sinzig, W., Entwurfsentscheidungen und Instrumente einer Betriebsergebnisrechnung im Dialog. In: HMD 23. Jg. (1986) 132, S. 85 ff.

14) SAP AG (Hrsg.), System RK, Funktionsbeschreibung, Stand 01.03.88, Walldorf/Baden 1988, Blatt-Nr. 8.4-1 ff.

15) Steiner, U., Ergebnisrechnung als dialogisiertes Planungs-, Abrechnungs-, Informations- und Analysesystem. In: krp-Sonderheft o. Jg. (1988) 1, S. 68.

16) Dräger, U., Fiedler, R., Wissensbasierte Systeme in der Logistikkosten- und Leistungsrechnung. In: Logistik-Spektrum 1. Jg. (1989) 3, S.69 ff.

17) Die Bedeutung des Segmentierungsbegriffs kann nachgelesen werden bei Köhler, R., Absatzsegmentrechnung. In: Kosiol, E. u.a. (Hrsg.): HWR, 2. Aufl., Stuttgart 1981, Sp. 19.

18) Der interessierte Leser wird auf Neuron Data Inc. (Hrsg.), NEXPERT OBJECT Fundamentals, o.O., o.J. verwiesen.

19) Mertens, P., Expertisesysteme als Variante der Expertensysteme. In: Schmalenbachs Zeitschrift für betriebswirtschaftliche Forschung 59. Jg. (1989) 10, in Vorbereitung.

20) Es sind bereits erste Produkte verfügbar, die es erlauben sollen, daß der Endanwender selbst Wissensbasen erstellt und modifiziert. Beispiele für solche endbenutzerfreundlichen Shells sind die Produkte NEXTRA und MAINTEX.
Vgl. zu NEXTRA: Expertise (Hrsg.), NEXTRA - Softwaretool zur Wissensakquisition für die Expertensystemshell Nexpert Object, o.O 1988.
Vgl. zu MAINTEX: Rixhon, P., Intelligent Interfaces for Diagnosis Systems. In: Framentec S.A. (Hrsg.), Framentec User Letter Nr. 2, o.O. 1987, S. 47 ff.

Wissensbasierte Systeme zum intelligenten Soll-Ist-Kostenvergleich

Dipl.-Wirtsch.-Ing. W. Kraemer, Institut für Wirtschaftsinformatik an der Universität des Saarlandes, Saarbrücken

Gliederung:

1 **Weiterentwicklung von Kosteninformationssystemen**

1.1 Entwicklung datenbankorientierter Kosteninformationssysteme

1.2 Integrierte EDV-gestützte Informationssysteme

1.3 Wissensbasierte Problemlösungsmethoden für betriebswirtschaftliche Verfahren

1.4 Schlechtstrukturierte Controlling-Entscheidungsprobleme

2 **Konzeption eines wissensbasierten Controlling-Instrumentes**

2.1 Der Soll-Ist-Kostenvergleich zur Kostenabweichungsursachenanalyse

2.2 Probleme des DV-gestützten Soll-Ist-Kostenvergleichs

2.3 Anforderungen und Aufbau eines wissensbasierten Systems zum intelligenten Soll-Ist-Kostenvergleich

2.3.1 Anforderungskriterien

2.3.2 Anforderungsprofil

2.3.3 Systemarchitektur

2.3.4 Wissensbasis

2.3.5 Inferenzprozeß

3 **Grenzen und Entwicklungstendenzen der wissensbasierten Entscheidungsunterstützung im Controlling**

3.1 "Intelligenzverstärkung" durch wissensbasierte Systeme im Controlling

3.2 Wissensbasiertes dezentrales Controlling

3.3 Integration in konventionelle Softwareapplikationen

10. Saarbrücker Arbeitstagung 1989
Rechnungswesen und EDV
hrsg. v. A.-W. Scheer

1 Weiterentwicklung von Kosteninformationssystemen

Eine der ersten typischen Anwendungen der administrativen Datenverarbeitung war die Kosten- und Leistungsrechnung als Teilgebiet des betrieblichen Rechnungswesens.

1.1 Entwicklung datenbankorientierter Kosteninformationssysteme

Entsprechend dem damaligen Stand computerunterstützter Kostenrechnungsverfahren, deren Konzept wesentlich im "Abprogrammieren klassischer manueller Lösungen" bestand, wurden Überlegungen zu computerunterstützten Kosteninformationssystemen schon Mitte der 70er Jahre angestellt [1]. Eine Weiterentwicklung dieser Ansätze wurde insbesondere von Sinzig und Puhl durch die Konzeption eines Datenbankorientierten Rechnungswesens vorgestellt [2].
Da das innerbetriebliche Rechnungswesen auf die Daten der sogenannten vorgelagerten Bereiche angewiesen ist, kommt der Gestaltung der Datenbasis eine besondere Bedeutung zu. Durch den Einsatz von Datenbanksystemen ist es zunehmend möglich, die Datenstrukturen integriert anzulegen, so daß ein quasi direkter Zugriff des innerbetrieblichen Rechnungswesens auf die Daten der vorgelagerten Anwendungen möglich ist. Der Lösungsansatz von Scheer besteht hier im anwendungsunabhängigen Entwurf der Datenstrukturen, das die Schnittstelle zwischen dem betriebswirtschaftlichen Anwendungswissen und der Umsetzung in den Formalismus der Informationstechnologie bildet [3]. Zum Entwurf des konzeptionellen Schemas wird das Entity-Relationship-Modell von Chen eingesetzt. Erst im dritten Schritt wird die Schemata-Beschreibung mit Hilfe der Data Description Language eines konkreten Datenbanksystems so aufbereitet, daß sie Grundlage der Datenbankimplementierung sein kann [4].

Das innerbetriebliche Rechnungswesen der Unternehmen hat sich durch die Entwicklung datenbankorientierter Kosteninformationssysteme von einem vergangenheits- und abrechnungsorientierten Dokumentationssystem zu einem zukunftsorientierten Entscheidungsunterstützungssystem gewandelt.

1.2 Integrierte EDV-gestützte Informationssysteme

Neuere Entwicklungen in diesem Bereich, die insbesondere durch das Aufkommen neuer Informationstechniken, wie z.B. dem Einsatz von wissensbasierten Systemen geprägt sind, zeigen verstärkt den methodischen Ansatz zur Weiterentwicklung der betriebswirtschaftlichen Instrumentarien. Dadurch ergeben sich qualitative Veränderungen an die Informationssysteme des innerbetrieblichen Rechnungswesens und den darauf aufbauenden Auswertungsverfahren. Von einem idealen Informationssystem kann man nach Scheer dann sprechen, wenn alle hierarchischen Stufen (vom operativen bis zum strategischen Management), alle Aktivitäten (Planung, Steuerung, Realisierung, Kontrolle) und alle Funktionen (Vertrieb, Finanzwesen, Kostenrechnung, Produktion, usw.) des Unternehmens Bestandteil eines computergestützten Informationssystems sind und dieses System gleichzeitig sicherstellt, daß der Informationsbedarf aller Beteiligten gedeckt und die zu lösenden Aufgaben optimal realisiert werden [5]. Ein entsprechend übergreifendes Informationssystem versuchte man schon in den 70er Jahren zu entwickeln.

Der Versuch der Integration aller Daten und Aufgaben war jedoch, aufgrund der Komplexität und Vielfalt der Daten, Verfahren und zu unterstützenden Fragestellungen, mit den unzulänglichen EDV-Möglichkeiten dieser Zeit nicht realisierbar.

1.3 Wissensbasierte Problemlösungsmethoden in betriebswirtschaftlichen Anwendungsgebieten

Im Bereich der Expertensysteme haben nach langjährigen Forschungsaktivitäten die verwendeten Werkzeuge und Methoden einen Entwicklungsstand erreicht, der ihren Einsatz in der Praxis ermöglicht. Trotz anspruchsvoller Attribute - wie etwa denen der "Nonprozeduralität", der "Symbol-" oder "Wissensverarbeitung", der "wissensbasierten Problemlösung" oder der Regelbasierung" - bleibt oftmals unklar, worin die grundsätzliche Neuartigkeit von diesen Expertensystemen liegen soll.
In der Literatur finden sich eine Vielzahl von Definitionsansätzen für Expertensysteme. Eine Arbeitsdefinition schlägt Feigenbaum vor, nachder ein Expertensystem ein intelligentes Computerprogramm ist, das Wissen und Inferenzverfahren zur Lösung von Problemen verwendet, die so schwierig sind, daß sie ein beträchtliches menschliches Fachwissen zur Lösung verlangen. Das Wissen, daß zum Erreichen dieses Leistungsniveaus nötig ist, kann zusammen mit den verwendeten Inferenzverfahren als Modell für das Expertenwissen der versiertesten Praktiker des jeweiligen Fachgebietes angesehen werden werden. Das Wissen eines Experten besteht aus Fakten und Heuristiken. Die Fakten stellen eine Gesamtmenge von Informationen dar, die weitverbreitet, öffentlich verfügbar und von den Experten eines Gebietes allgemein akzeptiert sind. Die Heuristiken sind größtenteils private, wenig diskutierte Regeln guten Urteilsvermögens (Regeln plausibler Schlußfolgerungen, Regeln exakten Schätzens), die die Entscheidungsfindung auf Expertenniveau charakterisieren. Das Leistungsniveau eines Expertensystems ist primär eine Funktion des Umfangs und Qualität der Wissensbasis.

Die zunehmende Tendenz im Zuge marketingpolitischer Überlegungen, konventionelle entscheidungsunterstützende Softwareapplikationen als "wissensbasierte Informationssysteme" zu etikettieren, hat dazu geführt, wissensbasierte Systementwicklungen grundsätzlich kritischer zu reflektieren. Mertens konstatierte bereits 1987, daß der Euphorie-Höhepunkt gemäß einem Ausbreitungsmuster neuer Ideen und Verfahren schon überschritten sein könnte [6].

Während zu Beginn der Entwicklung allgemein von Expertensystemen gesprochen wurde, hat man mittlerweile erkannt, daß es nicht nur Expertenwissen sein muß, das von diesen Systemen angewendet wird. Aus diesem Grund findet sich eine zunehmende Tendenz, den Begriff "wissensbasiertes System" anstelle von "Expertensystem" zu verwenden.

Die breite Anwendbarkeit dieser Problemlösungstechnik erschließt ein ganzes Spektrum von Aufgabenfeldern für den Einsatz intelligenter Datenverarbeitung. Während wissensbasierte Systeme überwiegend für die isolierte Behandlung vorrangig technischer Fragestellungen im Rahmen der computerintegrierten Fertigung (CIM) entwickelt wurden, findet die Übertragung dieser Technologie als Problemlösungswerkzeug für primär betriebswirtschaftliche Aufgaben bisher wenig Resonanz in der Praxis, obwohl gerade in betriebswirtschaftlichen Bereichen einfache heuristische Ansätze der Problemstellung eher angemessen sind als komplexe mathematisch exakte, aber hinsichtlich Modellaufstellung und Rechenzeit zu aufwendige Optimierungsverfahren [7].

Diverse Bestandsaufnahmen bestätigen, daß trotz der Vorzüge dieser Systeme noch eine spürbare Zurückhaltung in der betriebswirtschaftlichen Anwendungspraxis besteht [8]. Insbesondere in anwendungsnahen Forschungsprojekten im Bereich der Wirtschaftsinformatik wird durch die Entwicklung von prototypischen Systemen versucht, geeignete neue Anwendungsfelder zu identifizieren. So wurden bereits Expertensystem-Prototypen, um nur einige beispielhaft zu nennen, zur:

- GuV-, Bilanz- und Finanzanalye [9],
- Wirtschaftsprüfung [10],
- konstruktionsbegleitenden Kalkulation [11],
- für das DV-Controlling [12] und
- im Marketing [13]

entwickelt.

1.4 Schlechtstrukturierte Controlling-Entscheidungsprobleme

Durch die neuen Informationstechniken eröffnen sich heute auch für das Controlling neue Chancen. Erfolgreiches Controlling ist nur möglich mit integrierten DV-gestützten Informationssystemen, die alle für die Controllingaufgaben erforderlichen Daten aktuell und ohne großen Aufwand bereithalten. Neben den bekannten Elementen eines Informationssystems, wie Daten-, Modell- und Methodenbank, findet sich zunehmend die Tendenz, die Funktionsebenen von EDV-gestützten Informationssystemen entlang der horizontalen und vertikalen Informationskette durch neue Verfahren der EDV-technischen Entscheidungsunterstützung, wie z.B. wissensbasierte Simulations- und Animationstechniken [14] und wissensbasierte Controlling-Techniken [15], zu erweitern. Dieser Zusammenhang ist in Abbildung 1 dargestellt.

Insbesondere im Controlling lassen sich mit dem begrifflichen Instrumentarium der formalen Entscheidungstheorie nicht alle Entscheidungsprobleme vollständig beschreiben. So kann nicht immer von wohlstrukturierten Problemkomplexen ausgegangen werden, die mit Hilfe von analytisch-logischen Lösungsverfahren erfaßbar und aufgrund ihrer formalen Entscheidungsstruktur automatisierbar sind.

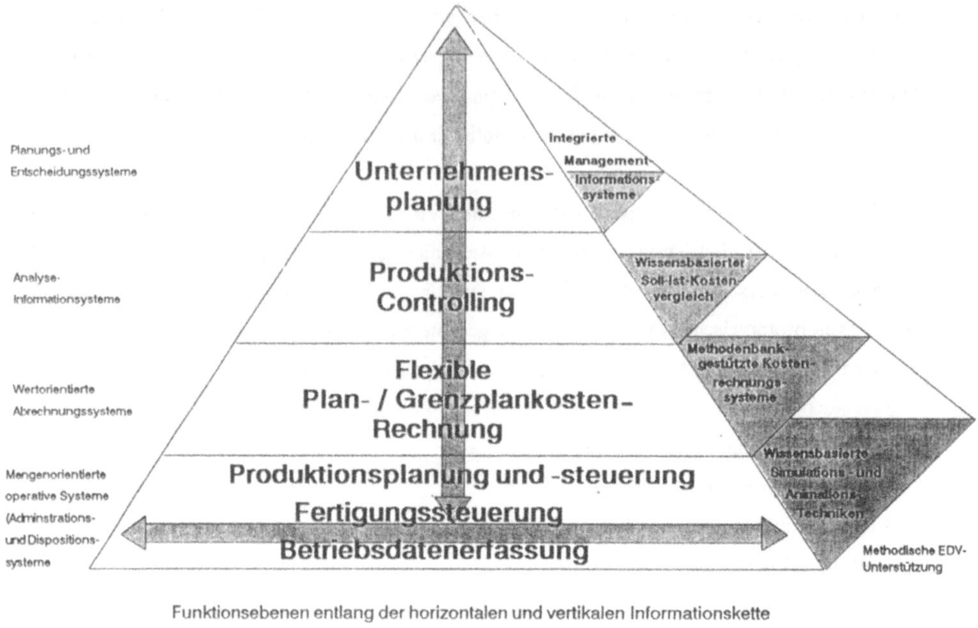

Abb. 1: Integrierte EDV-gestützte Informationssysteme

Nach Heinen läßt sich dann ein schlechtstrukturiertes Entscheidungsproblem identifizieren, wenn mindestens eines der Merkmale wohlstrukturierter Probleme, die im folgenden kurz expliziert werden sollen, fehlt [16]:

- eine bestimmte Anzahl von Lösungsmöglichkeiten,
- Informationen über deren Auswirkungen (Konsequenzen),
- klar formulierte Ziele (Prämissen),
- Regeln (Lösungsalgorithmen) mit deren Hilfe eine eindeutige Präferenzzuordnung der Alternativen gebildet werden kann.

Ähnliche Überlegungen werden auch von Simon angestellt, dessen Unterscheidung sich an den drei Phasen des Entscheidungsprozesses orientiert [17]:

- Suchaktivität
  diese umfaßt die Suche nach Informationen, die zur Lösung des Problems beitragen.

- Designaktivität
  diese bezeichnet die Bildung alternativer Lösungsvorschläge unter Berücksichtigung der gefundenenen Information.
- Wahlaktivität
  hierunter wird die Bewertung der zuvor entwickelten Alternativen sowie die Auswahl einer Lösung gemäß den Präferenzen des problemlösenden Individuums verstanden.

Dementsprechend sollen wohlstrukturierte Probleme mit Hilfe konventioneller Datenverarbeitung bearbeitet werden, wohingegen schlechtstrukturierte Probleme von wissensbasierten Systemen gelöst werden. Die Mehrzahl von Controlling-Entscheidungsproblemen werden letzterer Kategorie zugeordnet [18]. Demzufolge werden für diesen Bereich gute Etablierungschancen für wissensbasierte Systeme prognostiziert [19].

Eine solche Anwendung, die im folgenden näher vorgestellt wird, ist ein wissensbasiertes System, das den Controller basierend auf einer flexiblen Grenzplankostenrechnung bei der Kostenstellenkontrolle im Rahmen eines Soll-Ist-Kostenvergleichs unterstützen soll.

2 Konzeption eines wissensbasierten Soll-Ist-Kostenvergleichs

2.1 Der Soll-Ist-Kostenvergleich zur Kostenabweichungsursachenanalyse

Der Anspruch des Controlling als Führungskonzept einer Unternehmung resultiert aus der gleichzeitigen Erfüllung der Funktionen [20]:

- Planung,
- Information,
- Analyse/Kontrolle und
- Steuerung.

Die Analyse- und Kontrollaufgaben des operativen Controlling werden insbesondere durch den Soll-Ist-Kostenvergleich wahrgenommen, dessen Zielsetzung die Kostenabweichungsermittlung, die Analyse der Abweichungen sowie die Überwachung der Kostenentwicklung im Rahmen der betrieblichen Kostenkontrolle ist. Die Grundlage des Soll-Ist-Kostenvergleichs ist eine nach Kostenstellen und Kostenarten differenzierte Istkostenerfassung. Für die Berechnung der Sollkosten ist eine nach Kostenstellen differenzierte Erfassung der Istbezugsgrößen erforderlich. Auf der Basis von Soll- und Istwerten erfolgt eine nach Kostenstellen und Kostenarten differenzierte Errechnung der Kostenstellenabweichungen, die Gegenstand von Abweichungsanalysen, Kostendurchsprachen und -berichten sind. Die Abweichungsanalyse ist somit ein grundlegender Bestandteil jeder Kostenkontrollrechnung. Ihr Hauptziel besteht darin, die für die Entstehung von Kostenabweichungen und für den künftigen Abbau von Kostenabweichungen maßgebenden Ursachen und verantwortlichen Mitarbeiter zu identifizieren, die allein die notwendigen Informationen für die künftige Steuerung unternehmerischer Prozesse liefern. Aus diesem Grunde werden mit Hilfe bestimmter Analysemethoden die Gesamtabweichungen in einzelne Teilabweichungen so lange aufgespalten, bis sich maßgebende Ursachen und verantwortliche Mitarbeiter eindeutig erkennen lassen. In der wissenschaftlichen Diskussion hat sich dabei das von Kloock entwickelte Verfahren der differenziert kumulativen Abweichungsanalyse insbesondere unter methodischen, quantitativen Aspekten als vorteilhaft erwiesen [21].

2.2 Probleme des DV-gestützten Soll-Ist-Kostenvergleichs

Die Abweichungsermittlung, -zuordnung und -verrechnung wird in herkömmlichen Kostenrechnungs-Standardsoftwaresystemen hinreichend unterstützt. Die Abweichungsanalyse in diesen Systemen umfaßt den Ausweis der Gesamtabweichung in Preis-, Verbrauchs- und Beschäftigungsabweichung. Unter Berücksichtiung einer flexiblen Grenzplankostenrechnung stellen die Beschäftigungs- und Preisabweichung - sofern eine Bewertung der Istverbrauchsmengen mit Planverrechnungspreisen erfolgt - im Rahmen einer weiteren Abweichungsuntersuchung keine controllingrelevanten Größen mehr da. Für den Controller beginnt an dieser Stelle die Ursachenanalyse der Verbrauchsabweichung, die oftmals auf einer Vielzahl von Informationsquellen beruht. Nur in zeitraubenden Gesprächen mit den verantwortlichen Kostenstellenleitern ist es möglich, Abweichungsursachen zu erkennen. Selbst innerhalb der Unternehmungen fehlen formalisierte Handlungsanweisungen für die Durchführung der Analyse. Die zur Problemlösung benötigten flexiblen Strategien können nur in langjähriger praktischer Erfahrung aufgebaut werden. Die Vielzahl der möglichen Zusammenhänge entzieht sich einer systematischen Beschreibung und wird von den Controlling-Experten selbst nur mit Hilfe privater Heuristiken bewältigt.

Eine direkte Auswertung der entscheidungsrelevanten Informationen ist für eine zeitnahe Gegensteuerung essentiell. In der Praxis hingegen ist eine verspätete Analyse auf der Basis von Listen eines Soll-Ist-Vergleichs die Regel. Dies führt zu einer starken Einschränkung der ursprünglichen Möglichkeiten des Controlling.

So hat z.B. Glaser in einer Untersuchung von Standardsoftwaresystemen festgestellt, daß diese Systeme lediglich den Ausweis einer globalen Verbrauchsabweichung vornehmen, für die der Kostenstellenleiter verantwortlich ist. Relativ häufig dürfte allerdings die Situation vorliegen, daß ein Kostenstellenleiter weder auf der Basis des Sollwertes der Bezugsgröße, noch die auf der Grundlage des tatsächlichen Istwertes der Bezugsgröße ermittelte Verbrauchsabweichung vollständig zu vertreten hat [22]. Im Hinblick auf die Ursachenanalyse der Kostenabweichungen ist festzustellen, daß die Verbrauchsabweichung noch eine zu globale Größe für die betriebswirtschaftliche Unwirtschaftlichkeit darstellt [23].

Ein weiteres Problem beim Controlling der Kostenstellenkosten sind kompensatorische Effekte und aus den "Zahlenfriedhöfen" nicht ersichtliche Ursache-Wirkungsinterdependenzen. So wird die Abweichungsanalyse des Controllers dadurch wesentlich erschwert, daß Abweichungen unbemerkt bleiben, weil sie sich gegenseitig aufheben und somit die Kostenstruktur in der nächsthöheren Verdichtungsstufe nicht verändern. So kann z.B. die geringfügige Änderung der Produktgestalt, die bereits in veränderten Arbeitsplänen und Stücklisten in PPS-Systemen spezifiziert wurden, zu einer veränderten Kostenstruktur in einer Fertigungskostenstelle führen, ohne daß bereits eine Anpassung des Kostenstellenplans erfolgt ist.

Eine Änderung des geplanten Produktionsvollzugs ist somit einhergehend mit einer Veränderung der geplanten Kosten. Das heißt, die angefallenen Istkosten sind das Ergebnis wirksam gewordener Kostenbestimmungsfaktoren, wie z.B. der Fertigungsintensitäten und -zeiten, Seriengrößen, Bedienungsrelationen und technische Verfahren (Alternativ-Arbeitspläne). Im Hinblick auf die Überwachung der Wirtschaftlichkeit des Produktionsbereiches ist die Verbrauchsabweichung demzufolge **Anknüpfungspunkt** für die Kostenkontrolltätigkeit des Produktions-Controlling. In gesonderten Kostendurchsprachen wird die globale Verbrauchsabweichung kostenbestimmungsfaktororientiert in Spezialabweichungen vom Controller in Zusammenarbeit mit den Kostenstellenverantwortlichen aufgeteilt. In Abbildung 2 ist der derzeitige DV-Einsatz zur Ermittlung von Spezialabweichungen dargestellt.

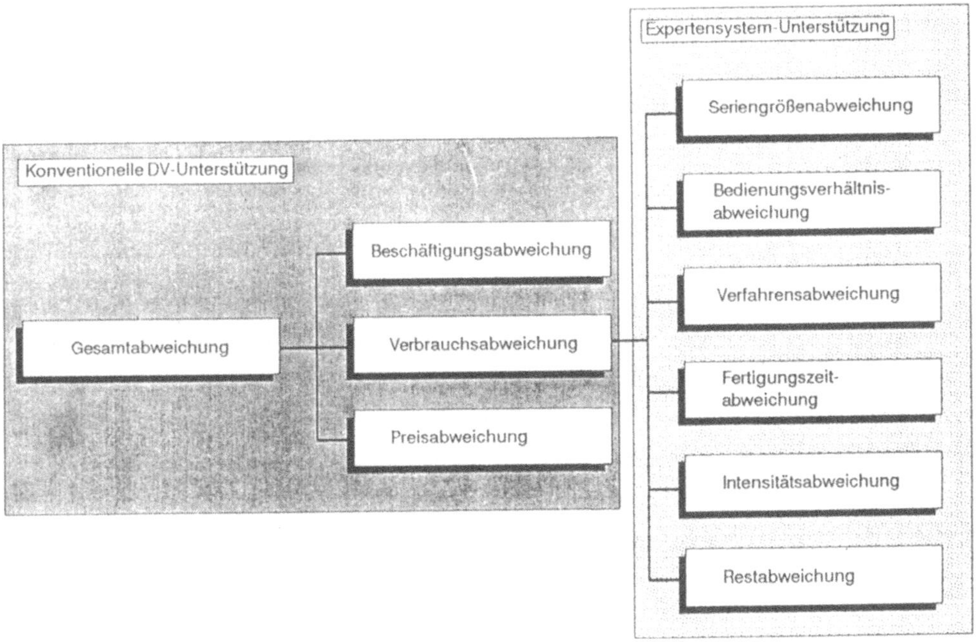

Abb. 2: DV-Einsatz zur Ermittlung von Spezialabweichungen

Unter Berücksichtigung weiterer Bezugsgrößen im Rahmen von mehrfach-flexiblen Plankostenrechnungssystemen - die allerdings in der Praxis noch nicht realisiert sind - existieren bereits Verfahren, diese Spezialabweichungen quantitativ zu bestimmen. Jedoch ergibt sich daraus die Notwendigkeit einer weiteren Erfassung und Verarbeitung einer Vielzahl von Daten. So wird in der Controlling-Praxis auf eine quantitative Bestimmung von Spezialabweichungen, deren Ermittlung die Kenntnis der komplexen funktionalen Interdependenzen von Kostenbestimmungsfaktoren voraussetzt, weitgehend verzichtet. Ein Lösungsansatz ist es deshalb, einhergehend mit der Datenintegration von EDV-Systemen und der Reintegration von Arbeitsinhalten, den Controller bei der Abweichungsanalyse durch eine entsprechende Aufbereitung der schlechtstrukturiert vorhandenen operativen Datenbestände methodisch zu unterstützen. Hier bietet sich der Expertensystem-Ansatz zur Bewältigung der komplexen Interdependenzen an.

Aufgabe eines wissensbasierten Systems zur Kostenabweichungsanalyse ist es deshalb, den Controller durch intelligente Such- bzw. Prüfungsstrategien in den wertorientierten Abrechnungssystemen der Kostenrechnung und den CIM-Informationssystemen, insbesondere der Betriebsdatenerfassung, zu unterstützen. Die Umsetzung dieser Überlegungen erfolgt durch die Konzeption und Realisierung eines am Institut für Wirtschaftsinformatik entwickelten Prototypen CEUS (Controlling-Expertenunterstützungssystems) [24].

2.3 Anforderungen und Aufbau eines wissensbasierten Systems zum intelligenten Soll-Ist-Kostenvergleich

Der erste Schritt im Rahmen einer Systementwicklung ist eine Machbarkeitsstudie zur Evaluierung des Expertensystem-Ansatzes für die ausgewählte Problemstellung. Hierfür hat sich der Einsatz von Anforderungskriterien bewährt.

2.3.1 Anforderungskriterien

Vorschläge für Kriterien zur Identifizierung eines geeigneten Problems finden sich mittlerweile mehrfach in der Literatur [25]. Bei der Untersuchung fällt jedoch auf, daß oft konkrete Handlungsanweisungen mit generellen Problemeigenschaften vermischt werden. Anhand entwickelter domänenunabhängiger Einsatzkriterien konnte nachgewiesen werden, daß der Soll-Ist-Kostenvergleich ein geeignetes Anwendungsgebiet für eine Expertensystementwicklung darstellt [26]. Im Rahmen dieses Ansatzes ist es sinnvoll, zwei Kategorien von Kriterien zu unterscheiden:

1. Problemorientierte Kriterien berücksichtigen die Eigenschaften der zu lösenden Aufgabe.
2. Situationsorientierte Kriterien erlauben eine Überprüfung, ob die konkrete Entwicklungsumgebung für das Vorhaben geeignet ist.

Nachdem nachgewiesen wurde, daß die Problemstellung der Abweichungsanalyse im Rahmen des Soll-Ist-Kostenvergleichs ein geeignetes Anwendungsgebiet für eine wissensbasierte Systementwicklung ist, kann der Funktionsumfang bestimmt werden.

2.3.2 Anforderungsprofil

Basierend auf den funktionalen Anforderungen des Soll-Ist-Kostenvergleichs läßt sich folgendes Anforderungsprofil für eine wissensbasierte Systementwicklung definieren:

- Generierung von intelligenten Such- und Prüfungsstrategien, die den Controller bei der Beschaffung individueller Abweichungsinformationen unterstützen.
- Aufzeigen außerplanmäßiger oder überdurchschnittlicher Abweichungen (Ausreißer) im Soll-Ist-Vergleich der Kostenstellen.
- Höhere Transparenz bei den Abweichungsinterdependenzen durch die Möglichkeit des Zugriffs auf Basisdaten der vorgelagerten Informationssysteme.
- Vorschläge für Strukturänderungen in der Datenaggregation zur besseren Abweichungsanalyse.
- Unterstützung bei der Festlegung des Umfangs der Abweichungsanalyse zur Senkung der Auswertungskosten.
- Einbindung des wissensbasierten Systems als intelligente Analysefunktion eines Kosteninformationssystems.

Der Aufbau des Prototypen erfolgt in Anlehnung an das in Abbildung 3 vorgestellte Stufenkonzept zur Entwicklung und Implementierung von Expertensystemen im Controlling.

Bei der Entwicklung von wissensbasierten Systemen stehen unterschiedliche Hilfsmittel zur Verfügung. Mit einem Entwicklungstool wie der Shell TWAICE können sowohl auf mittleren Systemen als auch auf aufgerüsteten PC's Systementwicklungen vorgenommen werden [27]. Nach Abschluß der konzeptionellen Phase einer Expertensystementwicklung werden konkrete Teilaufgaben in einem reduzierten, d.h. modellhaft abgebildetem Kostenrechnungssystem definiert. Für die konkrete Problemstellung ist es deshalb erforderlich, das für den Soll-Ist-Kostenvergleich erforderliche Expertenwissen darzuzustellen und abzugrenzen. Dieser Zusammenhang ist in Abbildung 4 dargestellt.

Nachdem die Berechnung der Soll-Ist-Abweichungen erfolgt ist, erkennt der Controller anhand heuristischer Abweichungsmuster signifikante Kausalstrukturen, die eine Detailanalyse auslösen. Dieses "tracking back" reicht bis zum letzten, das heißt untersten Verursacher ("producer") im Informationssystem. Die Abweichungsursachenerklärung besteht im wesentlichen aus der verursachungsbezogenen Disaggregation der im Zuge der Verdichtung oder bereits bei der primären Erfassung gebildeten Kategorien [28]. Ein Ziel des Prototypen ist es deshalb, den Controller beim Auswahlprozeß einer zu untersuchenden Kostenstelle zu unterstützen. Die Schwierigkeit bei der Ermittlung von Abweichungsursachen ist dabei weniger ein Problem des Vorhandenseins von hierzu erforderlichen Daten und Informationen, sondern liegt darin begründet, daß konventionelle Kostenrechnungssysteme eine EDV-technische Komposition und Aggregation für die spezifischen Auswertungszwecke nur unzulänglich bewältigen.

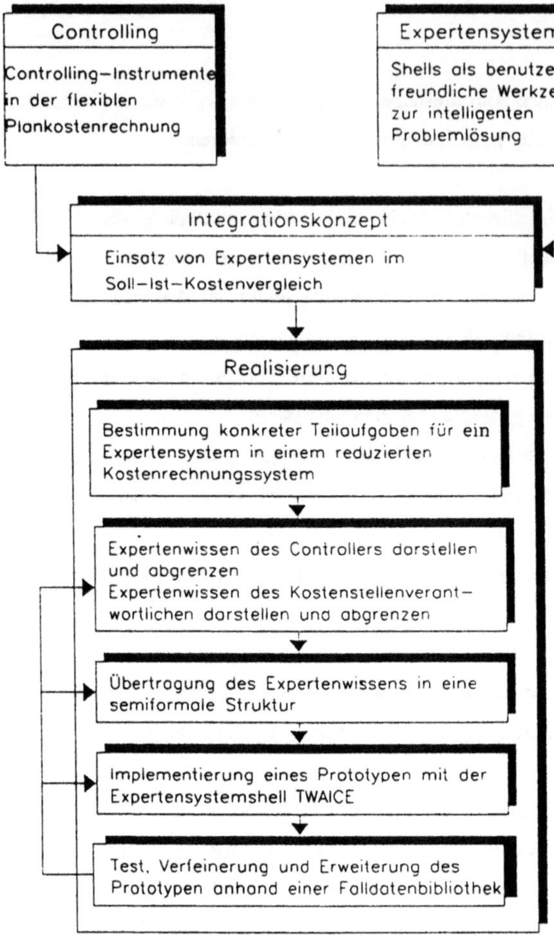

Abb. 3: Stufenkonzept zur Entwicklung von Expertensystemen im Controlling

Der amerikanische Unternehmensforscher Ackoff pointiert diesen Sachverhalt in der Begriffsbildung "Misinformations Systems" [29]. Er formuliert dementsprechend den Umkehrschluß ..."the design and operation of management information systems are usually based on the assumption that the most critical need of managers is for more relevant information". Er konstatiert "This is not true" und fordert "They have a greater need for less irrelevant information, and this is not a mere play on words. ... What most managers need is a filter to eliminate irrelevant data."

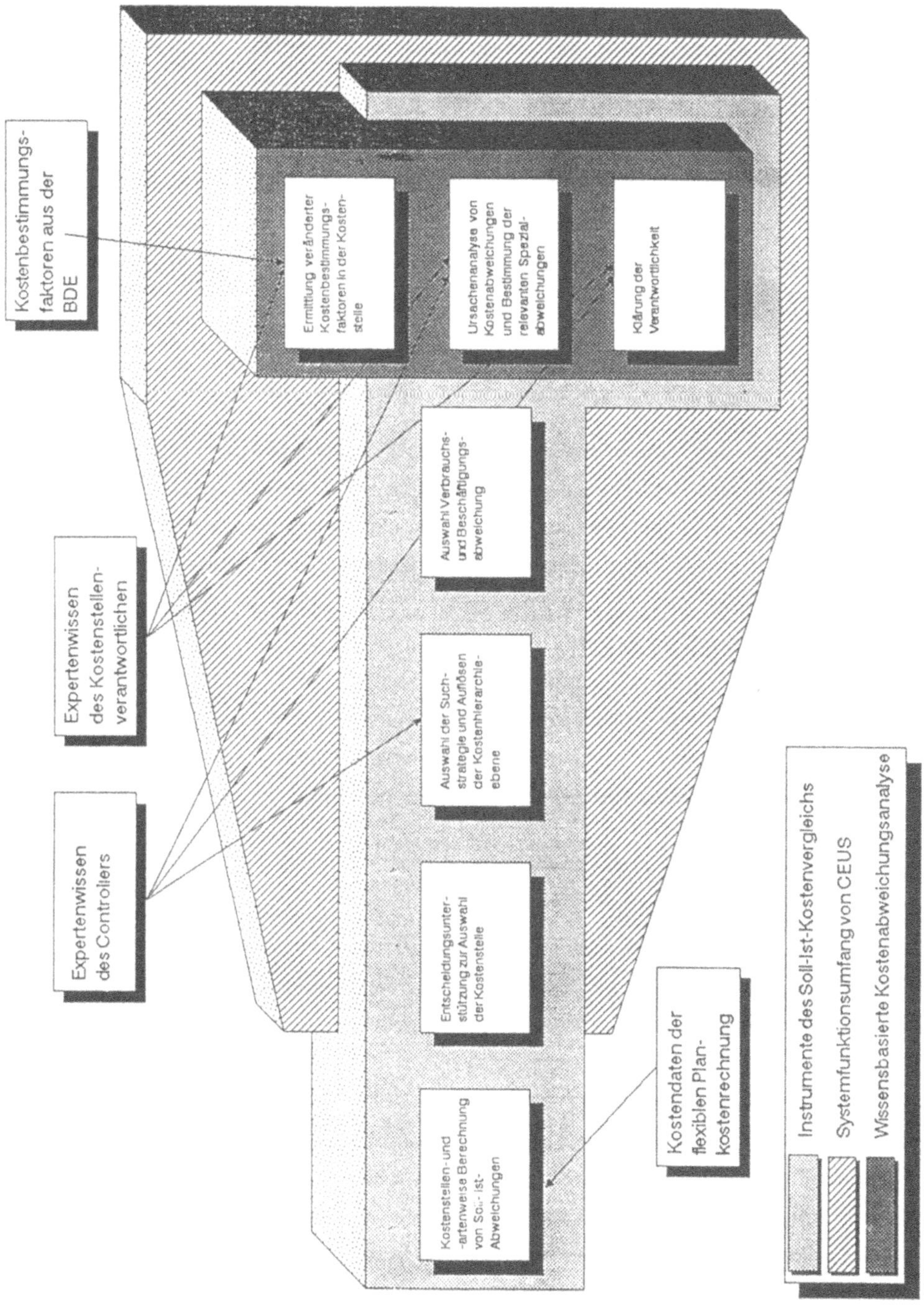

Abb. 4: Expertenwissenabgrenzung von Controllern und Kostenstellenverantwortlichen

Bei der Abweichungserklärung unterstützt CEUS verschiedene Suchstrategien zur:

1. Ursachenanalyse durch Auflösung

Gegenstand dieser Suchstrategie ist es, den Bezugspunkt der Abweichung in die Bestandteile auflösen, zum Beispiel das Unternehmen in Betriebe, den Betrieb in Kostenstellenbereiche, den Bereich in Kostenstellengruppen, die Kostenstellengruppe in elementare Kostenstellen. Die Vorgehensweise dieser Ursachenanalyse entpricht dem in Abbildung 5 dargestellten Ablaufschema.

2. Ursachenanalyse durch Wechsel der Perspektive

Um signifikante Analogien von Ursache- und Wirkungszusammenhängen zu untersuchen, unterstützt das System den Wechsel der Perspektive, zum Beipiel von der Kostenstellen- auf die Kostenartenbetrachtung, um dann die Auflösung zu betreiben. Dies ist insbesondere dann vorteilhaft, wenn z.B. Abweichungen gleicher Ursachenausprägung in anderen Kostenstellen oder Kostenarten auftreten.

3. Ursachenanalyse durch Gruppierung

Das Expertenunterstützungssystem unterstützt den Controller bei der Abweichungsanalyse durch Blockbildung und -spaltung. So wird die Ursachenanalyse zum Beispiel durch die Bildung von Kostenstellenbereichen, -gruppen und Kostenartenhauptgruppen unterstützt.

4. Ursachenanalyse durch Überprüfung der Ausgangsdaten

Abweichungsinformationen lassen sich entschärfen durch Hinweise auf Prämissen zum Beispiel in der Kostenplanung oder auf Fehler bei der Ermittlung der Ist-Kosten. Das Ergebnis einer Konsultation kann somit auch ein Neuaufwurf bzw. eine Überprüfung der bisherigen Kostenplanung sein.

Das Expertenwissen des Kostenstellenverantwortlichen bezieht sich im wesentlichen auf die Kenntnis der wirksam gewordenen veränderten Kostenbestimmungsfaktoren. Während die Ursachenanalyse von Kostenabweichungen, Bestimmung der relevanten Spezialabweichungen und Klärung der Verantwortlichkeit Gegenstand herkömmlicher Kostendurchsprachen war, unterstützt das System diese Aufgaben durch den Zugriff auf die aggregierten Daten der Betriebsdatenerfassung, wo bereits die Mehrzahl der für den Soll-Ist-Kostenvergleich erforderlichen Istdaten und Informationsbeziehungen vorliegen.

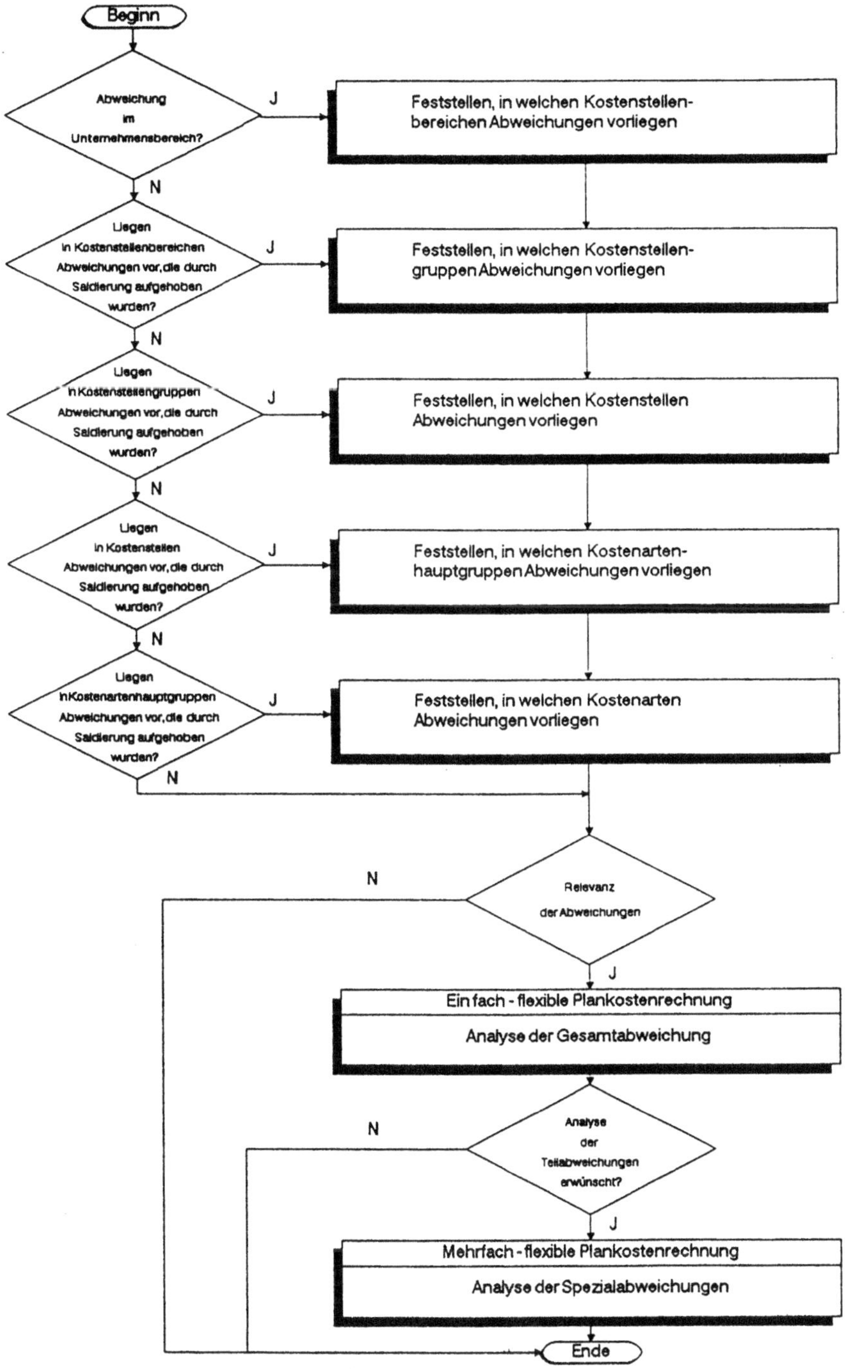

Abb. 5: Expertensystem-gestützte Auflösungsstrategie zur Abweichungsanalyse

Ein Auszug der Daten- und Informationsbeziehungen des wissensbasierten Soll-Ist-Kostenvergleichs zwischen BDE, Kostenrechnung und Controlling ist in Abbildung 6 idealtypisch dargestellt. So lassen sich unter Berücksichtigung von Identifikationsdaten (Betriebsmittel-, Arbeitsplan-, Kostenstellennummer, usw.) - die als Stammdaten in den PPS-Systemen spezifiziert sind - aus einer Veränderung der monatlich aggregierten Kostenbestimmungsfaktoren, wie zum Beispiel Maschinenlaufzeiten, Stillstandzeiten oder Rüstzeiten eine oder mehrere Spezialabweichungen identifizieren, ohne diese explizit zu berechnen.

Die derzeitige funktionale Gestaltung von BDE-Systemen ist überwiegend an der Erfassung von Personaldaten und technischen Kenngrößen, wie z.B. Maschinenstörungen oder Qualtitätsparameter orientiert. Daraus sind für den Controller aber keine gesicherten Erkenntnisse über Kostenabweichungen ableitbar.
Die Datenaufbereitung, Selektion und Auswertung der Betriebsdaten ist somit ein wesentlicher Bestandteil des wissensbasierten Soll-Ist-Kostenvergleichs, wie sie sonst von menschlichen Entscheidungsträgern geleistet werden müßte [30].

Der durchgehende Informationsfluß von den operativen Systemen der Betriebsdatenerfassung über die wertorientierten Systeme der Kostenrechnung bis hin zu den Berichts- und Kontrollsystemen des Controlling mit den darauf aufbauenden Analyse-Informationssystemen bedeutet somit eine konsequente Fortführung der Datenintegration, die im Rahmen der CIM-Forschung untersucht wird [31].

2.3.3 Systemarchitektur

Dem System liegt die in Abbildung 7 dargestellte Kostenstellenarchitektur zugrunde, wie sie auch beispielsweise in Kostenrechnungs-Standardsoftwaresystemen abgebildet wird [32]. Die Kostenarten werden durch die Kontenklasse 4 des Gemeinschaftskontenrahmens repräsentiert.

Die Daten- und Informationsbeziehungen eines wissensbasierten Soll-Ist-Kostenvergleichs werden idealtypisch aus den primär betriebswirtschaftlichen Informationssystemen der Produktionsplanung und -steuerung (Plandaten), Betriebsdatenerfassung (Istdaten) und Kostenrechnung (Plan-, Ist- und Solldaten) generiert. Für den Systemaufbau ist es deshalb erforderlich, ein integriertes Controlling-Informationsmodell, das auf verteilten Daten- und Wissensbasen beruht, zu entwickeln.

Die Abbildung eines reduzierten Kostenrechnungssystems mit der in Abbildung 7 dargestellten Kostenstellenarchitektur erfolgt in der Kostenrechnungsdatenbank, wo die wichtigsten Berechnungen des Soll-Ist-Kostenvergleichs durchgeführt werden. Anknüpfungspunkt für die Abweichungsursachenanalyse sind somit real existierende Daten, die auf unterschiedlichen Aggregationsstufen vorliegen.

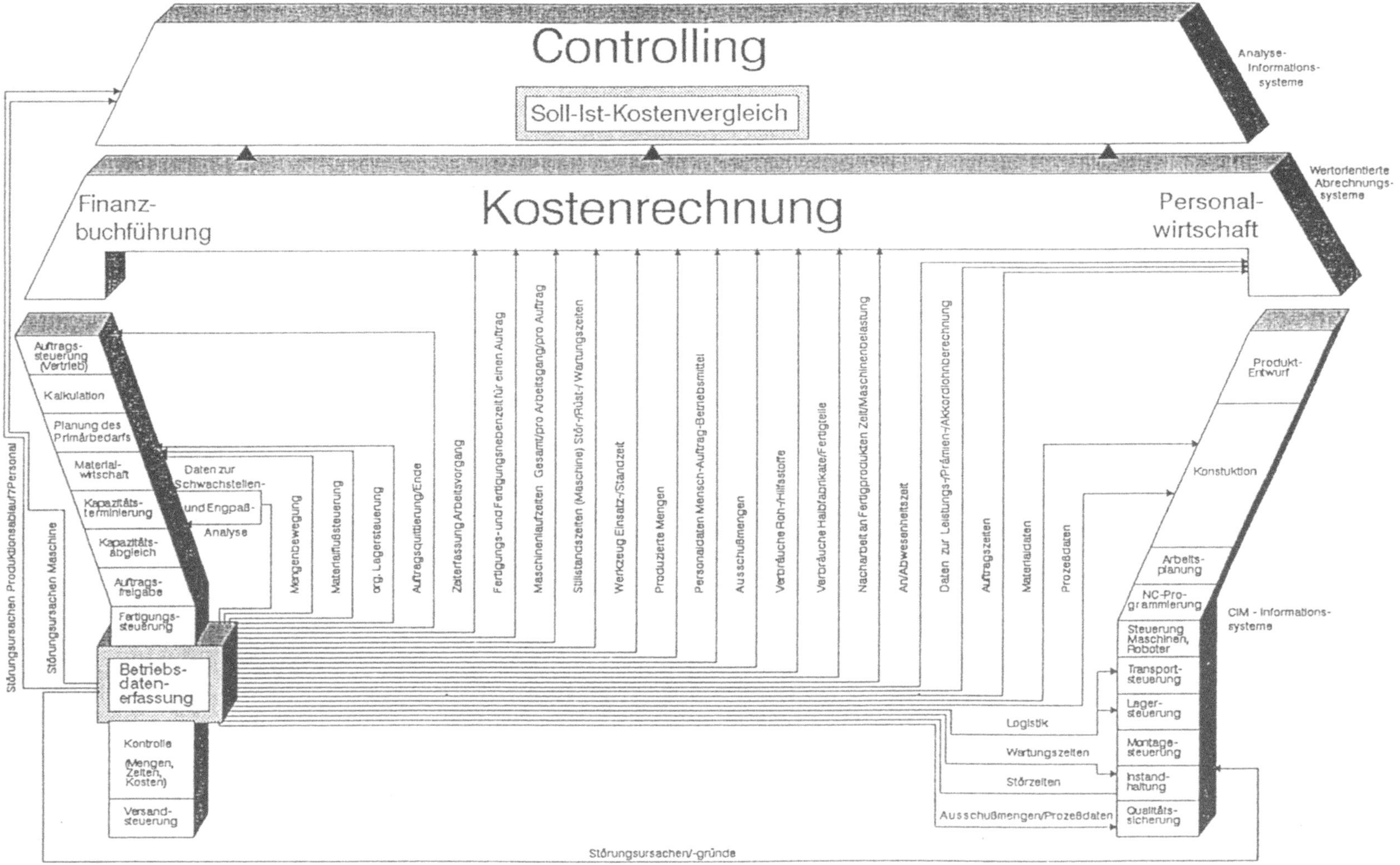

Abb. 6: Daten- und Informationsbeziehungen zwischen BDE - Kostenrechnung und Controlling

Datenbanksysteme und Expertensysteme wurden bisher meist unabhängig voneinander entwickelt. Beim Problem des Soll-Ist-Kostenvergleichs mit der Verarbeitung großer Datenvolumina erscheint jedoch eine Datenbank-Unterstützung für die Verwirklichung des Expertensystem-Ansatzes unabdingbar. Der geforderten Integration von Datenbank- und Expertensystemen wird die Konzeption des Prototypen CEUS durch die Kopplung der Expertensystem-Shell TWAICE mit dem relationalen Datenbanksystem REFLEX gerecht.

Von den üblichen Komponenten eines Expertensystems werden die Inferenz-, Wissenserwerbs-, Dialog- und Erklärungskomponente bereits anwendungsunabhängig durch die Shell TWAICE zur Verfügung gestellt.

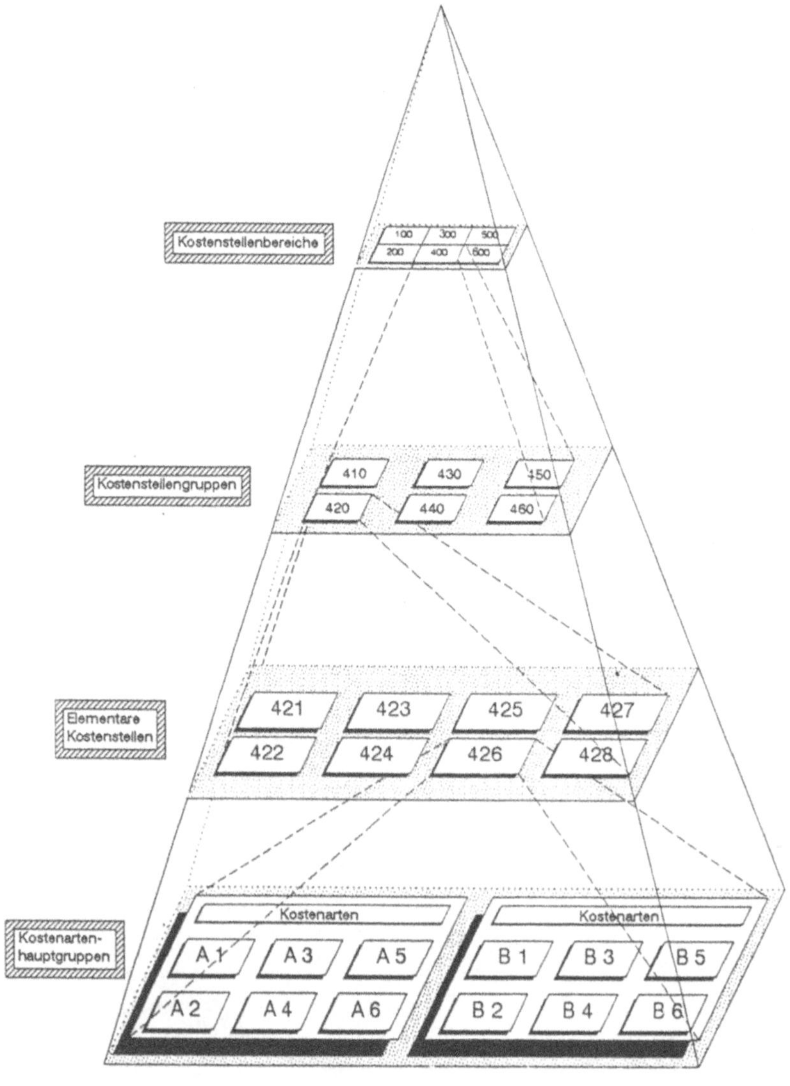

Abb. 7: Kostenstellenarchitektur

Die Funktionsweise dieser Komponenten kann zwar durch den Systementwickler beeinflußt werden, ist aber größtenteils systembedingt vorgegeben. Die besondere Arbeitsweise des Expertensystems ergibt sich aus der jeweiligen Gestaltung der Wissensbasis. Hierarchische Beziehungen des Anwendungsbereichs werden mit Hilfe frame-artiger Strukturen in der Taxonomie beschrieben. Darüber hinaus enthält die Wissensbasis Regeln zur aktiven Verknüpfung von Faktenwissen. Ebenso können weitere Prozeduren (Prolog und externe Programme) sowie genauere Spezifikationen der Benutzeroberfläche in Prozedurmodulen abgelegt werden. Die dynamische Wissensbasis ist als Instanziierung der statischen Wissensbasis zu sehen, die von der Inferenzkomponente auf der Basis des zur Verfügung stehenden Wissens und der aktuellen Benutzereingaben erzeugt wird. Die Architektur des Gesamtsystems ist in Abbildung 8 dargestellt.

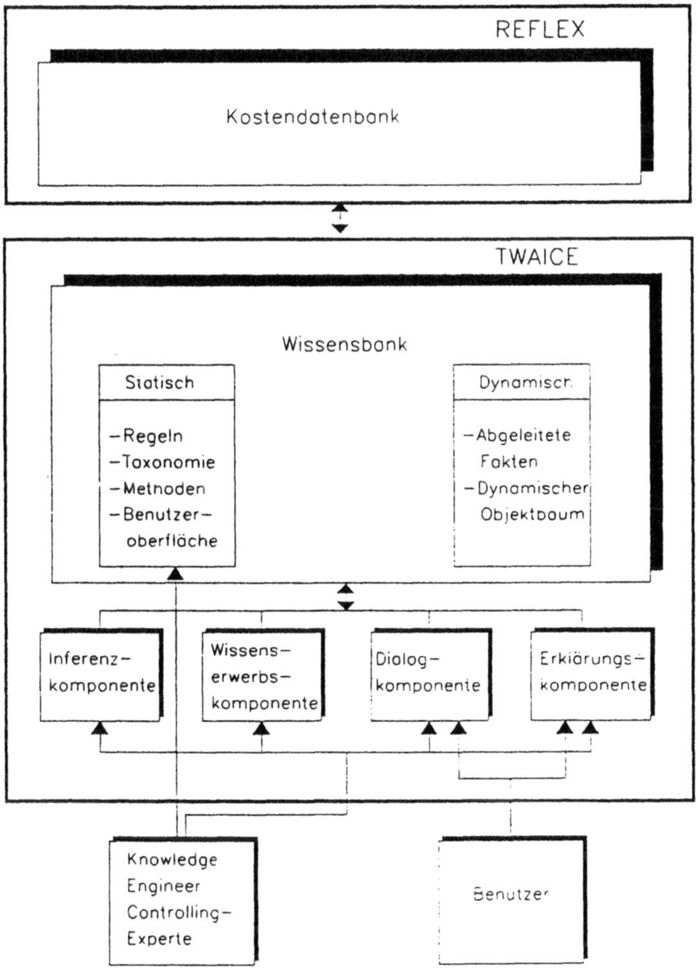

Abb. 8: Systemarchitektur des Controlling-Expertenunterstützungssystems

2.3.4 Wissensbasis

Das Wissensgebiet (Domäne) des Soll-Ist-Kostenvergleichs wird in CEUS in einzelne Einheiten (Objekte) unterteilt. Objekte bezeichnen allgemeine Typen von Betrachtungsgegenständen (z.B. Kostenstruktur, Eigenschaften von Kostenarten). Die Taxonomie ist somit in Form von Domän-, Objekt- und Attributframes struktuiert. Im Verlauf der Konsultation werden jeweils einzelne Individuen von Objekten betrachtet, die als Instanzen bezeichnet werden. Attribute bezeichnen Merkmale von Objekten und Werte ihre Ausprägungen. Die Darstellung des zur Problemlösung notwendigen Erfahrungswissens erfolgt in CEUS in Form von Produktionsregeln, wo logische Abhängigkeiten zwischen den Attributen einer Domäne formuliert werden. Andere in CEUS bekannte Wissensquellen sind Fakten, Defaults, Tabellen, Formeln, Prozeduren und die Taxonomie.
Durch den Anschluß externer Prozeduren und Datenbanken wird die Auswahl einer abgewichenen elementaren Kostenstelle durch ein Selektionskommando in der Kostendatenbank ermöglicht. Zusammen mit der Kostenstellennummer und den kumulierten Werten der Vormonate bilden diese Daten die Werte der entsprechenden Attribute des Objektes Kostenstruktur. Unter Berücksichtigung der Kostenstellennummer erfolgt eine Zuordnung der elementaren Kostenstelle zu der Kostenstellengruppe und dem Kostenstellenbereich. Dabei verfolgt das System die Auswirkung der Abweichung der identifizierten elementaren Kostenstellen auf die Kostenstellengruppe und den Kostenstellenbereich. Mit der Empfehlung des Systems diese elementare Kostenstelle weiter zu untersuchen, wird ein entsprechender Expertisetext generiert. Diese Vorgehensweise einer Bottom-up-Analyse stellt sicher, daß keine Abweichungen auf der untersten disaggregierten Ebene durch eine Kumulierung verlorengeht. In jeder Analysephase hat der Benutzer die Möglichkeit zur Visualisierung sämtlicher Kostendaten auf allen Ebenen. Auf der Basis dieser Entscheidungsunterstützung wählt der Benutzer entweder die vorgeschlagene Kostenstelle oder eine seiner Wahl zur weiteren Analyse aus. In Abbildung 9 ist der Programmablaufplan des Systems mit den Moduln zur Einzelkosten- und Kostenstellenanalyse dargestellt.

Die Kostenarten einer elementaren Kostenstelle werden als Attribute durch Frames repräsentiert. Eigenschaften umfassen dabei die Tatsache einer Kostenabweichung, Besonderheiten der Kostenart, die für Abweichungen relevant sein können, sowie die zu ermittelnde Abweichungsursache.

Im Verlauf der Konsultation nehmen diese Attribute - teils durch interaktive Angaben des Benutzers, teils durch eigene Inferenzen des Systems - Werte an, wodurch schließlich die interessierende Ursache bestimmt wird. Durch ein Konzept zur BDE-unterstützten dynamischen Attribut-Wert-Generierung, das in Abbildung 10 dargestellt ist, greift CEUS über eine C-Schnittstelle auf die Kostenbestimmungsfaktoren zu, nach deren veränderter Ausprägung eine Regel geschlossen und der Wert des Attributes abgeleitet wird. Dadurch wird eine flexible Anpassung der Regelbasis an die monatlich veränderten Werte der Kostenbestimmungsfaktoren ermöglicht.

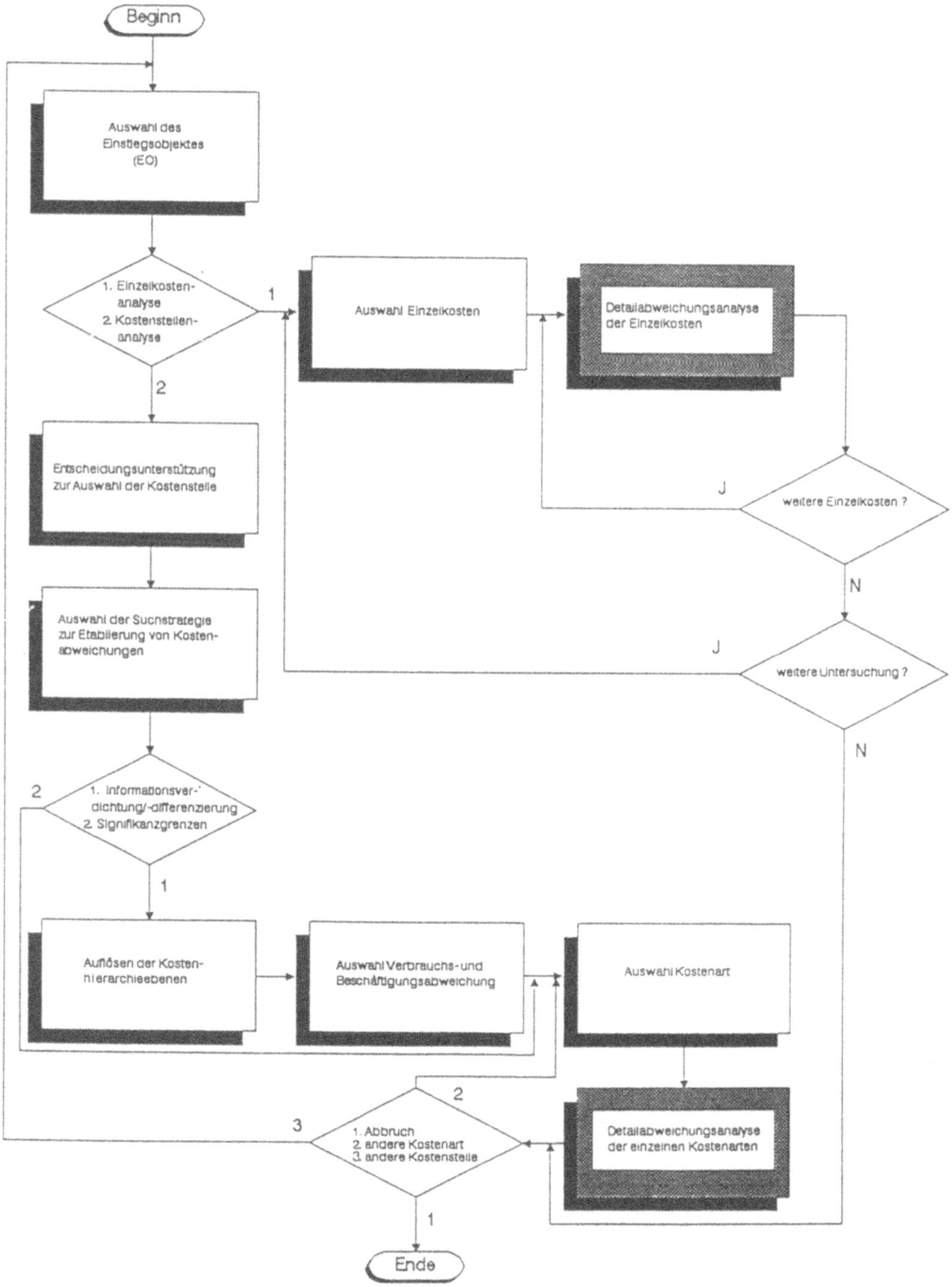

Abb. 9: Ablauf der Konsultation

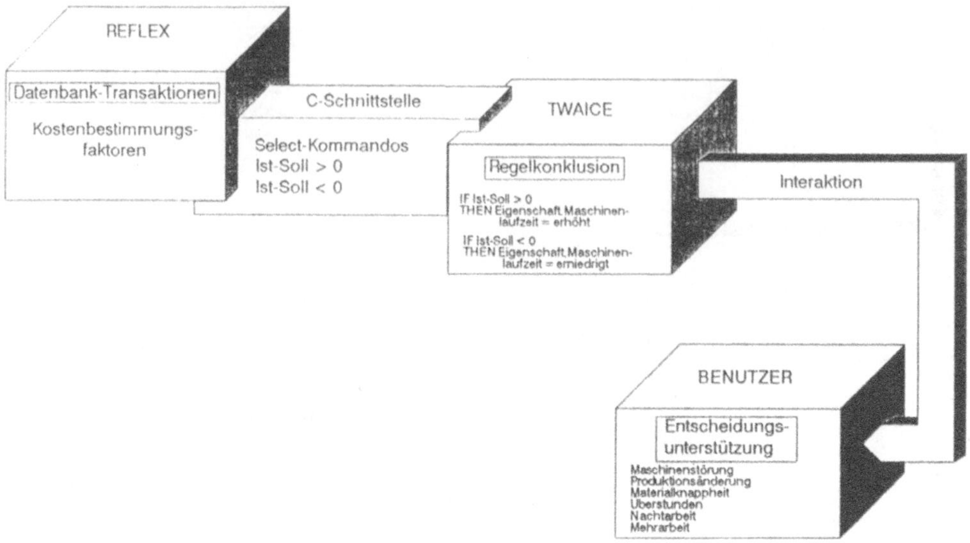

Abb. 10: BDE-unterstützte dynamische Attribut-Wert-Generierung

Das in Abbildung 11 angeführte Beispiel veranschaulicht die Verknüpfung problemrelevanter Attributausprägungen zur Ursachenbestimmung der controllingrelevanten Abweichung in der Kostenart "Hilfslöhne".

2.3.5 Inferenzprozeß

Die in CEUS vorliegende Problemlösungsstrategie läßt sich wie folgt charakterisieren:

- Die Untersuchung eines Objektes erfolgt durch Untersuchung seiner Instanzen.
- Die Untersuchung einer Instanz erfolgt durch Untersuchung seiner Initial- und Zielattribute.
- Die Untersuchung eines Attributes erfolgt durch Untersuchung von generellen Fakten, Rückwärtsregeln, Benutzerfragen und Defaults, wobei die angegebene Reihenfolge eingehalten wird. Regeln werden dabei in der Reihenfolge der Regelnummern untersucht. Hier wird bei regelbasierten Systemen zwischen zwei grundsätzlichen Ableitungsrichtungen unterschieden: der Vorwärts- und der Rückwärtsverkettung. Regeln können Prozeduren, die Auswertung von Formeln (Ermittlung der Soll-Ist-Verbrauchsabweichung), Tabellen- und Datenbankanfragen (PPS-, BDE-, Kostendaten) aktivieren. Durch ein Konzept der vollständigen Evidenzsammlung werden im allgemeinen alle Regeln betrachtet, die einen Wert des untersuchten Attributes ableiten können. Nur wenn ein einfachwertiges Attribut mit absoluter Sicherheit (Konfidenz 1000) bestimmt werden kann, wird die Regeluntersuchung vorzeitig abgebrochen.

Diese Vorgehensweise ist für die Problemstellung der Abweichungsanalyse besonders vorteilhaft, da der Schwerpunkt einer Entwicklung auf die Abbildung des Domänwissens verwandt wird und auf eine Modellierung der Problemlösungsstrategie verzichtet werden kann.

Kernstück des Inferenzprozesses ist die Ermittlung der Abweichungsursachen aus den vorhandenen Daten. Im Abweichungsfall werden die Ursachen auf ihre notwendigen Voraussetzungen hin überprüft. Diese Überprüfung erfolgt interaktiv zusammen mit dem Benutzer, der die notwendigen externen Informationen zur Verfügung stellt und unter Berücksichtigung der in der BDE ermittelten veränderten Kostenbestimmungsfaktoren. Anhand dieser Werte versucht CEUS, Hypothesen über die Abweichungsursachen zu etablieren.
Über eine Rückwärtsverkettung der entsprechenden Regeln für eine Abweichungsart werden die Voraussetzungen möglicher Abweichungsursachen überprüft. Dabei verfolgt das System einen einmal begonnenen Suchpfad so weit wie möglich zurück. Dies entspricht einer Strategie der Tiefensuche. Zur besseren Ergebnisfindung erfolgt der Hypothesentest unter Berücksichtigung von Konfidenzfaktoren, die eine Aussage über die Wahrscheinlichkeit des Auftretens der zugrundegelegten Zusammenhänge treffen. Der Wertebereich der Konfidenzen liegt zwischen 0 (völlig unsicher) und 1000 (völlig sicher). Die Verwendung von Konfidenzfaktoren hat insbesondere in Bereichen, wo auf hohem Abstraktionsniveau Zusammenhänge beschrieben werden (Darstellung von Ursache-Wirkungs-Beziehungen bei der Kostenabweichungsanalyse), besondere Bedeutung, da weder absolut sicheres Ausgangswissen noch logisch einwandfreie Schlußregeln vorausgesetzt werden können. Zur Etablierung signifikanter Abweichungsursachen können die Konfidenzfaktoren der Attribute regelübergreifend kumuliert werden. Dies ermöglicht, die für einzelne Regeln propagierten Wahrscheinlichkeiten während des gesamten Inferenzprozesses beizubehalten und weiterzuverarbeiten. Insbesondere für die Abweichungsanalyse ist diese Vorgehensweise vorteilhaft, da die Vielzahl der möglichen Suchpfade eine fortlaufende Plausibilitätskontrolle der jeweils verfolgten Ursache erfordert.
Somit können nach der Verarbeitung aller relevanten Daten mögliche Ursachen ausgewiesen werden. Das Ergebnis der Konsultation ist die Identifizierung der Abweichungsursachen über den mehrstufigen Inferenzprozeß. Nach dem Ausweis der möglichen Ursachen mit den zugehörigen Konfidenzwerten ist das System für die Untersuchung weiterer Abweichungen bereit.

Diese sequentielle Abarbeitung aufgetretener Abweichungen zusammen mit der verwendeten Strategie der Tiefensuche ist für den interaktiven Problemlösungsprozeß besonders vorteilhaft, da der Benutzer sich stets auf die jeweiligen Problemkontexte konzentrieren kann.

```
Rule10
IF (Kostenstelle.Einsatz unqualifizierter Arbeitskräfte=relevant
AND Kostenstelle.Lohnkosten Vorarbeiter=erhöht)
        OR (Kostenstelle.Arbeitsverzögerung=relevant
        AND Kostenstelle.Lohnkosten Vorarbeiter/Arbeitsverteiler=erhöht)
        OR (Kostenstelle.techn. Schwierigkeiten=relevant
        AND Kostenstelle.Einrichter/Reinigungspersonal=erhöht)
THEN Kostenstelle.Intensitätsschwankung=relevant
END
```

```
Rule20
IF Kostenstelle.Kostenart= Hilfslöhne
AND (Kostenstelle.rein intensitätsmäßige Anpassung=relevant
        OR Kostenstelle.zeitlich intensitätsmäßige Anpassung=relevant
        OR Kostenstelle.Intensitätsschwankung=relevant
THEN Kostenstelle.Intensitätsabweichung=relevant
END
```

```
Rule30
IF Kostenstelle.Intensitätsabweichung=relevant
OR Kostenstelle.Seriengrößenabweichung=relevant
OR Kostenstelle.Maschinenbelegungsabweichung=relevant
OR Kostenstelle.Bedienungsrelationsabweichung=relevant
OR Kostenstelle.Ausbeutegradabweichung=relevant
OR Kostenstelle.Verrechnungsabweichung=relevant
OR Kostenstelle.Restabweichung=relevant
THEN Kostenstelle. Verbrauchsabweichungsursache=definiert
END
```

Abb. 11: Rückwärtsverkettete Produktionsregel in CEUS

3 Grenzen und Entwicklungstendenzen der wissensbasierten Entscheidungsunterstützung im Controlling

Die starren Programmstrukturen konventioneller DV-Systeme verhindern eine flexible Anpassung bei wechselnden Aufgabenstellungen. Auch neue Softwaretechniken, die eine interaktive Entscheidungsfindung unterstützen, erfordern eine algorithmische Problemstrukturierung. Die vorgestellte Konzeption des Einsatzes von Expertensystem-Technologien im Bereich des Controlling bietet einen erfolgversprechenden Ansatz zur Verbesserung des innerbetrieblichen Entscheidungsprozesses für schlechtstrukturierte Probleme.

3.1 "Intelligenzverstärkung" durch wissensbasierte Systeme im Controlling

Erst die konsequente Einbeziehung der Expertensystem-Technologie in die Entwicklung von integrierten Informationssystemen führt zur vollständigen Ausnutzung des Informationspotentials der großen Zahl von Kosten-Einzeldaten. Dabei können diese Systeme eine konsistente Interpretation der Wirkungszusammenhänge von Kostenabweichungen und darüber hinaus die Ableitung von Maßnahmen bei Erreichen kritischer Schwellenwerte leisten. Zudem ermöglicht der Einsatz eines Expertenunterstützungssystems für die Controlling-Funktion des Soll-Ist-Kostenvergleichs es den Betrieben, im Zeitablauf das Fachwissen ihrer Experten zu akkumulieren, zu portieren und zu bewahren.
Die Unternehmung wird unabhängiger von einzelnen Personen, so daß deren Ausscheiden nicht mehr kritisch für die Unternehmung sein muß. Ziel einer Expertensystementwicklung kann es aber nicht sein, den Entscheidungsträger, sei es der Kostenstellenverantwortliche oder der Funktionscontroller, zu ersetzen, sondern den menschlichen Entscheidungsträger mit Hilfe intelligenter Expertensystem-Techniken zu untertüzten. Die endgültige Entscheidungskontrolle bleibt beim Menschen.

Die betriebswirtschaftliche Betrachtung von wissensbasierten Systemen beschränkt sich nicht nur darauf, deren Anwendungsmöglichkeiten aufzuzeigen, sondern erfordert auch, mögliche Auswirkungen des Einsatzes zu bewerten.

Durch eine wissensbasierte Auswertung der operativen Datenbestände, die bisher in verdichteter Form als Graphiken oder Kennzahlen vorlagen, kann eine Entlastung der Experten von Routinetätigkeiten gewährleistet werden und damit kreative Freiräume für eine zukunftsorientierte Gestaltung des innerbetrieblichen Rechnungswesens geschaffen werden. Das Rechnungswesen muß sich diesen Entwicklungen stellen, da ansonsten die Gefahr besteht, die Gestaltungskompetenz bei der Erfassung und Quantifizierung betrieblicher Vorgänge zu verlieren [33].

Durch die Strukturierung der Daten- und Informationsbeziehungen zum wissensbasierten Soll-Ist-Kostenvergleich können auch controlling-relevante Gestaltungsmerkmale für Betriebsdatenerfassungssysteme abgeleitet werden, die es den Systemen der Kostenrechnung ermöglichen, für die spezifischen

Auswertungszwecke des Produktions-Controlling auf die benötigten Daten zurückzugreifen. Erst auf der Basis dieser Datenstrukturen können wissensbasierte Kostenabweichungsanalysen durchgeführt werden.

Die hier beschriebene Konzeption basiert auf einer betriebs- und branchenunabhängigen Wissensbasis und damit auf einem hohen allgemeinen Niveau. Die derzeitige Wissensbasis umfaßt schwerpunktmäßig die Identifizierung einer signifikant abgewichenen Kostenstelle und die Analyse von Soll-Ist-Abweichungen im Kostenstellenbereich der Fertigung, ist also im Produktions-Controlling angesiedelt. Die Wissensbasis wurde dabei so flexibel konzipiert, daß kein spezifisches Fertigungskonzept, beispielsweise verrichtungsorientieres Werkstatt- oder objektorientiertes Fertigungsinselkonzept, vorausgesetzt werden muß.

3.2 Wissensbasiertes dezentrales Controlling

Eine Weiterentwicklung des Prototypen setzt an der Schnittstelle von operativen Aufgaben der kurzfristigen Fertigungssteuerung auf Werkstattebene und taktisch-operativen Funktionen der administrativen Planung, Steuerung und Kontrolle (Produktions-Controlling) an. So existieren einerseits bei dem Fertigungssteuerer Informationsdefizite über die kostenmäßigen Auswirkungen von Produktionssteuerungsstrategien, andererseits fehlen dem Produktions-Controller oder dem Kostenstellenverantwortlichen die fertigungstechnologischen Grundlagen für kosteneffiziente Alternativvorschläge im Fertigungsbereich. Im Sinne eines dezentralen Controlling soll der wissensbasierte Soll-Ist-Kostenvergleich damit um ein Instrument zur kurzfristigen Steuerung der Kostenstelle, repräsentiert durch eine exemplarische Kostenstelle im Produktionsbereich (Fertigungsinsel), erweitert werden.

Für den Kostenstellenverantwortlichen soll sich dadurch die Kostentransparenz des produktionstechnischen Ablaufes erhöhen. Dies bewirkt, daß möglichen Kostenabweichungen durch eine zeitnahe Gegensteuerung auf Kostenstellenebene durch den Kostenstellenverantwortlichen begegnet werden kann. Voraussetzung dieser Konzeption ist ein weiterer Ausbau der Kostenbestimmungsfaktoren in den Systemen der Betriebsdatenerfassung und -verarbeitung, der dann auch von Entscheidungsunterstützungsinstrumenten der taktisch-operativen Planung, wie z.B. der Simulation, genutzt werden kann.

3.3 Integration in konventionelle Softwareapplikationen

Für die situationsbezogene Individualentwicklung in einer Unternehmensumgebung muß zunächst ein organisationsbezogenes Leistungsprofil für die Eingliederung in einer reale Organisation definiert werden, wobei CEUS wesentlich die entscheidungsbezogene Managementfunktion der Beseitigung von Störungen auf taktisch-operativer Ebene vorrangig in den Phasen der Problemerkennung und der Bildung und Bewertung von Alternativen unterstützt [34]. Grundsätzlich ist bei der Übertragung dieser prototypenhaften Entwicklung in eine betriebliche EDV-Umgebung auf eine konsequente Integration in das Gesamtsystem der unternehmensweiten Datenverarbeitung zu achten. Dabei erscheint die von

Mertens und Fiedler verfolgte Konzeption einer Anreicherung vorhandener Kostenrechnungs-Standardsoftwaresysteme um Expertensystem-Techniken ein erfolgversprechender Ansatz zu sein [35].

Als Konzept auf lange Sicht wäre der Zugang des Anwenders für seine spezifischen Auswertungszwecke zu einer Gesamtheit von Daten-, Methoden- und Expertensystem-gestützten Controlling-Instrumenten (z.B. Einzelkosten-, Kostenstellenkosten-, Deckungsbeitrag-, Betriebsergebniss-, GuV-, Bilanzanalyse), auf der Basis eines zu entwickelnden verteilten Controlling-Informationssystems, über seine Workstation denkbar. Diese Thematik wird Gegenstand weiterer Forschungsaktivitäten am Institut für Wirtschaftsinformatik sein.
Weitere Aufschlüsse in dieser Richtung können insbesondere von der Entwicklung von "Blackboard-Systems", wo mehrere wissensbasierte Systeme über eine sogenannte Blackboard-Architektur miteinander kommunizieren - ähnlich der am Institut für Wirtschaftsinformatik verfolgten Konzeption eines CIM-Handlers [36] - und dem Konzept der verteilten Künstlichen Intelligenz ("Distributed Artificial Intelligence" - DAI) erwartet werden [37].

Literaturverzeichnis

[1] Vgl. Mertens, P.; Hansen, K.; Rackelmann, G.: Selektionsentscheidungen im Rechnungswesen - Überlegungen zu computerunterstützten Kosteninformationssystemen, in: DBW 37(1977)1, S. 77-88; Wedekind, H.; Ortner, E.: Der Aufbau einer Datenbank für die Kostenrechnung, in: DBW 37(1977)4, S. 533-552.

[2] Vgl. Sinzig, W.: Datenbankorientiertes Rechnungswesen, 2. Auflage, Berlin et al. 1985; Puhl, W.: Entwurf und Realisierung eines computergestützten Kosten- und Erlösinformationssystems auf der Basis einer Datenbank- und einer Methodensammlung, Dissertation, Friedrich-Alexander-Universität Erlangen-Nürnberg 1983.

[3] Vgl. Scheer, A.-W.: Entwurf des konzeptionellen Schemas einer Datenbank für das innerbetriebliche Rechnungswesen, in: Scheer, A.-W. (Hrsg.), Grenzplankostenrechnung - Stand und aktuelle Probleme, Wiesbaden 1988, S. 179-205.

[4] Weitere Ausführungen zu dieser Thematik werden insbesondere behandelt in Scheer, A.-W.: Wirtschaftsinformatik - Informationssysteme im Industriebetrieb, 2. Auflage, Berlin et al. 1988.

[5] Vgl. Scheer, A.-W.: Wirtschaftsinformatik - Informationssysteme im Industriebetrieb, a.a.O., S. 3.

[6] Vgl. Mertens, P.: Expertensysteme gewinnen Schritt für Schritt an Boden, in: Computerwoche vom 18.12.87, S. 28.

[7] Vgl. Scheer, A.-W.: EDV-orientierte Betriebswirtschaftslehre, 3. Auflage, Berlin et al. 1987, S. 49-53.

[8] Vgl. Ardekani, B.M., Salchenberger, L.M.: An Empirical Study of the Use of Business Expert Systems, in: Information & Management 15(1988)4, S. 183-190; Mertens, P.; Borkowski, V.; Geis, W.: Expertensystem-Anwendungen - Eine Materialsammlung, Berlin et al. 1988, S. 171; Scheer, A.-W., Steinmann, D.: Einführung in den Themenbereich Expertensysteme, in: Scheer, A.-W. (Hrsg.),

Betriebliche Expertensysteme I: Einsatz von Expertensystemen in der Betriebswirtschaft - Eine Bestandsaufnahme, in: Schriften zur Unternehmensführung (SzU) o.Jg.(1988)36, S. 5-27.

[9] Vgl. Büttner, U., u.a.: Expertensysteme zur Jahresabschlußanalyse für mittlere und kleine Unternehmen, in: ZfB 58(1988)2, S. 229-251.

[10] Vgl. Schuhmann, M.; Wittmann, S.; Mertens, P.: Expertensysteme zur Unterstützung des Wirtschaftsprüfers, in: BFuP 38(1986)6, S. 517-531.

[11] Vgl. Scheer, A.-W.; Bock, M.: Expertensysteme zur konstruktionsbegleitenden Kalkulation, in: CAD-CAM Report 7(1988)12, S. 46-55 und Becker, J.: Konstruktionsbegleitende Kalkulation mit einem Expertensystem, in: Scheer, A.-W. (Hrsg.), Rechnungswesen und EDV, 9. Saarbrücker Arbeitstagung Tagungsband, Heidelberg 1988, S. 115-136.

[12] Vgl. Nonhoff, J.: Entwicklung eines Expertensystems für das DV-Controlling, Berlin et al. 1988.

[13] Vgl. Neibecker, B.: Einsatz von Expertensystemen im Marketing, in: Scheer, A.-W. (Hrsg.), Betriebliche Expertensysteme II - Einsatz von Expertensystem-Prototypen in betriebswirtschaftlichen Funktionsbereichen, SzU o.Jg.(1989)40, S. 55-82.

[14] Vgl. Scheer, A.-W., Herterich, R.; Zell, M.: Interaktive Fertigungssteuerung teilautonomer Bereiche, in: Kurbel, K.; Mertens, P.; Scheer, A.-W. (Hrsg.), Interaktive betriebswirtschaftliche Informations- und Steuerungssysteme, Berlin, New York 1989, S. 39-68.

[15] Vgl. O'Leary, D.E.: The Use of Artificial Intelligence in Accounting, in: Silverman, B.G. (Hrsg.), Expert Systems for Business, Reading et al. 1987, S. 83-98.

[16] Vgl. Heinen, E.: Industriebetriebslehre - Entscheidungen im Industriebetrieb, 8. Auflage, Wiesbaden 1988, S. 44.

[17] Vgl. Simon, H.A.: The New Science of Management Decision, 2. Auflage, New York 1977, S. 5f.

[18] Vgl. Horváth, P.: Computerunterstütztes Controlling, in: Wirtschaftsstudium 16(1987)4, S. 192.

[19] Vgl. Kraemer, W.; Scheer, A.-W.: Wissensbasiertes Controlling, in: Information Management 4(1989)2, S. 6-17.

[20] Vgl. Schröder, E.F.: Operatives Controlling, in: Mayer, E. (Hrsg.), Controlling-Konzepte - Perspektiven für die 90er Jahre, Wiesbaden 1986, S. 43-84.

[21] Vgl. Kloock, J.; Bommes, W.: Methoden der Kostenabweichungsanalyse, in: KRP o.Jg.(1982)5, S. 225-237; Wilms, S.: Abweichungsanalysemethoden der Kostenkontrolle, Bergisch Gladbach, Köln 1988.

[22] Vgl. Glaser, H.: Neue Möglichkeiten der Kostenstellenkontrolle durch EDV-gestützte Abweichungsanalyse, in: Scheer, A.-W. (Hrsg.), Rechnungswesen und EDV, 8. Saarbrücker Arbeitstagung Tagungsband, Heidelberg 1987, S. 44.

[23] Vgl. Reichmann, T.: Controlling mit Kennzahlen - Grundlagen einer systemgestützten Controlling-Konzeption, München 1985, S. 261.

[24] Vgl. hierzu auch Scheer, A.-W.; Kraemer, W.: Konzeption und Realisierung eines Expertenunterstützungssystems im Controlling, in: Kurbel, K.; Mertens, P.; Scheer, A.-W. (Hrsg.), Interaktive betriebswirtschaftliche Informations- und Steuerungssysteme, Berlin, New York 1989, S. 157-184. Ein ähnlicher Ansatz, wo allerdings die Generierung von Expertisetexten basierend auf dem

Kostenrechnungs-Standardsoftwaresystem RK der SAP AG im Vordergrund steht, wird in der Abteilung für Wirtschaftsinformatik an der Universität Erlangen-Nürnberg verfolgt. Vgl. hierzu Fiedler, R.; Hamann, N.; Riedel, C.: KOSTEX - Ein prototypisches wissensbasiertes System zur Kostenstellenanalyse, in: Information Management 4(1989)4, Veröffentlichung in Vorbereitung.

[25] Vgl. Krcmar, H.: Caution on Criteria: On the Context Dependency of Selection Criteria for Expert Systems Projects, in: DATA BASE 19(1988)2, S. 39-42; Lebsanft, E.W., Gill, U.: Expertensysteme in der Praxis - Kriterien für die Verwendung von Expertensystemen zur Problemlösung, in: Savory, S. (Hrsg.), Expertensysteme: Nutzen für ihr Unternehmen, München, Wien 1987, S. 140; Prerau, D.S.: Selection for an Appropriate Domain for an Expert System, AI Magazine 6(1985)2, S. 26-30.

[26] Vgl. Kraemer, W.; Spang, S.: Expertensysteme im Controlling?, in: KRP o.Jg.(1989)1, C11-C13.

[27] Eine umfangreiche Dokumentation zu TWAICE findet sich z.B. bei Mescheder, B.: Funktionen und Arbeitsweise der Expertensystem-Shell TWAICE, in: Savory, S. (Hrsg.), Künstliche Intelligenz und Expertensysteme, 2. Auflage, München, Wien 1985, S. 57-90.

[28] Vgl. Landsberg, v.G.: Control Reporting - Informationsverdichtung und Abweichungserklärung, in: KRP o.Jg.(1988)3, S. 101-106; Willson, J.D.; Champbell, J.B.: Controllership - The Work of the Managerial Accountant, 3. Auflage, New York 1981.

[29] Vgl. Ackoff, R.L.: Management in Small Doses, New York et al. 1986, S. 84-87.

[30] Vgl. hierzu insbesondere die Arbeiten von Jarke, M.: Wissensbasierte Unterstützung verteilter Entscheidungen und Modellierungsprozesse, in: Scheer, A.-W. (Hrsg.), Betriebliche Expertensysteme II, a.a.O, S. 29-54.

[31] Im Mittelpunkt einer CIM-Strategie steht dabei die Ermittlung und Umsetzung der funktionalen Dateninterdependenzen zwischen einzelnen CIM-Funktionen. Vgl. Becker, J.; Keller, G.: Datentechnische und organisatorische Aspekte einer CIM-Realisierung, in: Information Management 4(1989)3, S. 20-27.

[32] Vgl. z.B. PLAUT AG (Hrsg.), Firmenunterlagen zum Plankosten-Seminar Teil 1/I, München 1988, o.S. vgl. hierzu auch die Empfehlungen zur Kosten- und Leistungsrechnung, in: Bundesverband der Deutschen Industrie e.V. (Hrsg.), 2. Auflage, Köln 1988.

[33] Vgl. Scheer, A.-W.: Das Rechnungswesen in den Integrationstrends der Datenverarbeitung, in: Scheer, A.-W. (Hrsg.), a.a.O., S. 15.

[34] Vgl. Kraemer, W.; Spang, S.: Expertensysteme zum intelligenten Soll-Ist-Kostenvergleich, in: HMD 26(1989)147, S. 91.

[35] Vgl. hierzu insbesondere den Beitrag von Mertens, P., Fiedler, R. und Sinzig, W.: Wissensbasiertes Controlling des Betriebsergebnisses in diesem Tagungsband.

[36] Vgl. Scheer, A.-W.: Information Management bei der Produktentwicklung, in: Information Management 4(1989)3, S. 6-11.

[37] Vgl. Mertens, P.: Verbindung von verteilter Produktionsplanung und -steuerung und verteilten Expertensystemen, in: Information Management 4(1989)1, S. 6-11.

Rechnungsprüfung auf der Basis von Stichproben - Einsatz des Systems Account bei der VW AG

Dr. W. Bär, Volkswagen AG, Wolfsburg

GLIEDERUNG

1. EINLEITUNG

2. RECHNUNGSSTRUKTUR UND VERFAHREN DER RECHNUNGSPRÜFUNG

3. ACCOUNT - SYSTEM ZUR SELEKTIVEN RECHNUNGSPRÜFUNG

4. INTEGRATION VON ACCOUNT IN DIE SYSTEME DER VOLKSWAGEN AG

1. EINLEITUNG

In Unternehmen mit einem bereits realisierten Unternehmensdatenmodell und einer darauf aufbauenden integrierten Informationsverarbeitung ist die Rechnungsprüfung ein integraler Systembestandteil. Sie ist eingebettet in den Gesamtvorgang, der von der Bedarfsermittlung bis zur Rechnungsbezahlung verschiedene Bereiche des Unternehmens tangiert. Alle für die Prüfung relevanten Informationen wie z. B.

- bestellende Fachabteilung
- Bestellgegenstand
- Lieferant
- Menge
- Preis
- Lieferbedingungen
- Zahlungsbedingungen
- Kontierung

sind - auch wenn von unterschiedlichen Fachabteilungen generiert - in der gemeinsamen Datenbasis vorhanden. Damit ist auch gewährleistet, daß alle Rechnungen vollständig maschinell geprüft werden können. Diese Idealvoraussetzungen liegen aber nicht immer vor, weil entweder eine derartige Datenbasis in den Unternehmen nicht oder nicht vollständig eingerichtet worden

10. Saarbrücker Arbeitstagung 1989
Rechnungswesen und EDV
hrsg. v. A.-W. Scheer

ist oder weil nach wie vor Einzelvorgänge an den Systemen vorbeilaufen. Diese Gefahr besteht vor allem dann, wenn Fachbereiche ohne Einschaltung des Einkaufes direkt bestellen können. Diese Rechnungen können nur manuell geprüft werden, weil die drei Grundinformationen

- Bestellung
- Rechnung
- Liefer-/Leistungsnachweis

anhand der dazugehörenden Dokumente aufwendig abgeglichen werden müssen. Dieser manuelle Aufwand kann wesentlich reduziert werden, wenn es gelingt, die Prüfung auf wesentliche Vorgänge zu reduzieren. Es war daher naheliegend zu untersuchen, inwieweit ein Stichprobenverfahren zur Ermittlung prüfwürdiger Rechnungen eingesetzt werden kann. Ein derartiges Stichprobenverfahren liegt mit dem System ACCOUNT der Firma INFORM vor.

Da wir bereits Stichprobenverfahren der Firma INFORM auf dem Gebiet der Inventur nutzen, war die VW AG in die Entwicklung des Systems ACCOUNT sowie in die Integration des Verfahrens in die kreditorischen Abläufe wesentlich eingebunden. Die VW AG war auch Pilotunternehmen für den produktiven Einsatz seit Oktober 1987.

Gegenstand dieses Referates sind vor allem zwei Aspekte:

- Datenvoraussetzungen auf dem Gebiet manuell zu prüfender Rechnungen
- Grundzüge des Systems ACCOUNT und die Integration in die Abläufe bei der VW AG.

2. RECHNUNGSSTRUKTUR UND VERFAHREN DER RECHNUNGSPRÜFUNG

Die Verfahren zur Rechnungsprüfung müssen auf die systemtechnischen Voraussetzungen abstellen. Diese Voraussetzungen werden wesentlich von der Art der beschafften Güter und Dienstleistungen bestimmt. Bei der VW AG werden in dieser Hinsicht unterschieden:

- Fertigungsmaterial	]	maschinelle
- Fertigungshilfsmaterial		Rechnungsprüfung

- Gemeinkostenlieferungen - Gemeinkostenleistungen - Projektrechnungen (Investitions-lieferungen/-leistungen) - Frachtleistungen	manuelle Rechnungsprüfung

Aufgrund der besonderen Problematik werden Rechnungen für Frachtleistungen in den folgenden Ausführungen nicht betrachtet.

Rechnungsstruktur
(1988)

	Anzahl - Tsd -	Wert - Mio DM -
Lagermaterial	1.323	12.353
Gemeinkosten	280	2.362
Investitionen	47	3.123
Frachten	195	711
	1.845	18.549
pro Arbeitstag :		
maschinell	6,014	56,2
manuell	2,373	28,2

VOLKSWAGEN Abb. 1

Abbildung 1 zeigt den Gesamtumfang der eingehenden Rechnungen nach Anzahl der Rechnungen und Rechnungswert. Daraus ist ersichtlich, daß aufgrund der hohen Bezüge für Fertigungs- und Fertigungshilfsmaterial (Lagermaterial) der mengen- und wertmäßig größte Teil der eingehenden Rechnungen maschinell geprüft werden kann. Diese maschinelle Prüfung ist möglich, weil alle erforderlichen Informationen systemmäßig verfügbar sind. Dazu gehören insbesondere

- Bestelldaten
- Lieferschein- und Wareneingangsdaten
- Rechnungsdaten

Die Systemverfügbarkeit trifft natürlich auch für alle anderen Daten zu, die für die Verarbeitung der Wareneingänge in den Bestell- und Dispositionssystemen sowie in den kreditorischen Systemen bis zur Zahlungsabwicklung benötigt werden. Hier ist die Normierung des Bestellgegenstandes durch die Materialnummer eine Grundvoraussetzung.

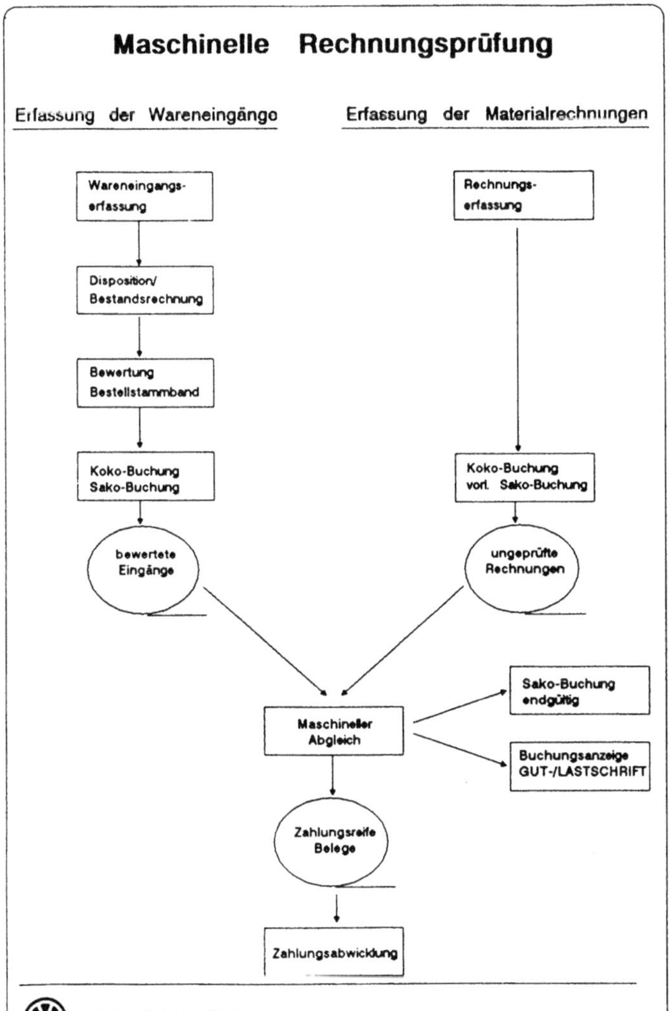

Abb. 2

Den Ablauf der maschinellen Rechnungsprüfung zeigt Abbildung 2. Der Ablauf soll hier nur kurz erläutert werden, um die Gegensätze der nachfolgend behandelten manuellen Rechnungsprüfung - für die das Stichprobenverfahren eingesetzt wird - herauszuarbeiten.

Aufträge für Fertigungsmaterial werden in der Automobilindustrie in der Regel in Form von Rahmenaufträgen für ein Jahr vergeben, aus denen heraus dann einzelne Lieferabrufe erfolgen. Alle für diese Aufträge relevanten Daten, z. B.:

- Lieferant
- Teilenummer
- Preis
- Gültigkeitstermine
- Lieferkonditionen

werden im "Bestellstammband" gespeichert. Damit können alle Wareneingänge auf der Basis einer Früherfassung der Lieferscheine bewertet werden und anhand der Lagerkontierung (Abladestelle) den Kontokorrent- und Sachkonten zugeordnet werden. Es entsteht eine Datei "bewertete Eingänge". Nach Vorlage der Rechnungen führt deren Erfassung zu einer Datei "ungeprüfte Rechnungen". Die Rechnungsprüfung vollzieht sich als ein Abgleich der beiden genannten Dateien. Sofern Lieferscheinbewertung und Rechnung übereinstimmen (sogenannte Paarigkeit), wird die Rechnung maschinell zu den entsprechenden Konditionen gezahlt. Erfolgt die Rechnungsstellung bevor die Wareneingänge vorliegen, wird zunächst ein Sachkontenzwischenkonto "Ware auf Transport" angesprochen.

Der Ablauf von Bestellung, Wareneingangserfassung und Zahlungsabwicklung ist ein gutes Beispiel für eine ausgesprochen hohe Vorgangsintegration. Sie erstreckt sich nicht nur auf die hier behandelten Abläufe im Unternehmen, sondern bezieht die Lieferanten mit ein. Aufgrund der weitgehend fertigungssynchronen Anlieferung ist der logistische Verbund der Automobilindustrie mit ihren Lieferanten besonders eng. Dies wird besonders deutlich bei den "just-in-time"-Bezügen. Bei dieser Anlieferungsform berücksichtigen die Bestelldaten oft sogar die Reihenfolge der auf das Band aufgelegten Fahrzeuge. Ohne Einbeziehung der modernen Datenübertragungstechniken wäre diese kurzfristige Anlieferung gar nicht zu realisieren. Diese Abwicklung ist also weitgehend papierlos und gekennzeichnet durch Datenfernübertragung von Dispositionsdaten, Lieferscheindaten und Rechnungsdaten.

In letzter Konsequenz werden z. Z. von fast allen Unternehmen der Automobilindustrie Verfahren entwickelt, die auf die Ausstellung von Rechnungen durch die Lieferanten völlig verzichten und statt dessen die bewerteten Wareneingänge heranziehen und die entsprechenden Zahlungen an die Lieferanten im sogenannten "Gutschriftsverfahren" veranlassen.

Aus Systemsicht liegen also beim Fertigungs- und Fertigungshilfsmaterial nahezu ideale Verhältnisse vor. Dies ist beim restlichen Umfang der eingehenden Rechnungen leider nicht der Fall. Hier handelt es sich um Rechnungen für außerordentlich heterogene Sachverhalte, die z. Z. bei der Volkswagen AG noch nicht maschinell geprüft werden können.

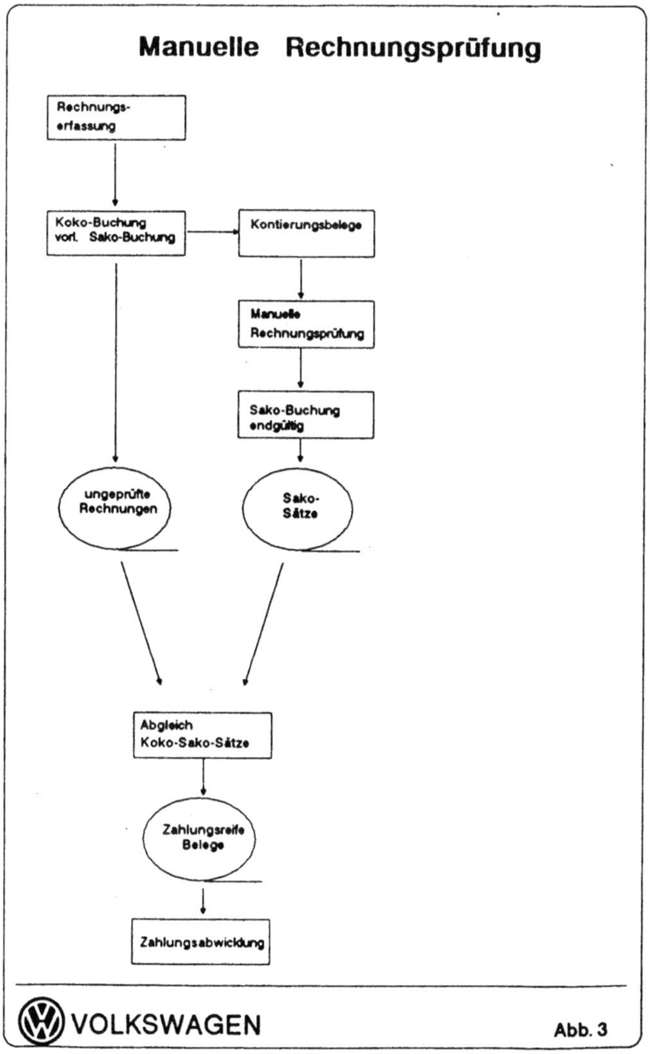

Abb. 3

Den Ablauf der manuellen Rechnungsprüfung zeigt Abbildung 3. Wesentlich hierbei ist, daß der Vergleich von

- Bestelldaten
- Wareneingang/Leistungsnachweis
- Rechnungsbeträgen

durch Bearbeitung der entsprechenden Dokumente erfolgt. Dies ist ein sehr aufwendiger und personalintensiver Vorgang, der nicht nur die eigentliche Rechnungsprüfung tangiert, sondern aufgrund des dabei anfallenden Schriftverkehrs auch die dazugehörende Peripherie (Postbearbeitung, Datenerfassung, Registratur) sowie die betroffenen Fachabteilungen für die sachliche und preisliche Anerkennung belastet. Dieser hohe personelle Aufwand bei der manuellen Rechnungsprüfung war Ausgangspunkt für die Überlegungen, den Prüfaufwand bei der Vielzahl der wertmäßig geringfügigen Rechnungen einzuschränken, ohne allerdings das damit verbundene finanzielle Risiko unverantwortlich zu erhöhen.

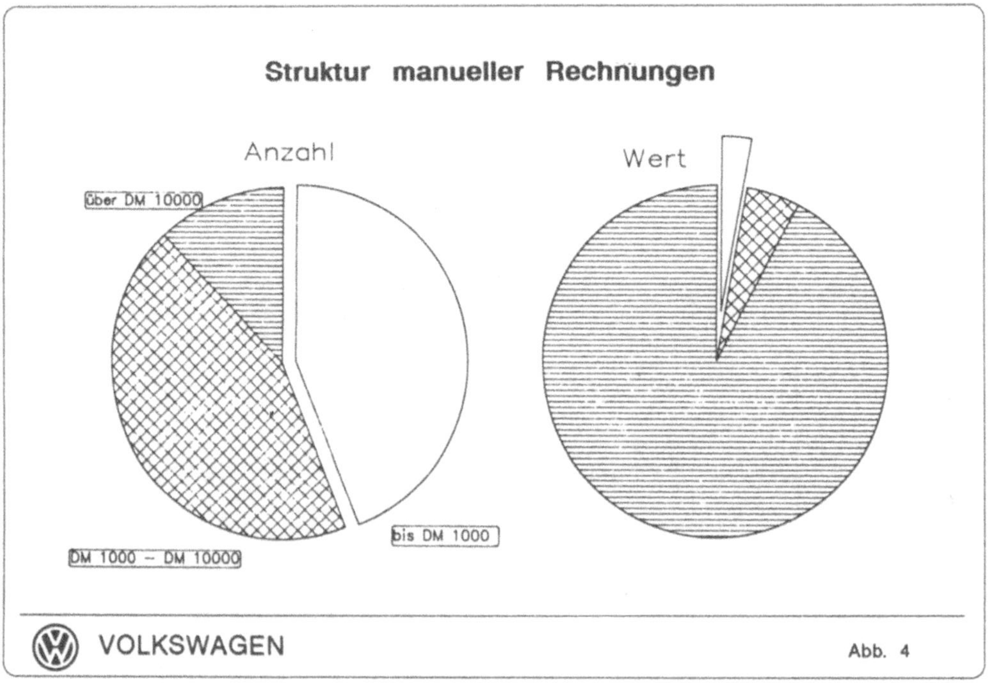

Abb. 4

Abbildung 4 zeigt die Verteilung der eingehenden manuell zu prüfenden Rechnungen nach Rechnungsbeträgen. Daraus ist zu ersehen, daß die wertmäßig geringfügigen Rechnungen stückzahlmäßig den größten Anteil ausmachen und damit natürlich den größten Anteil der Prüfkapazität binden. Die Verteilung der Anzahl der Rechnungen entspricht sicher nicht der Verteilung des Risikos aus Differenzen, so daß es gerechtfertigt ist, die Rechnungsprüfung bei kleinen Rechnungsbeträgen einzuschränken. Dies war eine der wichtigen Hypothesen, die vor Einsatz eines Stichprobenverfahrens zu verifizieren war.

Die Einschränkung des Prüfaufwandes kann grundsätzlich geschehen durch

- völligen Verzicht auf Prüfung von Rechnungen unterhalb einer Wertgrenze,
- Einschränkung der inhaltlichen Prüfung von Rechnungen unterhalb einer Wertgrenze,
- Stichprobenauswahl der zu prüfenden Rechnungen, wobei letzteres durch eine Zufallsstichprobe oder durch eine gezielte Stichprobe erfolgen kann.

Das Verfahren ACCOUNT nimmt eine gezielte Stichprobenauswahl vor. Diese durch ACCOUNT ausgewählten Rechnungen werden vollständig geprüft. Die übrigen Rechnungen unterliegen einer eingeschränkten Prüfung.

3. ACCOUNT - SYSTEM ZUR SELEKTIVEN RECHNUNGSPRÜFUNG

Bei der Entwicklung des Systems mußten zunächst Kriterien erarbeitet werden, die eine Prognose der Fehlerhaftigkeit eingehender Rechnungen erlauben. Dies ist eine Grundlage für die Identifizierung prüfwürdiger Rechnungen. Als derartige Kriterien kommen unter anderem in Frage:

a) Rechnungsbetrag
b) Anzahl und Höhe der Differenzen fehlerhafter Rechnungen eines Lieferanten in der Vergangenheit.

Um hier zu statistisch abgesicherten Aussagen zu kommen, wurden alle Rechnungen einer abgegrenzten Periode analysiert. Die Grundgesamtheit bestand aus ca. 90.000 vollständig geprüften Rechnungen.

Zu a) Den Rechnungsbetrag als Kriterium bei der Stichprobenauswahl heranzuziehen ist naheliegend. Bereits bei der manuellen Vollprüfung wurde in Zeiten knapper Kapazitäten (Urlaub, Krankheitsausfälle, Jahresabschluß) der Prüfungsumfang bei den wertmäßig geringfügigen Rechnungen eingeschränkt.

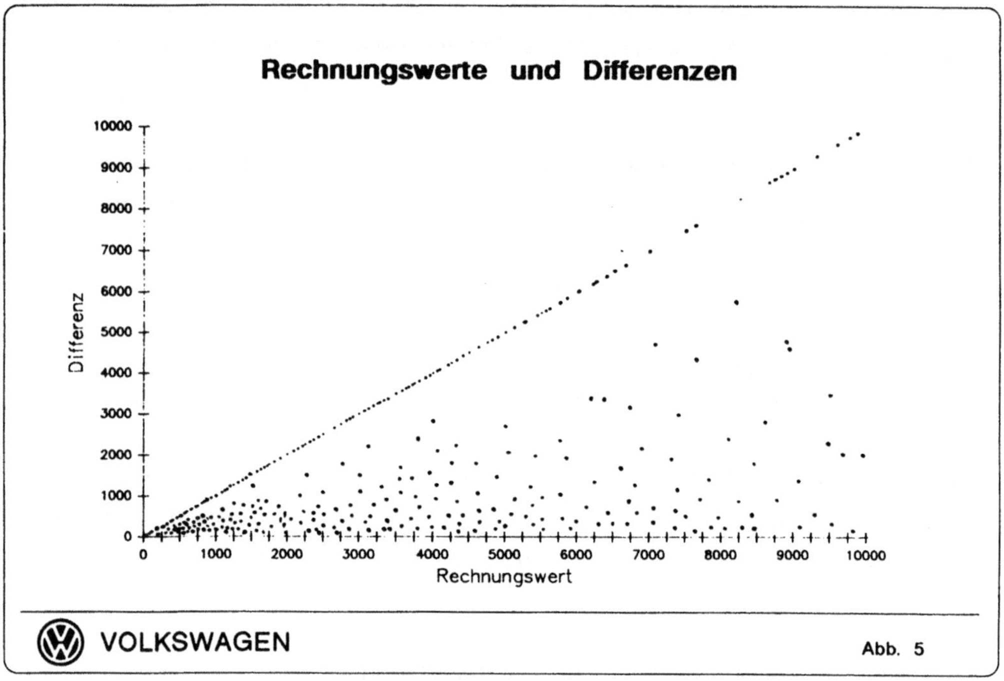

Abb. 5

Die Abbildung 5 zeigt beispielhaft die Abhängigkeit der Differenzhöhe vom Rechnungsbetrag für Rechnungen unter DM 10.000,--. Hier fällt zunächst die Übereinstimmung von Rechnungshöhe und Differenzbetrag für viele Rechnungen auf; es handelt sich hierbei um die Stornierungen. Für die übrigen Rechnungen zeigt sich bereits in der Grafik und dann auch in der Korrelationsberechnung ein deutlicher Zusammenhang von Differenz und Rechnungsbetrag.

Untersucht man nicht die absolute Höhe der Differenz, sondern die Relation Differenz : Rechnungsbetrag, dann stellt man Unterschiede zwischen den einzelnen Rechnungskategorien fest. So ist z. B. der Anteil der relativ geringfügigen Differenzen bei Investitionslieferungen und -leistungen deutlich höher als bei Rechnungen für Gemeinkostenlieferungen.

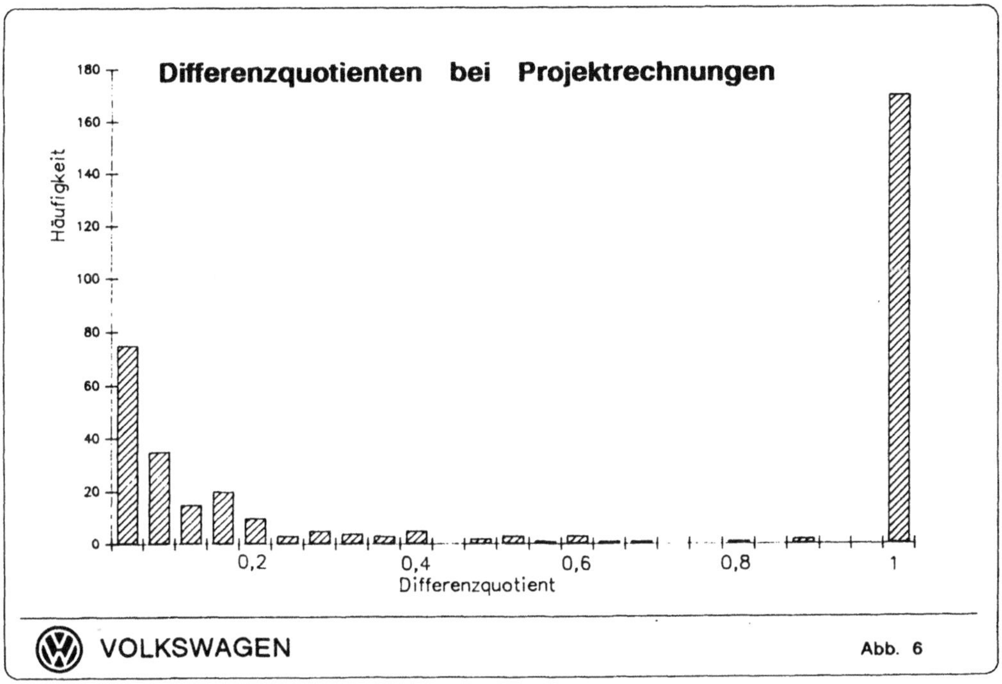

Abb. 6

Abbildung 6 zeigt als Beispiel die Verteilung der relativen Differenz für Investitionsrechnungen.

Die Anzahl der Positionen einer Rechnung hat praktisch wenig Auswirkung auf die Wahrscheinlichkeit der Fehlerhaftigkeit dieser Rechnung. Dies leuchtet unmittelbar ein, wenn man bedenkt, daß die Ausstellung der weit überwiegenden Zahl der Rechnungen maschinell erfolgt und damit die rein rechnerische Richtigkeit zwangsläufig gegeben ist.

Insgesamt hat die Analyse ergeben, daß Rechnungsbetrag und Rechnungskategorie wesentliche Auswahlkriterien sind; dagegen berücksichtigt die Stichprobenauswahl nicht die Zahl der Rechnungspositionen.

Zu b) Wir haben sehr sorgfältig die Frage untersucht, ob der Anteil fehlerhafter Rechnungen eines Lieferanten in der Vergangenheit die Wahrscheinlichkeit für fehlerhafte Rechnungen in der Folgezeit erhöht. Dazu haben wir über einen Zeitraum von 3 Monaten die Prüfungsergebnisse lieferantenbezogen ausgewertet.

Fehlerkontinuität

	April fehlerhaft	April fehlerfrei	April gesamt
März fehlerhaft	33	50	83
März fehlerfrei	125	1185	1310
März gesamt	158	1235	1393

VOLKSWAGEN

Abb. 7

Abbildung 7 zeigt das Ergebnis. Die Tabelle ist folgendermaßen zu interpretieren:

- Von 83 Lieferanten, die im März eine fehlerhafte Rechnung ausstellten, waren im April 33 Rechnungen fehlerhaft und 50 Rechnungen fehlerfrei. Dies entspricht einer Fehlerquote von 39,8 %.
- Von 1.310 Lieferanten, die im März eine fehlerfreie Rechnung ausgestellt haben, waren im April 125 fehlerhaft und 1.185 Rechnungen fehlerfrei. Dies entspricht einer Fehlerquote von 9,5 %.

Eine entsprechende statistische Analyse mit Hilfe des Chi²-Testes für alle drei Monate zeigt eine hohe Signifikanz für die These, daß das zukünftige Verhalten eines Lieferanten abhängig ist von seiner Rechnungsgüte in der Vergangenheit. Diese statistisch gesicherte Aussage trifft nicht nur für die Anzahl, sondern auch für die Höhe der Rechnungsdifferenzen zu. Fehlerquote und Differenzanteile eines Lieferanten sind also weitere wichtige Kriterien für die Stichprobenauswahl.

Dies bedeutet:

- Ein Verfahren zur selektiven Rechnungsprüfung muß die Rechnungsgüte der einzelnen Lieferanten berücksichtigen.
- Das Verfahren ist umso effizienter, je aktueller die Beurteilung der Rechnungsgüte ist. Das System muß daher "lernend" sein, d. h. systemimmanent laufende Prüfungsergebnisse in die Lieferantenbeurteilung einbeziehen.

Beide Anforderungen werden durch ACCOUNT erfüllt. Die stärkere Gewichtung aktueller Daten wird im System durch eine exponentielle Glättung sichergestellt.

Bisher wurde nur untersucht, welche Kriterien zur Stichprobenauswahl herangezogen werden. Es müssen noch folgende Fragen beantwortet werden:

- Wie erfolgt die Auswahl der Stichprobenelemente, d. h. der konkret zu prüfenden Rechnungen?
- Wie groß ist der Stichprobenumfang, d. h. wieviele Rechnungen werden insgesamt zur Prüfung ausgewählt?

Hier soll der Modellansatz von ACCOUNT nur kurz erläutert werden.

Eine Rechnung wird im System ACCOUNT als prüfwürdig angesehen, wenn gilt:

erwartete Kosten der Prüfung	<	**erwarteter Schaden bei Nichtprüfung**

Zur Ermittlung dieser Relation dienen folgende Parameter:

Parameter des Systems ACCOUNT

i	Kreditor
j	Belegart
k	Rechnung
$f(p_{i,j})$	Dichte des Fehleranteils von Rechnungen des Typ j bei Kreditor i
$E(p_{i,j})$	Erwartungswert des Fehleranteils von Rechnungen des Typ j bei Kreditor i
CI_j	mittlere Kosten der Prüfung von Rechnungen des Typ j
CR_j	mittlere Kosten der Erstellung von Belastungen bei Rechnungen des Typ j
$CA_{i,j,k}$	mittlerer Schaden bei Nichtprüfung der Rechnung k von Typ j des Kreditors i
D	für Rechnungsprüfung zur Verfügung stehende Kapazität pro Planungsperiode
d_j	mittlere Prüfdauer pro Rechnung des Typ j

VOLKSWAGEN Abb. 8

Die Parameter "mittlere Prüfkosten" und "mittlere Kosten einer Belastung" haben wir durch eine Aufwandschätzung näherungsweise ermittelt. Das gleiche gilt für Prüfdauer und Prüfkapazität. Die übrigen Parameter hängen von der Fehlerwahrscheinlichkeit einer Rechnung in den einzelnen Schichten der Grundgesamtheit ab; sie sind also Erwartungswerte von Zufallsvariablen, die im System ACCOUNT bestimmt werden.

Die Bedingungen für die Prüfwürdigkeit einer Rechnung können unter Beachtung von Kapazitätsbedingungen modifiziert werden, indem der Prüferfolg je Zeiteinheit betrachtet wird. Mit der Einbeziehung von Kapazitätsrestriktionen wird eine wichtige Flexibilität des Verfahrens erreicht, da es dadurch möglich ist, den Umfang der zu prüfenden Rechnungen systematisch dem zwangsläufig schwankenden Arbeitsvolumen der prüfenden Abteilung anzupassen.

Die Bedingungen für die Prüfwürdigkeit einer Rechnung lauten danach:

Prüfwürdigkeit

Rechnung k der Belegart j des Lieferanten i ist prüfwürdig, falls

erwartete Kosten der Prüfung	<	erwarteter Schaden bei Nichtprüfung

$$CI_j + CR_j * E(p_{ij}) < CA_{ijk} * E(p_{ij})$$

bei Kapazitätsrestriktionen:

$$\frac{CI_j + CR_j * E(p_{ij})}{d_j} < \frac{CA_{ijk} * E(p_{ij})}{d_j}$$

VOLKSWAGEN

Abb. 9

Alle nach den genannten Kriterien als prüfwürdig erkannten Rechnungen sind solange in den Prüfungsumfang einzubeziehen, bis die vorgegebene Prüfkapazität ausgeschöpft ist.

Im System kann eine Wertgrenze vorgegeben werden, ab der eine Rechnung in jedem Fall vollständig geprüft wird. Dadurch ist gewährleistet, daß der wertmäßig überwiegende Anteil der Rechnungen geprüft wird und das Rationalisierungspotential der selektiven Rechnungsprüfung gerade auf dem Gebiet der anzahlmäßig hohen, aber betragsmäßig geringen Rechnungen ausgeschöpft werden kann.

Vor Einsatz des Verfahrens haben wir ACCOUNT einem Leistungstest unterzogen. Dazu haben wir den bereits erwähnten Rechnungsumfang der statistischen Analyse einer Vollprüfung unterzogen und die Prüfergebnisse dokumentiert. Auf dieses Rechnungsvolumen wurde dann durch Simulation das System ACCOUNT angewandt. Neben der Prüfung der Effizienz des Verfahrens diente diese Simulation auch zur firmenspezifischen Optimierung der Systemparameter wie Vollprüfungsgrenze, Glättungsfaktor, Stichprobenumfang. Ferner wurde dadurch eine einmalige Grundgesamtheit geschaffen, aus der die notwendigen a priori-Informationen über Fehlerdichte nach Rechnungskategorie und Lieferant ermittelt werden konnte.

Prüfergebnisse

Vollprüfung:			
Anzahl Rechnungen	42.998		
Anzahl Differenzen	968		
Wert Differenzen	8.635.804 DM		
Prüfung durch ACCOUNT:			
geprüfte Rechnungen	15.015	19.352	23.655
in % zur Vollprüfung	35,0	45,0	55,0
Differenzen			
Wert	8.445.816 DM	8.540.810 DM	8.575.353 DM
in % zur Vollprüfung	97,8	98,9	99,3
Anzahl	530	617	738
in % zur Vollprüfung	54,8	63,7	76,2

VOLKSWAGEN

Abb. 10

Abbildung 10 zeigt das Ergebnis der Simulationsläufe für drei zusammenhängende Monate des Vollprüfungszeitraumes. Das Ergebnis zeigt deutlich, daß ACCOUNT bei einer erheblichen Reduzierung der zu prüfenden Rechnungen wertmäßig nahezu alle Differenzen aufdeckt und damit das finanzielle Risiko minimiert. Die zielgerichtete Stichprobenauswahl von ACCOUNT ermöglicht es, einen deutlich überproportionalen Anteil fehlerhafter Rechnungen aufzudecken. Dies ist eine Folge der Vollprüfungsschicht, der stärkeren Berücksichtigung wertmäßig hoher Rechnungen sowie der Konzentration auf Lieferanten mit fehlerbehafteten Abrechnungsmodalitäten in der Stichprobenschicht.

In den drei Monaten des Simulationszeitraumes, der Abbildung 10 zugrunde liegt, mußten

bei einer Kapazitätsbeschränkung auf	35 %	45 %	55 %
folgende Rechnungsstückzahlen	27.983	23.646	19.343

nicht mehr geprüft werden.

Das Einsparpotential der selektiven Rechnungsprüfung muß anhand der unternehmensindividuellen Gegebenheiten quantifiziert werden. Da verschiedene Kriterien zur Beurteilung der Prüfwürdigkeit einer Rechnung herangezogen werden, ist es möglich, die spezifische Lieferanten- und Rechnungsstruktur der einzelnen Unternehmen zu berücksichtigen. Dadurch können die Prüfungsergebnisse von ACCOUNT für jedes Unternehmen individuell optimiert werden.

Bei der Volkswagen AG bedeutet dies z. B., daß ca. 180.000 Rechnungen pro Jahr nicht mehr der Vollprüfung unterliegen. Dies ist etwa der Umfang von zwei Dritteln der Rechnungen unterhalb der Vollprüfungsgrenze. Hierbei muß aber berücksichtigt werden, daß der Prüfaufwand für die nicht als prüfwürdig ausgewiesenen Rechnungen nicht völlig entfällt. Wir prüfen z. B. für alle Rechnungen, ob eine gültige Bestellung vorliegt. Dies wird auf der Bestellung dokumentiert, so daß zumindest Doppelberechnungen ausgeschlossen werden. Es entfallen also im wesentlichen

- die Preisprüfung
- die rechnerische Prüfung
- die Prüfung des Wareneingangs bzw.
- die fachliche Anerkennung der Leistung.

Gerade bei diesen Prüfkriterien tritt aber auch eine Entlastung für die Fachbereiche ein, da ihnen für den Umfang der eingeschränkten Prüfung keine Rechnungen zur preislichen und sachlichen Anerkennung bzw. zur Bestätigung des Wareneingangs mehr zugestellt werden. Auch hier tritt also die Aufgabenentlastung nicht nur für den eigentlichen Prüfungsvorgang, sondern vor allem auch für die dazu notwendige Peripherie einschließlich der Fachabteilungen ein.

4. INTEGRATION VON ACCOUNT IN DIE SYSTEME DER VOLKSWAGEN AG

Der Einsatz des Systems ACCOUNT kann

- als eigenständiges System im Batchbetrieb
- oder als dialogorientiertes Subsystem im Onlinebetrieb

erfolgen. Daher war es kein grundsätzliches Problem, ACCOUNT in die EDV-Abläufe der VW AG zu integrieren.

Allerdings müssen für den Einsatz des Systems zwei wichtige kreditorische Voraussetzungen erfüllt sein.

Ablaufvoraussetzungen

- Buchung vor Prüfung
- Rückmeldung Prüfergebnisse
  - Korrekturbuchungen mit Rechnungsbezug
  - fehlerfreie Rechnungen

VOLKSWAGEN

Abb. 11

Dazu gehören:

- Buchung vor Prüfung

  Alle eingehenden Rechnungen müssen vor der Prüfung zumindest erfaßt werden, damit die für ACCOUNT benötigten Daten zur Verfügung stehen. Die Erfassung löst bei der VW AG auch gleichzeitig die Kontokorrent- und vorläufige Sachkontenbuchung aus. Dabei besteht zwar das Risiko von Fehlbuchungen - dies erklärt auch die Zahl der Stornierungen in Abb. 5 -, allerdings sind mit der sofortigen Buchung auch wichtige Vorteile verbunden:

- vollständiger und zeitnaher Ausweis der Verbindlichkeiten,
- frühestmöglicher Vorsteuerabzug,
- erleichterte Kontokorrentabstimmung.

- Rückmeldung der Prüfergebnisse
ACCOUNT lernt permanent aufgrund der Prüfungsergebnisse. Diese müssen daher zur Aktualisierung der Parameter dem System zurückgemeldet werden. Dies gilt sowohl für Korrekturbuchungen (Stornierungen, Gutschriften, Belastungen), die eindeutig den verursachenden Rechnungen zugeordnet werden müssen, als auch für fehlerfreie Rechnungen. Die Rückmeldung der

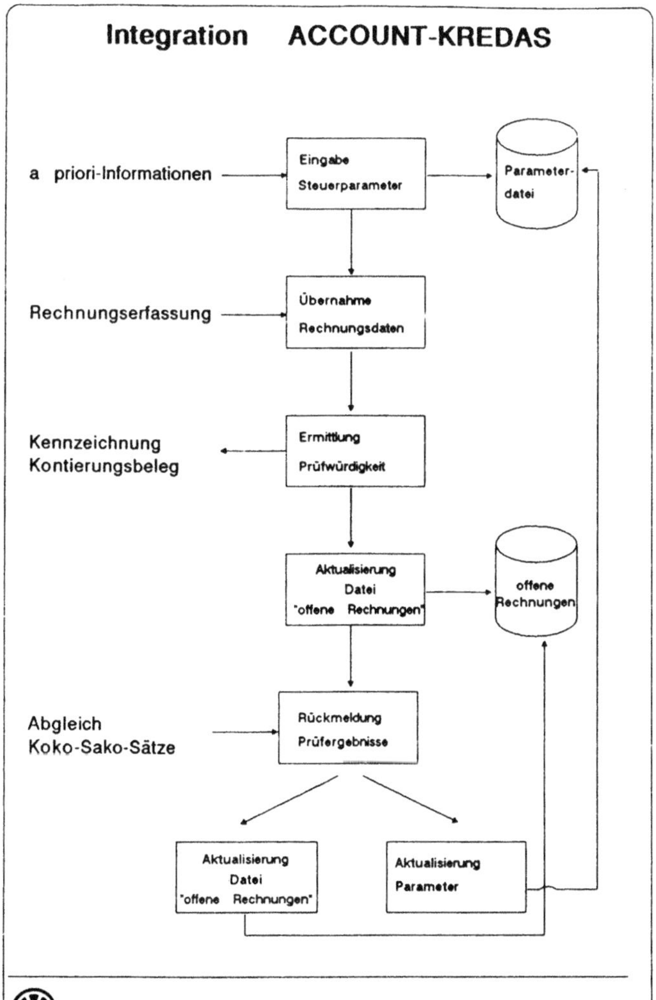

Abb. 12

nicht beanstandeten Rechnungen dient auch zur Überwachung des Bestandes der in Prüfung befindlichen Rechnungen.

Den vereinfachten Ablauf des Systems ACCOUNT sowie die Integration mit den kreditorischen Abläufen des Systems KREDAS der VW AG zeigt Abbildung 12.

Das Zusammenwirken der Systeme vollzieht sich in folgenden wesentlichen Schritten:

1. Zunächst müssen die Steuerparameter des Systems ACCOUNT aufgrund der unternehmensindividuellen Daten aufgebaut werden. Dies sind insbesondere Rechnungskategorien, Lieferantenstruktur, Fehlerdichten, Vollprüfungsgrenze, Glättungsfaktor, Prüfkosten und Prüfkapazität.

2. Die vollständige Erfassung und Buchung aller Eingangsrechnungen liefert ACCOUNT die Daten zur Ermittlung der Prüfwürdigkeit jeder einzelnen Rechnung.

3. Die Prüfwürdigkeit einer Rechnung wird auf einem maschinell lesbaren Kontierungsbeleg gekennzeichnet, der Arbeitsmittel für die anschließende manuelle Rechnungsprüfung ist.

4. Die manuelle Prüfung führt letztlich zur Zahlungsreife der Rechnung. Die Prüfergebnisse werden ACCOUNT zurückgemeldet, das daraufhin die Datei "offene Rechnungen" sowie die Parameterdatei aktualisiert.

Die Erfahrungen des Einsatzes von ACCOUNT bei der Volkswagen AG sind sehr positiv. Die Einschränkung der Prüfung bei der Vielzahl betragsmäßig kleiner Rechnung bringt eine spürbare personelle Entlastung. Um die Aussagen zur Minimierung des finanziellen Risikos der selektiven Rechnungsprüfung abzusichern, werden wir in einem weiteren Stichprobenverfahren, das unter dem Namen ACCOUNT II derzeit von INFORM entwickelt wird, eine Hochrechnung der durch ACCOUNT I erkannten Differenzen auf den gesamten Rechnungsumfang vornehmen. Damit soll auch geprüft werden, ob die laufende Fortschreibung der Steuerparameter nach wie vor zu akzeptablen Prüfergebnissen führt. Insgesamt schaffen diese statistischen Analysen die Basis, von der aus der Einsatz des Verfahrens der selektiven Rechnungsprüfung verantwortet werden kann.

QUELLEN

INFORM GmbH: ACCOUNT - Lernendes System zur selektiven Rechnungsprüfung
Aachen, o. J.

Bär, W.; Mix, U.; Rödder, W.; Weber, D.:
ACCOUNT - Verfahren zur selektiven Rechnungsprüfung, unveröffentlichtes Manuskript, Aachen, Wolfsburg 1989

Vertriebscontrolling mit "Controllers Toolbox"

Dipl.-Wirtsch.-Ing. D. Schäfer, CTB Controlling Software AG, Rapperswil

Prof. Dr. H.-W. Stahl, Fachhochschule für Technik und Wirtschaft, Reutlingen

INHALTSVERZEICHNIS

1. Stellung des Vertriebs-Controllings im Gesamtsystem des Controllings
2. Aufgaben des Vertriebs-Controllings
   2.1 Produkterfolgsrechnung
   2.2 Marktbezogene Erfolgsrechnung
   2.3 Hierarchische Erfolgsrechnung
3. Die Werkzeuge des Vertriebs-Controllings
   3.1 Kostenrechnungssystem
   3.2 Plankalkulation
   3.3 Soll-Ist-Vergleiche
   3.4 Hochrechnungen und Simulationen
4. "Controllers-Toolbox" als Softwarelösung des Vertriebs-Controllings
5. Beispielhafte Auswertungen der "Controllers-Toolbox" für typische Fragestellungen des Vertriebs-Controllings

1. Stellung des Vertriebs-Controllings im Gesamtsystem des Controlling

Unter Controlling soll eine Führungsmethode verstanden werden, mit der die Zielerreichung der Führungskräfte im Unternehmen unterstützt wird. Basis für diese Definition ist das Regelkreismodell, das letztlich in einer Zielvorgabe und Zielerreichungskontrolle besteht.

Ein Schwergewicht wird dabei auf den Informationsfluß gelegt. Die Ziele werden durch den Delegationsprozeß den hierarchischen Unternehmenseinheiten verantwortlich vorgegeben und auf die Führungskräfte übertragen. Über den Grad der Zielerreichung informiert das Berichtswesen. Die meisten dieser Abläufe sind Bestandteil des Controllings. Es koordiniert die Ziele des Unternehmens, entwickelt Methoden, wie die Zielerreichung der Unternehmenshierarchie gemessen werden kann und erarbeitet schließlich Maßnahmen, um

10. Saarbrücker Arbeitstagung 1989
Rechnungswesen und EDV
hrsg. v. A.-W. Scheer

Abweichungen zwischen Plan und Ist zu beseitigen.

Ein Controlling-System im Unternehmen ist, dies läßt sich aus den Ausführungen ableiten, nicht auf eine einzelne Unternehmensabteilung beschränkt, sondern umfaßt das Gesamtunternehmen und muß hierfür konzeptionell entworfen werden. Alle Informationsabläufe des Unternehmens sind auf die Anforderungen und Gestaltungsprinzipien des Controllings abzustimmen, damit dieses effizient ablaufen kann.

In der Annahme, daß die Ziele des Unternehmens unter Beachtung der Knappheit der Ressourcen und einer Gewinnoptimierung definiert werden, stellt ein Controlling damit das wesentliche Instrument zur Überprüfung der Wirtschaftlichkeit und Effizienz des Unternehmens dar.

Als Hauptbereiche eines Controlling-Systems bestehen

- das strategische Controlling zur Überwachung der strategischen Position des Unternehmens
- das operative Gemeinkosten-Controlling zur Überprüfung der Wirtschaftlichkeit der einzelnen Kostenstellen
- das operative Produktions-Controlling zur Überwachung der Wirtschaftlichkeit des Produktionsprozesses
- das operative Vertriebs-Controlling zur Überprüfung der Effizienz des Vertriebs

Gemeinsames Kernarbeitsgebiet für ein effizientes Controlling ist das betriebliche Rechnungswesen. Da sich fast alle Unternehmensprozesse in monetär meßbaren Größen ausdrücken lassen, kann auch deren Effizienz mit einem controllinggerecht gestalteten Rechnungswesen erfaßt werden. Die im Rechnungswesen ermittelten Daten stellen damit wichtige Entscheidungshilfen für Führungskräfte und Controller dar.

An der zentralen Stellung des Rechnungswesens im Controlling-Informations-System des Unternehmens ist nochmals zu erkennen, daß ein effizientes Controlling nur dann besteht, wenn die gesamte Unternehmensorganisation einschließlich der Rechnungswesenabläufe controllinggerecht organisiert sind.

Innerhalb der verschiedenen Controlling-Bereiche übernimmt das Vertriebs-Controlling sicher eine der wichtigsten Funktionen. Das Vertriebs-Controlling überwacht die Effizienz der Unternehmenstätigkeiten in der Produkt-Markt-Beziehung genau dort, wo sich die Kundenwünsche und die Unternehmensinteressen treffen. Aus den einzelnen Verkaufsvorgängen resultieren eine Fülle von Informationen, die im Controlling sorgsam verdichtet und analysiert werden müssen. Aus einem entsprechend gut organisierten Vertriebs-Controlling ist erkennbar, wie das Unternehmen mit seinen Produkten am Markt reüssiert und welche Maßnahmen zur Erfolgsverbesserung im Zweifel notwendig sind. Zusätzlich kann durch eine spezielle Datenaufbereitung überprüft werden, ob ein Wandel in der Produkt-Markt-Beziehung eventuell strategische Positionen des Unternehmens gefährdet.

2. Aufgaben des Vertriebs-Controllings

Aus der erwähnten Produkt-Markt-Beziehung des Unternehmens lassen sich die Hauptaufgaben des Vertriebs-Controllings ableiten. Es muß in der Lage sein, den Erfolg in Plan, Ist und Abweichung nachzuweisen:

- der verkauften Produkte
- des Marktes (Kunden)
- der im Unternehmen hierfür verantwortlichen hierarchischen Einheiten

Diese Anforderungen zeigen, daß ein einziger Verkaufsvorgang mehrere, parallel zueinander bestehende Auswertungen betrifft.

2.1. Produkterfolgsrechnung

Eine Produkterfolgsrechnung hat das Ziel, den Erfolg der einzelnen verkauften Produkte zu ermitteln. Als Sortierkriterium dieser Erfolgsrechnung gilt ausschließlich die Produktstruktur. Als allerunterste Produktebene besteht z. B. der Einzelartikel. Die Einzelartikel sind Bestandteil einer Artikelgruppe. Mehrere Artikelgruppen bilden eine Kostenträgergruppe. Dieser Zusammenhang ist verbindliche Vorgabe für die Auswertungen der Produkterfolgsrechnung. Zunächst muß ein Erfolg auf der untersten, detailliertesten Ebene der Artikel ermittelbar sein. Für die verschiedenen vertriebspolitischen Entscheidungen müssen über die Erfolgsrechnungen auf Artikelebene entsprechende Verdichtungen für Artikelgruppen und Kostenträgergruppen bereitgestellt werden.

Selbstverständlich ist eine Produkterfolgsrechnung für alle oder nur bestimmte Stufen in Plan, Ist und Abweichung darzustellen, um die notwendigen vertriebsspezifischen Informationen zu zeigen.

2.2. Marktbezogene Erfolgsrechnung

Über die Beurteilung des Produkterfolges hinaus, muß das Vertriebs-Controlling in der Lage sein, auszuweisen, welche Produkte auf welchen Märkten welche Erfolge besitzen. Dadurch kann ein Unternehmen wesentlich sensibler als es eine reine Produkterfolgsrechnung erlaubt, die einzelnen Absatzgebiete, Absatzwege usw. analysieren. Neben einer Beurteilung der Effizienz der Marktbearbeitung können mit einer marktbezogenen Erfolgsrechnung bei entsprechender Organisation frühzeitig Veränderungen im Kundenverhalten erkannt werden, die eventuell Konsequenzen für die strategische Positionierung des Unternehmens besitzen.

Die marktbezogene Erfolgsrechnung ist als Parallelhierarchie zur Produkterfolgsrechnung zu sehen, indem die vorhandenen Daten einfach nach Marktkriterien umsortiert werden. Folgende Auswertungsmöglichkeiten sind denkbar:

- eine Kundenerfolgsrechnung, d. h. die Ermittlung des Erfolges aller an einen einzelnen Kunden verkauften Produkte
- eine Branchenerfolgsrechnung, d. h. die Ermittlung des Erfolges aller an eine bestimmte Branche verkauften Produkte
- eine Ländererfolgsrechnung
- eine Vertretererfolgsrechnung

Voraussetzung für solche Auswertungen ist, daß neben den Artikelerfolgen entsprechende marktbezogene Daten gespeichert sind, die als Sortierkriterien verwendet werden können. Auch hier gilt, daß die Berichterstattung in Plan, Ist und Abweichung erfolgt.

2.3. Hierarchische Erfolgsrechnung

Basis für ein effizientes Controlling ist die verantwortliche Delegation der Ziele an die Führungskräfte des Unternehmens. Dies gilt auch für die Vertriebsabteilungen. Abteilungen wie "Vetrieb Inland", "Vertrieb Europa", usw. müssen ein Ziel bekommen, für deren Einhaltung die jeweiligen Vertriebs-Führungskräfte garantieren sollen. Um die Zielerreichung überwachen zu können, muß im Vertriebs-Controlling eine auf das Abteilungsziel zugeschnittene Planung verankert sein und das Berichtswesen hat im entsprechenden Detaillierungsgrad die Ist-Informationen und -Abweichungen darzustellen. Controlling in diesem Sinne bedeutet: Zuordnung von Abweichungen auf Führungskräfte.

Der Aufbau einer hierarchischen Erfolgsrechnung ist noch relativ einfach, wenn das Kriterium, nach dem die Vertriebsstelle gebildet wird, regionalen (z. B. "Vertrieb USA") oder produktorientierten (z. B. "Vertrieb Produkt A") Charakter hat. Dann kann eine hierarchische Erfolgsrechnung aus der Produkterfolgsrechnung oder der marktorientierten Erfolgsrechnung abgeleitet werden. Schwierig wird es, wenn in der Unternehmenshierarchie neben den obigen Kriterien zusätzlich über Produkt und Region übergreifende Kriterien zur Stellenbildung herangezogen werden. Beispiel einer solchen Abteilung ist die Vertriebsstelle "Vertrieb Key-Accounts", die neben den traditionellen Abteilungen wie z. B. "Vertrieb Inland" besteht. In aller Regel sind bei dieser Art von Vertriebsabteilungen besondere Planungs- und Istabrechnungsprobleme anzutreffen, da es oft strittig ist, ob und wie die einzelnen Produkterfolge der "Key-Account-Abteilung" in den Erfolgsrechnungen nach Produkten und Regionen zu berücksichtigen sind.

Einen Lösungsansatz bietet hier die eindeutige Trennung der Auswertungen und Vertriebsinformationen streng nach den oben angeführten Erfolgsrechnungsbereichen: Die produktorientierte Erfolgsrechnung enthält alle Erfolge der verkauften Produkte unabhängig von hierarchischen Gesichtspunkten, ebenso wie die marktorientierte Erfolgsrechnung. Lediglich in der hierarchischen Erfolgsrechnung werden die Erfolge entsprechend der Abteilungsdefinition ermittelt. Dadurch entstehen letztlich drei Parallelhierarchien in der Planung und Berichterstattung, mit denen alle Aufgaben des Vertriebs-Controllings erfüllt werden können.

3. Die Werkzeuge des Vertriebs-Controllings

Welche Werkzeuge müssen dem Vertriebs-Controlling nun zur Verfügung stehen, um die Aufgaben effizient auszuführen?

3.1. Kostenrechnungssystem

Zunächst muß das gesamte betriebliche Rechnungswesen controllingorientiert organisiert sein. Dies ist eine wichtige, oft unterschätzte Bedingung. Für das Vertriebs-Controlling selbst eignet sich sehr gut die Deckungsbeitragsrechnung in Form der stufenweisen Fixkostendeckungsrechnung. Vor allem in der Darstellung der hierarchischen Erfolgsrechnung kann die stufenweise Zuordnung von Fixkosten und die darauf aufbauende Schichtenanalyse zeigen, inwieweit die einzelnen Produkte (Artikel) in der Lage sind, die Fixkosten der hierarchischen Stufen abzudecken.

In der produkt- und marktorientierten Erfolgsrechnung sollte am besten nur der Deckungsbeitrag unter Berücksichtigung der Fixkosten der Fertigung, ohne weitere Fixkosten aus Verwaltung, Vertrieb, Forschung und Entwicklung usw. verwendet werden. Eine artikelweise (d. h. stückweise) Zuordnung der Fertigungs-Fixkosten hat zwar den deutlichen Nachteil ihrer "Proportionalisierung", erleichtert aber die Beurteilung von Produktionskosten enorm, gerade wenn nach dem Prinzip der Werkstattfertigung gearbeitet wird, und keine eindeutige Zuordnung von einzelnen Maschinen auf Artikel möglich ist. Außerdem wird dadurch eine Materialabrechnung, die letztlich auf Vollkostenebene arbeiten muß, wesentlich leichter in das Controlling-System integrierbar.

3.2. Plankalkulation

Um die verschiedenen Erfolgsrechnungen in der beschriebenen Weise durchführen zu können, müssen die Kosten auf der untersten Produktebene (Artikel) definiert sein. Nur so kann eine Aggregation von Erfolgen in unterschiedlichen Auswertungshierarchien gewährleistet werden.

Die vertriebspolitischen Aussagen des Vertriebs-Controllings benötigen nicht unbedingt genaue Ist-Kosten-Informationen einer geschlossenen Kostenträgerrechnung. Es genügt in aller Regel eine Artikelerfolgsrechnung innerhalb einer nicht geschlossenen Kostenträgerrechnung auf Basis von Plankalkulationen.
Solche Plankalkulationen entstehen aus der Bewertung der Arbeitspläne und Stücklisten der Artikel und ergeben hinreichend genaue Stückkosteninformationen. Der große Vorteil einer Verwendung von Plankalkulationen liegt in der schnellen Zugriffsmöglichkeit der Daten und damit in der Möglichkeit, die Vertriebsentscheidungen auf ständig aktuellstem Datenmaterial zu treffen, ohne auf die relativ langen Abläufe und Ergebnisse der geschlossenen Kostenträgerrechnung warten zu müssen.
Voraussetzung für eine solche Art organisierter Erfolgsrechnung sind natürlich einerseits die Existenz eines schlüssigen Artikelnummernsystems und andererseits die ständige Aktualisierung der Plankalkulationen, um Differenzen zwischen Plan- und Ist-Kosten so gering wie möglich zu halten.

3.3 Soll-Ist-Vergleiche

Dem Basisverständnis des Controllings entsprechend, ist der Aufbau des Berichtswesens als Soll-Ist-Vergleich eine Grundbedingung. Für alle oben angeführten Erfolgsrechnungen müssen Planungen als "Meßlatte" der Zielerreichung definiert sein. Besonders schwierig ist im Vertriebs-Controlling die Erarbeitung von Planungen in den drei parallelen Ebenen der Erfolgsrechnung, während die Ermittlung der Ist-Information relativ einfach ist.

Eine produktbezogene Erfolgsplanung gilt normalerweise als relativ einfacher Fall, aber schon die Berücksichtigung des Produkt-Mixes in der marktbezogenen Erfolgsrechnung bringt größere Definitionsschwierigkeiten mit sich. Die Probleme der Planung einer hierarchischen Erfolgsrechnung hängen zusätzlich zu den obigen Schwierigkeiten zum einen davon ab, wie tief die hierarchische Gliederung des Unternehmens im Berichtswesen mit abgebildet werden soll und zum anderen von den, wie oben schon erwähnt, unterschiedlichen Einteilungskriterien der Vertriebsstellen.

Die Bedeutung einer richtigen Planung für den Soll-Ist-Vergleich ist aber nicht zu unterschätzen, da die Aussage der Effizienz des Vertriebes in Form einer Abweichung unmittelbar an sie gekoppelt ist. Das bedeutet ganz klar, daß die Vertriebserfolgsplanung mit großer Sorgfalt durchgeführt werden muß, um hinterher verwertbare Aussagen erhalten zu können.

Schwierigkeiten macht oft der zeitliche Detaillierungsgrad der Planung. Soll die Jahresplanung einfach durch zwölf dividiert werden oder wäre es nicht besser von vornherein erkennbare saisonale Schwankungen mit zu berücksichtigen? Natürlich ist die Einbindung von saisonalen Schwankungen in die Erfolgsplanung wesentlich effektiver, da sonst Abweichungen erzeugt werden, die eigentlich gar keine sind. Mögliche Hinderungsgründe einer Berücksichtigung solcher Schwankungen sind oft der erheblich größere Zeit- und Sachaufwand im Planungsablauf und die erhöhten Anforderungen an Speicherfähigkeit und Flexibilität der Software.

Die im Soll-Ist-Vergleich ermittelten Abweichungen bilden für das Vertriebs-Controlling eine der wichtigsten Handlungsgrundlagen. Sie müssen genauestens analysiert werden, um daraus Korrekturmaßnahmen zu entwickeln. Das Berichtswesen sollte nun in der Lage sein, die Abweichung (z. B. Abweichung zwischen Plan- und Ist-Deckungsbeitrag) nicht nur in einem einzigen Betrag darzustellen. Eine erste, detailliertere Analyse kann rechentechnisch bereits mit denjenigen Größen durchgeführt werden, die in der Planung verankert sind:

- geplante Verkaufsmenge der Artikel
- geplanter Verkaufspreis der Artikel
- geplantes Produkt-Mix

Werden die Ist-Werte diesen Größen gegenübergestellt, kann schon das Berichtswesen die zugehörigen wichtigen Abweichungen:

- Mengenabweichung
- Preisabweichung
- Produkt-Mix-Abweichung

aufzeigen, die dann Ausgangswerte für weitere Untersuchungen sein können.

3.4. Hochrechnungen und Simulationen

Normalerweise ist eine Erfolgsrechnung so organisiert, daß einerseits eine auf den Monat aufgeteilte Jahresplanung besteht, und andererseits die Ist-Ergebnisse monatlich und kumuliert dieser Planung gegenübergestellt werden. Für die Vertriebsentscheidungen ist die Dokumentation der Ist-Erfolge bis zum Berichtsmonat zeitlich oft zu begrenzt. Denn die kumulierten Erfolge sagen noch nichts über die weiteren Entwicklungen aus.

Beliebte Fragestellung im Vertriebs-Controlling ist daher die mögliche Erfolgsentwicklung in den zukünftigen Berichtsmonaten. Solche Hochrechnungen auf den Jahresenderfolg sind notwendig, um möglichst frühzeitig erkennbare Einflußfaktoren in ihrer Auswirkung erfassen und korrigierende Gegenmaßnahmen rasch einleiten zu können.

Neben Hochrechnungen auf den Jahresenderfolg sind Simulationen alternativer Ausgangsbedingungen wichtig. Hier soll die Konsequenz der Änderung von Planungsparametern auf den Jahreserfolg dargestellt werden. Zum Beispiel sind im Rahmen der Jahresplanung unterschiedliche Mengenplanungen simulierbar, bis zur Entscheidung und Festlegung auf einen bestimmten Planungszustand. Andererseits müssen auch Wertgrößen berücksichtigbar sein, z. B. die Auswirkung der Änderung von Rohmaterialkosten, Lohnkosten, Verkaufspreisen usw.
Ist die Simulationsmöglichkeit sehr detailliert, d. h. können viele Parameter in unterschiedlichen Auswertungshierarchien variiert werden, besteht eine gute Möglichkeit, die Vertriebsentscheidungen zu verbessern.
Für die Durchführung eines effektiven Vertriebs-Controllings müssen Hochrechnungen und Simulationen einfach strukturiert und schnell abwickelbar sein, da sonst diese wichtigen Werkzeuge nicht ihrer Bedeutung entsprechend genutzt werden können.

4. "Controllers-Toolbox" als Software - Lösung des Vertriebs - Controllings

Um ein Vertriebs-Controlling effizient durchführen zu können, müssen die oben dargestellten Werkzeuge im Unternehmen vorhanden sein. Normalerweise lassen sich komplexere Zusammenhänge und größere Datenbestände nur mit einer intelligenten Software verarbeiten. Eine solche, auf die speziellen Anforderungen des Vertriebs-Controllings ausgelegte Software ist die "Controllers-Toolbox". Dieses Programm ist von erfahrenen Controllern konzipiert und zeigt alle notwendigen Controlling-Informationen bei gleichzeitiger großer Gestaltungsfreiheit der Auswertungen.
Grundsätzlich werden die Einzeldaten von der Groß-EDV des Unternehmens in einen Personal-Computer am Arbeitsplatz des Vertriebs-Controllers übernommen, wo auch die "Controllers-Toolbox" implementiert ist. Sie ist in dem Sinne ein Verarbeitungsprogramm vorher vorhandener Daten, die allerdings vom Controller modifiziert werden können.

Bedingt durch die PC-Konzeption sind die Hardware-Anforderungen denkbar einfach:

- Schnittstellen zu allen Groß-EDV-Systemen sind möglich
- PCs mit Processor 80286/80386 sind Voraussetzung
- Festplatte, bei großem Datenvolumen > 10 MByte
- 640 K Hauptspeicher, um schnelle Antwortzeiten zu erhalten, ist extended Memory empfehlenswert
- Betriebssystem MS-DOS 2.X und höher

Die "Controllers-Toolbox" basiert auf einer der leistungsfähigsten relationalen Datenbanken für PCs (Kapazität maximal 32 MByte). Dadurch ist gewährleistet, daß selbst umfangreiche Datenbestände in kürzester Zeit bearbeitet werden können.
Alle Ausgaben sind entweder in Zahlen oder in graphischer Form (Microsoft-Chart) auf Bildschirm oder Drucker darstellbar.
Entsprechend den oben aufgeführten Anforderungen arbeitet die "Controllers-Toolbox" nach dem System der Deckungsbeitragsrechnung und zeigt die drei verschiedenen Arten der Erfolgsrechung, wobei die marktbezogene und die hierarchische kombiniert sind.
Mit einer Art "Rechenschiebertechnik" kann die gewünschte Auswertung ausgewählt werden:

- zunächst die Art der Erfolgsrechnung (Produkt- oder Verkaufsebene)
- dann der Berichtszeitraum
- dann die Bewertungsart (Plan, Ist, Plan-Ist-Vergleich, Simulation, Erwartung)

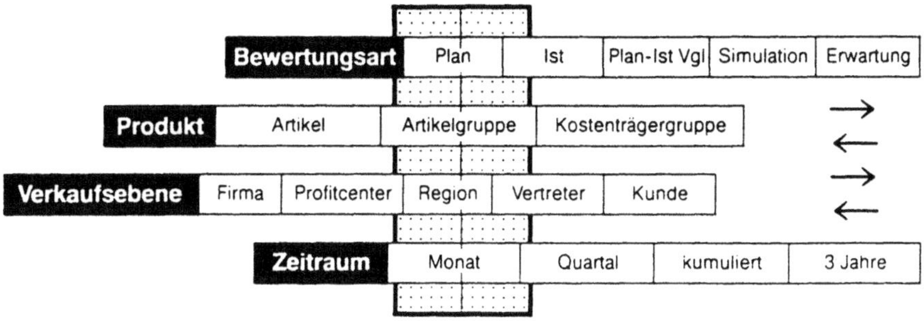

Abb.1

5. Beispielhafte Auswertungen der "Controllers-Toolbox" für typische Fragestellungen des Vertriebs-Controllings

Im folgenden werden aus der Vielzahl von Möglichkeiten eine geringe Anzahl von Auswertungen der "Controllers-Toolbox" vorgestellt. Die Zahlenangaben stammen aus einem Demonstrationsbeispiel. Es würde hier zu weit führen, Zahlen und Zusammenhänge näher zu erläutern.

Fragestellung a): Welchen Umsatz und Deckungsbeitrag erzielt ein bestimmter Einzel-Artikel?

Für den Artikel "KD 10 Regina" steht eine Planung in Umsatz und Deckungsbeitrag (laut Plankalkulation). Die Ist-Ergebnisse liegen bis einschließlich Monat 3 vor. Der Controller hat eine mengen- und wertmäßige Umsatzerwartung eingegeben. Die Abbildung 2 zeigt graphisch eine Erfolgsdarstellung, die klar erkennen läßt, daß aufgrund der Umsatzerwartungen am Jahresende deutliche Abweichungen entstehen werden und jetzt schon Gegenmaßnahmen eingeleitet werden können.

Fragestellung b): Welcher Umsatz und Deckungsbeitrag wird im gesamten Profit-Center erwirtschaftet?

Für alle Artikel des Profit-Centers "01 BRD" sind die Daten analog der Fragestellung a) erarbeitet und eingegeben worden. Die Erfolgsrechnung auf Profit-Center-Ebene zeigt den Umsatz und Deckungsbeitrag aller verkauften Artikel in Ist und Erwartung (Abbildung 3 in graphischer Form, Abbildung 4 im Detail, zahlenmäßig). Der im Profit-Center erzielte Deckungsbeitrag ist Ausgangspunkt für die spätere stufenweise Berücksichtigung der Fixkosten.

Fragestellung c): Welche Hauptursachen der Deckungsbeitrag-Abweichung Plan-Ist sind erkennbar?

In der Artikelerfolgsrechnung auf Basis Profit-Center "01 BRD" (Abbildung 5) wird der Ist-Deckungsbeitrag dem Plan-Deckungsbeitrag der Monate 1 bis 3 gegenübergestellt und die Abweichung aufgespalten in eine Mengen- und Preisabweichung.

Fragestellung d): Welcher Umsatz und Deckungsbeitrag wird beim Kunden X erzielt?

Für alle Artikel, die der Kunde "01 Krause" bezieht, wurde eine Planung erarbeitet. Die Ist-Werte der Monate 1 bis 3 liegen vor, und für die Monate 4 bis 12 wurden Erwartungen eingegeben. Die Abbildung 6 zeigt für die Kundenerfolgsrechnung die graphische Darstellung, Abbildung 7 die Zahlen im Detail.

Fragestellung e): Wie hoch ist das Profit-Center-Ergebnis, und wie decken die Deckungsbeiträge die Fixkosten ab?

Mit Hilfe der stufenweisen Fixkostendeckungsrechnung werden die Deckungsbeiträge in Plan und Ist für die Monate 1 bis 3 des Profit-Centers "01 BRD" dargestellt und anschließend die Fixkosten (Plan und Ist) schichtenweise davon abgezogen (Abbildung 8). Besonders interessant ist die Abweichungsanalyse, die neben Mengen- und Preisabweichungen auch die Abweichungen des Produkt-Mix ausweist.

Fragestellung f): Wie wird sich das Profit-Center-Ergebnis bis zum Jahresende entwickeln?

Aufgrund der artikelweise eingegebenen Erwartungen, ergänzt um die mögliche Fixkostenentwicklung, ergibt sich die gesamte Ergebniserwartung für das Profit-Center zum Jahresende (Abbildung 9).

Fragestellung g): Welche Auswirkung auf das Profit-Center-Ergebnis hat z. B. eine Veränderung der Absatzmengen, Verkaufspreise und Materialpreise?

Mit Hilfe einer Simulationsrechnung kann die Folge einer Veränderung der Hauptparameter des Ergebnisses gezeigt werden. Hier im Beispiel (Abbildung 10) wurden die Verkaufsmenge je Artikel unterschiedlich zwischen 4% und 8%, die Verkaufspreise und Materialpreise zwischen 2% und 5% verändert. Das sich nach Simulation ergebende Profit-Center-Ergebnis wird dem geplanten Ergebnis gegenübergestellt um die Auswirkung der Parameteränderung darzustellen. Auf diese Gegenüberstellung wurde hier aus Platzgründen verzichtet.

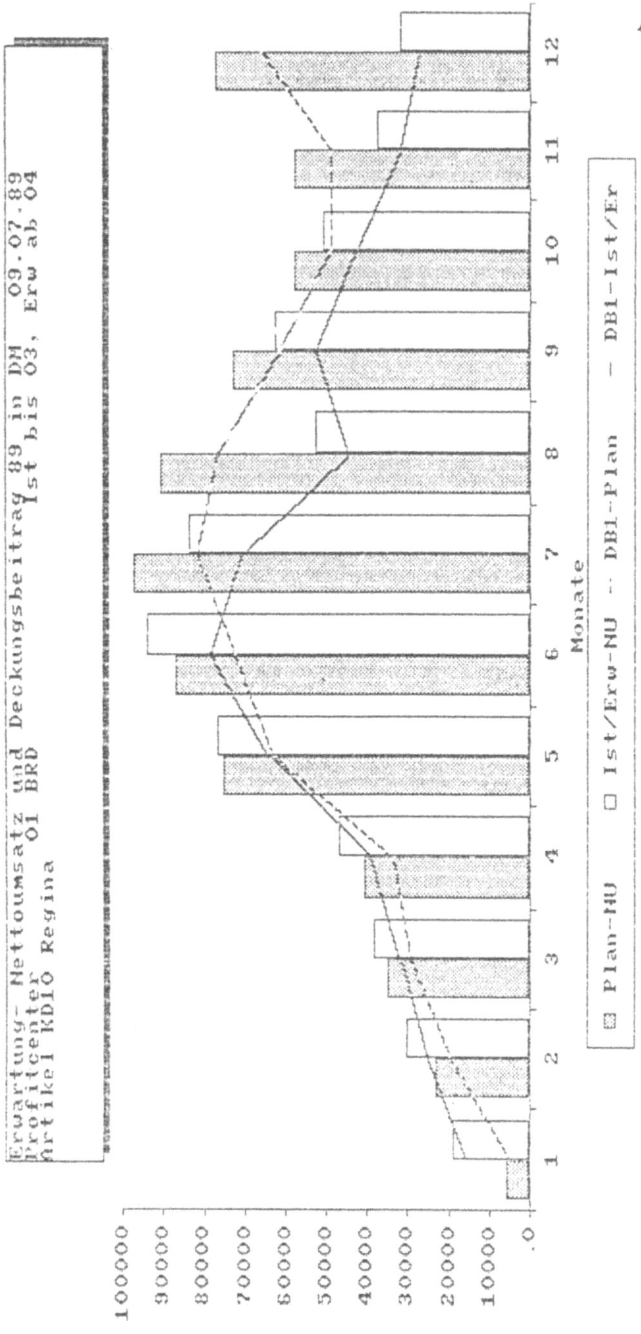

Abb.2

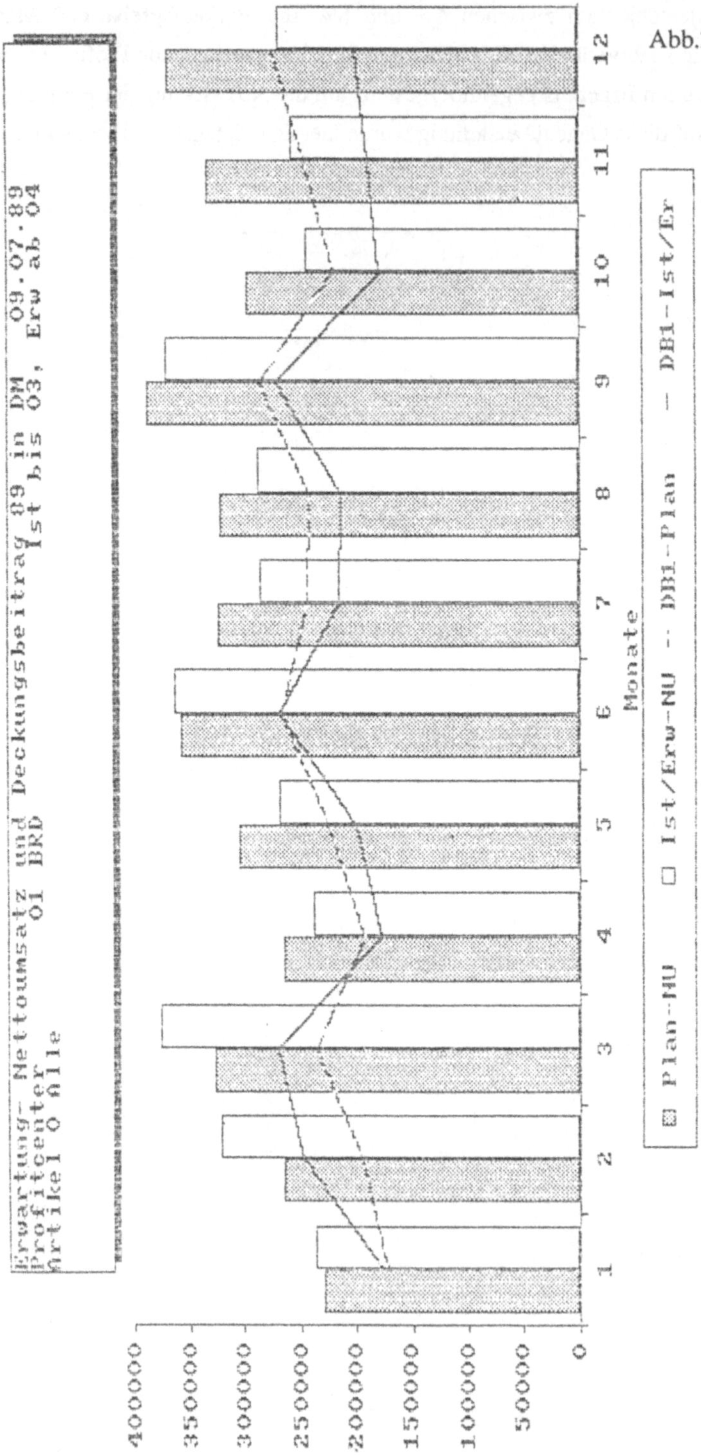
Erwartung- Nettoumsatz und Deckungsbeitrag 89 in DM 09.07.89
Profitcenter 01 BRD Ist bis 03, Erw ab 04
Artikel 0 Alle
400000
350000
300000
250000
200000
150000
100000
50000
0
1
2
3
4
5
6
7
8
9
10
11
12
Monate
Plan-NU
Ist/Erw-NU
DB1-Plan
DB1-Ist/Er

Abb.3

Abb.4

ConSTAR AG — Artikelerfolgsrechnung April 89 - Dezember 89 — 09.07.89

Profitcenter 01 BRD — Erwartung / Alle Artikel / in DM — Seite 1

Artikel Bezeichnung	Menge	Preis	DB1/Stück	Erlös mindg %	Brutto Erlös	Netto Erlös	Standard-Grenzkost	DB1	DBU %
Ist bis 03: KD10	243	423,95	298,71	15,62	103.020	86.924	14.337	72.587	83,51
Erw ab 04: Regina	1.449	443,27	310,24	16,70	642.300	535.036	85.491	449.545	84,02
Ist + Erw :	1.692	440,50	308,59	16,55	745.320	621.960	99.828	522.132	83,95
Plan Jahr :	1.940	445,31	311,95	16,70	863.910	719.637	114.460	605.177	84,09
Abw% :	-12,78	-1,08	-1,08	-0,15	-13,73	-13,57	-12,78	-13,72	-0,15
Ist bis 03: KD11	177	381,69	243,11	16,14	67.560	56.659	13.629	43.030	75,95
Erw ab 04: Petty	655	386,82	247,39	16,14	253.370	212.479	50.435	162.044	76,26
Ist + Erw :	832	385,73	246,48	16,14	320.930	269.137	64.064	205.073	76,20
Plan Jahr :	920	385,57	245,41	16,38	354.720	296.615	70.840	225.775	76,12
Abw% :	-9,57	0,04	0,44	-0,24	-9,53	-9,26	-9,57	-9,17	0,08
Ist bis 03: KH10	1.047	225,47	126,95	14,87	236.070	200.970	68.055	132.915	66,14
Erw ab 04: Max	3.157	230,00	130,23	15,12	726.110	616.345	205.205	411.140	66,71
Ist + Erw :	4.204	228,87	129,41	15,06	962.180	817.315	273.260	544.055	66,57
Plan Jahr :	4.608	230,00	129,57	15,40	1.059.840	896.574	299.520	597.054	66,59
Abw% :	-8,77	-0,49	-0,12	-0,35	-9,21	-8,84	-8,77	-8,88	-0,03
Ist bis 03: KH11	820	477,80	339,99	16,49	391.800	327.175	48.380	278.795	85,21
Erw ab 04: Kurt	1.589	420,00	290,86	16,70	667.380	555.928	93.751	462.177	83,14
Ist + Erw :	2.409	439,68	307,58	16,62	1.059.180	883.103	142.131	740.972	83,91
Plan Jahr :	2.497	420,00	290,86	16,70	1.048.740	873.600	147.323	726.277	83,14
Abw% :	-3,52	4,68	5,75	-0,08	1,00	1,09	-3,52	2,02	0,77
Ist bis 03: SD10	83	177,49	127,12	3,03	14.732	14.286	3.735	10.551	73,86
Erw ab 04: Arosa	640	179,00	128,63	3,00	114.560	111.123	28.800	82.323	74,08
Ist + Erw :	723	178,83	128,46	3,00	129.292	125.409	32.535	92.874	74,06
Plan Jahr :	626	179,00	128,63	3,00	112.054	108.692	28.170	80.522	74,08
Abw% :	15,50	-0,10	-0,13	0,00	15,38	15,38	15,50	15,34	-0,03
Ist bis 03: SD11	344	135,23	71,03	3,11	46.520	45.075	20.640	24.435	54,21
Erw ab 04: Zell	980	140,00	75,80	3,00	137.200	133.084	58.800	74.284	55,82
Ist + Erw :	1.324	138,76	74,56	3,03	183.720	178.159	79.440	98.719	55,41
Plan Jahr :	1.181	140,00	75,80	3,00	165.340	160.380	70.860	89.520	55,82
Abw% :	12,11	-0,88	-1,63	0,03	11,12	11,09	12,11	10,28	-0,41
Ist bis 03: SH10	145	116,51	65,61	5,06	16.894	16.039	6.525	9.514	59,32
Erw ab 04: Rocky	0	0,00	0,00	0,00	0	0	0	0	0,00
Ist + Erw :	145	116,51	65,61	5,06	16.894	16.039	6.525	9.514	59,32
Plan Jahr :	515	118,00	67,10	5,00	60.770	57.731	23.175	34.556	59,86
Abw% :	-71,84	-1,26	-2,22	0,06	-72,20	-72,22	-71,84	-72,47	-0,54
Ist bis 03: SH11	162	176,42	108,22	5,21	28.580	27.090	9.558	17.532	64,72
Erw ab 04: Jack	0	0,00	0,00	0,00	0	0	0	0	0,00
Ist + Erw :	162	176,42	108,22	5,21	28.580	27.090	9.558	17.532	64,72
Plan Jahr :	702	184,00	115,80	5,00	129.168	122.710	41.418	81.292	66,25
Abw% :	-76,92	-4,12	-6,55	0,21	-77,87	-77,92	-76,92	-78,43	-1,53
Ist bis 03: 1010	178	287,42	187,58	2,03	51.160	50.120	16.732	33.388	66,62
Erw ab 04: Thermo RS	405	292,00	192,16	2,00	118.260	115.895	38.070	77.825	67,15
Ist + Erw :	583	290,60	190,76	2,01	169.420	166.015	54.802	111.213	66,99
Plan Jahr :	526	292,00	192,16	2,00	153.592	150.520	49.444	101.076	67,15
Abw% :	10,84	-0,48	-0,73	0,00	10,31	10,29	10,84	10,03	-0,16

ConSTAR AG — Artikelerfolgsrechnung April 89 - Dezember 89 — 09.07.89

Profitcenter 01 BRD — Erwartung / Alle Artikel / in DM — Seite 2

	Artikel Bezeichnung	Menge	Preis	DB1/Stück	Erlös mindg %	Brutto Erlös	Netto Erlös	Standard-Grenzkost	DB1	DBU %
Ist bis 03:	1020	314	167,09	107,73	2,01	52.466	51.411	17.584	33.827	65,80
Erw ab 04:	Quattro	1.059	168,00	108,64	2,00	177.912	174.354	59.304	115.050	65,99
Ist + Erw :		1.373	167,79	108,43	2,00	230.378	225.765	76.888	148.877	65,94
Plan Jahr :		1.275	168,00	108,64	2,00	214.200	209.916	71.400	138.516	65,99
Abw% :		7,69	-0,12	-0,19	0,00	7,55	7,55	7,69	7,48	-0,04
Ist bis 03:	2010	49	193,78	116,88	2,01	9.495	9.304	3.577	5.727	61,55
Erw ab 04:	Sporti	80	195,00	118,10	2,00	15.600	15.288	5.840	9.448	61,80
Ist + Erw :		129	194,53	117,63	2,00	25.095	24.592	9.417	15.175	61,71
Plan Jahr :		156	195,00	118,10	2,00	30.420	29.812	11.388	18.424	61,80
Abw% :		-17,31	-0,24	-0,39	0,00	-17,50	-17,51	-17,31	-17,63	-0,09
Ist bis 03:	2020	283	173,87	108,35	2,02	49.204	48.208	17.546	30.662	63,60
Erw ab 04:	Touren	646	176,00	110,48	2,00	113.696	111.422	40.052	71.370	64,05
Ist + Erw :		929	175,35	109,83	2,01	162.900	159.630	57.598	102.032	63,92
Plan Jahr :		858	176,00	110,48	2,00	151.008	147.988	53.196	94.792	64,05
Abw% :		8,28	-0,37	-0,59	0,00	7,88	7,87	8,28	7,64	-0,14
Ist bis 03:	T O T A L				12,58	1.067.501	933.260	240.298	692.962	74,25
Erw ab 04:					12,99	2.966.388	2.580.953	665.748	1.915.205	74,21
Ist + Erw :					12,88	4.033.889	3.514.213	906.046	2.608.167	74,22
Plan Jahr :					13,11	4.343.762	3.774.175	981.194	2.792.981	74,00
Abw% :					-0,23	-7,13	-6,89	-7,66	-6,62	0,22

Abb.5

ConSTAR AG	Artikelerfolgsrechnung kumuliert Januar 89 - März 89	09.07.89
Profitcenter 01 BRD	Ist / Alle Artikel / in DM	Seite 1

	Artikel Bezeichnung	Menge	Erlös mindg %	Brutto-Erlös	Netto-Erlös	Standard-Grenzkost	DB1	DBU %	DB1 Analyse in DM: Menge	Preis	Gesamt
1:	KD10	243	15,62	103.020	86.924	14.337	72.587	83,51	19.148	-116	19.032
	Regina			423,95	357,71	59,00	298,71				
	KD11	177	16,14	67.560	56.659	13.629	43.030	75,95	0	408	408
	Petty			381,69	320,11	77,00	243,11				
2:	KH10	1.047	14,87	236.070	200.970	68.055	132.915	66,14	10.659	-3.183	7.476
	Max			225,47	191,95	65,00	126,95				
	KH11	820	16,49	391.800	327.175	48.380	278.795	85,21	15.706	40.290	55.996
	Kurt			477,80	398,99	59,00	339,99				
3:	SD10	83	3,03	14.732	14.286	3.735	10.551	73,86	1.286	-125	1.161
	Arosa			177,49	172,12	45,00	127,12				
	SD11	344	3,11	46.520	45.075	20.640	24.435	54,21	3.487	-1.640	1.847
	Zell			135,23	131,03	60,00	71,03				
4:	SH10	145	5,06	16.894	16.039	6.525	9.514	59,32	1.543	-216	1.327
	Rocky			116,51	110,61	45,00	65,61				
	SH11	162	5,21	28.580	27.090	9.558	17.532	64,72	-1.505	-1.228	-2.733
	Jack			176,42	167,22	59,00	108,22				
5:	1010	178	2,03	51.160	50.120	16.732	33.388	66,62	1.345	-816	529
	Thermo RS			287,42	281,58	94,00	187,58				
	1020	314	2,01	52.466	51.411	17.584	33.827	65,80	652	-286	366
	Quattro			167,09	163,73	56,00	107,73				
6:	2010	49	2,01	9.495	9.304	3.577	5.727	61,55	1.890	-60	1.830
	Sporti			193,78	189,88	73,00	116,88				
	2020	283	2,02	49.204	48.208	17.546	30.662	63,60	5.855	-604	5.251
	Touren			173,87	170,35	62,00	108,35				
	TOTAL	3.845	12,58	1.067.501	933.260	240.298	692.962	74,25	60.067	32.423	92.490
			277,63	242,72	62,50	180,22					

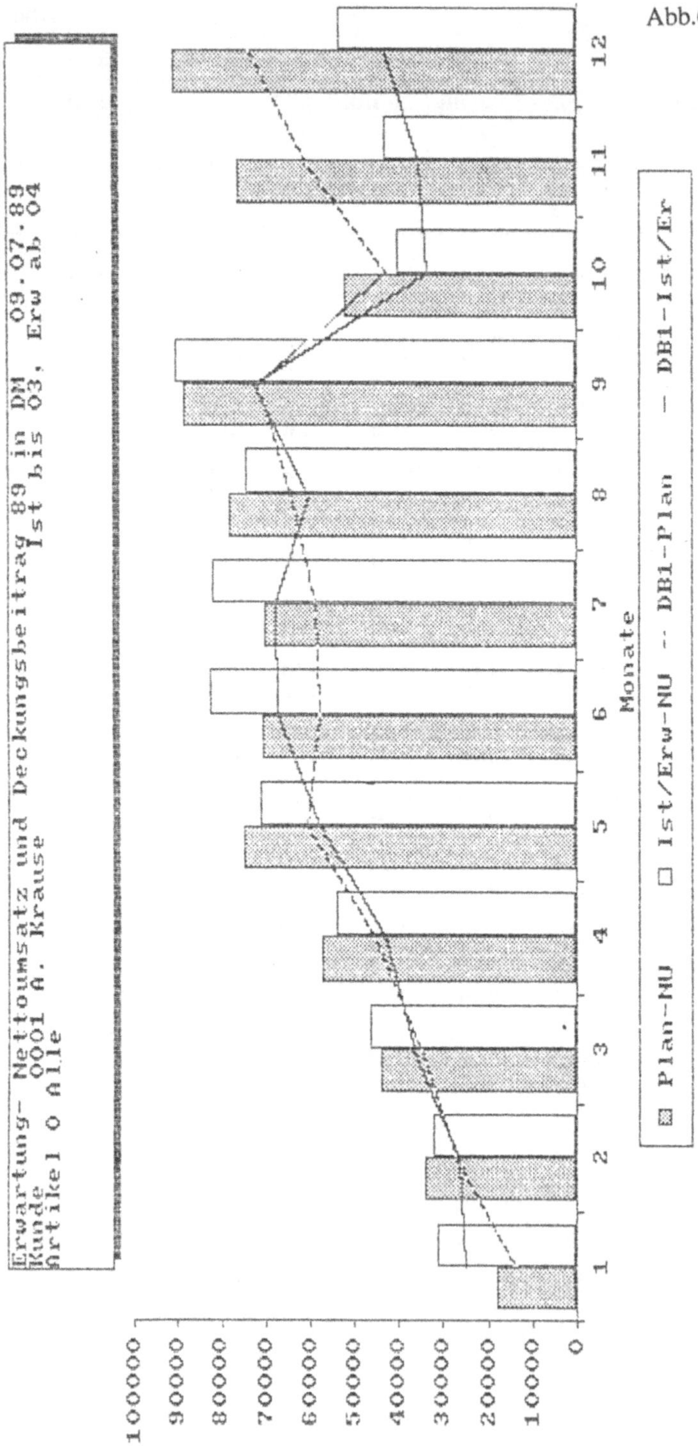
Erwartung- Nettoumsatz und Deckungsbeitrag 89 in DM 09.07.89
Kunde 0001 A. Krause Ist bis 03, Erw ab 04
Artikel 0 Alle
100000
90000
80000
70000
60000
50000
40000
30000
20000
10000
0
1
2
3
4
5
6
7
8
9
10
11
12
Monate
Plan-NU
Ist/Erw-NU
-- DB1-Plan
— DB1-Ist/Er

Abb.6

Abb.7

ConSTAR AG | Artikelerfolgsrechnung April 89 -Dezember 89 | 09.07.89

Kunde 0001 A. Krause | Erwartung / Alle Artikel / in DM | Seite 1

	Artikel Bezeichnung	Menge	Preis	DB1/Stück	Erlös mindg %	Brutto Erlös	Netto Erlös	Standard-Grenzkost	DB1	DBU %
Ist bis 03:	KD10	155	423,23	300,74	15,00	65.600	55.760	9.145	46.615	83,60
Erw ab 04:	Regina	1.044	444,04	310,89	16,70	463.580	386.162	61.596	324.566	84,05
Ist + Erw :		1.199	441,35	309,58	16,49	529.180	441.922	70.741	371.181	83,99
Plan Jahr :		1.250	445,34	311,96	16,70	556.670	463.706	73.750	389.956	84,10
Abw% :		-4,08	-0,89	-0,77	-0,21	-4,94	-4,70	-4,08	-4,81	-0,10
Ist bis 03:	KD11	170	382,35	241,54	16,69	65.000	54.152	13.090	41.062	75,83
Erw ab 04:	Petty	630	386,83	245,23	16,70	243.700	203.002	48.510	154.492	76,10
Ist + Erw :		800	385,88	244,44	16,70	308.700	257.154	61.600	195.554	76,05
Plan Jahr :		900	385,57	244,18	16,70	347.010	289.059	69.300	219.759	76,03
Abw% :		-11,11	0,08	0,11	-0,00	-11,04	-11,04	-11,11	-11,01	0,02
Ist bis 03:	T O T A L	325	401,85	269,77	15,84	130.600	109.912	22.235	87.677	79,77
Erw ab 04:		1.674	422,51	286,18	16,70	707.280	589.164	110.106	479.058	81,31
Ist + Erw :		1.999	419,15	283,51	16,57	837.880	699.076	132.341	566.735	81,07
Plan Jahr :		2.150	420,32	283,59	16,70	903.680	752.765	143.050	609.715	81,00
Abw% :		-7,02	-0,28	-0,03	-0,13	-7,28	-7,13	-7,49	-7,05	0,07

Abb.8

ConSTAR AG — Managementerfolgsrechnung kumuliert Januar 89 - März 89 — 09.07.89

Profitcenter 01 BRD — Plan-Ist Vgl / Gesamt — / in DM — Seite 1

	März Plan	März Ist	März Abweichung	März Abw%	kumul. Januar - März Plan	kumul. Januar - März Ist	kumul. Januar - März Abweichung	kumul. Januar - März Abw%
Menge	1.453	1.706	253	17,41	3.497	3.845	348	9,95
Bruttoerlös	374.443	429.742	55.299	14,77	937.874	1.067.501	129.627	13,82
Rabatte	8.253	9.285			20.703	21.324		
Skonti	5.220	5.925	706	13,52	13.016	15.055	2.040	15,67
Boni	13.050	14.814	1.764	13,52	32.539	37.639	5.099	15,67
Provision	20.879	23.702	2.822	13,52	52.063	60.222	8.159	15,67
- Erlösminderungen	47.402	53.725	6.323	13,34	118.322	134.241	15.919	13,45
Nettoerlös	327.041	376.017	48.976	14,98	819.552	933.260	113.708	13,87
Material	40.487	46.874	6.387	15,78	101.427	112.038	10.611	10,46
Prop.Ftg-Kosten	42.708	50.027	7.319	17,14	99.417	108.369	8.952	9,00
Prop.SEK-Kosten	8.245	9.557	1.312	15,91	18.236	19.891	1.655	9,08
- Grenzkosten	91.440	106.458	15.018	16,42	219.080	240.298	21.218	9,69
DB 1	235.601	269.559	33.958	14,41	600.472	692.962	92.490	15,40
DB 1/Stück	162,15	158,01	-4,14	-2,55	171,71	180,22	8,51	4,96
DBU in %	72,04	71,69	-0,35		73,27	74,25	0,98	
*** DB1 Analyse in DM ***								
Abweichung Menge		38.660				59.556		
Abweichung Preis		-4.689				32.423		
Abweichung Mix		-14				511		
Abweichung Gesamt		33.958				92.490		
- Werbung	10.200	9.800	-400	-3,92	30.600	31.250	650	2,12
- Messen	6.667	8.200	1.533	23,00	20.000	18.300	-1.700	-8,50
DB 2	218.734	251.559	32.824	15,01	549.872	643.412	93.540	17,01
DBU 2 in %	66,88	66,90	0,02		67,09	68,94	1,85	
- PC Fixkosten	10.588	11.018	430	4,06	31.763	32.545	783	2,46
- Aussendienst	8.400	5.200	-3.200	-38,10	25.200	14.100	-11.100	-44,05
DB 3	199.747	235.341	35.594	17,82	492.910	596.767	103.857	21,07
DBU 3 in %	61,08	62,59	1,51		60,14	63,94	3,80	
- Unternehm.Fixkoste	4.988	5.618	630	12,63	14.963	15.645	683	4,56
- Fixe Mat-Kosten	10.877	12.842	1.965	18,07	25.784	28.417	2.633	10,21
- Fixe Ftg-Kosten	12.978	15.482	2.504	19,29	30.476	32.929	2.453	8,05
DB 4	170.904	201.400	30.495	17,84	421.687	519.776	98.089	23,26
DBU 4 in %	52,26	53,56	1,30		51,45	55,69	4,24	
- Verwaltungskosten	4.000	4.050	50	1,25	12.000	12.650	650	5,42
Ergebnis(DB 5)	166.904	197.350	30.445	18,24	409.687	507.126	97.439	23,78
DBU 5 in %	51,03	52,48	1,45		49,99	54,34	4,35	

Abb.9

ConSTAR AG	Managementerfolgsrechnung April 89 -Dezember 89	09.07.89
Profitcenter 01 BRD	Erwartung / Gesamt / in DM	Seite 1

	Ist 1-3	Erwartung 4-12	Ist+Erwartung	Plan Jahr	Abweichung	Abw%
Menge	3.845	10.660	14.505	15.804	-1.299	-8,22
Bruttoerlös	1.067.501	2.966.388	4.033.889	4.343.762	-309.873	-7,13
Rabatte	21.324	61.845	83.170	95.347		
Skonti	15.055	43.145	58.201	63.232	-5.031	-7,96
Boni	37.639	107.863	145.502	158.080	-12.578	-7,96
Provision	60.222	172.581	232.803	252.928	-20.125	-7,96
- Erlösminderungen	134.241	385.435	519.676	569.587	-49.911	-8,76
Nettoerlös	933.260	2.580.953	3.514.213	3.774.175	-259.962	-6,89
Material	112.038	312.204	424.242	451.171	-26.929	-5,97
Prop.Ftg-Kosten	108.369	299.638	408.007	451.015	-43.008	-9,54
Prop.SEK-Kosten	19.891	53.906	73.797	79.008	-5.211	-6,60
- Grenzkosten	240.298	665.748	906.046	981.194	-75.148	-7,66
DB 1	692.962	1.915.205	2.608.167	2.792.981	-184.814	-6,62
DB 1/Stück	180,22	179,66	179,81	176,73	3,09	1,75
DBU in %	74,25	74,21	74,22	74,00	0,22	
- Werbung	31.250	134.600	165.850	122.400	43.450	35,50
- Messen	18.300	65.000	83.300	80.000	3.300	4,12
DB 2	643.412	1.715.605	2.359.017	2.590.581	-231.564	-8,94
DBU 2 in %	68,94	66,47	67,13	68,64	-1,51	
- PC Fixkosten	32.545	120.000	152.545	127.050	25.495	20,07
- Aussendienst	14.100	101.600	115.700	104.400	11.300	10,82
DB 3	596.767	1.494.005	2.090.772	2.359.131	-268.359	-11,38
DBU 3 in %	63,94	57,89	59,49	62,51	-3,01	
- Unternehm.Fixkoste	15.645	42.000	57.645	59.850	-2.205	-3,68
- Fixe Mat-Kosten	28.417	73.515	101.932	112.393	-10.461	-9,31
- Fixe Ftg-Kosten	32.929	84.952	117.881	130.634	-12.753	-9,76
DB 4	519.776	1.293.538	1.813.314	2.056.254	-242.940	-11,81
DBU 4 in %	55,69	50,12	51,60	54,48	-2,88	
- Verwaltungskosten	12.650	34.000	46.650	48.000	-1.350	-2,81
Ergebnis(DB 5)	507.126	1.259.538	1.766.664	2.008.254	-241.590	-12,03
DBU 5 in %	54,34	48,80	50,27	53,21	-2,94	

Abb.10

ConSTAR AG	Managementerfolgsrechnung kumuliert Januar 89 - Dezember 89	09.07.89
Profitcenter 01 BRD	Simulation 11.0 / Gesamt / in DM	Seite 1

	Dezember	kumul. Januar - Dezember
Menge	1.557	16.198
Bruttoerlös	444.060	4.567.404
Rabatte	9.655	99.820
Skonti	6.341	67.498
Boni	15.854	168.744
Provision	25.366	269.990
- Erlösminderungen	57.216	606.052
Nettoerlös	386.844	3.961.352
Material	45.537	472.725
Prop.Ftg-Kosten	44.660	463.034
Prop.SEK-Kosten	7.414	81.181
- Grenzkosten	97.611	1.016.940
DB 1	289.233	2.944.412
DB 1/Stück	185,76	181,78
DBU in %	74,77	74,33
- Werbung	10.200	122.400
- Messen	6.667	80.000
DB 2	272.366	2.742.012
DBU 2 in %	70,41	69,22
- PC Fixkosten	10.588	127.050
- Aussendienst	9.600	104.400
DB 3	252.178	2.510.562
DBU 3 in %	65,19	63,38
- Unternehm.Fixkoste	4.988	59.850
- Fixe Mat-Kosten	11.766	115.063
- Fixe Ftg-Kosten	11.692	134.594
DB 4	223.733	2.201.055
DBU 4 in %	57,84	55,56
- Verwaltungskosten	4.000	48.000
Ergebnis(DB 5)	219.733	2.153.055
DBU 5 in %	56,80	54,35

Vertriebscontrolling - Fallbeispiel eines Anwenders aus der Konsumgüterindustrie

G. Kirchner, Melitta Werke, Minden

I N H A L T

1. DAS UNTERNEHMEN
2. DER VERTRIEBSBEREICH
3. DER MARKETINGBEREICH
4. DIE KUNDEN
5. DAS CONTROLLINGSYSTEM
6. DIE STRATEGISCHE PLANUNG
7. DIE OPERATIVE PLANUNG
8. DIE VERTRIEBSORIENTIERTE ERGEBNISRECHNUNG
9. DAS INFORMATIONSSYSTEM DES VERTRIEBSCONTROLLING

10. Saarbrücker Arbeitstagung 1989
Rechnungswesen und EDV
hrsg. v. A.-W. Scheer

1. Das Unternehmen

MELITTA ist eine divisional organisierte Unternehmensgruppe, die in sechs Unternehmensbereichen folgende Geschäfte betreibt:

- Haushaltsartikel	UB MELITTA HAUSHALT
- Gewerbliche Kaffeemaschinen	UB MELITTA SYSTEMSERVICE
- Fruchtsäfte	UB GRANINI
- Kaffee	UB MELITTA KAFFEE
- Porzellan	UB FRIESLAND
- Druck und Pappe	UB EUL & GÜNTHER

Unternehmensbereichsübergreifend werden regionale und funktionale Aufgaben in Regionen (z. B. Europa) bzw. Zentralbereichen (z. B. Finanzen) wahrgenommen. Insgesamt erzielte die Gruppe 1988 einen Umsatz von 2 Mrd. DM und beschäftigte ca. 8.000 Mitarbeiter.

Das Stammgeschäft der Gruppe ist im Unternehmensbereich MELITTA Haushalt zusammengefaßt und besteht aus der Vermarktung und Herstellung von Markenartikeln für Anwendungen im privaten Haushalt. Für diese Produkte sind fünf strategische Geschäftsfelder (SGF) definiert:

- MELITTA KAFFEEGENUSS
- TOPPITS FRISCHE & GESCHMACK
- SWIRL PRAKTISCHE SAUBERKEIT
- CILIA TEEGENUSS
- ACLIMAT BESSERE WOHNUMWELT

Der größte Teil des europäischen Bedarfs wird in zwei Werken (Minden / Berlin) produziert. Die Produktion umfaßt im wesentlichen:

- Papierherstellung und -verarbeitung
- Folienextrusion und -verarbeitung

- Spritzguß und Gerätemontage
- Faltschachteldruckerei.

Entwickelt werden die Produkte überwiegend selbst.

Abgerundet wird der Prozeß der Leistungserstellung durch umfangreiche Servicebetriebe wie Werkzeugbau und Schlosserei, die notwendig sind, da bei der Filtertütenherstellung eigenentwickelte Maschinen eingesetzt werden, die am Markt nicht verfügbar sind.

2. Der Vertriebsbereich

MELITTA ist Anbieter von Markenartikeln und in der BRD und teilweise in anderen europäischen Ländern Marktführer bei Filtertüten und Folien. Abnehmer ist in erster Linie der Lebensmittelhandel, im Gerätebereich der Fachhandel.

Der Export in europäische Länder erfolgt über neun eigene Landesgesellschaften (LG) bzw. über Importeure in die Länder, in denen wir keine eigenen Vertriebsorganisationen unterhalten.

Der jährliche Umsatz in und aus der BRD beträgt 600 Mio. DM. Davon werden 450 Mio. DM in der BRD erzielt, der Export an LG beträgt 120 Mio. DM (zu Verrechnungspreisen) sowie 30 Mio. DM an Importeure.

In der BRD wird das Geschäft über zwei Vertriebsbereiche abgewickelt:

- Vertriebsorganisation Lebensmittel
  für den Lebensmittel-, Drogerie- und Papierhandel

- Vertriebsorganisation Hartwaren
  für den Elektro- und Haushaltswarenfachhandel.

Der Aussendienst ist regional nach Gebieten und Bezirken organisiert. Die Kundenbetreuung in der BRD erfolgt auf der Ebene von Bezirksleitern, die durch Gebietsverkaufsleiter geführt werden. Großkunden werden bezirksübergreifend durch Key Account Manager betreut, die auf gleicher Ebene wie die Gebietsverkaufsleiter eingeordnet sind.

Außer den Vertriebsbereichen mit der Verantwortung für Auftragsabwicklung und Aussendienst umfaßt das Vertriebsressort noch die Fakturierung, den Versand und den Kundendienst. Fakturierung und Versand werden für Inland und Export getrennt abgewickelt. Der Kundendienst wird nur für die BRD wahrgenommen, die LG verfügen über eigene Kundendienstorganisationen in den jeweiligen Ländern.
Die Vertriebsstruktur ist auf Anlage 1 dargestellt.

3. Der Marketingbereich

Marktforschung, Produktmanagement und Absatzförderung sind für die BRD unter einem Marketingressort zusammengefaßt. Die LG verfügen über eigene Marketingabteilungen. Die länderübergreifende Koordination der Aktivitäten erfolgt projektbezogen.

Die Funktionen des Produktmanagement sind produktorientiert nach SGF gegliedert und werden von Produktmanagern (PM) unterschiedlicher Ebenen (SPM, PM, JPM) wahrgenommen. Die PM werden durch Serviceabteilungen (Marktforschung, Werbung, Messen) unterstützt.

Darüber hinaus umfaßt das Marketingressort den Bereich Forschung und Entwicklung (F & E), der sowohl Grundlagenforschung als auch Produktentwicklung betreibt. Der Bereich ist ebenfalls nach Produktkriterien gegliedert.
Die marketingorientierte Sortimentsstruktur ist auf Anlage 2 dargestellt.

4. Die Kunden

Die entscheidenden Absatzmittler für die MELITTA Produkte sind die großen Organisationen des Lebensmittelgroß- und Einzelhandels (METRO, EDEKA, TENGELMANN etc.). Aus dieser Abnehmerstruktur erklärt sich eine für viele Konsumgüterhersteller typische Umsatzkonzentration auf wenige Großabnehmer. MELITTA erzielt mit:

- dem größten Kunden	10 % des Umsatzes
- den zehn größten Kunden	45 % des Umsatzes
- den zwanzig größten Kunden	60 % des Umsatzes

Aufgrund der von Wettbewerbsdruck und Konzentration gekennzeichneten Entwicklung des Handels lastet auf den Herstellern von Konsumgütern ein mehrfacher Druck durch:

- steigende Konditionen
- steigende Forderungen hinsichtlich Service und Logistik
- sinkende Abgabepreise durch Auftritt von 'Billiganbietern'.

Die Struktur der 'Handelslandschaft' ist trotz des hohen Konzentrationsgrades heterogen. Sie ist gekennzeichnet durch vielfältige Formen der Organisation und Kooperation (z. B. Dachorganisationen, Verbände), unterschiedliche Branchen (z. B. Lebensmitteleinzelhandel, Drogeriegroßhandel), verschiedene Geschäftstypen (z. B. Discounter, SB Warenhäuser) und weitere Faktoren.
Die Struktur der Abnehmer ist auf Anlage 3 dargestellt.

5. Das Controllingsystem

Das Controlling leistet einen wesentlichen Beitrag zur ergebnisorientierten Steuerung des Unternehmens. Entsprechend sind die Anforderungen an das Controllingsystem, denn dieses Geschäft erfordert ein integriertes Fertigungs- und Vertriebscontrolling, das in der heutigen Ausprägung erst Mitte der 80 er Jahre installiert wurde.

Das Controlling begleitet die von der Marktseite ausgehende Strategische Planung (fünf Jahre), erarbeitet die operative Feinplanung (Folgejahr) und ermittelt und kommentiert die Abweichungen zum Plan. Das Controlling betreibt die dazu erforderlichen Planungs- und Abrechnungssysteme.

Kern des Controllingsystems ist eine flexible Plankostenrechnung. Dabei werden die Stellenkosten analytisch geplant und in ihre proportionalen und fixen Bestandteile aufgelöst.

Mit den sich aus der Kostenstellenplanung ergebenden Kostensätzen werden Arbeitspläne, mit geplanten Festpreisen Stücklisten bewertet. Die so erstellten Kalkulationen zeigen die Herstellkosten der Erzeugnisse nach verschiedenen Kostenelementen und deren Aufteilung in proportional und fix.

Die Erlöse, die mit den Herstellkosten bewerteten Absatzmengen sowie die über Zuschlagsätze verrechneten Vertriebskosten werden über ein System der Artikelergebnisrechnung (AER) zu Produktgruppen- und Vertriebsergebnissen aggregiert.

Projektbezogene Budgets (Marketing Mix, F & E, Investitionen) werden mit Hilfe einer Werkauftragsabrechnung geplant und überwacht.

Das Gesamtsystem wird abgerundet durch eine Materialabrechnung und eine Betriebsleistungsrechnung, die es ermöglichen, die

Produktgruppenergebnisse mit der Gewinn- und Verlustrechnung im Rahmen einer 'Geschlossenen Abrechnung' abzustimmen.

6. Die Strategische Planung

Ausgehend von Markt- und Wettbewerbsdaten werden ausgewählte Produktgruppen in ein Portfolio (Marktattraktivität, Wettbewerbsposition) eingeordnet und daraufhin die strategische Stossrichtung der nächsten fünf Jahre geplant. Diese Strategische Planung findet alle zwei Jahre statt.

Für ausgewählte Produktgruppen (OPE) werden darin Maßnahmen definiert sowie die Umsätze, Marketing- und F & E-Aufwendungen und die Investitionsbudgets definiert.

Aufgrund dieser Planungen ermittelt das Controlling die Ziel-Deckungsbeiträge für die Produktgruppen sowie eine grobe Abschätzung des Unternehmensergebnisses und der Entwicklung der Rentabilität des Netto-Gebundenen-Kapitals (Aktiva ./. unverzinsliche Passiva).

Nach Diskussion und Verabschiedung der strategischen Planung bildet diese die Grundlage für die operative Planung des Folgejahres, die wir Feinplanung nennen.

7. Die operative Planung

Der Controllingbereich ermittelt in Zusammenarbeit mit dem Einkauf und dem Personalbereich die Prämissen zu Preis- und Lohnsteigerungen für das Folgejahr und wertet auf dieser Basis die Kalkulationen für A-Produkte um. Diese ersten Kalkulationen bezeichnen wir als Plankalkulation I (Simulationskalkulation).

Parallel dazu erstellen die Produktmanager die Marketingplanung mit einem ersten Entwurf der Absatz- und Umsatzplanung, wobei diese auf gültigen Verkaufspreisen beruht. Aufgrund der Informationen aus der Plankalkulation I werden Preisanpassungen geplant. Die Erlösschmälerungen in dieser Planungsphase werden anhand bestehender Strukturen als Prozentsätze vom Umsatz berücksichtigt. Die Absatz- und Umsatzplanung wird für Einzelartikel vorgenommen und in ein entsprechendes Planungssystem (MIPS) eingegeben.

Die nach Produktgruppen aggregierten Umsätze und die proportionalen Herstellkosten des Absatzes werden um Erlösschmälerungen und Marketing Mix zu einer ersten Deckungsbeitragsrechnung ergänzt.

Im folgenden wird die Absatz- und Umsatzplanung ergebnisorientiert überarbeitet. Dabei werden in Abstimmung mit dem Vertrieb die Erlösschmälerungen aktualisiert sowie in Zusammenarbeit mit F & E neue Produkte berücksichtigt. Dafür werden Vorkalkulationswerte in die Kalkulationsdatei eingestellt.

Parallel zur Absatzplanung werden die Grundstrukturen der Investitionsplanung, der Personalplanung und der Kostenplanung erarbeitet. Dieses parallele Arbeiten ist erforderlich, weil die verabschiedete Absatzplanung zu spät vorliegt (Mitte September) und ist möglich, weil die wesentlichen Impulse für die Investitionsplanung schon aus der Strategieplanung bekannt sind.

Die Bezugsgrößen für die Kostenplanung werden aufgrund der

- Strategischen Planung (bei Absatzengpässen)
- Kapazität (bei annähernder Vollbeschäftigung)

geplant.

Mitte September sind die Absatz- und Umsatzplanung sowie die Kostenplanung abgeschlossen, es werden Plankalkulationen II mit neuen Kostensätzen ermittelt. Die Marketingbudgets und Erlösschmälerungen sind inzwischen ebenfalls abschließend definiert.

Mit den vorliegenden Daten erstellen wir eine ausschließlich produktgruppenorientierte Deckungsbeitragsrechnung II, da die Absatz-/Umsatzplanung zu diesem Zeitpunkt noch nicht nach Vertriebskriterien (Kunden, Vertriebsstrukturen) aufgeteilt ist.

Aufgrund dieser Absatzplanung wird die Produktions- und Bestandsplanung vorgenommen sowie die Personal- und Investitionsplanung abgeschlossen.

Weitere Planungsschritte sind die Beschaffungs- und Wareneinsatzplanung, die Planung der Bilanzpositionen, die Ergänzung der Deckungsbeitragsrechnung II um die Fixkostenblöcke bis zur Darstellung des operativen Ergebnisses sowie die Planung der GuV-Positionen.

Parallel dazu läuft die Ermittlung der Planzuschlagssätze für die AER, worauf im folgenden Kapitel vertiefend eingegangen wird.

Unabhängig vom Ende dieser vertriebsorientierten Planungsphase werden die Ergebnisse der Planung abschließend dokumentiert und den Gesellschaftern präsentiert. Die Präsentation und Durchsprache der Planung findet Ende November statt.

8. Die vertriebsorientierte Planung

Wie im vorherigen Kapitel erwähnt, erfolgt die vertriebsorientierte Aufteilung der Absatz- und Umsatzplanung zu spät für eine frühzeitige Vertriebsergebnisplanung.

Dieses Problem besteht in vielen Unternehmen und ist häufig nur lösbar durch den Einsatz eines Vertriebsplanungssystems, das die Aufteilung der Absätze und Umsätze auf Kunden anhand von Vergangenheitswerten simuliert. Bislang hatten wir ein solches System noch nicht im Einsatz, planen allerdings dessen Einführung in 1990.

Da uns dieses System (VIPS) noch nicht zur Verfügung steht, haben wir die AER, die den Kern unseres Systems des Vertriebscontrolling bildet, als Istabrechnung ausgelegt, die die vertriebsorientierten Kostenblöcke aufgrund von geplanten Zuschlagssätzen ermittelt.

Die Ermittlung dieser Zuschlagssätze und die Funktionsweise dieses Systems werden im Folgenden dargestellt.

Zweck der AER ist die Ermittlung der Selbstkostenergebnisse je Einzelartikel in Abhängigkeit von den jeweiligen Markt- bzw. Vertriebsaktivitäten, die auch für gleiche Produkte völlig unterschiedlich sein können oder aus deren Kombination sich vielfältige Ergebniskonstellationen ableiten.

Das Grundprinzip dabei ist, daß entweder der Umsatz oder die Herstellkosten des Absatzes (oder andere Ergebniszeilen) mit differenzierten Zuschlägen belegt werden.

Realisiert wird dies über Tabellen, die nach Kunden, Vertriebswegen bzw. Produktgruppen differenzierte Zuschlagssätze enthalten, die dann bei der Fakturierung über den Kundenstamm bzw. Artikelstamm angesprochen werden:

Bruttoumsatz

./. Erlösschmälerungen →

Kunde	%-Satz
A	5 %
B	6 %
.	.
.	.

= Nettoumsatz

./. Herstellkosten →

Absatz x Stückkosten

./. Vertriebskosten →

Gebiet	%-Satz
A	8 %
B	9 %
.	.
.	.

./. Marketingbudgets →

Prod.	%-Satz
A	11 %
B	12 %
.	.
.	.

= Ergebnis

Auf der Anlage 4 ist die Zeilenstruktur unserer Ergebnisrechnung verkürzt dargestellt.

Für unsere Markenprodukte (im Gegensatz zu Handelsmarken, die wir bei Kapazitätsüberhängen auftragsweise fertigen) haben wir Listenpreise. Der Bruttoumsatz ergibt sich aus Absatz x Listenpreis.

Rechnungsrabatte werden schon bei der Fakturierung ausgewiesen. Wir gewähren:

- Rabatte für bestimmte Branchen (z. B. Großhandel)
- Mengenrabatte (für Mindestliefermengen)
- Aktionsrabatte (für definierte Verkaufsförderungsaktionen)
- individuelle Leistunsrabatte (z. B. für Anlieferung an Zentralläger)
- Naturalrabatte (Gefälligkeit für kleinere Einzelhändler).

Bei der Jahresplanung werden die Rabatte lediglich nach Produktgruppen als Prozentsatz vom Bruttoumsatz aufgrund von Vergangenheitsdaten und Trends geplant.

Boni sind am Jahresende gewährte weitere Leistungen, die sortiments- und kundenbezogen auf den Umsatz gewährt werden. Da sie nicht in der Faktura erscheinen wird hierfür ein Zuschlagssatz in Abhängigkeit von Sortiment und Kunde erarbeitet:

3 %	Marke Filtertüten	METRO
1 %	Gesamtsortiment	REWE

Bei der Fakturierung wird diese Tabelle über die Artikel-Nr. bzw. Kunden-Nr. angesprochen und der jeweilige Prozentsatz an die Ergebnisrechnung weitergeleitet. Basis für die Bonusermittlung ist dabei der Brutto-Umsatz.

Für Skonti existiert eine einfache Tabelle der Zahlungsbedingungen:

keine Abzug	2 Prozent	3 Prozent

die in Abhängigkeit von der Kunden-Nr. angesprochen wird. Basis für den Skontoabzug ist der Nettoumsatz I.

Vom so ermittelten Netto-Umsatz I werden die Herstellkosten des Absatzes abgesetzt. Sie ergeben sich aus der Multiplikation der Absatzmengen mit den Stückkosten. Diese werden aus der Plankalkulationsdatei überspielt und erscheinen unterteilt nach folgenden Kostensegmenten:

- Material
- Materialgemeinkosten
- proportionale Fertigungskosten
- proportionale Sondereinzelkosten der Fertigung
- fixe Fertigungskosten

Wir erhalten das Ergebnis nach Plan-Herstellkosten.

Da wir in unseren Geschäften mit stark schwankenden Rohstoffpreisen (Zellstoff, Kunststoffgranulate, Aluminium, Karton) konfrontiert sind, ist es für uns wichtig Abweichungen in den Herstellkosten zu berücksichtigen. Daher arbeiten wir mit Standardabweichungen in der Ergebnisrechnung. Die entsprechen-Daten erhalten wir ebenfalls aus der Kalkulationsdatei. Unter Berücksichtigung dieser Abweichungen ergibt sich das Ergebnis nach Standard-Herstellkosten.

Die Frachten ermitteln wir in Abhängigkeit von Lieferbedingungen sowie Entfernungen (Entfernungsklassen á 100 km) und den Gewichten der Erzeugnisse:

	Frei Haus			Frei Bahnhof		
	100 km	200 km	...	100 km	200 km	...
Produkt A	2 %	3 %	...	3 %	4 %	...
Produkt B	8 %	9 %	...	9 %	10 %	...
....	...	...	...	...	...	...
....	...	...	...	...	...	...

Diese Tabelle wird über den Kunden- und den Artikelstamm angesprochen. Zuschlagsbasis für die Frachten sind dabei die Planherstellkosten. Diese Zuschlagsbasis haben wir hier, wie auch bei anderen Positionen der Ergebnisrechnung gewählt, weil sie im Gegensatz zum Umsatz nicht durch Preisbewegungen verändert werden kann.

Delkredere und Inkasso sind Vergütungen an Abrechnungsverbände. Abrechnungsverbände sind Zusammenschlüsse von Kunden, die gemeinsam abrechnen und Zahlungen vornehmen. Vielfach haftet der Abrechnungsverband für die Zahlungsunfähigkeit der einzelnen Mitglieder. Dieses Risiko lassen sich die Abrechnungsverbände als Prozent vom Umsatz vergüten, im Falle eines gemeinsamen Zahlungsausgleiches bezahlt der Hersteller Gebühren für Inkasso. Entsprechende Prozentsätze vom Umsatz sind für Verbände definiert, die Zuschlagstabelle wird über die Kunden-Nr. angesprochen:

1 %	H u F
2 %	Für Sie

Ein weiteres Element der vielfältigen Konditionen ist eine Position die wir in der Zeile 'Promota' führen. In vielen Fällen möchte der Handel die Regalpflege, d. h. das Aufstellen der Ware im Regal sowie deren Auszeichnung nicht selbst wahrnehmen und beauftragt damit ein Unternehmen. Eine solche Gesellschaft ist die Firma Promota, die uns ihre Leistungen direkt in Rechnung stellt. Die Kosten werden in Abhängigkeit von Sortiment und Branche mit Zuschlagssätzen auf die Planherstellkosten berücksichtigt. Das Sortiment wird über den Artikelstamm, die Branche über den Kundenstamm angesprochen:

1 %	Kaffeeautomaten	Elektroeinzelhandel

In der Position Entwicklungskosten werden die Kosten des F & E-Bereiches verrechnet. Die Entwicklungskosten werden projektweise auf Werkaufträgen geplant und über unterschiedliche Zuschlagssätze fürProduktgruppen in die Ergebnisrechnung eingesteuert. Zuschlagsbasis sind die Planherstellkosten:

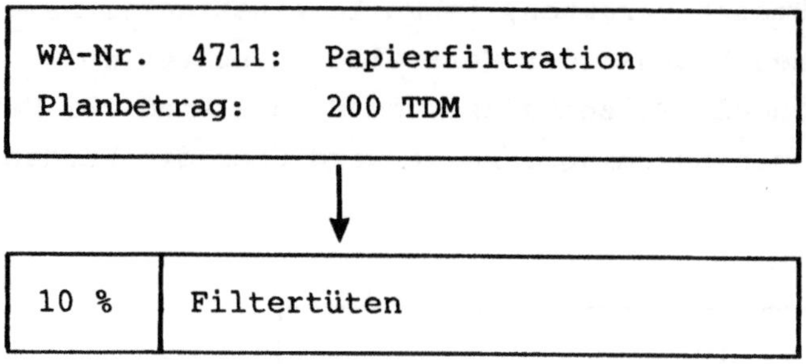

Diskutiert wurde das Problem, daß die Entwicklungskosten des laufenden Jahres für Produkte anfallen, die erst in einer späteren Periode vermarktet werden. Aufgrund der Erfahrung, daß in den meisten Fällen die Entwicklungsbudgets für die einzelnen Produktgruppen pro Jahr etwa annähernd gleich groß sind, haben wir darauf verzichtet Entwicklungskosten zu sammeln und sie über Abgrenzungsaufträge in spätere Perioden zu verrechnen.

Die Vertriebskosten sind die Personal- und Sachkosten des Außendienstes sowie der administrativen Vertriebsabteilungen. Für die verschiedenen Abteilungen bestehen sekundäre und primäre Kostenstellen. Sekundärstellen sind die Abteilungen, die für mehrere Vertriebsbereiche tätig sind (z. B. Fakturierung). Primärstellen sind die direkt im Markt tätigen Vertriebsbereiche.

Die geplanten Kosten der Primärstellen werden über einen Zuschlagssatz bezogen auf die Herstellkosten in die AER verrechnet:

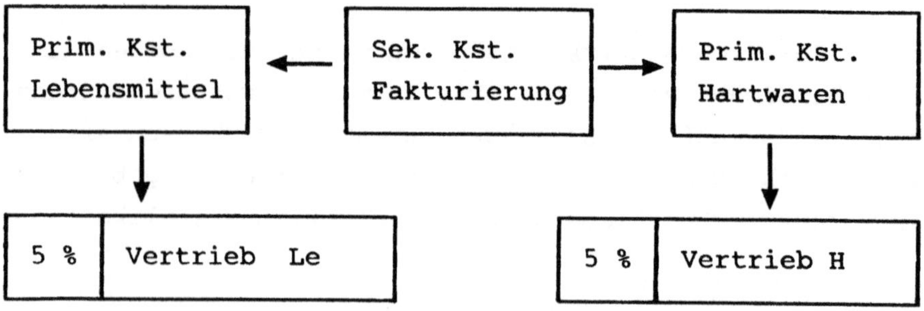

Angesprochen werden die Vertriebsbereiche über den Kundenstamm.

Die Versandkosten sind sämtliche Kosten dieses Bereiches mit Ausnahme der Frachten, die schon in einer anderen Zeile verrechnet wurden. Die auf Kostenstellen geplanten Versandkosten werden getrennt für Inland und Export nach dem Kommissionieraufwand und der Lageplatzbelegung auf Produktgruppen aufgeteilt:

Produkt	30 % Lagerkosten (Fläche)		70 % Kommissionieraufwand (Std.)	
Filtertüten	300 qm	8 %	2 000	20 %
Gefr.dosen	50 qm	1 %	200	2 %
Folien	500 qm	10 %	1 000	10 %
...	...	...	...	...
...	...	...	...	...

Aufgrund der so aufgeteilten Versandkosten wird je Produktgruppe ein Zuschlagssatz ermittelt. Zuschlagsbasis sind die Herstellkosten.

Die Personal- und Sachkosten des Marketingbereiches ohne Marketing Mix (Werbung, Verkaufsförderung) werden auf Kostenstellen geplant. Da der Marketingbereich nach SGF organisiert ist und die Kostenstellenstruktur dieser Organisation entspricht, können die geplanten Kosten nach diesem Kriterium in die AER verrechnet werden, Zuschlagsbasis sind die Herstellkosten. Angesprochen werden die SGF über den Artikelstamm.

Die Verwaltungskosten sind die Kosten der Bereiche Finanzen und Controlling. Die Kostenstellen für diese Bereiche sind als Primärstellen definiert und werden nicht auf andere Kostenstellen umgelegt. Die gesamten Verwaltungskosten werden mit einem einheitlichen Zuschlagssatz auf die Herstellkosten verrechnet.

Nach den Verwaltungskosten zeigen wir in der AER das Ergebnis I, das dem Ergebnis vor Marketingmaßnahmen entspricht.

Das nun folgende Marketingbudget stellen wir in zwei Zeilen dar:

- Marketing Mix beinhaltet hauptsächlich Werbungskosten sowie Kosten für Verkaufsförderungsaktionen, die direkt bei uns anfallen

- Werbekostenzuschüsse (WKZ) sind demgegenüber Kosten für Verkaufsförderungsaktionen, die uns vom Handel in Rechnung gestellt werden

Beide Positionen werden projekt- bzw. aktionsbezogen geplant und deshalb in Werkaufträgen dargestellt.

Die Planbeträge für Marketing Mix werden über Produktgruppen verrechnet. Basis der Verrechnung bilden die Herstellkosten.

Die Planbeträge für WKZ werden über Sortimente und Kundengruppen verrechnet:

2 %	Folien	EDEKA Hannover

Das Sortiment wird über den Artikelstamm, die Kundengruppe über den Kundenstamm angesteuert.

Basis für die Verrechnung ist hier der Umsatz, da die Budgets mit dem Handel als Prozentsatz vom Umsatz vereinbart werden.

Das Ergebnis nach Abzug aller Kosten nennen wir operatives Ergebnis. Wir zeigen es in der AER in der Zeile 'Ergebnis II'.

9. Das Informationssystem des Vertriebscontrolling

Abschließend eine zusammengefaßte Darstellung der uns zur Verfügung stehenden Informationen aus dem Vertriebscontrolling.

D e c k u n g s b e i t r a g s r e c h n u n g

In einer verkürzten AER Struktur erfolgt die Darstellung auf Basis von Grenzkosten und Deckungsbeiträgen.

Die DBR wird erstellt im Rahmen der Planung (DBR I, DBR II) sowie monatlich als Plan-Ist-Vergleich und bedarfsweise als Hochrechnung.

Die DBR zeigt die Ergebnisse getrennt nach

- Vertrieb BRD
- Export LG
- Export Direkt

und innerhalb der Vertriebsbereiche nach SGF, SGE und Produktgruppen in beliebiger Verdichtung und Sortierung.

A r t i k e l e r g e b n i s r e c h n u n g

In der vorgestellten Zeilenstruktur erfolgt die Darstellung sowohl auf Grenz- als auch auf Vollkostenbasis:

	Einzelmonat		Kumuliert	
	Grenz-kosten	Voll-kosten	Grenz-kosten	Voll-kosten
Bruttoumsatz	...	...	...	...
...	...	...	...	...
...	...	...	...	...
...	...	...	...	...
Ergebnis II				

Die AER läuft monatlich nach Abschluß der Fakturierung getrennt für

- Vertrieb BRD
- Export LG
- Export Direkt

und zeigt die Ergebnisse dieser Vertriebsbereiche unterteilt nach SGF, SGE und Produktgruppen und darüber hinaus nach Einzelartikeln in einer stark verkürzten Darstellung.

Desweiteren erstellen wir auf Anforderung Ergebnisrechnungen nach Vertriebs- und Kundenkriterien in beliebiger Verdichtung.

A E R   V e r r e c h n u n g s k o n t r o l l e

Die Höhe der über Zuschlagssätze in die AER verrechneten Erlösschmälerungen und Kosten können wir über Aufträge kontrollieren und dadurch ggf. korrigierend eingreifen. Diese Aufträge zeigen:

- Plan: Jahresplanwert, der Basis für die Ermittlung des Zuschlagssatzes ist

- Verrechnet: über den Zuschlagssatz in die AER verrechneter Wert

- Ist: Angefallene Erlösschmälerungen und Kosten.

Aufträge bestehen mindestens für alle 'Zuschlagszeilen' der Ergebnisrechnung getrennt nach Vertriebsbereichen. Vielfach ist die Auftragsstruktur noch nach weiteren Kriterien (z. B. Kunden) vertieft.

P r o j e k t k o n t r o l l e

Die in die Ergebnisrechnung eingehenden Aufwendungen für Projekte und Maßnahmen werden ebenfalls mittels Aufträgen überwacht. Dies sind die Budgets für:

- Marketing Mix
- Werkekostenzuschüsse
- F & E-Projekte

Für alle definierten Projekte werden Aufträge eröffnet und monatlich abgerechnet. Sie zeigen den Plan und das aufgelaufene Ist. Für Marketingmaßnahmen arbeiten wir häufig mit Unter- und Oberaufträgen, die die Darstellung einer Projekthierarchie zulassen.

K o s t e n k o n t r o l l e

Wie im gesamten Unternehmen wird auch in den Vertriebsbereichen die Kostenstellenrechnung eingesetzt, die auf Basis einer analytischen Kostenplanung im monatlichen Soll-Ist-Vergleich die Kostenabweichungen der Vertriebsstellen transparent macht.

Mit den dargestellten Systemen glauben wir, über die wesentlichen Voraussetzungen für eine vertriebsorientierte Ergebnissteuerung zu verfügen. Produktmanager und Vertriebsleiter sind in unserem Unternehmen täglich 'Kunden' des Controllingbereiches.

MELITTA-Vertriebsstruktur

Anlage 1

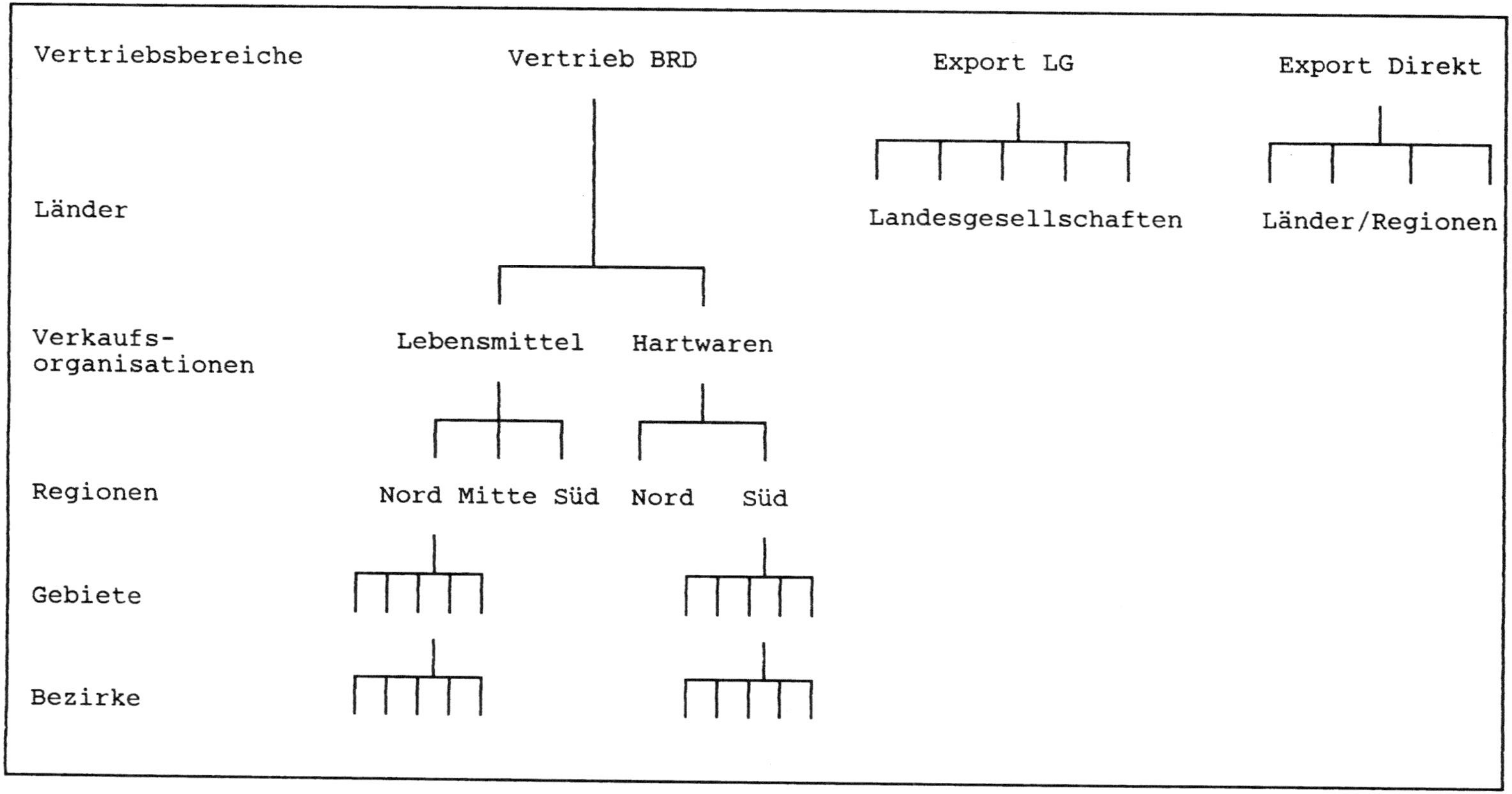

MELITTA-Produktstruktur

Anlage 2

Markenkennzeichen	Markenartikel
Marke	TOPPITS
Strategisches Geschäftsfeld (SGF)	Frische & Geschmack
Strategische Geschäftseinheit (SGE)	Frischhalten
Produktgruppe	Aluminiumfolie
Ausführung	Aluminiumfolie 30 cm
Artikel-Nr.	Aluminiumfolie 30 cm im Karton
Sach-Nr.	Aluminiumfolie 30 cm im Karton - NL
Operative Planungseinheit	In der Strategieplanung dargestellte Produktgruppe
Sortiment	Handelsbezogenes Verdichtungskriterium
Kostenträger	Herstellungsbezogenes Verdichtungskriterium

MELITTA-Kundenstruktur

Anlage 3

Kunde Dachorganisation	Abrechnungsverband	Organisation	Kundengruppe	Kunde
Höchste Verdichtung eines Handelskonzerns	Abrechnungstechnischer Zusammenschluß	Verdichtung Kundengruppe	Verdichtung Einzelkunde	Einzelkunde
z. B. EDEKA	EZHG	EDEKA Minden/Hann.	Centralkauf	Centralkauf Minden
Branche	z. B. Lebensmittel EH, Hausrat- u. Eisenwaren EH, Elektro GH, Drogerie EH			
Geschäftstyp	z. B. C & C, Discounter, SB Warenhaus, Verbrauchermarkt, Supermarkt			
Nielsengebiet	Nielsen - Regionalstukturen			

MELITTA - AER

Anlage 4

	Zeile		Basis	Kriterium
	Brutto-Umsatz			
./.	Rechnungsrabatte		Faktura	
=	Netto-Umsatz I			
./.	Boni	%	Umsatz I	Sortiment, Kunde
./.	Skonti	%	Umsatz I	Zahlungsbedingungen
=	Netto-Umsatz II		------	
./.	Plan HK		Kalkulation	
=	Ergebnis nach Plan HK		------	
./.	Standard Abw. HK		Kalkulation	
=	Ergebnis nach Standard HK		------	
./.	Fracht	%	Plan HK	Lieferbedingung,Entfernung,Prod.
./.	Delkredere	%	Umsatz I	Abrechnungsverband
./.	Promota	%	Plan HK	Sortiment, Branche
./.	Entwicklungskosten	%	Plan HK	Produktgruppe
./.	Vertriebskosten	%	Plan HK	Vertriebsorganisation
./.	Versandkosten	%	Plan HK	Produktgruppe
./.	Marketingkosten	%	Plan HK	Produktgruppe
./.	Verwaltungskosten	%	Plan HK	
=	Ergebnis I		------	
./.	Marketing Mix	%	Plan HK	Produktgruppe
./.	WKZ	%	Umsatz I	Sortiment, Kunde
=	Ergebnis II		------	

Optimierung der Geldmarktgeschäfte durch den Einsatz eines DV-gestützten Treasury-Management-Systems

Dipl.-Betriebswirt (BA) G. Walker-Rudolf, Hewlett Packard GmbH, Böblingen

INHALTSVERZEICHNIS

1. Aufgaben des Treasuries
2. Probleme des täglichen Cash Managements
3. Zielsetzungen und Anforderungen an Treasury-Management-Systeme
4. Darstellung des Treasury-Management-Systems "HPCASH"
4.1. Die Basiskonfiguration
4.1.1. Die Finanzstammdatenverwaltung
4.1.2. Die Finanzdisposition
4.1.3. Das Devisenmanagement
4.1.4. Der Brief- und Telexverkehr
4.1.5. Das Berichtswesen
4.1.6. Die Bedienerführung und das Help-System
4.1.7. Das Sicherheits- und Kontrollsystem
4.2. Die Zusatzmodule
4.2.1. Die Bankenschnittstelle
4.2.2. Die Finanzplanung
4.2.3. Die Finanzbuchhaltungs-Schnittstelle
4.2.4. Finanzierungs- und Investmentmanagement
4.2.5. HPCASH Informationsfluß
5. Zusammenfassung

10. Saarbrücker Arbeitstagung 1989
Rechnungswesen und EDV
hrsg. v. A.-W. Scheer

1. AUFGABEN DES TREASURIES

Die zunehmende Komplexität des Finanzmanagements durch stetig wachsende Internationalisierung der deutschen Wirtschaft verbunden mit einer weiteren Steigerung der Abhängigkeit von den internationalen Geld- und Kapitalmärkten führt dazu, daß EDV-gestützte Finanzmanagement-Systeme immer mehr an Bedeutung gewinnen.

Die Herausforderung, ein solches System zu konzipieren, haben die europäischen Treasurer von Hewlett-Packard angenommen.

Der Systemkonzeption vorausgegangen war eine umfangreiche Analyse der Problemstellungen in der Finanzabteilung sowie die Definition der Anforderungen und Ziele, die mit der Implementierung eines solchen Systems erreicht werden sollen. Außerdem wurde eine sorgfältige Analyse des Marktes durchgeführt, um die Einsetzbarkeit von vorhandener Software zu prüfen. Zum damaligen Zeitpunkt waren vor allem Banken als Anbieter von CASH-Management Systemen tätig. Jedoch war kein System verfügbar, das den Anforderungen eines international operierenden Unternehmens gerecht wurde.

2. PROBLEME DES TÄGLICHEN CASH MANAGEMENTS

Die optimale Disposition der liquiden Mittel in Verbindung mit optimaler Steuerung der Zahlungsströme, bei gleichzeitiger Maximierung der Zinserträge und Minimierung der Zinsaufwendungen kennzeichnen die Hauptaufgaben des Cash Managers.

Die Probleme, die dabei auftreten, sind vor allem zeitlicher Natur. So geben die Kreditinstitute für Geldgeschäfte bestimmte Fristen vor, die eingehalten werden müssen. Beispielsweise können Transfers von Konto A auf Konto B nur jeweils bis 10.30 Uhr getätigt werden, ohne valutarische Verluste in Kauf nehmen zu müssen. Bei Geldgeschäften ist es meist vorteilhaft sehr früh "am Markt" zu sein, um entsprechend gute Zinssätze zu erhalten. Dagegen steht die Notwendigkeit, einen valutarisch korrekten Liquiditätsstatus zu erstellen. Dies wird auch dadurch erschwert, daß unterschiedliche Daten von verschiedenen

Datenlieferanten verarbeitet werden müssen.

Externe Datenlieferanten: Banken. Die benötigten Daten sind valutarische Einzeltransaktionen wie Gutschriften/Belastungen und Kontensalden.

Interne Datenlieferanten: Buchhaltungsdaten (z.B. Informationen aus der Kreditoren- oder Debitorenbuchhaltung), Daten aus der Finanzabteilung (z.B. fällige Geldanlagen oder Geldaufnahmen, fällige Devisentermingeschäfte usw.)

Erschwerend kommt hinzu, wenn diese Geschäfte bei unterschiedlichen Kreditinstituten mit mehreren Bankkonten getätigt werden. Außerdem birgt die manuelle Datensammlung ein hohes Fehlerrisiko in sich und es ist schwierig, plötzlich eintretende Veränderungen zu verarbeiten.

Das bedeutet also, daß wir hier einen Prioritätskonflikt haben: es ist einerseits erforderlich, einen korrekten Liquiditätsstatus zu erstellen, andererseits besteht die Notwendigkeit frühzeitiger Präsenz am Markt.

Ein weiteres Problemfeld des täglichen Cash-Managements liegt in oft fehlenden, entscheidungsunterstützenden Unterlagen. Statistiken über Bankleistungen, Analysen über Kontostände, Kontobewegungen und Zinsabrechnungen können meist nur mit erheblichen Zeitaufwand erstellt werden. Oft stellt sich dabei die Frage nach den Kosten bzw. dem Nutzen dieser Analysen.

Aus diesen Problemfeldern heraus wurden dann die Ziele und Anforderungen an ein Cash- bzw. Treasury-Management-System gestellt.

3. ZIELSETZUNGEN UND ANFORDERUNGEN AN TREASURY-MANAGEMENT-SYSTEME

* Integration aller, für die Finanzdisposition notwendigen Daten

  dies bedeutet also: es muss eine Schnittstelle geben zu den Banken, eine Anbindung an Kreditoren-/ Debitorenbuchhaltung, liquiditätsbezogene Informationen aus Geld- und Kapitalmarktgeschäften oder Devisengeschäften müssen dem Cash Manager zur Verfügung stehen.

* Optimierung des Zinshaushaltes durch frühzeitige Präsenz am Markt

  wir wollen den durch ein EDV-System gewonnen Zeitvorteil nutzen, um unsere Zinserträge durch ein Mehr an Kontakten und ein Mehr an Verhandlungszeit zu steigern.

* Controlling Instrument für Bankgeschäfte

  ein System muss in der Lage sein, Zins- und Gebührenabrechnungen der Kreditinstute nachzubilden und somit eine effiziente Kontrollmöglichkeit zu bieten.

* Produktivitätssteigerung druch Automatisierung

  hier ist vor allem daran gedacht, daß Daten, die in ähnlicher Form in unterschiedlichen Gebieten bzw. Abteilungen bearbeitet werden, nur einmal erfaßt werden müssen.

Hand in Hand mit den Zielsetzungen, die wir mit der Implementierung erreichen wollen, gehen die Anforderungen an ein solches System:

* ein Treasury-Management-System muß bankenunabhängig sein

  Die Kontoauszugsinformationen unterschiedlicher Banken sollen auf dem zentralen Rechner des Kunden zusammenfließen. Es soll dadurch eine zu starke Verbindung/Abhängigkeit zu einem bestimmten Kreditinstitut vermieden werden.

* alle Daten sollen in einem System, auf einer Datenbank zusammenfließen

  Alle Mitarbeiter der Finanzabteilung müssen mit derselben Aktualität der Daten arbeiten können, d.h. gleiche Qualität von Informationen haben.

* das System muß Multi-User-/Multi-Task-fähig sein

Das heißt alle Mitarbeiter müssen in der Lage sein, gleichzeitig mit dem System arbeiten zu können, und unterschiedliche Funktionen gleichzeitig bearbeiten können. Der Cash Manager z.B. transferiert Liquidität von Konto A auf Konto B, gleichzeitig arbeitet der Exposure Manager an der Definition und der Absicherung seines Währungsrisikos.

* Die Kapizität zur Verwaltung einer historischen Datenbank muß verfügbar sein

  Dies ist erforderlich, um z.B. Analysen mit Daten der Vergangenheit vorzunehmen - und z.B. gegen die aktuelle Situation zu stellen.

* Das System muss benutzerfreundlich sein

  Das heißt es soll von vorne herein eine hohe Akzeptanz des Systems durch einfache Bedienung erreicht werden.

4. DARSTELLUNG DES TREASURY-MANAGEMENTS-SYSTEMS "HPCASH"

Mit HPCASH steht uns heute ein bankenunabhängiges, integriertes Finanzmanagement-System zur Verfügung, das aufgrund der Flexibilität und einem modularen Aufbau den Anforderungen an ein umfassendes System gerecht wird.

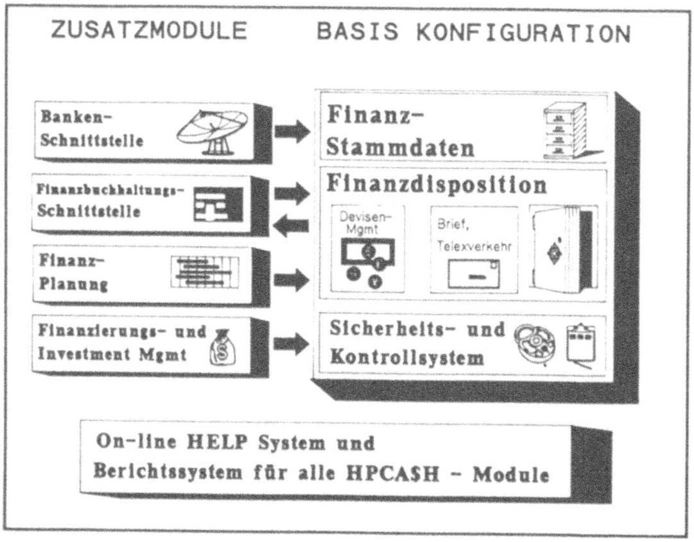

4.1. Die Basiskonfiguration

Das Basissystem besteht aus den Modulen "Finanz-Stammdaten, Finanzdisposition mit integriertem Devisenmanagement und dem Brief- und Telexverkehr und einem Sicherheits- und Kontrollsystem".

Als Zusatzmodule stehen die Bankenschnittstelle, die Finanzbuchhaltungsschnittstelle, die Finanzplanungsschnittstelle, sowie das Finanzierungs- und Investment Managementmodul zur Verfügung.

Für das gesamte System ist eine Benutzerdokumentation on-line abrufbar. Außerdem sind alle Informationen sowohl on-line als auch in Berichtsform verfügbar.

4.1.1. Die Finanzstammdatenverwaltung

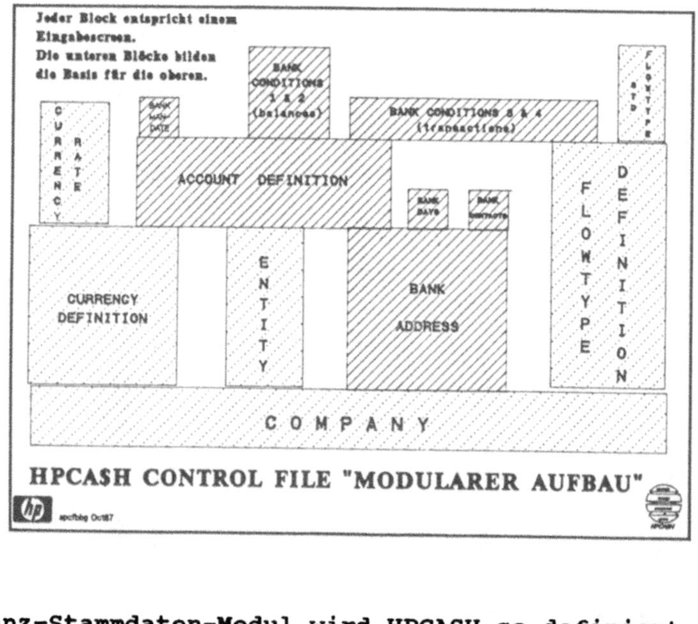

Im Finanz-Stammdaten-Modul wird HPCASH so definiert, das es die unternehmensindividuelle Struktur des Finanzgeschehens widerspiegelt. Die Abbildung der Organisationsstruktur und Zahlungsströme, aber auch die Kontohierarchien, werden hier festgelegt. Der integrierte "Banking Manager" gewährleistet, daß alle Bankverbindungen mit Adressen, Ansprechpartnern, Unterschriftsberechtigungen, Konten usw. sowie alle historischen und aktuellen Bankkonditionen für jede Bank aufgezeichnet werden. Speziell formatierte Vergleichsberichte ermöglichen, die Gebühren- und Konditionen zu überwachen und hinsichtlich der Bankpolitik einen größeren Verhandlungsspielraum zu erreichen.

HPCASH-Flowtype Struktur

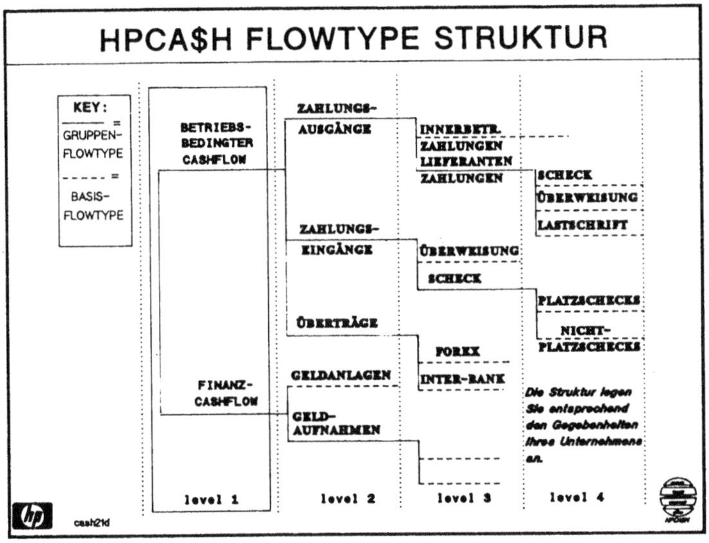

Mit HPCASH können Sie eine logische Struktur aller Zahlungsströme aufbauen. Das bedeutet, daß jede Geldbewegung innerhalb der Unternehmung über den sogenannten "Flowtype" kategorisiert wird.

Unterschieden werden sogenannte Gruppen-Flowtypes von Basis-Flowtypes. Ein Basis-Flowtype ist in einer Flowtype-Familie jeweils die kleinste adressierbare Einheit. Eine Verdichtung von Basis-Flowtypes kann über die Auswahl eines Gruppen-Flowtypes vorgenommen werden.

Die Abbildung zeigt ein Beispiel einer Flowtype-Struktur, wo beispielsweise auf dem 1. Level eine Unterscheidung in "betriebsbedingten-" und "Finanz-Cash-Flow" gemacht wird. Der betriebsbedingte Cash-Flow wird weiter unterteilt im Level 2 in Zahlungsein-, Zahlungsausgänge und Überträge. Die Zahlungsausgänge wiederum erfahren im Level 3 eine Aufteilung in unterschiedlichen Arten von Begünstigten. Der Level 4 bestimmt die Art des Zahlungsmediums z.B. Zahlungsausgang mit Scheck, Überweisung, Lastschrift.

Es ist offensichtlich, daß mit Hilfe dieser Flowtypes ein wichtiges Instrument gegeben ist, um Analysen sehr rasch und gezielt durchzuführen. Außerdem wird diese Logik bei der Finanzplanung relevant.

HPCASH-Transaktions-Status

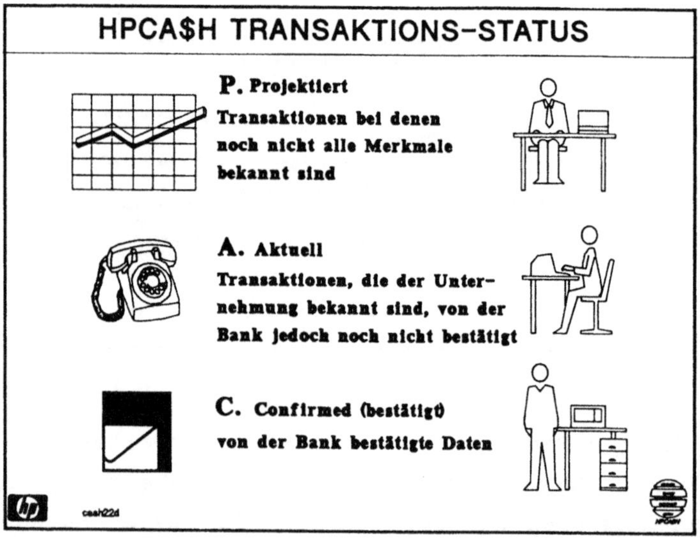

Eine weitere Unterscheidung der Transaktionen in HPCASH wird durch den Transaktions-Status erreicht. Hier wird ein Hinweis auf die jeweilige Aktualität einer Geldbewegung ermöglicht.

Alle HPCASH-Transaktionen, die mit dem Status "C" - Confirmed versehen sind, sind Informationen, die bei der Bank bereits gebucht wurden. Sie entsprechen also dem Kontoauszug, unabhängig ob eine manuelle Erfassung der Kontoauszugsinformation erfolgte.

Alle mit dem Status "A" - Actual versehenen Transaktionen sind Zahlungseingänge oder -ausgänge, die zwar in der Unternehmung bekannt sind, aber bei der Bank noch nicht vorgelegt und verarbeitet. Typischerweise sind dies unterwegs befindliche Schecks.

P-Transaktionen sind Daten, die hinsichtlich der Wahrscheinlichkeit ihres Eintretens noch unsicher sind. Dies sind geplante Zahlungsflüsse; hier kann sowohl bei der Wertstellung als auch in der Betragshöhe eine Abweichung eintreten.

Die Unterscheidung dieser Stati ist für den Cash Manager bei der täglichen Disposition von Bedeutung. Hier kann er je nach Wahrscheinlichkeit des Eintreten eines Ereignisses entscheiden, ob und in welcher Höhe er Liquidität bereitstellt.

4.1.2. Die Finanzdisposition

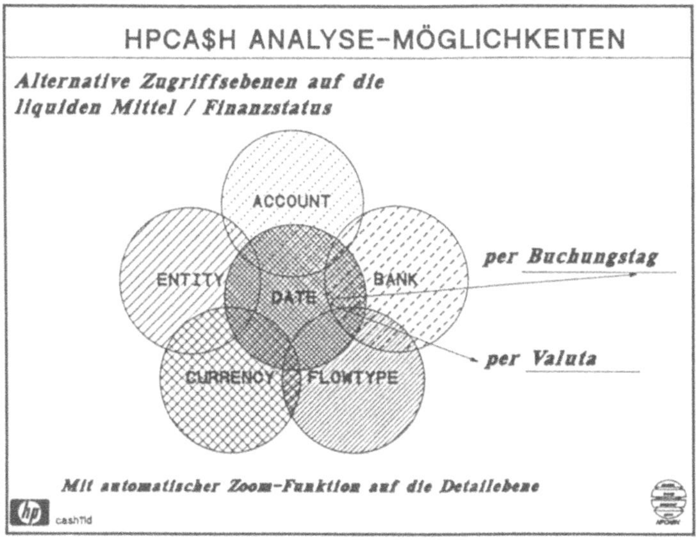

Das Modul Finanzdisposition ist der Kern des Systems. Dort laufen alle valutarisch relevanten Informationen zusammen und werden miteinander verbunden: die von der Bank über die Bankenschnittstelle elektronisch berichteten Kontobewegungen, die fälligen Geldanlagen aus dem Finanzierungs- und Investment Managementmodul, die Kundenzahlungen, die Lieferantenzahlungen aus dem Devisenmanagement und die Devisengeschäfte aus der Finanzbuchhaltungsschnittstelle.

Online können valutarische oder buchungstägliche Informationen unternehmensweit oder auch begrenzt auf bestimmt Organisationseinheiten sowie selektiert nach bestimmten Banken, Konten oder Währungen abgerufen werden. Desweiteren kann in allen Verdichtungsstufen eine direkte Umrechnung der Währungsbeträge in eine Basiswährung durchgeführt werden. Eine umfassende "Zoom-Einrichtung" erlaubt einen direkten Zugriff aus den konsolidierten Positionen in einzelne Geschäftsdetails.

4.1.3 Devisenmanagement

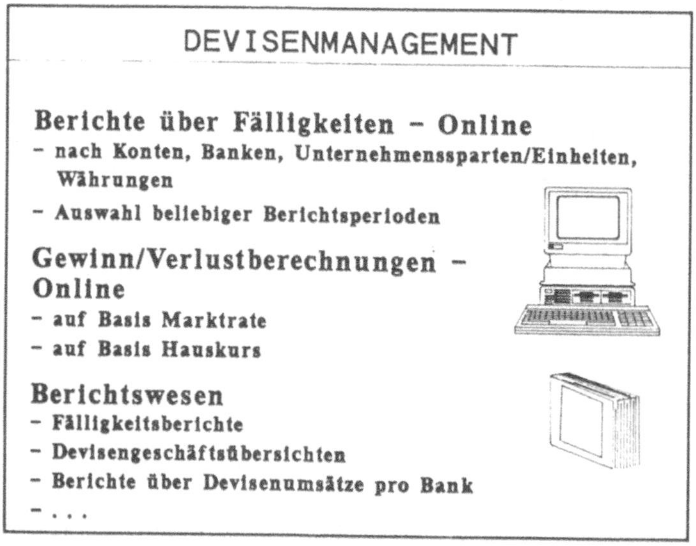

In dem HPCASH-Modul "Devisenmanagement" werden alle abgeschlossenen Währungskontrakte (wie Termin-, Optionsgeschäfte usw.) mit allen benötigten Zusatzinformationen erfaßt. Damit ist es jederzeit möglich aktuelle Analysen über Devisenpositionen, wie z.B. nach Fälligkeiten, Währung, Unternehmenseinheit, Absicherungsinstrument, Absicherungszweck, Bank usw. zu erhalten.

Zusätzlich können auf Basis aktueller Währungskurse oder unternehmensspezifischer Kurse kalkulatorische Gewinne / Verluste sofort ermittelt werden.

Damit wird jederzeit die aktuelle Transparenz über das Absicherungsgeschehen und ein wichtiger Beitrag zu einer effizienten Sicherungspolitik des Unternehmens ermöglicht.

4.1.4. Brief- und Telexverkehr

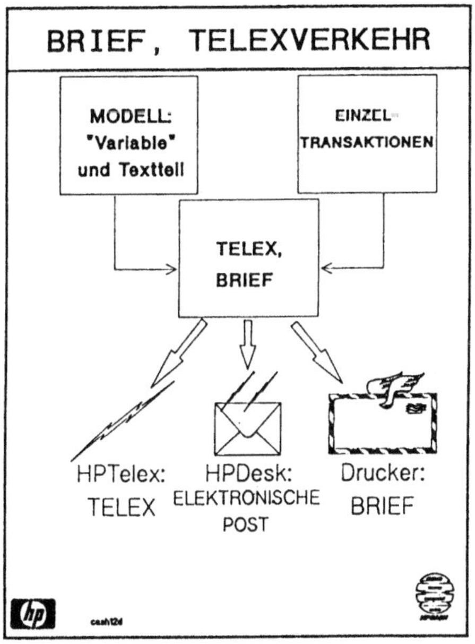

Auch mit diesem Modul wird zur Zielsetzung "Steigerung der Produktivität" ein entscheidender Beitrag geleistet.

Mit dem Modul "Brief- und Telexverkehr" wird man von der administrativen Aufgabe des routinemäßigen Versendens von Bestätigungen an die Bank befreit.

In die hierfür vordefinierten Standardmodelle werden die als Variable definierten Geschäftsdetails automatisch sofort eingefügt und für den Versand gedruckt oder per Telex gesendet.

Dem Sicherheitsaspekt wird hier durch die Funktion "elektronische Unterschrift" Rechnung getragen. Das heißt, daß eine Versendung erst nach entsprechender Genehmigung erfolgen kann.

4.1.5. Das Berichtswesen

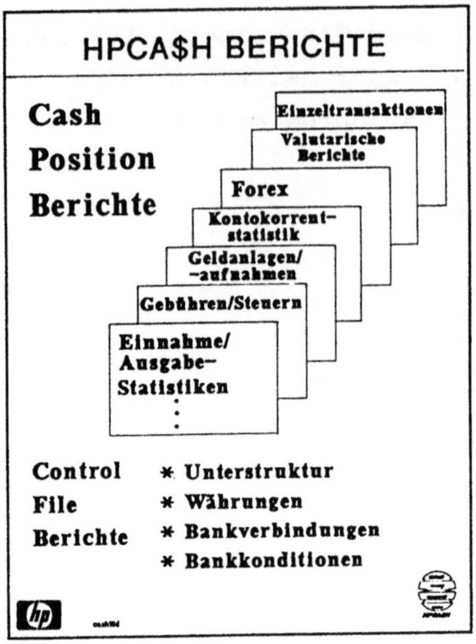

HPCASH verfügt über ein umfangreiches Berichtswesen. Aus jedem Modul sind über eine Vielzahl von Selektionskriterien automatisch formatierte Detailberichte und/oder Ausdruck verfügbar.

Neben umfassenden Cash-Management-Berichten, die Finanzstatus, Kreditlinien und die aktuelle Inanspruchnahme, Kapitalflußanalysen, Devisenrisikoanalysen usw. abdecken, werden zum Zwecke der internen Revision entsprechende Verwaltungsberichte erstellt.

4.1.6. Die Bedienerführung und das Helpsystem

Benutzerfreundlichkeit war eine der Anforderungen, die eingangs erwähnt wurden. Ist sie gegeben, wird automatisch eine Steigerung der Akzeptanz und der Nutzung komplexer Systeme erreicht.

Die Systementwicklung hat hier durch eine menügesteuerte Bedienerführung eine Möglichkeit gefunden, schnell und reibungslos mit dem System zu arbeiten. Durch ein leistungsfähiges Help-System werden Informationen für den gerade zu bearbeitenden Bildschirm, aber auch für jedes einzelne Datenfeld, sofort zur Verfügung gestellt, ohne ein Benutzerhandbuch heranziehen zu müssen.

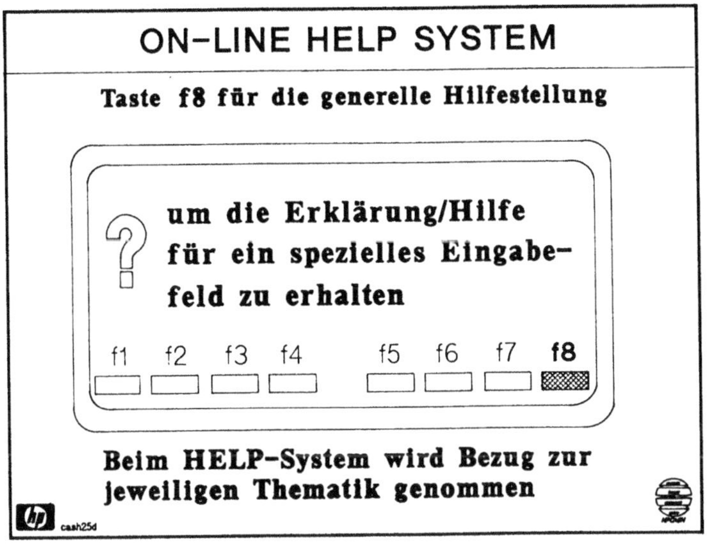

4.1.7. Das Sicherheits- und Kontrollsystem

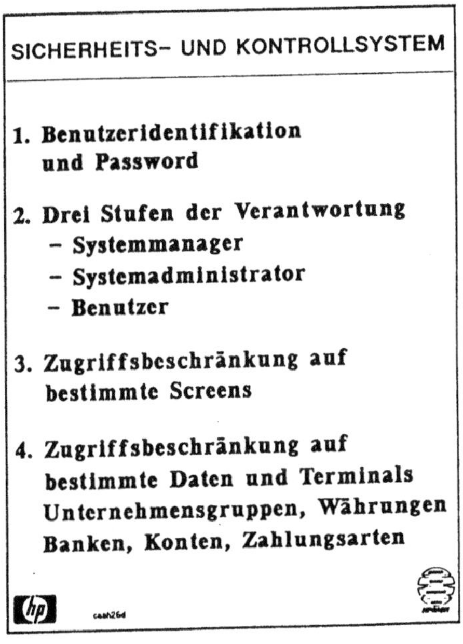

Auf die Bedeutung eines Sicherheitkonzeptes im Finanzbereich, braucht an dieser Stelle nicht eingegangen werden. In HPCASH wird ein mehrstufiges Sicherheitskonzept realisiert. Über die Benutzerkennungen und das Passwort hinaus kann ein benutzerspezifische Beschränkung auf bestimmte Module, Funktionen, Transaktionen und Terminals vorgenommen werden.

Systemseitig wird jede getätigte Transaktion mit der Kennung des veranlassenden Benutzers aufgezeichnet und steht damit bei Bedarf für entsprechende Auswertungen zur Verfügung.

4.2. DIE ZUSATZMODULE

4.2.1. Die Bankenschnittstelle

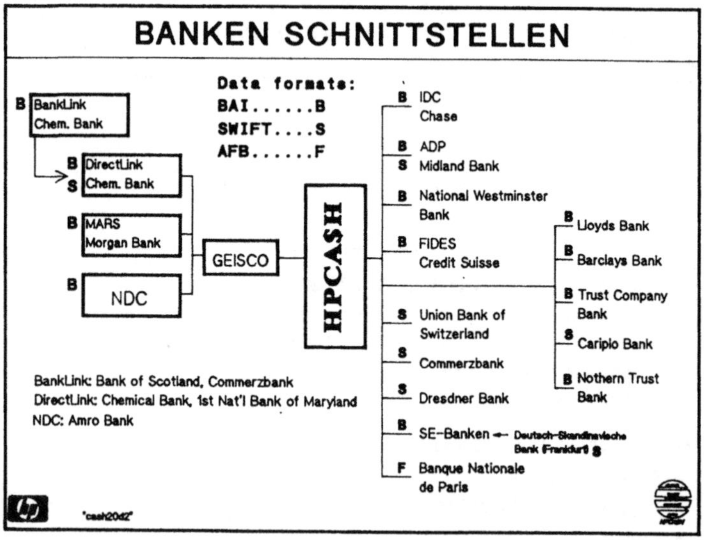

Über die Bankenschnittstelle werden mittels einer automatischen Selbstwähleinrichtung über Nacht alle verfügbaren Bankinformationen abgerufen, so daß zum Arbeitsbeginn die neuesten Kontoinformationen zur Verfügung stehen. Es ist dabei nicht von Bedeutung, ob es sich um national oder international geführte Bankkonten handelt.

HPCASH unterstützt die weltweit genormten Datenformate SWIFT, BAI und AFB, sowie auch Abwandlungen dieser Normen. HPCASH transformiert diese Daten in ein eigenes Format und stellt sie in einer einheitlichen Form bereit.

4.2.2. Die Finanzplanung

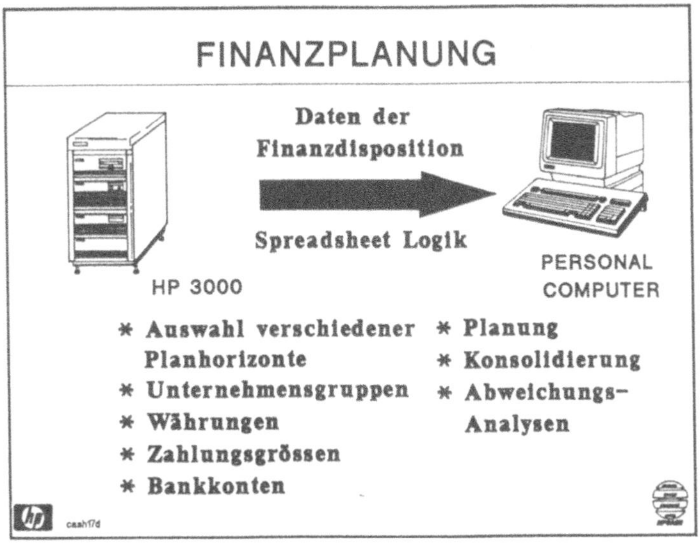

Mit dem Modul Finanzplanung können differenzierte Planungen und Analysen durchgeführt werden. Auch hier kann sowohl für das Gesamtunternehmen als auch für die einzelne Unternehmenseinheit ein Plan erstellt werden. Bei den Auswertungen sind z.B. Plan-Ist-Abweichungsanalysen, Konsolidierungen der Planung über mehrere Unternehmenseinheiten und verschiedenen Währungen, Szenario-Planungen für Währungs- und Kapitalflussimulationen möglich.

Die Wiederverwendbarkeit bereits definierter Szenarien und der direkte Zugriff zu den aktuellen Daten der HPCASH-Datenbank ermöglicht eine zeitsparende Durchführung der Planung.

4.2.3. Die Finanzbuchhaltungs-Schnittstelle

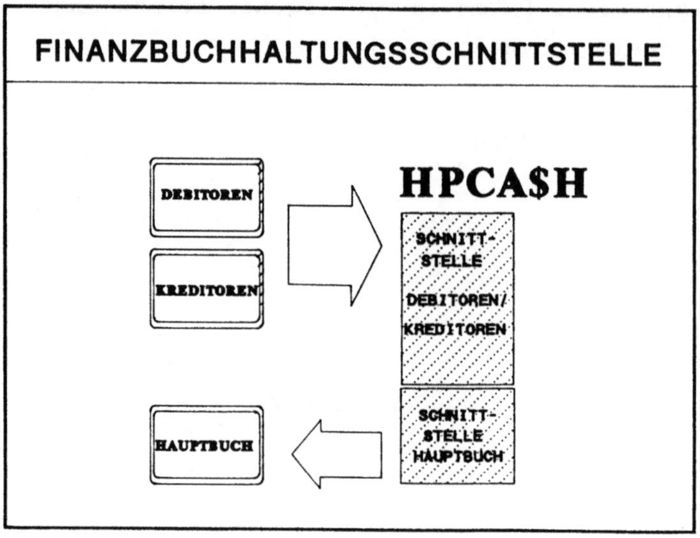

Die Kommunikation zu angrenzenden computergestützten Systemen wird über die Finanzbuchhaltungs-Schnittstelle realisiert. Sowohl der Informationsfluß aus der Debitoren- bzw. der Kreditorenbuchhaltung als auch der Rückfluß von in HPCASH initiierten Finanztransaktionen ist damit gewährleistet.

Hier wird eine vom jeweiligen Buchungssystem unabhängige Schnittstelle zur Verfügung gestellt, die die Integration in die Informationsstruktur des Unternehmens ermöglicht. Der Wegfall einer mehrfachen Belegerfassung trägt zu einer weiteren Entlastung von administrativen Aufgaben bei.

4.2.4. Finanzierungs- und Investmentmanagement

Die Vielzahl der Finanzierungs- und Anlageinstrumente auf den internationalen Geld- und Kapitalmärkten sowie deren spezifische Merkmale wie Zinsmethode, Gebühren, Steuern usw. erschweren die Auswahl des optimalen Instruments.

Mit der Hilfe dieses Moduls kann sofort die Bewertung unterschiedlicher Geld und Kapitalmarktinstrumente, wie Festzins-, variable verzinsliche, Tilgungs- und Währungsanleihen sowie CD´s Commercial Papers, Kredite, Aktien durchgeführt werden.

Dataillierte online Analysen aller getätigten Finanzierungs- und Anlagegeschäfte, wie z.B. Volumina nach Finanzinstrumenten, Fälligkeiten, Währungen erleichtern die Optimierung der Finanzierungs- und Anlagepolitik.

Alle fälligen Beträge wie Zinsen, Dividenden usw. werden automatisch in die Finanzdisposition übernommen.

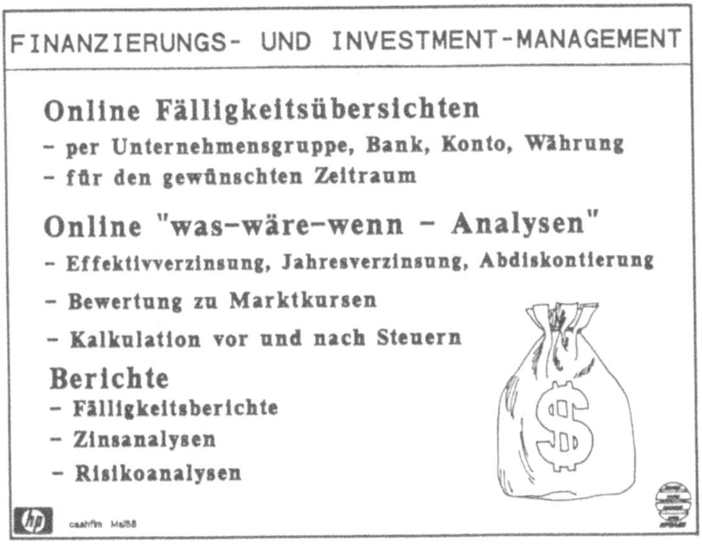

4.2.5. HPCASH Informationsfluß

Der Einsatz von HPCASH mit allen notwendigen Schnittstellen ermöglicht einen durchgehenden Informationsfluß von den Banken über das Finanzmanagement-System bis zur entgültigen Verarbeitung in der Debitoren- und Kreditorenbuchhaltung.

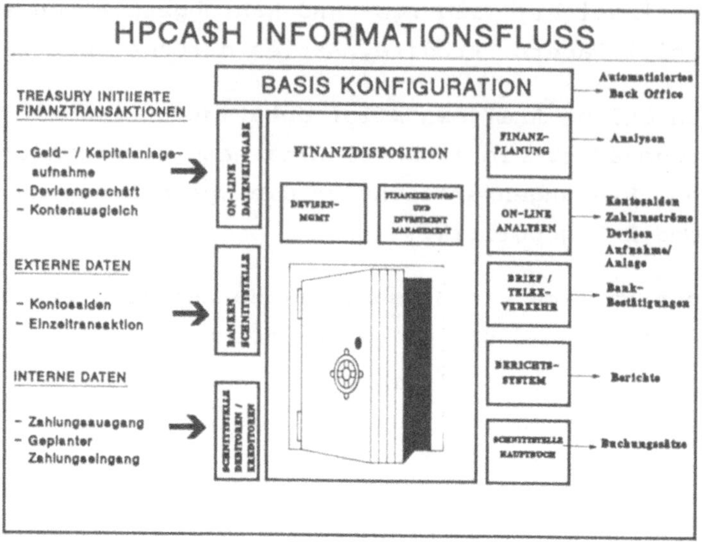

5. ZUSAMMENFASSUNG

Zu Beginn meines Vortrages habe ich Ihnen kurz die hauptsächlich durch Zeitknappheit begründeten Probleme des Cash Managements geschildert.

Die Quintessenz aller Probleme war und ist:

- Als aktiver Teilnehmer des Marktes muß der Cash Manager frühzeitig und mit korrektem Liquiditätsstatus ausgestattet im Markt sein.

Dann, und nur dann wird es ihm möglich sein, ohne Zeitdruck Angebote einzuholen und zu vergleichen und Bewegungen des Marktes zu seinem Vorteil auszunutzen.

Dazu ist als Werkzeug die Benutzung eines Treasury-Management-System unerläßlich. Ich möchte den heutigen Geld- oder Kapitalmarkt nicht als Schlachtfeld charakterisieren, aber selbst wenn wir ihn als Austragungsort eines "sportlich fairen" Wettkampfes sehen, so gibt es dort Sieger und Besiegte. Daran wird sich mit Sicherheit auch in Zukunft nichts ändern.

Aber wenn ich mich in einem Wettkampf um Prozentpunkte und Abschläge begebe, will ich über die gleichen Bedingungen verfügen wie meine Mitstreiter, um nicht vom Start weg ein zu großes Handicap zu haben.

Wenn Sie, meine sehr verehrten Damen und Herren, heute einen Blick in die Handelsräume und Treasury-Abteilungen von Banken werfen und vergleichend dazu in die Finanzabteilungen von Industrieunternehmen schauen, dann sind die Konditionen der Marktteilnehmer äußerst ungleich verteilt.

Es ist für ein modern geführtes Industrieunternehmen in unserer Zeit ein absolutes Muß, die Herausforderung anzunehmen und für sich selbst wieder gleiche Bedingungen für die aktive Teilnahme an einem fairen Wettbewerb herzustellen.

HP hat diese Herausforderung angenommen - mit HP CASH!

Nehmen auch Sie die Herausforderung an und starten sie mit uns aus der Pole Position!

C. Internationalisierung und Rechnungswesen

Konsolidierung der Einzelproduktergebnisse von verschiedenen Tochtergesellschaften

Dipl.-Kfm. R. Schnell, BASF AG, Ludwigshafen

INHALTSVERZEICHNIS

1. Problemstellung

2. Problemlösung

2.1 Ergebniskonsolidierung

2.2 Kostenkonsolidierung

1. PROBLEMSTELLUNG

Werden Produkte in verschiedenen Gesellschaften erzeugt, ohne daß hierbei ein Leistungsaustausch stattfindet, so ist bei vergleichbarer Produktergebnisrechnung ein Vergleich der Produktergebnisse möglich. Die Ergebnisse gleicher Produkte können in diesem Fall zu einem Gesamtergebnis für das betreffende Produkt addiert werden. Die einzelnen Kostenpositionen sind ebenfalls addierbar.

Werden Produkte in einem Leistungsaustausch verschiedener Gesellschaften erzeugt, so kann weder das Ergebnis der einzelnen Gesellschaft noch das Ergebnis der einzelnen Produkte in den Gesellschaften zu einem Gesamtergebnis addiert werden. Das liegt daran, daß nicht alle Lieferungen zwischen den Gesellschaften auch in der gleichen Periode verarbeitet und an Kunden verkauft werden.

10. Saarbrücker Arbeitstagung 1989
Rechnungswesen und EDV
hrsg. v. A.-W. Scheer

Auch die Kostenpositionen der Ergebnisrechnungen in den Gesellschaften sind nicht addierbar. Die Innenumsätze der liefernden Gesellschaft, die in der Regel höher sind als die entstandenen Kosten, werden bei der beziehenden Gesellschaft so behandelt, als ob es sich um Bezüge von Dritten handeln würde. Die Verrechnungspreise werden wie Anschaffungskosten von Dritten bei den Rohstoffkosten ausgewiesen. Das bedeutet für alle Produkte, die Mengenanteile aus Innenlieferungen erhalten, eine Aufblähung der Stoffkosten um Zwischengewinne.
Werden Produkte, die Mengenanteile aus Innenlieferungen enthalten, an Dritte verkauft, so wird in der Produktergebnisrechnung der verkaufenden Gesellschaft nur ein Teil des insgesamt erzielten Deckungsbeitrages ausgewiesen.

Mit der Produktergebnisrechnung der Einzelgesellschaft kann die Produktbeurteilung nur aus Sicht der Einzelgesellschaft vorgenommen werden, während eine Betrachtung aus Gruppensicht nicht möglich ist.

Mit dem nachfolgenden Beispiel sollen die oben beschriebenen Probleme verdeutlicht werden.

Produktergebnisrechnung der Einzelgesellschaften

Herstellende/ verk. Gesellschaft	Produkt	Ergebnisrechnung (DM/100 ME)		
Gesellschaft A	P 1	Umsatz	170	
↓	↓	- var.Kosten	54	
	107 Anteile je 100 ME Produktion	= DB	116	170 DM x1,07 Mengenanteile
Gesellschaft B	P 2	Umsatz	437	
↓	↓	- var.Kosten(A)	182	
	24 Anteile je 100 ME Produktion	- var.Kosten(B)	19	437 DM x 0,24 Mengenanteile
		= DB	236	
Gesellschaft A	P 3	Umsatz	431	
↓		- var.Kosten(B)	105	
		- var.Kosten(A)	348	
Kunde		= DB	- 22	

Aus dem Beispiel wird deutlich, daß in der Produktergebnisrechnung P 3 der verkaufenden Gesellschaft A ein Verlust von 22 DM pro 100 ME entsteht.

Als Folge dieser Betrachtungsweise wäre u.a. denkbar, daß Produkt P 3 aus dem Sortiment zu nehmen.

P 3 enthält allerdings pro 100 ME folgende Mengenanteile aus Innenlieferungen:

o 24 Anteile P 2

o 25,68 Anteile P 1; (107 x 24): 100

Beim Verkauf dieser Produkte erzielen die liefernden Gesellschaften Zwischengewinne in Höhe von 116 DM/100 ME bzw. 236 DM/100 ME.

Diese Zwischengewinne führen bei dem Produkt P 3 zu höheren variablen Kosten und somit zu niedrigeren Deckungsbeiträgen.

Eine Produktbeurteilung ist folglich nur dann möglich, wenn die Betrachtung aus Gruppensicht erfolgt. Dabei werden die Zwischengewinne ausgeschaltet, in dem anstelle der Verrechnungspreise die tatsächlichen Kosten aus Innenlieferungen berücksichtigt werden.

Gesellschaft	Produkt		Produktergebnisrechnung (DM/100ME) Gesellschaft	Gruppe
A	P 1	Umsatz	170	170
		- var.Kosten	54	54 →
		= DB	116	116
B	P 2	Umsatz	437	437
		- var.Kosten	182	← 58
		- var.Kosten	19	19 →
		= DB	236	360
A	P 3	Umsatz	431	431
		- var.Kosten	105	← 18
		- var.Kosten	348	348
		= DB	- 22	65

Die Produktergebnisrechnung aus Gruppensicht macht deutlich, daß nach Eliminierung der Zwischengewinne der Deckungsbeitrag für P 3 auf 65 DM/100 ME steigt.

Die Verbesserung des Deckungsbeitrages in Höhe von 87 DM/100 ME resultiert daraus, daß bei den variablen Kosten der Vorlieferungen nicht mehr die Verrechnungspreise, sondern die tatsächlich angefallenen Kosten gewichtet mit den Mengenanteilen ausgewiesen werden.

Der Deckungsbeitrag in Höhe von 65 DM/100 ME ist der DB, den die Gruppe beim Verkauf des Produktes P 3 an Dritte erzielt.
Eine aussagefähige Produktbeurteilung ist nur aus Gruppensicht möglich.

Auf Grundlage der Produktergebnisrechnung der Einzelgesellschaften sind Dispositionsentscheidungen und Strategieentwicklungen nur für solche Produkte möglich, die keine Mengenanteile aus Innenlieferungen enthalten.

Bei Produkten mit Mengenanteilen aus Innenlieferungen können Produktdispositionen und -strategien aufgrund der Produktergebnisrechnung der Einzelgesellschaften zu falschen Entscheidungen führen.

2. PROBLEMLÖSUNG

2.1 ERGEBNISKONSOLIDIERUNG

Jede in den Konsolidierungskreis einbezogene Gesellschaft meldet die Innenumsätze, die mit den einbezogenen Gesellschaften getätigt wurden, sowie die auf die Innenumsätze entfallenden Ergebnisse. Zusätzlich muß jede Gesellschaft die Anteile der Innenbezüge an ihren Verkaufsprodukten als Standardsätze ermitteln. Die Standardsätze sind in angemessenen Abständen zu überprüfen. Mit diesen zusätzlichen Angaben kann die Produktkonsolidierung erfolgen.

Im ersten Schritt dieses vereinfachten Verfahrens werden bei der liefernden Gesellschaft die Umsätze um die Innenumsätze vermindert.

Handelt es sich bei der beziehenden Gesellschaft um Handelswaren, so können die Ergebnisgrößen aus dem Innenumsatz der liefernden Gesellschaft direkt in die Ergebnisrechnung der beziehenden Gesellschaft, die den Außenumsatz tätigt, übernommen werden.

Wird bei der beziehenden Gesellschaft der Innenbezug weiter verarbeitet, so müssen bei der liefernden Gesellschaft ebenfalls die Umsätze um die Innenumsätze vermindert werden. Die auf den Innenumsatz entfallenden Ergebnisse werden eliminiert und sind bei der beziehenden Gesellschaft entsprechend den ermittelten standardisierten Anteilen an den Verkaufsprodukten zu verteilen.

Bestandsveränderung werden dabei nicht berücksichtigt.

Beispiel: Gesellschaft A verkauft P 1 an Gesellschaft B; Gesellschaft B verkauft die Produkte P 2 und P 3 mit Einsatz von P 1 (Zukauf von A) an Dritte.

(1) Produktergebnisrechnung Gesellschaft A; Produkt P 1

Menge	500 to
Umsatz	6.000 DM
- var.Kosten	3.000 DM
= Deckungsbeitrag	3.000 DM

(2) Verteilung des bei der Gesellschaft A erzielten DB auf die Verkaufsprodukte P 2 und P 3 der Gesellschaft B

Basis für die Verteilung sind:

- Mengenanteile des zugekauften Produktes P 1 an P 2 und P 3
- Verkaufte Mengen der Produkte P 2 und P 3

Verkaufsprodukte	Verkaufte Menge		Einsatz P1 je 100 ME Produktion	Mengenanteil P1	Mengenanteil %	DB P 1
P 2	2.000 t	x	0,1	= 200 to	40	1.200 DM
P 3	500 t	x	0,6	= 300 to	60	1.800 DM
				500 to	100	3.000 DM

(3) Konsolidierte Produktergebnisrechnung Gesellschaft B; P 2 und P 3

Produkt	P 2	P 3
Menge	200	500
Umsatz / Dritte	40.000	7.000
- var.Kosten (Gesellsch.B)	20.000	5.000
= DB Gesellschaft B	20.000	2.000
+ DB Gesellschaft A; P 1	1.200	1.800
= DB Gruppe	21.200	3.800

Das Verfahren ist für eine Produktbeurteilung aus Gruppensicht ausreichend, da die Zwischengewinne bei den Verkaufsprodukten berücksichtigt werden. Allerdings ist diese einfache Vorgehensweise nur dann zulässig, wenn:

- Bestandsveränderungen von untergeordneter Bedeutung sind
- Mengenanteile der Zukaufsprodukte an den Verkaufsprodukten als Standardgrößen vorgegeben werden können und in regelmäßigen Abständen überprüft werden.

Konsolidierte Kostenpositiionen liegen bei diesem einfachen Verfahren nicht vor, so daß die Ursachen von Ergebnisschwankungen nur aus den Produktergebnisrechnungen der Einzelgesellschaft ermittelt werden können.

Bei einem weniger komplexen Produktions- und Lieferverbund (Gesellschaft A —> Gesellschaft B —> Gesellschaft C) ist dieses vereinfachte Verfahren praktikabel und empfehlenswert.

2. KOSTENKONSOLIDIERUNG

Werden Produkte in einem wechselseitigen Leistungsaustausch verschiedener Gesellschaften erzeugt, so scheidet die einfache Addition von Ergebnissen aus.

Anstelle der Rechnung mit standardisierten Anteilen der Innenbezüge an den Kundenverkäufen wird eine zweite zentrale Kostendurchrechnung durchgeführt.

Die Einsätze der Innenbezüge werden nicht mit den Einstandskosten (Verrechnungspreise) bewertet sondern mit den Herstellkosten der liefernden Gesellschaft. Zusätzlich werden die anderen mit den Innenlieferungen verbundenen Kosten wie Absatz-, kalk. Zinsen, Versand- und Vertriebskosten in die Kostendurchrechnung aufgenommen.

Das Kernstück der Kostenkonsolidierung ist die zentrale Kostendurchrechnung. Im nachfolgenden Schaubild sind die einzelnen Elemente angeführt, die aus der Ergebnisrechnung/Kalkulation der Einzelgesellschaft in die zentrale Kostendurchrechnung übernommen werden.

<u>Elemente der zentralen Kostendurchrechnung</u>

<u>Gesellschaft A, B</u>

- Mengengerüst pro Produkt (Produktion, Einsatzstoffe, Nebenprodukte)
- Anschaffungskosten für Rohstoffbezüge von Dritten
- Variable und fixe Fertigungskosten pro Produkt
- Kosten aus der Ergebnisrechnung für Innenlieferungen (Absatz-, kalk. Zinsen, Versand- und Vertriebskosten)
- Mengenmäßige Vorräte (Anfangsbestand)

▼

<u>Zentrale Kostendurchrechnung der Kosten von den Gesellschaften A,B</u>

- Verrechnungspreise werden durch die tatsächlichen Kosten für Innenlieferungen ersetzt
- Aufbau einer Kalkulationsreihenfolge, in die die Produkte von beiden Gesellschaften einbezogen werden
- Durchrechnung der Kostenposition (wie in der Kostenrechnung einer Einzelgesellschaft)
  - Rohstoffkosten
  - variable und fixe Fertigungskosten
  - Absatz-,kalk.Zinsen, Versand- u. Vertriebskosten aus Innenlieferungen

Zu:

• Mengengerüst pro Produkt (Produktion, Einsatzstoffe, Nebenprodukte)
Hierbei handelt es sich um die produzierten und eingesetzten Mengen jeder einzelnen Gesellschaft, die die Basis für die zentrale Kostendurchrechnung sind.

• Anschaffungskosten für Rohstoffbezüge von Dritten
Es handelt sich hierbei um die Anschaffungskosten, die für Rohstoff- und Erzeugnissebezüge von Dritten anfallen. Nur diese sind für die konsolidierte Produktergebnisrechnung relevant. Die Anschaffungskosten werden aus der Kostenrechnung der Einzelgesellschaft übernommen.
Werden gleiche Produkte auch von im Konsolidierungskreis einbezogenen Gesellschaften beschafft, dann werden die Innenbezüge über eigene Produktnummern separiert. Im Rahmen der zentralen Kostendurchrechnung werden die Verrechnungspreise durch die Rohstoffkosten/Anschaffungskosten der produzierenden Gesellschaft ausgetauscht.

• Variable und fixe Fertigungskosten pro Produkt
Hierbei handelt es sich um die Kosten, die in jeder einzelnen Gesellschaft für jede einzelne Fertigungsstufe anfallen. Jede Stufe wird über eine eigene Produktnummer abgerechnet.
Für die Konsolidierung werden diese Fertigungskosten aus der Kostenrechnung der Einzelgesellschaft unverändert übernommen.

• Kosten aus der Ergebnisrechnung für Innenlieferungen (Absatz-, kalk. Zinsen, Versand- und Vertriebskosten)
Diese Kosten werden aus der Ergebnisrechnung/Innenlieferung der liefernden Gesellschaft unverändert übernommen. Es handelt sich hierbei um Abfüll-, Verpackungs- und Transportkosten sowie um kalk. Zinsen auf Vorräte und Forderungen. Eine Doppelbelastung mit kalk. Zinsen wird dadurch vermieden, daß jede in den Konsolidierungskreis einbezogene Gesellschaft bei der Ermittlung der Vorräte und Forderungen Verbindlichkeiten aus Innenlieferungen als Abzugskapital berücksichtigt.

• Mengenmäßige Vorräte (Anfangsbestand)

Da nicht alle Lieferungen zwischen den Gesellschaften auch in der gleichen Periode eingesetzt und/oder verkauft werden, sind die Anfangsbestände bei der zentralen Kostendurchrechnung einzubeziehen. Die Gesellschaften melden die mengenmäßigen Anfangsbestände; diese werden vor der Kostendurchrechnung mit den konsolidierten Kosten der Vorperiode vorbewertet.

In der zentralen Kostendurchrechnung werden die Zwischengewinne dadurch eliminiert, daß anstelle der Verrechnungspreise die tatsächlichen Kosten für die Innenlieferungen bei den Folgeprodukten berücksichtigt werden.

Die Durchführung der konsolidierten Kostendurchrechnung erfolgt im Prinzip nach dem gleichen Schema, nach dem die Herstellkosten einer Einzelgesellschaft ermittelt werden.

In der konsolidierten Kostendurchrechnung werden die Gesellschaftsgrenzen aufgehoben und die Produktions- und Lieferverpflichtungen maschinell miteinander verbunden.

Die konsolidierte Produktergebnisrechnung wird aus folgenden Elementen gebildet:

Gesellschaft A	Konsolidierung	Gesellschaft B
	Durchgerechnete konsolidierte Kostenpositionen aus zentraler Kostendurchrechnung	
Außenumsatz - Absatzkosten - kalk.Zinsen - Versandkosten - Vertriebsk.	Konsolidierte Produktergebnisrechnung Außenumsatz - Absatzkosten davon aus Innenlieferungen - kalk. Zinsen - davon aus Innenlieferungen - Stoffkosten - var. Fertigungskosten = Deckungsbeitrag (DB) davon aus Innenlieferungen - fixe Fertigungskosten - Versandkosten davon aus Innenlieferungen - Vertriebskosten davon aus Innenlieferungen = Bruttobetriesergebnis (BBE) davon aus Innenlieferungen	Außenumsatz - Absatzkosten - kalk.Zinsen - Versandkosten - Vertriebskosten

Zum besseren Verständnis wird die Vorgehensweise anhand eines Beispiels erläutert.

Unterstellt werden 2 Gesellschaften A + B. Gesellschaft A produziert das Produkt P 1 aus dem Rohstoff R 1. P 1 wird sowohl innerhalb der Gesellschaft A wiedereingesetzt als auch an die Gesellschaft B zur Weiterverarbeitung verkauft. Die Gesellschaft B produziert das Produkt P 2 aus dem Einsatzstoff P 1. Das Produkt P 2 wird von der Gesellschaft A als Handelsware verkauft.

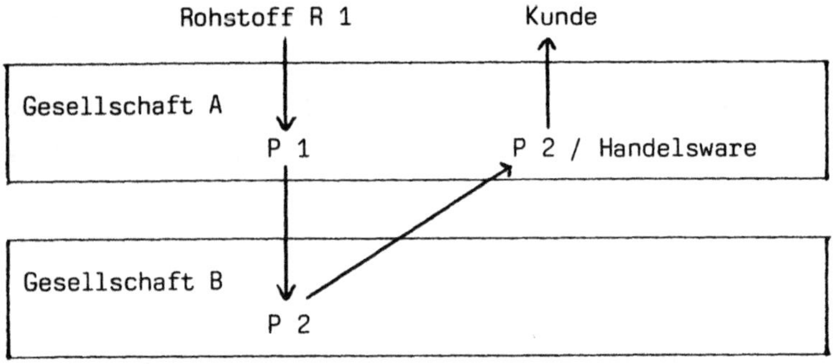

Zunächst werden die Herstellkosten (HK) für das Produkt P 1 ermittelt. Die Herstellkosten (HK) setzen sich aus Rohstoffkosten (RK) und variablen (FKv) und fixen Fertigungskosten (FKf) zusammen. Aus den Herstellkosten (DHK) des Anfangsbestandes und den Herstellkosten (HK) der laufenden Periode wird ein gewogener Durchschnittspreis (DHK) ermittelt. Mit diesen DHK wird der Wiedereinsatz und der Verkauf bewertet.
Die Kosten werden aus Gruppensicht und im Beispiel aus Sicht der Einzelgesellschaft ermittelt.

Produktion P 1 / Ermittlung der konsolidierten Kosten

	Gruppe / zentrale Kostendurchrechnung					Gesellschaft		
	Menge	RK	FKv	FKf	Absatzk.[1)]	RK	FKv	FKf
Einsatz R 1	100	300	-	-	-	300	-	-
FK			20	80	-		20	80
HK	100	300	20	80	-	300	20	80
Anfangsbestand	100	100	40	60	-	100	40	60
DHK	200	400	60	140	-	400	60	140
- Wiedereinsatz	100	200	30	70	-	200	30	70
- Verkauf an B	100	200	30	70	-	200	30	70
Endbestand	0	0	0	0		0	0	0

[1)] Aus Vereinfachungsgründen nur Absatzkosten

Die Gesellschaft A verkauft P 1 an die Gesellschaft B und erstellt für die Innenlieferung eine Produktergebnisrechnung.

Ergebnisrechnung P 1	DM
Menge (ME)	100
Innenumsatz	400
- Absatzkosten	40
- Rohstoffkosten	200
- FKv	30
= Deckungsbeitrag	130
- FKf	70
= Bruttobetriebsergebnis	60

Menge und Absatzkosten werden in die zentrale Kostendurchrechnung übernommen.
Bevor die konsolidierten Kosten für P 2 ermittelt werden können, müssen für P 1 durchschnittliche konsolidierte Kosten aus der Innenlieferung der lfd. Periode und dem Anfangsbestand aus Innenlieferungen in Vorperioden errechnet werden.

Ermittlung der ∅ - konsolidierten Anschaffungskosten für P 1

		Menge	RK	FKv	FKf	Absatzk.	RK	FKv	FKf
Anfangsbestand[1)]	P1B	100	100	40	60	40	400	-	-
Zugang	P1B	100	200	30	70	40	400	-	-
Gesamt	P1B	200	300	70	130	80	800	-	-
- Einsatz	P1B	100	150	35	65	40	400	-	-
Endbestand	P1B	100	150	35	65	40	400	-	-

Jetzt können die konsolidierten Kosten für P2 ermittelt werden.
In diese Rechnung gehen ein:

- o Aus obiger Tabelle durchschnittliche Rohstoff-, variable und fixe Fertigungskosten der Gesellschaft A sowie die Transportkosten für P 1 von A nach B als Absatzkosten.

- o Fertigungskosten der Gesellschaft B, die bei der Herstellung P 2 anfallen.

1) Wertansatz aus Vorperiode

Produktion P 2/Ermittlung der konsolidierten Kosten

	Gruppe / zentrale Kosten-durchrechnung					Gesellschaft		
	Menge	RK	FKv	FKf	Absatzk.	RK	FKv	FKf
Einsatz P 1	100	150	35	65	40	400		
FK			75	325	-		75	325
HK	100	150	110	390	40	400	75	325
Anfangsbestand	0	0	0	0	0	0	0	0
DHK	100	150	110	390	40	400	75	325
- Verkauf an A	100	150	110	390	40	400	75	325
Endbestand	0	0	0	0	0	0	0	0

Die Gesellschaft B verkauft P 2 an die Gesellschaft A und erstellt für die Innenlieferung eine Produktergebnisrechnung.

Ergebnisrechnung P 2	DM
Menge (ME)	100
Innenumsatz	1.000
- Absatzkosten	50
- Rohstoffkosten	400
- FKv	75
= Deckungsbeitrag	475
- FKf	325
= Bruttobetriebsergebnis	150

Zunächst werden wieder die Ø - konsolidierten Anschaffungskosten für P 2 ermittelt. Dabei werden die auf die Innenlieferung entfallenden Absatzkosten von 50 DM übernommen.

Ermittlung der Ø - konsolidierten Anschaffungskosten für P 2.

		Menge	RK	FKv	FKf	Absatzk.	RK	FKv	FKf
Anfangsbestand	P2	0	0	0	0	0	0	-	-
Zugang	P2	100	150	110	390	90	1.000	-	-
Gesamt	P2	100	150	110	390	90	1.000	-	-
- Verkauf	P2	100	150	110	390	90	1.000	-	-
Endbestand	P2	0	0	0	0	0	0	-	-

Für das Kundengeschäft kann jetzt eine konsolidierte Produktergebnisrechnung mit konsolidierten bzw. durchgerechneten Kosten erstellt werden. Dafür werden die Werte aus der obigen Tabelle übernommen.

Konsolidierte Produktergebnisrechnung für P 2

Ergebnisrechnung P 2	Gruppe/Kons. Ergebnisrechnung DM	Gesellschaftsrechnung DM
Menge (ME)	100	100
Außenumsatz	1.200	1.200
- Absatzkosten	90	0
davon Innenlieferungen	90	-
- Rohstoffkosten	150	1.000
- Fertigungskosten variabel	110	-
= Deckungsbeitrag	850	200
davon aus Innenlieferungen	650	-
- Fertigungskosten fix	390	-
= Bruttobetriebsergebnis	460	200
davon aus Innenlieferungen	260	-

Die zentrale Kostendurchrechnung erfordert einen umfangreichen Datentransfer von den einzelnen Tochtergesellschaften, die im Konsolidierungskreis enthalten sind, zur Muttergesellschaft. Neben der kompletten Produktergebnisrechnung müssen die Mengen- und Wertvolumina aus der Herstellkostenkalkulation einschl. der Bestandmengen pro Produkt übermittelt werden.

Die Umrechnung der Herstellkosten- und Ergebnisrechnungspositionen ausländischer Gesellschaften erfolgt zu jeweiligen Durchschnittskursen.
Die Bestandsmengen werden mit den konsolidierten Kosten der Vorperiode, die in DM vorliegen, vorbewertet.

Eine wichtige Voraussetzung für die Erstellung einer konsolidierten Produktergebnisrechnung mit konsolidierten (durchgerechneten) Kosten ist, daß die jeweiligen Positionen der Produktergebnisrechnung inhaltlich übereinstimmen. Diese Forderung klingt einfach, führt in der Praxis aber oft zu Problemen, vor allem bei ausländischen Tochtergesellschaften. Es ist hier Aufgabe der Muttergesellschaft in Richtlinien das anzuwendende Kosten- und Ergebnisrechnungssystem generell zu beschreiben und für Einzelfragen exakte Festlegungen zu treffen. Im Hinblick auf eine Konsolidierung gehören hierzu:

- Einheitliche Produktnummernsystematik
- Einheitliche Kostenstelleninhalte
- Einheitliche Ermittlung der Herstellkosten
- Einheitliche Ermittlung kalk. Zinsen mit Berücksichtigung des Abzugskapitals

Am sichersten wird eine einheitliche Kosten- und Ergebnisrechnung gewährleistet, wenn Tochtergesellschaften mit einheitlichen EDV-Programmen arbeiten. Eine einfache Übertragung der bei der Muttergesellschaft eingesetzten Programme wird aber nur in Ausnahmefällen möglich sein. Einerseits sind diese auf die Belange der Muttergesellschaft abgestellt, die sehr viel komplexer sind als diejenigen der Tochtergesellschaft. Andererseits kann der Einsatz auch an der bei der Tochtergesellschaft verfügbaren Hardware scheitern. Erfolgversprechender ist daher, Standardprogramm-Pakete für die Kosten- und Ergebnisrechnung bei der Muttergesellschaft zentral zu entwickeln oder zu beschaffen und vor Ort anzubieten.

Stand und Entwicklungstendenzen des innerbetrieblichen Rechnungswesens in den USA

Dipl.-Kfm. E. Herzog, Unternehmensberatung Plaut AG,
Figino/Lugano

INHALTSVERZEICHNIS

1. Die traditionellen Verfahren der Kostenrechnung in den USA

2. Die mit den ACMS und CAM-I-Studien eingeleitete Entwicklung

3. Die CMS-Grundsätze des CAM-I Conceptual Design

4. Das CMS-Kostenrechnungs-Modell

5. Zusammenfassende Schlussfeststellungen

1. DIE TRADITIONELLEN VERFAHREN DER KOSTENRECHNUNG IN DEN USA

Die in den USA heute noch überwiegend praktizierten, traditionellen Verfahren der Kostenrechnung sind:

- DIRECT COSTING
- ABSORPTION COSTING
- STANDARD COSTING.

Sie sind finanzorientierte Abrechnungssysteme, bei denen die Bestandsbewertung und die Ermittlung der Herstellkosten des Umsatzes im Vordergrund stehen. Es handelt sich um Einkreissysteme ohne kalkulatorische Wertunterschiede zwischen Aufwand

10. Saarbrücker Arbeitstagung 1989
Rechnungswesen und EDV
hrsg. v. A.-W. Scheer

und Kosten. Der Fertigungslohn wird als Basis für die Leistungsmessung und Gemeinkostenverrechnung herangezogen.

DIRECT COSTING: Das Fertigungsmaterial und der Fertigungslohn (Einzelkosten) werden direkt dem Kostenträger zugeordnet. Die Gemeinkosten werden als Fixkosten zu Lasten des Periodenergebnisses verrechnet (Bestandsbewertung zu Einzelkosten).

ABSORPTION COSTING: Das Fertigungsmaterial und der Fertigungslohn werden wie beim Direct Costing direkt dem Kostenträger zugeordnet. Darüber hinaus dient der Fertigungslohn als Zuschlagsbasis für die Gemeinkostenverrechnung auf die Kostenträger (Bestandsbewertung zu Einzel- und Gemeinkosten).

STANDARD COSTING: Kostenträgerbezogene Material- und Lohnkostenstandards werden aus den Mengen- und Zeitvorgaben der Stücklisten und Arbeitspläne abgeleitet. In der Abrechnung werden über Einzelkosten Soll/Ist-Vergleiche, Materialpreis- und Verbrauchsabweichungen sowie Lohntarif- und -leistungsabweichungen ausgewiesen.

Die Gemeinkosten werden nach Budgetkostenstellen (Kostenstellenbereiche) untergliedert geplant und abgerechnet. Ueber Budget-Plan/Ist-Vergleiche werden Kostenabweichungen (spending variances) dargestellt. Ueber den Vergleich der auf den Standardlohn mit Planzuschlagssätzen verrechneten Gemeinkosten je Budgetstelle mit den budgetierten Kosten wird zusätzlich zu der Kostenabweichung (spending variance) die Gemeinkostenverrechnungsabweichung (absorption variance) dargestellt. Alle Abweichungen (Einzel- und Gemeinkosten) werden als Periodenkosten zu Lasten Ergebnis verrechnet.

Moderne Versionen der Standardkostenrechnung verwenden parallel zu dem im Rahmen der Profit-Planung (Jahresplanung) festgelegten frozen standard (eingefrorener Standard) für Abrechnungs- und Controllingzwecke noch den current standard (aktualisierter Standard). Die Aktualisierung bezieht sich ausschliesslich auf die

Einzelkostenwerte (Materialpreise, Fertigungslohntarife) und -mengen (Stücklisten-, Arbeitsplandaten).

Die Gemeinkostenbudgets und die Planzuschlagssätze für Gemeinkosten bleiben in der Regel während des Jahres unverändert (Bestandsbewertung: Einzelkosten zum current standard, Gemeinkosten zum frozen standard).

2. DIE MIT DEN ACMS UND CAM-I STUDIEN EINGELEITETE ENTWICKLUNG

Die speziell im letzten Jahrzehnt rapide fortschreitende Entwicklung auf dem Gebiet automatisierter Fertigungstechnologien in Richtung CIM führte dazu, dass die in den USA heute noch überwiegend angewandten fertigungslohnorientierten Kostenrechnungsverfahren zu solch gravierenden Fehlaussagen führten, dass insbesondere die Techniker von den Betriebswirten die Entwicklung zeitgemässer, CIM-orientierter Kosteninformationssysteme forderten, die weit über die reine Abrechnungs- und Bestandsbewertungsfunktion hinausgehen und somit nicht nur "Cost Accounting", sondern "Cost Management" Aufgaben erfüllen. Dies führte dazu, dass Anfang 1986 die Electronics Systems Division des Air Force System Command eine "Advanced Cost Management System" (ACMS) Studie in Auftrag gab, die im März 1987 als Entwurf vorlag. Parallel dazu wurde aufgrund einer Initiative der Gesellschaft "Computer Aided Manufacturing-International Inc." (CAM-I) ein Konsortium, bestehend aus progressiven Industriefirmen, öffentlichen Auftraggebern, renommierten Wirtschaftsprüfungsgesellschaften und Universitäten gebildet, welches die Aufgabe übernahm, von Kostenrechnungsexperten aus diesen Bereichen gemeinsam ein Kosteninformationssystem entwickeln zu lassen, das der modernen automatisierten Fertigungstechnologie gerecht wird. Diese Studie wurde in drei Phasen untergliedert:

- PHASE I 1986: BETRIEBSWIRTSCHAFTLICHE KONZEPTION
- PHASE II 1987: SYSTEM KONZEPTION
- PHASE III 1988: IMPLEMENTATION

Das Ergebnis der Konzeptionsphasen liegt jetzt als "CMS (Cost Management System) Conceptual Design" in Buchform vor. [1)]

Die in den ACMS und CAM-I Conceptual Design Studien festgelegten Schlüsselkriterien eines modernen Cost Management Systems sind:

- Ermittlung und Eliminierung der Kosten für unproduktive Leistungen (Cost of non value added activities)

- Leistungsrechnung (activity accounting) statt Lohnzuschlagsrechnung (absorption accounting)

- Marktorientierte Kostenzielvorgaben (target cost) statt Budgetierung (expected actual)

- Verursachungsgerechte Kostenzurechnung statt Schlüsselung (traceability of cost).

Ein Cost Management System, welches diese Schlüsselkriterien erfüllt, wird definiert als ein Management Planungs-, Abrechnungs- und Controlling-System mit folgenden Zielsetzungen:

- Die Kosten der Ressourcen zu ermitteln, die für eine bestimmte Leistung (activity) verbraucht werden (Kostenrechnungsfunktion)

- Die Ermittlung der Wirtschaftlichkeit der erbrachten Leistung (Wirtschaftlichkeitskontrolle, Leistungsgradmessung)

- Identifikation und Evaluation von Rationalisierungspotential (Wirtschaftlichkeitsrechnung, Investitions-Management)

- Flexibilität des Cost Management Systems bezogen auf eine Fertigungsumwelt, welche charakterisiert ist durch sich verändernde Fertigungstechnologien.

1) Cost Management for Today's Advanced Manufacturing
The CAM-I Conceptual Design
Harvard Business School Press / 1988 by CAM-I

Die Erfüllung dieser Zielsetzungen im Rahmen eines Cost Management Systems soll gewährleisten, dass die direkte Zurechenbarkeit von Kosten auf Produkte verbessert wird.

Nicht mehr wie bisher soll vor allem die nachkalkulatorische Abrechnung und Kontrolle Vorrang haben, vielmehr die bereits mit der Konstruktion einsetzende Plankalkulation hat als strategische Kosteninformation (strategic costing) in einem Cost Management System Priorität gegenüber der historischen Betrachtung. Dazu ist es notwendig, dass die Kostenrechnung als flexibles Plankostensystem ausgelegt und als integrierter Bestandteil der Produktentwicklungs-, Produktionsplanungs- und -steuerungssysteme gesehen wird. Die Kostenstelleneinteilung und Bezugsgrössenwahl richtet sich nach der Organisation der technischen Daten (Stückliste, Arbeitsplan, Beleggruppen, Arbeitsplatz). In einer Kostenstelle können mehrere Bezugsgrössen (activities) verwendet werden.

Der traditionelle Kostenrechner (Management Accountant) wird in der CMS-Umwelt durch den Kosteningenieur (Cost Engineer) ersetzt.

3. DIE CMS-GRUNDSAETZE DES CAM-I (CONCEPTUAL DESIGN)[1)]

Die CMS-Grundsätze beziehen sich auf das Kosten-, Leistungs- und Investitions-Management.

<u>Grundsätze des Kosten-Management:</u>

- Identifikation der Kosten für unproduktive Leistungen mit dem Ziel, die Nutzung der Ressourcen zu verbessern.

- Behandlung von kalkulatorischen Zinsen auf Anlagevermögen als ein dem Produkt zurechenbares unproduktives Kostenelement.

1) Vgl. Cost Management for Today's Advanced Manufacturing The CAM-I Conceptual Design, Kapitel 1, Seiten 13 - 18

- Die wesentlichen Kosten sollten dem Produkt direkt zurechenbar gemacht werden.

- Einzelne Kostenstellen sollten für gleichartige Leistungen innerhalb eines organisatorischen Verantwortungsbereiches geschaffen werden.

- Leistungsbezogene Kostenrechnung und Berichterstattung wird die Zurechenbarkeit von Kosten verbessern.

- Unterschiedliche Bezugsgrössen für die Kostenverrechnung sollten verwendet werden, welche den kausalen Zusammenhang zwischen Kosten und Leistung der im Sinne vom Management geforderten Berichterstattung wiedergeben.

- Die Kostenrechnungsmethoden sollten geeignet sein für die Unterstützung mittel- und langfristiger Produktzyklus-Rechnungen.

- Technologie-Kosten sollten den Produkten direkt zugerechnet werden.

- Istkosten sollten an Kostenzielvorgaben (target cost) gemessen werden, um Unwirtschaftlichkeiten zu eliminieren.

- Kostenwirksame Methoden der internen Kontrolle sollten entwickelt werden, speziell im Rahmen automatisierter Fertigungsverfahren.

Grundsätze für die Leistungsmessung:

- Leistungsmassstäbe sollten in Einklang mit den Zielsetzungen der Firma erstellt werden.

- Leistungsvorgaben sollten für die wichtigen Leistungen erstellt werden.

- Leistungsmassstäbe und -vorgaben sollten erstellt werden, um die Kosteneinflussgrössen sichtbar zu machen.

- Wert- und Mengendaten sollten Bestandteil des Systems der Leistungsmessung (Wirtschaftlichkeitskontrolle) sein.

Grundsätze für das Investitionsmanagement:

- Investitionsmanagement sollte umfassen die Identifikation, Evaluation und Implementation neuer Produkte bzw. Fertigungsverfahren oder Suche nach Alternativen, mit dem Ziel, die zukünftige Leistung der Firma zu steigern. Es sollte mehr sein als die Erstellung und Verwaltung des Investitionsbudgets.

- Investitionsentscheidungen sollten im Einklang mit den Zielsetzungen der Firma gefällt werden.

- Verschiedene Kriterien, sowohl finanzielle (z.B. ROI) als auch technische (z.B. Qualität, Durchlaufzeit, Flexibilität), sollten herangezogen werden, um Investitionsentscheidungen zu evaluieren.

- Investitionsrisiken sollten als integrierte Elemente einer Investitionsstrategie angesehen werden.

- Die Leistungsdaten einer Investition sollten erfassbar sein.

- Investitionsentscheidungen sollten die Reduktion oder Elimination von unproduktiven Leistungen unterstützen.

- Investitionsentscheidungen sollten die Erreichung der Kostenzielvorgabe ermöglichen.

4. DAS CMS-KOSTENRECHNUNGS-MODELL [1)]

Das primäre Ziel eines Cost Management Systems ist es, die Kosten der Ressourcen zu ermitteln, die für die Leistungserstellung verbraucht werden. Dabei geht es um die Aufgaben der

- Produktkostenkalkulation
- Angebotspreiskalkulation
- Produkt-Lebenszyklus-Rechnung
- Identifikation von unproduktiven Kostenelementen in den Produktkosten.

Um bessere Produktkosten-Informationen zu erhalten, müssen neue Wege hinsichtlich

- Kostenstelleneinteilung,
- direkter Zurechenbarkeit von Kosten,
- Anzahl von Gemeinkostensätzen und
- Anzahl von Bezugsgrössen (Leistungsarten)

beschritten werden. Es ist damit zu rechnen, dass eine weit grössere Anzahl von primären und sekundären Kostenstellen benötigt werden, als heute in den USA üblich, um falsche Kostenzurechnung zu vermeiden. Wo es möglich ist, wird empfohlen, eine direkte Zurechnung von Kosten auf spezielle Fertigungsprozesse oder Produkte vorzunehmen.

Die Praxis, einen globalen werks- oder bereichsbezogenen Overhead-Zuschlagssatz auf den Fertigungslohn zu verwenden, sollte aufgegeben werden. Stattdessen sollten insbesondere dort, wo automatisierte Fertigungsverfahren genutzt werden, Maschinenstunden als Bezugsgrösse herangezogen werden.

Es wird empfohlen, alle Fertigungs- und Fertigungshilfskosten direkt den spezifischen Fertigungsprozessen oder Produkten zuzu-

1) Vgl. die Cost Management for today's advanced
The CAM-I Conceptual Design, Kapitel 4, Seiten 85 - 121

rechnen. Dies reduziert die Anzahl der Schlüsselungen und damit potentiell falsche Kostenzurechnung.

Das Verständnis und die Einschätzung der Verhaltensregeln des Overhead war in der Vergangenheit ein vernachlässigtes Problem. Viele Gemeinkosten mögen heute noch einen nicht zurechenbaren fixen Overhead-Charakter haben. Die meisten Gemeinkosten lassen sich allerdings über eine geeignete Bezugsgrössenwahl, welche die Kosteneinflussgrössen berücksichtigt, auf Fertigungsprozesse und Produkte verursachungsgerecht verrechnen.

Die vorgeschlagenen Veränderungen der Kostenrechnung werden Abweichungen gegenüber den heute in den USA allgemein gültigen Grundsätzen des Rechnungswesens mit sich bringen, so dass in Zukunft zwei unterschiedliche Applikationen des Rechnungswesens im allgemeinen und der Produktkostenrechnung im speziellen notwendig werden: eine innerbetriebliche für Steuerungszwecke und eine überbetriebliche für die Zwecke der externen Rechnungslegung.

Im folgenden sollen einige der Hauptkriterien des CMS Kostenrechnungs-Modells herausgestellt werden:

<u>Kostenartengliederung:</u> Die bisherige Praxis, in die Kostenartenstruktur Kostenstellengesichtspunkte einzubringen, ist aufzugeben. Kostenarten- und Kostenstellenstruktur sind voneinander unabhängige Gliederungskriterien, die sich ergänzen, nicht aber miteinander verbunden sein sollten (Flexibilität). Auf Kostenstellen kontierte Kostenarten können so nach beliebigen Kostenstellenverdichtungsgesichtspunkten oder nach den in diesen Kostenstellen erbrachten Leistungsarten dargestellt werden.

<u>Kostenstellengliederung:</u> Bei der Kostenstellengliederung, speziell im Bereich der Fertigung, sind folgende Grundsätze zu beachten:

- Verschiedene Fertigungsprozesse sollten kostenstellenmässig getrennt werden.

- Gleiche bzw. ähnliche Maschinen sollten in einer Kostenstelle zusammengefasst werden.

- Bei gravierenden Unterschieden einzelner Maschinen innerhalb eines Fertigungsprozesses sollten diese als individuelle Kostenstellen vorgesehen werden.

- Bei einer Prozessfertigung, in der unterschiedliche Maschinen zu einer Linie mit Zwangsablauf (z.B. Fliessfertigung) zusammengefasst sind, kann diese als eine komplexe Maschine und damit als eine Kostenstelle angesehen werden.

- Eine Kostenstelle darf nur einen verantwortlichen Kostenstellenleiter haben. Ein Verantwortlicher kann dagegen mehrere Kostenstellen leiten.

<u>Direkte Zurechnung von Kosten:</u> Kosten sollten direkt dort zugerechnet werden, wo sie verursacht werden. Das ist letztendlich das Produkt bzw. - allgemeiner ausgedrückt - die Ressource, die zur Leistungserstellung benötigt wird. Kosten, die dem Produkt direkt zugerechnet werden können, sind das Fertigungsmaterial und bei automatisierten Serienfertigungsprozessen auch die produktbezogenen Prozesskosten (Technologie-, Fertigungs- und Entwicklungskosten), welche wie Sondereinzelkosten der Fertigung angesehen werden können.

Bei nicht voll automatisierter, produktbezogener Serienfertigung wird die Zurechenbarkeit der Fertigungskosten über Kostenstellen und die geeignete Bezugsgrössenwahl erreicht, die den Ressourcenverbrauch der verschiedenen Produkte in Mengenangaben (z.B. Maschinen-Stunden je Operation laut Arbeitsplan) darstellt. Die mit Kostensätzen bewerteten Bezugsgrössenmengen stellen die Kosten der Ressourcen dar, die für die Leistungserstellung verbraucht wurden (Activity Based Costing). Wichtig ist in diesem Zusammenhang, dass geeignete Bezugsgrössen auch für die Verrechnung der sekundären Fertigungshilfsstellen gefunden und verwendet werden, die eine verursachungsgerechte Verrechnung dieser

Leistungen auf primäre Fertigungsendstellen zulassen. Der nicht zurechenbare Overhead sollte minimiert werden.

Ermittlung von Standards: Standards sind analytisch ermittelte Vorgaben für Ressourcen bzw. Kosten in Relation zu Produkten, Kostenstellen oder anderen Kostenträgern.

Jeder Standard wird entwickelt als Masszahl für die Leistungsmessung und sollte die erwarteten Relationen zwischen Kosten- und Leistungsvorgabe reflektieren. Es wird unterschieden zwischen einem "Optimal"- und einem "Expected"-Standard. Der "Optimal"-Standard würde modernste Fertigungsanlagen, basierend auf derzeit bekannten Fertigungstechnologien, unterstellen. Der "Erwartete" Standard würde von den vorhandenen Fertigungsanlagen und derzeit genutzten Fertigungstechnologien ausgehen. Die Istkosten könnten gemessen werden an den erwarteten Standards, um die Wirtschaftlichkeit der Fertigung unter den gegebenen Umständen zu messen. Ein zweiter Vergleich könnte dann gemacht werden mit dem optimalen Standard, um das Rationalisierungspotential (unproduktive Kosten) aufzuzeigen. Die Kostenkontrolle der Zukunft wird gesteigerten Wert auf diesen dynamischen Vergleich legen.

Budgetierung: Die bisher angewandte starre Budgetierung mit dem in der Abrechnung sich ergebenden Budget/Ist-Vergleich als Controlling-Instrument muss ersetzt werden durch eine flexible beschäftigungsabhängige Sollkostenvorgabe und einen Soll/Ist-Kostenvergleich als Instrument der Kostenkontrolle. Die traditionelle Betrachtungsweise, die Einzelkosten (Material/Lohn) als proportional und die Gemeinkosten als fix zu betrachten, muss geändert werden. Mit zunehmender Technisierung verlangt das Gemeinkosten-Controlling die Gemeinkostenvorgabe in Abhängigkeit vom Beschäftigungsgrad der gewählten Bezugsgrössen (Activity Level).

Technologie Kostenrechnung: Das Ziel der Technologie Kostenrechnung ist es, den Produkten die "echten" Technologiekosten nach Inanspruchnahme verursachungsgerecht zuzurechnen.

Durch eine Gegenüberstellung der traditionellen- und CMS-Methoden lassen sich die Unterschiede verdeutlichen:

	Traditionell	CMS (Value Added)
Technologiekosten	Anschaffungswert + Anlaufkosten ./. Restwert	Anschaffungswert + Anlaufkosten + Kalk. Zinsen + Zeitwert-Anpassung + Risiko-Prämie ./. Restwert
Abschreibungsursache	Zeit	Nutzung
Abschreibungsdauer	Voraussichtliche Nutzungsdauer	Undefiniert: Abschreibung in Abhängigkeit von der Nutzung
Kostenkategorie	Fix	Proportional

Die CMS-Methode geht nicht von der voraussichtlichen technischen, sondern von der im Rahmen moderner Fertigungstechnologien kürzeren wirtschaftlichen Nutzungsdauer aus. Die in dieser Nutzungsdauer laut Investitionsrechnung zu fertigenden Produktmengen bzw. für die verschiedenen Produkte zu leistenden Maschinenstunden bilden die Basis für den (proportionalen) Abschreibungssatz je Bezugsgrösseneinheit (Stück, Maschinen-Stunde). Die Abschreibung erfolgt vom Zeitwert und im Bedarfsfalle über die festgelegte Abschreibungsdauer hinaus. Die verursachungsgerechte Zurechnung der "echten" Technologiekosten nach Inanspruchnahme auf die Produkte soll durch eine richtige Kostenstellengliederung mit entsprechender Bezugsgrössenwahl erreicht werden.

5. ZUSAMMENFASSENDE SCHLUSSFESTSTELLUNGEN

Die auf Lohn-Zuschlagsrechnung basierenden, traditionellen Kostenrechnungsverfahren führen im Bereich der industriellen Fertigung zu gravierenden Fehlaussagen und sind durch moderne Activity Based Cost Management-Methoden zu ersetzen.

- Die im CMS Kostenrechnungs-Modell beschriebenen Activity Based Costing Philosophie deckt sich in den wesentlichen Forderungen mit den im deutschsprachigen Raum praktizierten Verfahren der flexiblen Plankostenrechnung (Grenzplankostenrechnung).

- Die Rolle des CMS als Instrument der strategischen Planung (strategic costing) ist in den flexiblen Plankostensystemen nicht abgedeckt. Hier können Planungsrechnungen im Rahmen der operativen Jahresplanung in Form von Simulationen und Umwertungen maschinell durchgeführt werden. Auch können Kosteninformationen für strategische Entscheidungen zur Verfügung gestellt werden. Ein geschlossenes System der strategischen Kostenrechnung, wie es im CMS angedeutet wird, gibt es bisher nicht.

- Die im CMS herausgestellte Controlling-Aufgabe, neben Soll/Ist-Vergleichen auf der Basis installierter Technologien zusätzlich Soll/Soll-Vergleiche mit am Markt verfügbaren, aber nicht installierten optimalen Technologien durchzuführen, ist sicherlich eine wichtige Aufgabe, die in Sonderrechnungen und nicht in der laufenden Abrechnung abgedeckt werden kann. Hier werden Investitionsmöglichkeiten aufgezeigt und Rationalisierungspotentiale identifiziert.

- Die Forderung des CMS, die Plankalkulation bereits in der Konstruktionsphase anzusiedeln und hier als integrierten Bestandteil der Produkt- und Prozessentwicklung anzusehen, ist zweifellos die zwangsläufige Konsequenz der fortschreitenden Entwicklung in Richtung CIM-orientierter Fliessfertigungsverfahren.

- Das CAM-I CONCEPTUAL DESIGN ist eine Studie. Sie hat sich bisher weder in der Praxis bewährt, noch stehen geeignete Software-Programme zur Verfügung, die Methode zu implementieren. Am nächsten kommen der Konzeption die im deutschsprachigen Raum praktizierten, softwareunterstützten Systeme der flexiblen Plankostenrechnung. Eine Zusammenarbeit und gegenseitige Befruchtung dürfte hier grossen Nutzen bringen.

Entscheidungsunterstützung durch konzerneinheitliches Rechnungswesen

Dipl.-Kfm. F. O. Boos, Du Pont Deutschland GmbH, Bad Homburg

INHALTSVERZEICHNIS

A. Informationen über Du Pont

B. Anforderungen an das Rechnungswesen

C. Herausforderungen an die Unternehmen

D. Folgerungen für das Rechnungswesen

E. Strategische Zielsetzungen

F. Gegenwärtiger Stand der Einführung

G. Erwartete Vorteile

A. INFORMATIONEN ÜBER DU PONT

Du Pont ist eine internationale Chemie- und Energiegruppe mit einem Jahresumsatz von 32,9 Mrd. U.S. Dollars (1988), einem Jahresgewinn von 2,2 Mrd. U.S. Dollars und rund 145.000 Mitar beitern. Sie ist in vier Regionen unterteilt. Vom Umsatz entfallen z.Zt. 55 % auf die Vereinigten Staaten, 30 % auf Europa und die restlichen 15 % auf die Regionen in Südamerika/Kanada und Asien/Pazifik. Die Vielzahl von Produkten ist zu etwa 1.700 Produktgruppen zusammengefaßt, diese wiederum zu etwa 100 Haupt produktlinien, die schließlich zu sechs Unternehmensbereichen. Von der Konzernbelegschaft sind 108.000 Mitarbeiter bei der Muttergesellschaft in den Vereinigen Staaten, 18.000 in Europa und weitere 15.000 in den beiden anderen Regionen beschäftigt.

10. Saarbrücker Arbeitstagung 1989
Rechnungswesen und EDV
hrsg. v. A.-W. Scheer

Zum konsolidierten Du Pont Gruppenumsatz trug 1988 der eigentliche Chemiesektor 19, 6 Mrd. U.S. Dollar bei, nämlich der Bereich Fasern 5,5 Mrd., der Bereich Polymerprodukte 5,4 Mrd., die im Bereich Diversifizierte Geschäfte zusammengefaßten Sparten Agrarprodukte, Elektronik, Imaging Systeme und Medizinische Produkte 5,6 Mrd. und Industrieprodukte 3,1 Mrd.. Der Energiesektor (Conoco) war mit 13,3 Mrd. Dollar beteiligt, davon der Erdölbereich mit 11,5 Mrd. und der Kohlebereich mit 1,8 Mrd. U.S. Dollars.

Du Pont ist weltweit in 50 Ländern mit über 150 Tochter- und Beteiligungsgesellschaften vertreten. Dazu gehören mehr als 120 Produktionsstätten in 40 Ländern. Du Pont verkauft seine Produkte in 150 Länder über den ganzen Erdball.

Im Chemiesektor, über den im folgenden nur noch die Rede sein wird, verfügt Du Pont in Europa für eine breit gefächerte Produktpalette über Produktionsanlagen in der Bundesrepublik Deutschland, Frankreich, Großbritannien, Belgien, den Niederlanden, Luxemburg, Italien und Spanien. Die Conoco Gruppe ist in Großbritannien, Norwegen und den Niederlanden maßgeblich an der Nordsee-ölförderung beteiligt.

Zu den bekanntesten Merkmalen des Du Pont Unternehmens gehören die intensiven Bemühungen um die Sicherheit am Arbeitsplatz (die Unfallhäufigkeit liegt weit unter dem Branchendurchschnitt) und die erfolgreiche Forschung, aus der u.a. bekannte Erzeugnisse wie Nylon, "Teflon" Antihaftbeschichtungsmaterial, "Butacite" Verbundglasfolie, "Lycra" Elasthanfasern und "Kevlar" Aramid hervorgingen.

Die Komplexität der Unternehmensstruktur im Hinblick auf Produkte, Märkte, Produktionsstätten und Gesellschaften führt zu besonderen Anforderungen an das betriebliche Rechnungswesen.

B. ANFORDERUNGEN AN DAS RECHNUNGSWESEN

Wenn ich im folgenden vom Rechnungswesen spreche, so meine ich damit alle Systeme, die primär zur Steuerung und Kontrolle des Unternehmens gebraucht werden, also insbesondere Finanzbuchhal tung, Kostenrechnung und die damit direkt verbundenen Systeme, wie Einkauf, Materialverwaltung und Bestandsrechnung bis hin zur Produktionsplanung.

Alle Zahlen, die in das Rechnungs- und Berichtswesen der Gesell schaften, der Region oder des Konzerns eingehen, sind aus den Buchhaltungen der einzelnen Gesellschaften abgeleitet, so daß das Rechnungswesen die folgenden unterschiedlichen Zwecke erfüllen muß:

1) Externe Bilanzen und Erfolgsrechnungen in Landeswährung werden in Übereinstimmung mit den jeweiligen Gesetzen und Landespraktiken erstellt.

2) Gemäß amerikanischen Bilanzierungsvorschriften erstellen alle Gesellschaften Bilanzen und Erfolgsrechnungen in U.S. Dollar, in unserer Gruppe monatlich.

3) Eine konsolidierte europäische Bilanz wird monatlich in Europa erstellt, die dann zur weltweiten Konsolidierung an die Muttergesellschaft weitergeleitet wird.

4) Detaillierte Produkt-Ergebnisrechnungen werden von allen Gesellschaften monatlich erstellt, die anschließend auf europäischer Basis und auf weltweiter Basis konsolidiert werden.

5) Alle diese Daten sollten den interessierten Benutzern in den einzelnen Gesellschaften, in der Region oder weltweit als Entscheidungsunterstützung zeitgerecht und vollständig zur Verfügung stehen, wobei der Detaillierungsgrad unterschiedlich sein kann.

Bis 1969 benutzte Du Pont im Controlling Bereich vor allem das "Return on Investment" Konzept. Noch heute ist das Berichtswesen darauf ausgerichtet, obwohl die zugrundeliegenden Datendefinitionen grundlegend verändert wurden. Weitere Kennziffern, u.a. Betrachtungen zum Cashflow und zur Investitionsrechnung sind hinzugekommen.

Viele dieser Methoden erfordern die Verteilung der Ertrags- und Aufwandsbestandteile - von den Umsatzerlösen bis zu den Ertragssteuern - und wesentlicher Bilanzpositionen auf Produkte.

Monatliche Verkaufszahlen der einzelnen Gesellschaften sind heute am dritten Tag nach Monatsabschluß verfügbar. Die Produkt-Ergebnisrechnungen der einzelnen Gesellschaften liegen am sechsten Tag vor, gefolgt von der konsolidierten europäischen Ergebnisrechnung am neunten Tag. Die weltweite konsolidierte Ergebnisrechnung liegt dann etwa eine oder zwei Wochen später vor.

Obwohl wir im Prinzip mit der Art der Daten zufrieden sind, wird doch verständlicherweise Kritik geäußert. Große Datenmengen sind zwar vorhanden, können aber nur schwer zur Entscheidungsunterstützung gebraucht werden. Sie liegen zu spät vor, etwa mit einem halben oder ganzen Monat Verzögerung. Der Detaillierungsgrad der Daten ist oft nicht ausreichend, weil nur zusammengefaßte Daten zur Verfügung stehen und keine Ursachenerklärung im System selbst möglich ist. Zur Abweichungserklärung müssen in umständlicher Weise andere Vorsysteme, auf die man keinen direkten Zugriff hat, benutzt werden.

C. HERAUSFORDERUNGEN AN DIE UNTERNEHMEN

Unternehmen sind sich dauernd ändernden Markteinflüssen ausgesetzt und müssen ihre Unternehmensstrategien darauf abstimmen.

1) Märkte werden immer globaler und damit auch der Wettbewerb auf ihnen. Ländermärkte entwickeln sich zu überregionalen, zu Weltmärkten. Unternehmen streben darnach, in den meisten Ländern der Erde präsent und wettbewerbsfähig zu sein. Heimvorteile, einschließlich der Vorteile patentgeschützter Produkte und Verfahren, nehmen ab.

2) Multinationale Unternehmen verringern die Zahl ihrer Vorlie-

feranten, nicht zuletzt aus Qualitätsüberlegungen. Dabei müssen teilweise regionale und weltweite Bedürfnisse, möglichst zu einheitlichen Bedingungen und einheitlichen Preisen, abgedeckt werden.

3) Das hat zur Folge, daß tendenziell nicht mehr konzentrierte Produktionsstätten für eine weltweite Versorgung errichtet werden, sondern diese mehr zum Kunden hin orientiert werden, teilweise in kleineren und flexibleren Betriebsgrößen. Deshalb investieren heute im Prinzip multinationale Unternehmen in allen Erdteilen, um kostengünstigere Bedingungen und die Minimierung der Distributionskosten auszunützen.

4) Die Unternehmenspolitik wird verstärkt auf Markt- und Kundenorientierung ausgerichtet. Dabei geht es um das Erkennen und dem Entsprechen von Kundenanforderungen, dem sich Differenzieren von Konkurrenzangeboten. Dabei spielen neben Preis- und Kostenvorteilen die Qualität der Produkte, die Effektivität des Produktes in seinem Gebrauch und die Qualität des Services eine immer größere Rolle. "Just in time", "make to order" und "Supply Chain Management" sind nur Beispiele für diese Tendenz. Verstärkt werden auch umfassende Systemlösungen angeboten, vom Verkauf des Produktes bis hin zur Abfallbeseitigung.

5) Anstrengungen für weitestgehende Automatisierungen und Produktivitätssteigerungen, vor allem auch in den lange vernachlässigten Verwaltungs- und Verkaufsbereichen, werden überall verstärkt unternommen.

6) Während das Produktmanagement früher in der Regel bei den Muttergesellschaften zentralisiert war, verteilen jetzt viele Unternehmen dieses Management über den ganzen Erdball. Es sitzt heute oft da, wo das Schwergewicht der Tätigkeit liegt oder besondere Anforderungen an die Qualität der Produkte gestellt werden. Auch das hat die Konsequenz, daß weltweite Daten an unterschiedlichen Orten schnell und gleichzeitig verfügbar sein müssen.

D. FOLGERUNGEN FÜR DAS RECHNUNGSWESEN

Diese strukturellen und funktionalen Herausforderungen haben direkte Auswirkungen auf die Planung, Steuerung und Kontrolle des Unternehmens als den Hauptfunktionen des Rechnungswesens.

1) Divergierende Produktbereiche und Produktionsstätten, extensive Kundenerwartungen über Länder- und Erdteilgrenzen hinweg, müssen kontrolliert, gesteuert und optimiert werden.

2) Gesteigerte Anforderungen werden an die Optimierung der Produktion und des Marketings gestellt. Wo sollen Produktionsstätten, Läger, Verkaufsbüros errichtet werden? Welche Produkte sollen in welchen Produktionsstätten hergestellt werden? Welche Läger sollen die Kunden in den einzelnen Ländern und Erdteilen beliefern? Welche Aufträge sollen gleich aus der Produktion bedient werden?

3) Der Bedarf der Unternehmen an kumulierten und detaillierten Daten steigt beträchtlich an; Daten über Produkte, Kunden, Lieferanten innerhalb Gesellschaften, Länder, Regionen und weltweit werden gebraucht, und zwar schneller, besser und vollständiger als es oftmals heute noch möglich ist. Dies hat direkte Auswirkungen auf die Sprachenfähigkeit der Systeme bis hin zur Handhabung unterschiedlicher Währungen, um nur einige Besonderheiten zu nennen. Alle diese Daten müssen im Idealfall jederzeit und in allen Variationen verfügbar sein, denn auf allen Ebenen werden Entscheidungen gefällt, denen jeweils die gleichen Informationen und Daten zugrundeliegen sollten, und zwar in on-line Verfügbarkeit und nicht in zeitversetzter Stapelverarbeitung. Denn nur ein Unternehmen, das auf allen Entscheidungsebenen schnell und gut informiert ist, kann Kosten- und Ertragsvorteile nutzen und sich schnell an die sich ändernden Markt- und Kundenwünsche anpassen.

4) Eine solche Datenverfügbarkeit erfordert einheitliche Datenstrukturen und -definitionen, ein Themenkomplex, dem viele Unternehmen verstärkte Aufmerksamkeit zuwenden. Insbesondere Unternehmen, die dezentral geführt werden, zu denen auch Du Pont

gehört, haben manchmal Schwierigkeiten, relativ einfache Fragen zu beantworten, z.B. welche Umsätze wurden weltweit mit einem bestimmten Unternehmen gemacht? Die oft zur Beantwortung erforderlichen Spezialrecherchen führen sowohl zu Frustationen im mittleren und höheren Management als auch in den operativen Abteilungen. Oftmals ist aber eine an sich wünschenswerte Harmonisierung mit so hohen Kosten verbunden, daß man sich mit einem Mindestmaß an gemeinsamen Kodestrukturen als einem vertretbaren Kompromiß begnügen muß.

5) Man sieht mehr und mehr ein, daß es wenig Sinn macht, für im Prinzip gleiche Standardfunktionen immer wieder neue Systeme auf unter Umständen unterschiedlicher Hardware einzuführen. Die Komplexität der Daten und Systeme wird erhöht und eine Akkumulation von Daten über Gesellschaften, Regionen bis hin zu einer weltweiten Zusammenfassung wird erschwert. Eine wachsende Tendenz besteht daher in vielen weltweit operierenden Unternehmen, Computer-Hardware und Standard- Anwendungssystemen über Länder- und Regionalgrenzen hinaus einheitlich festzulegen, um die weltweite Verfügbarkeit von Daten zu vereinfachen.

6) Eng damit verknüpft sind die Fragen nach zentraler oder dezentraler Führung von Unternehmen, nach zentraler oder dezentraler EDV, nach integrierten oder nicht integrierten Systemen. Unterschiedliche Unternehmensphilosophien werden zu unterschiedlichen Ergebnissen kommen. Ein Unternehmen, das primär in eigenverantwortlichen Profitzentren, dem Wettbewerb in seinem Markt entsprechend, organisiert ist, wird den einzelnen Profitzentren viel mehr Spielraum geben, da das Zusammenspiel des Ganzen oder die Akkumulation der Daten, wenn überhaupt, nur eine untergeordnete Rolle spielt. Demgegenüber steht ein Unternehmen, das die kundenspezifischen Wünsche der einzelnen Länder und Regionen im Rahmen einer weltweiten Strategie von Produktions- und Vertriebsstätten erfüllen will. Das heißt allerdings nicht, das notwendigerweise alle Entscheidungen zentral gefaßt werden müssen, sondern nur, daß alle entscheidungsrelevanten Daten in den einzelnen Gesellschaften, Regionen und weltweit so zur Verfügung stehen müssen, wie sie gebraucht werden.

E. Strategische Zielsetzungen

Du Pont hat die Herausforderungen, die sich an das Rechnungswesen stellen, mit den folgenden Strategien beantwortet:

1) Eine einheitliche Computer Hardware ist bzw. wird für die europäische und asiatische Region eingeführt.

2) Einheitliche Systeme sollen für alle Standardapplikationen des Rechnungswesens innerhalb der europäischen und der asiatischen Region eingeführt werden, und zwar auf der Basis gekaufter und nicht selbst entwickelter Software. Diese Anwendungen sollten möglichst integriert sein, um mechanische Anbindungen und manuelle Abstimmungen auszuschließen. Diese Systeme sollen jeweils von einer zentralen Gruppe in der Region unterstützt werden.

Dabei geht es primär nicht mehr um die optimale Computerisierung einzelner isolierter Funktionen innerhalb der bestehenden Organisationen, sondern um die umfassende Unterstützung integrierter Funktionen, die selbst zu Änderungen der Organisationsstrukturen führen können, z.B. die Verknüpfung von Transaktions- und Berichtssystemen zu Management Informationssystemen oder ein mögliches "Supply Chain Concept".

Diese einheitlichen Systeme umfassen die Funktionen der Finanzbuchhaltung, im wesentlichen Haupt-, Kreditoren-, Debitoren-, und Anlagenbuchhaltung, sowie die lokale und amerikanische Finanzberichtserstattung, einschließlich der Produkt-Ergebnisrechnungen. Dazu gehört auch die Betriebsbuchhaltung mit Kostenrechnung und der Einkaufs- und Materialverwaltung. Ferner die Fertigwaren-Bestandsrechnung, die bei uns eine große Bedeutung hat, da sie die Kosten der verkauften Erzeugnisse ermittelt, die für die einzelnen Gesellschaften sowohl in lokaler Währung als auch in U.S. Dollar ermittelt werden, so- wie für Konsolidierungszwecke unter Eliminierung der Zwischengewinne, und das ganze als Voll- und als Teilkostenrechnung. Abschließend sei die Konsolidierung erwähnt, die die Konsolidierung der Bilanz und der Produkt-Ergebnisrechnung umfaßt.

Einheitliche Systeme bedeuten für uns Systeme mit identischen Programmkodes und Funktionen, die die gesetzlichen und länderspezifischen Anforderungen aller unser Gesellschaften einschlie ßen, so daß die Systeme, selbst wenn sie auf unterschiedlichen Rechnern laufen, identisch sind.

Untersuchungen laufen auch für die amerikanische Hemisphäre, ob die gleichen Systeme auch dort eingeführt werden können.

3) Du Pont hat sich für die Nutzung von Software der SAP AG entschieden, weil ein großes Spektrum an integrierten Systemen, das für uns von Interesse ist, angeboten wird, und ein großer Teil unseres Funktionsbedarfes dadurch abgedeckt werden kann.

4) Die Nutzung einheitlicher Systeme allein reicht aber nicht aus, um Daten für Entscheidungsprozesse schneller und besser über Gesellschaften und Regionen hinaus zur Verfügung zu stel len. Auf europäischer und asiatischer Basis sind Arbeitsgruppen an der Arbeit, um einheitliche Kodestrukturen und Datendefinitionen zu erarbeiten. Darüber hinaus besteht ein weltweites Team, das ein Optimum an gemeinsamen Daten für ein effizientes, weltweites Berichtswesen erarbeiten soll.

5) Um optimalen Nutzen aus einheitlichen Systemen und Kodestrukturen ziehen zu können, um detaillierte und weltweite Daten zur Verfügung stellen zu können, sollen diese Systeme möglichst in einem integrierten System, das heißt nach dem jetzigen Stand der Technik in einem zentralen System, ablaufen, das durch ein auch für andere Zwecke benutztes Telekommunikationsnetz unterstützt wird.

Das ist bereits für die Systeme der Finanzbuchhaltung für die europäische und asiatische Region entschieden, wobei jede Region auf je einem zentralen Rechner laufen soll. Für die Betriebsbuchhaltung läuft gegenwärtig eine Studie, ob die Integration dieser Systeme mit den finanziellen Systemen technisch möglich ist, insbesondere ob bei den Datenmengen eine ausreichende Verfügbarkeit des zentralen Rechners und annehmbares Antwortverhalten gewährleistet werden kann. Der funktionale Nutzen einer möglichen Integration steht außer Frage, wenn auch die Komplexität eines integrierten Systems zu beachten sein wird.

F. GEGENWÄRTIGER STAND DER EINFÜHRUNG

1. Einheitliche, integrierte Systeme sind bereits in Europa für alle Transaktionssysteme innerhalb der Finanzbuchhaltung für neun Länder eingeführt, wobei diese zentral in unserem europäischen Rechenzentrum in Deutschland laufen.

2. Wir haben mit der Einführung weiterer Systeme innerhalb der Finanzbuchhaltung begonnen. Wir erwarten bis Ende 1989, daß wir unser gesamtes lokales wie amerikanisches Berichtswesen in einem einheitlichen und integrierten System abwickeln können.

3. In einem dritten Schritt werden wir die gegenwärtig isolierten Konsolidierungssysteme ersetzen, so daß diese ebenfalls mit den Finanzbuchhaltungssystemen integriert sind. Das Schwergewicht liegt dabei auf der Konsolidierung der Produkt-Ergebnisrechnung. Wir hoffen, daß wir diesen Endausbau Anfang 1991 geschafft haben.

4. Für unsere europäischen Produktionsstätten wurde entschieden, daß ebenfalls einheitliche und integrierte Anwendungssysteme für Standardapplikationen eingeführt werden sollen. Das betrifft im wesentlichen Kostenrechnung, Einkauf, Materialverwaltung und Instandhaltung.

Diese Systeme sind gegenwärtig, soweit sie bereits in fünf unserer größeren europäischen Produktionsstätten produktiv eingesetzt werden, auf lokalen Rechnern installiert. Es wird zur Zeit untersucht, ob nicht auch diese Systeme auf einen zentralen europäischen Rechner, zusammen mit den Systemen der Finanzbuchhaltung, integriert werden sollten.

5. Wir haben mit der Einführung der gleichen Systeme für unsere

asiatischen Gesellschaften begonnen. Das erste Land, Korea, ist bereits mit der Finanzbuchhaltung produktiv. Japan, Australien und Singapore werden voraussichtlich Anfang 1990 produktiv sein. Unsere Planung sieht vor, daß wir einheitliche Systeme für die maßgeblichen Länder in dieser Region bis etwa Anfang 1991 eingeführt haben werden. Wir wissen, daß dies ein agressives Programm ist, zu dem wir aber durch die gegenwärtigen, beträchtlichen Investitionen in dieser Region gezwungen werden.

Das bei der Einführung auftretende Problem der asiatischen Zeichensprachen werden wir lösen, indem wir die Systeme in Englisch aufsetzen, wobei die Übersetzung in die Zeichensprache für die Kommunikation nach außen über intelligente PCs erfolgt.

Gegenwärtig benutzen die asiatischen Länder unseren europäischen Zentralrechner in einem separaten System, allerdings mit den gleichen Programmen, bis etwa Ende 1990 ein Zentralrechner in einem asiatischen Land installiert sein wird.

6. Es wurde entschieden, daß unsere europäischen und asiatischen Gesellschaften einheitliche Kodestrukturen und Datendefinitionen benutzen werden. Zu diesem Zwecke wurden verschiedene Arbeitsgruppen gebildet. Wir beabsichtigen, einen gemeinsamen Kontenrahmen und gemeinsame Produktdefinitionen, die alle lokalen und internationalen Berichtsanforderungen abdecken, zum Jahresanfang 1990 einzuführen. Dies ist jedoch nur ein Anfang und beträchtliche Arbeit in der Harmonisierung unserer Kode- und Datendefinitionen muß noch geleistet werden.

7. Eine weltweite Arbeitsgruppe wurde gebildet, um unternehmenswichtige Daten über Geschäftsbereiche und Regionen hinaus festzulegen und in ihrer Datenstruktur zu beschreiben, so daß die Akkumulation wichtiger Daten auf weltweiter Basis vereinfacht wird, ja z. T. erst ermöglicht wird.

8. Arbeitsgruppen sind ebenfalls in unserer amerikanischen Muttergesellschaft an der Arbeit, um zu untersuchen, ob die einheitlichen und integrierten Systeme, die für die europäische und asiatische Region eingeführt sind bzw. werden, auch für unsere

nord- und südamerikanischen Gesellschaften in Frage kommen. Dabei muß neben vielen Problemen natürlich auch das viel höhere Datenvolumen der Muttergesellschaft mit ihren vielen Produktionsstätten beachtet werden, die schon heute im wesentlichen auf vier regional installierten Zentralrechnern abgewickelt werden. Eine Antwort auf diese nicht einfachen Fragen wird noch 1989 erwartet.

G. ERWARTETE VORTEILE

Beträchtliche Vorteile werden von der Einführung einheitlicher Systeme in einer integrierten, vielleicht sogar zentralen Datenverarbeitung erwartet. Es ist weithin unbestritten, daß die Einführung einheitlicher Systeme beträchtliche Vorteile während der gesamten Lebensdauer eines Projektes mit sich bringt; eine flexible System-Architektur vorausgesetzt.

1) Bei unseren Bemühungen geht es nicht primär um die geringeren Betriebskosten einer zentralen Datenverarbeitung oder die geringeren Anschaffungs- und Wartungskosten für die gekaufte Software, obwohl die Einsparungen im Einzelfall beträchtlich sind. Sie können aber teilweise durch höhere Telekommunikationskosten wieder aufgehoben werden. Wir sind uns auch bewußt, daß ein zentrales System ein hohes Maß an zentraler Koordination erfordert und daß das Risiko einer Nicht-Verfügbarkeit hoch ist. Es setzt eine hohe Disziplin und gut durchdachte Planung bei allen Benutzern voraus, was manche mit einem Verlust an Flexibilität gleichsetzen.

2) In jedem Fall bleibt aber der geringere Personalbedarf für die laufende Unterstützung einheitlicher und integrierter Systeme bestehen. Die laufende Unterstützung der Systeme sowie deren Weiterentwicklung kann kostengünstiger und mit weniger Zeitaufwand erfolgen. Ein einmaliges, zentrales Testen der Systeme wird möglich, was gute Voraussetzungen für einen automatisierten Funktionstest ergibt.

Ein erfahrenes, hoch qualifiziertes Team steht zur Verfügung, das eine gründliche Kenntnis der Systeme besitzt, um an der laufenden Weiterentwicklung des Systems zu arbeiten, so daß sogar Wettbewerbsvorteile möglich werden können.

Und, last but not least, wird sichergestellt, daß die einheitlichen Systeme auch einheitlich bleiben.

3) Wir erwarten beträchtliche Vorteile von integrierten Systemen, da viele Schnittstellenprogramme verschwinden, arbeitsaufwendigen Abstimmungen zwischen den Systemen wegfallen werden und die Qualität der Daten durch eine einmalige, sorgfältig geprüfte Eingabe verbessert wird.

4) Von besonderer Bedeutung ist die Beschleunigung und Qualitätsverbesserung des Konsolidierungsprozesses. Unsere Gesellschaften brauchen heute mehrere Tage, um die notwendigen Daten zu extrahieren, zu überprüfen und an die Konsolidierungsstelle zu übermitteln, wo sie geladen und überprüft werden müssen, bevor die eigentliche Konsolidierung beginnen kann. Konsolidierung in einem integrierten System ist nur noch ein Nebenprodukt.

5) Oft wird auf mögliche Wettbewerbsvorteile bei eigen entwickelten Systemen gegenüber dem Einsatz von Standardsoftware hingewiesen. Der Einsatz von Standardsoftware ist bei einem bereits erreichten hohen Computerisierungsgrad nicht unbedingt vorteilhaft, zumal wenn die eigen entwickelten Systeme ebenfalls integriert sind. Der Einsatz von Standardsoftware ist aber sicher von Vorteil, falls man nur unzureichend mechanisiert und integriert ist oder viele unterschiedliche Systeme für gleichartige Funktionen benutzt. Ferner hilft gerade der Einsatz von Standardsoftware für Standardfunktionen Ressourcen für die Bereiche freizusetzen, in denen man in der Tat Wettbewerbsvorteile erreichen kann.

6) Wenn die Aussage richtig ist, daß man bei der Datenverarbeitung nicht primär an Kostenverursachung, sondern an einen Vermögensgegenstand denken soll, so trifft das insbesondere auf ein Umfeld zu, in dem ein schneller Zugriff auf integrierte, zentrale Datenbanken gegeben ist. Geschäftsdaten aller regionalen

Gesellschaften sind in einem System enthalten. Alle weltweiten Benutzer können auf diese zugreifen. Man kann von regionalen oder weltweit konsolidierten Daten ausgehen, interessante Entwicklungen feststellen und dann auf detaillierte Daten der einzelnen Gesellschaften zur Ursachenerforschung zugreifen.

Besonders für zentrale Management-Entscheidungen, die Zugang zu Daten der einzelnen Gesellschaften erfordern, oder lokale Ent scheidungen, die Zugang zu konsolidierten Zahlen erfordern, werden diese Daten in einem System zur Verfügung stehen.

7) Ein weiterer Vorteil ist, daß Daten, die für die Geschäftskontrolle und Entscheidungsvorbereitung notwendig sind, schneller und früher zur Verfügung stehen, auch bereits während eines Monats. Daten der einzelnen Gesellschaften und konsolidierte Daten, die gegenwärtig in unterschiedlichen Systemen in unterschiedlichen Orten enthalten sind, werden direkt in einem System enthalten sein. Der gesamte analytische Prozeß wird beschleunigt.

Wir sind uns innerhalb Du Pont bewußt, daß wir noch einen weiten Weg zu gehen haben, bevor alle erwarteten Vorteile realisiert werden können. Wir wissen auch um das hohe Risiko der regiona len, ja weltweiten Einführung einheitlicher Systeme in möglicherweise zentralen Datenverarbeitungsanlagen, ein Risiko, das wir aber nicht nur erkannt, sondern auch sorgfältig planen und kontrollieren. Wir sind deshalb zuversichtlich, daß wir die geplanten einheitlichen und integrierten Systeme und die damit erwarteten Vorteile realisieren können, zum regionalen und weltweiten Nutzen von Du Pont.

D. CIM und Rechnungswesen

Zum betriebswirtschaftlichen Gehalt von PPS-Systemen

Prof. Dr. H. Glaser, Lehrstuhl für Industriebetriebslehre an der Universität des Saarlandes, Saarbrücken

Gliederung:

A. Entscheidungsvariable und Zielsetzungen der Produktionsplanung und -steuerung

B. Simultane Ansätze zur Produktionsplanung und -steuerung

C. EDV-gestützte PPS-Systeme

I. Struktur und Problematik des Sukzessivplanungskonzeptes

1. Primärbedarfsplanung
2. Materialdisposition
3. Termindisposition

II. Verbesserungsmöglichkeiten des Sukzessivplanungskonzeptes

1. Auftragsgrößenplanung
2. Terminierung

10. Saarbrücker Arbeitstagung 1989
Rechnungswesen und EDV
hrsg. v. A.-W. Scheer

A. Entscheidungsvariable und Zielsetzungen der Produktionsplanung und -steuerung

Das Gebiet der Produktionsplanung und -steuerung (PPS) umfaßt die Gesamtheit von (mittel- bzw. kurzfristigen) Aktivitäten, die auf die Ermittlung eines Absatz- bzw. Produktionsprogramms sowie auf die Festlegung des Vollzugs bzw. der Realisierung dieses Programms in mengenmäßiger und terminlicher Hinsicht ausgerichtet sind. Entsprechend sind im einzelnen folgende Entscheidungsvariablen zu bestimmen:

- Primärbedarfe und Produktionsmengen,
- Fertigungsaufträge,
- Bestellaufträge und
- Auftrags- sowie Arbeitsgangtermine.

Auf ein Fertigprodukt und eine Teilperiode des zugrundegelegten Planungszeitraums bezogen stellt ein Primärbedarf die Menge dar, die von dem betrachteten Produkt in der betreffenden Teilperiode abzusetzen ist. Sofern die Primärbedarfe in Form von Nettobedarfen vorliegen, entsprechen die Absatzzahlen den zu erstellenden Fertigproduktmengen.

Ein Fertigungsauftrag bezieht sich jeweils auf die Menge eines Eigenfertigungserzeugnisses (Endprodukt, untergeordnete Baugruppe oder Einzelteil), die hintereinander ohne Unterbrechung bzw. ohne Umrüsten zu erstellen ist. Eine derartige Menge wird als Los bzw. Losgröße bezeichnet. Es ist zu beachten, daß die Erledigung eines Fertigungsauftrages bzw. die Fertigstellung eines Loses die Durchführung mehrerer Arbeitsvorgänge erfordern kann, die an verschiedenen Arbeitsplätzen bzw. mittels unterschiedlicher maschineller Aggregate zu verrichten sind.

Mit einem Bestellauftrag wird jeweils die Menge eines Fremdbezugsteils festgelegt, die extern von einem Lieferanten bereitzustellen und in der Regel auch geschlossen anzuliefern ist.

Bei einer derartigen Menge handelt es sich um eine Bestell- bzw. Beschaffungsmenge.

Für Eigenfertigungserzeugnisse sind als Auftrags- und Arbeitsgangtermine Start- und Endtermine der verschiedenen Fertigungsaufträge sowie der mit diesen Aufträgen verbundenen Arbeitsgänge zu ermitteln. Mit einer genauen Terminfestlegung wird gleichzeitig die Reihenfolge bestimmt, gemäß derer die Fertigungsaufträge an den einzelnen Produktionseinheiten zu bearbeiten sind. Für Fremdbezugsteile gilt es, als Auftragstermine die Bestellauslösungs- und Anlieferungstermine festzusetzen.

Sofern Konsenz darüber besteht, daß die Primärbedarfe im Sinne von Absatzzahlen der Fertigprodukte Entscheidungsvariablen im Rahmen einer umfassenden Produktionsplanung und -steuerung darstellen, ist für diesen Bereich die Gewinnmaximierung als adäquate Zielsetzung anzusehen. Bei einer kurzfristigen Primärbedarfsplanung wird von einer vorgegebenen Betriebsbereitschaft ausgegangen, d.h. der Bestand an Potentialfaktoren (Personalbestand, Anlagenbestand) bildet für die entsprechenden Entscheidungsprozesse ein unveränderbares Datum. Damit fällt ein Teil der Kosten unabhängig von den herzustellenden Erzeugnissen in konstanter Höhe als nicht entscheidungsrelevante Kosten an. Unter diesem Aspekt erweist sich die Zielsetzung "Deckungsbeitragsmaximierung" als äquivalent zur Zielsetzung "Gewinnmaximierung". Dabei ist unter dem mit einer Entscheidungsvariablen verbundenen Deckungsbeitrag allgemein die Differenz zwischen den der betreffenden Größe direkt zurechenbaren Erlösen und Kosten zu verstehen.

Falls in Einengung des Entscheidungsproblems die Primärbedarfe als für die Produktionsplanung und -steuerung vorgegebene Größen betrachtet werden, bildet die Kostenminimierung die für diesen Bereich ökonomisch sinnvolle Zielsetzung. Bei nicht beeinflußbaren, konstanten Erlösen führt dann aus der Sicht einer derart begrenzten Produktionsplanung und -steuerung die Erfüllung der betreffenden Zielsetzung auch zu einer Deckungsbeitragsmaximierung. Als relevante Kostenkategorien sind in diesem Zusammenhang Herstell- sowie Beschaffungskosten, Lagerhaltungskosten und Fehlmengenkosten zu beachten.

Anstelle der Zielsetzungen Gewinn- bzw. Deckungsbeitragsmaximierung oder Kostenminimierung werden für die Produktionsplanung und -steuerung, insbesondere für den Bereich der Termindisposition häufig Zielsetzungen zugrundegelegt, die keinen expliziten Bezug zu Erlös- und/oder Kostengrößen aufweisen. Derartige Zielsetzungen sind:

- Durchlaufzeitenminimierung bzw. Erreichung möglichst kurzer Durchlaufzeiten,

- Lagerbestandsminimierung bzw. Erreichung möglichst niedriger Lagerbestände,

- Termintreue,

- Flexibilität und

- Maximierung der Kapazitätsauslastung bzw. Sicherstellung einer möglichst hohen Kapazitätsauslastung.

Die Zielsetzung "Durchlaufzeitenminimierung" bzw. "Erreichung möglichst niedriger Durchlaufzeiten" wird häufig als bedeutendste Zielsetzung für den Bereich der Produktionsplanung und -steuerung herausgestellt. Zweifellos handelt es sich bei der jeweiligen Durchlaufzeit um eine zentrale Größe der Produktionsplanung und -steuerung. Die Durchlaufzeit für einen Fertigungsauftrag entspricht allgemein der Zeitspanne zwischen Ankunft der zu bearbeitenden Materialien an dem Arbeitsplatz, an dem der in der Bearbeitungsreihenfolge an erster Stelle stehende Arbeitsvorgang zu verrichten ist und Eintreffen der nach dem letzten Arbeitsvorgang erstellten Teile in dem vorgesehenen Bereitstellungslager. Die entsprechende Zeitspanne setzt sich aus Belegungszeiten (Rüst- und Bearbeitungszeiten) und ablaufbedingte Wartezeiten enthaltende Übergangszeiten zusammen. Dabei wird allgemein betont, daß auf die ablaufbedingten Wartezeiten mit durchschnittlich 80 bis 90 % der größte Anteil an der Durchlaufzeit entfällt und hier der Ansatzpunkt für eine Durchlaufzeitenreduzierung gegeben sei.

In engem Zusammenhang mit der Forderung nach Erzielung kurzer Durchlaufzeiten erfolgt die Betonung der Zielsetzung "Lagerbestandsminimierung" bzw. "Erreichung möglichst niedriger Lagerbestände". Zwischen Werkstattbeständen und Durchlaufzeiten bestehen wechselseitige Beziehungen. Ein niedriger Bestand an Fertigungsaufträgen, der vor einem Arbeitssystem zwecks Bearbeitung ansteht, führt auch zu relativ kurzen Durchlaufzeiten bei dem betreffenden System; es handelt sich hierbei um eine Beziehung, von der insbesondere die belastungsorientierte Auftragsfreigabe bzw. Fertigungssteuerung ausgeht. Umgekehrt treten bei der Verwirklichung geringer Durchlaufzeiten nur relativ niedrige Werkstattbestände auf; der entsprechenden Relation wird eine große Bedeutung in den Konzepten der Just-in-Time-Produktion beigemessen.

Ebenso wie die Durchlaufzeitenminimierung stellt auch die Lagerbestandsminimierung keine primär ökonomische Zielsetzung dar. Es ist allerdings zu beachten, daß eine Verringerung der Lagerbestände und mithin eine Reduzierung der Durchlaufzeiten eine Senkung der Lagerhaltungskosten bewirkt.

Der Zielsetzung "Termintreue" wird in der betrieblichen Praxis ein sehr hoher Stellenwert beigemessen. Für kundenauftragsorientierte Unternehmungen bedeutet die strikte Einhaltung vereinbarter Liefertermine i.d.R. eine notwendige Bedingung für ihren langfristigen Fortbestand. In Verbindung mit der Forderung nach weitestgehender Termineinhaltung werden auch die Zielsetzungen "Minimierung der Liefertermin- bzw. Fertigstellungsterminabweichungen" und "Minimierung der Liefertermin- bzw. Fertigstellungsterminüberschreitungen" genannt. Insbesondere letztere Zielsetzung weist einen engen Bezug zu der Zielsetzung "Minimierung der Fehlmengenkosten" auf. Häufig wird betont, daß die Erreichung kurzer Durchlaufzeiten die Voraussetzung für Termintreue bzw. Termineinhaltung bildet.

Die Zielsetzung "Flexibilität" beinhaltet die Forderung nach einer schnellen Anpassungsfähigkeit an Kundenwünsche im Sinne einer hohen Lieferbereitschaft. Damit wird die Einhaltung kurzer Lieferzeiten angesprochen, gekoppelt mit dem Angebot eines Produktspektrums, das mittels Variantenvielfalt eine schnelle Reaktion auf individuelle Kundenwünsche ermöglichen soll. Es ist festzustellen, daß die Durchlaufzeiten die Lieferzeiten determinieren und insofern die Erfüllung der Zielsetzung "Minimierung der Durchlaufzeiten" auch zur Sicherstellung der Unternehmensflexibilität beiträgt.

Die Zielsetzung "Maximierung der Kapazitätsauslastung" bzw. "Erreichung einer möglichst hohen Kapazitätsauslastung" scheint an Bedeutung zu verlieren. Es besteht offensichtlich ein Trend zum bewußten Aufbau von Reservekapazitäten. Die Ursache hierfür dürfte in den sich ändernden Marktkonstellationen liegen. Die betreffende Entwicklung der unternehmungsrelevanten Rahmenbedingungen ist u.a. durch ständig kürzer werdende Produktlebenszyklen und damit verbunden durch zunehmende Kundenwünsche nach immer geringeren Lieferzeiten gekennzeichnet.

Die angeführten, nicht direkt auf Erlös- und/oder Kostengrößen ausgerichteten Zielsetzungen sind als Ersatzziele der Produktionsplanung und -steuerung anzusehen. Eine direkte Beziehung zwischen den betreffenden Zielgrößen, sofern sie überhaupt operational erfaßt werden können, und dem Gewinn bzw. Deckungsbeitrag läßt sich allerdings kaum herleiten. Die Erfüllung der jeweiligen Ersatzziele stellt auch keineswegs generell sicher, daß die im Rahmen der Produktionsplanung und -steuerung hierzu getroffenen Entscheidungen dem Wirtschaftlichkeitsprinzip genügen, d.h. zu möglichst niedrigen Kosten führen. Relationen zwischen bestimmten Ersatzzielen und Kostengrößen lassen sich jeweils nur hinsichtlich einer Kostenkategorie feststellen. Alleine unter diesen Aspekten ist der betriebswirtschaftliche Gehalt von Ansätzen zur Produktionsplanung und -steuerung, bei denen lediglich von Ersatzzielen ausgegangen wird, mit Skepsis zu beurteilen. Dies trifft insbesondere für die bisher konzipierten EDV-gestützten PPS-Systeme zu.

B. Simultane Ansätze zur Produktionsplanung und -steuerung

In der betriebswirtschaftlichen Theorie sind eine Reihe von Modellen zur Produktionsplanung und -steuerung konzipiert worden, die explizit von der Zielfunktion "Gewinnmaximierung" bzw. "Kostenminimierung" ausgehen.[1)] Mittels dieser Modelle soll eine gleichzeitige Bestimmung der gewinn- bzw. kostenoptimalen Werte der jeweils einbezogenen Entscheidungsvariablen unter Berücksichtigung unternehmungsrelevanter, nur beschränkt verfügbarer Ressourcen erfolgen. Besonders hervorzuheben sind solche Ansätze, bei denen auch und gerade die Primärbedarfswerte nicht als vorgegebene Größen, sondern als Entscheidungsvariable auftreten. Gemäß diesen Ansätzen gilt es dann, die Primärbedarfe gleichzeitig mit den Produktionsmengen in der Weise zu bestimmen, daß die betreffenden Werte zu einem Gewinnmaximum führen und im Hinblick auf das jeweilige Absatz- und Produktionspotential zulässig, d.h. realisierbar sind.

Die hohe betriebswirtschaftliche Bedeutung simultaner Ansätze zur Produktionsplanung und -steuerung liegt darin, daß diesen Ansätzen primär ökonomische Zielsetzungen zugrunde liegen und die Interdependenzen zwischen den Entscheidungsvariablen in Verbindung mit Absatz- und/oder Kapazitätsrestriktionen erfaßt werden. Derartige Ansätze sind als Maßstab für den "betriebswirtschaftlichen Gehalt" alternativer Konzepte zur Produktionsplanung und -steuerung anzusehen.

Nun ist zu beachten, daß die modellmäßige Berücksichtigung sämtlicher Entscheidungsvariablen der Produktionsplanung und -steuerung, gekoppelt mit der Erfassung der durch diese Größen entstehenden Erlöse und/oder Kosten sowie Ressourcenbeanspruchungen, zu einem nichtlinearen Optimierungsmodell erheblichen Umfangs führt. Selbst bei Begrenzung der gleichzeitig festzulegenden Entscheidungsvariablen auf Primärbedarfe und Produktionsmengen erreicht ein entsprechendes, die Nichtlinearität vermeidendes Modell bei Abbildung realer Entscheidungssituationen eine Größenordnung, die eine operationale Lösung ausschließt. Die Problematik simultaner Ansätze zur Produktionsplanung und -steuerung besteht mithin in ihrer (bisher) fehlenden Praktikabilität.

Zwecks Vermeidung bzw. Verringerung der mit den "umfassenden" bzw. "detaillierten" Ansätzen verbundenen rechentechnischen Schwierigkeiten sind sog. verdichtete Modelle zur Produktionsplanung und -steuerung entwickelt worden.[2)] Diese Modelle zeichnen sich zunächst grundsätzlich durch eine Beschränkung der festzulegenden Größen auf bestimmte Variablentypen, z.B. Primärbedarfe und Produktionsmengen aus. Zur weiteren Reduzierung der jeweiligen Modellgröße wird ferner nicht jeder Produkt- bzw. Materialart eine gesonderte Entscheidungsvariable zugeordnet. So erfolgt (beispielsweise) eine Aggregation der einzelnen Fertigprodukte bzw. Materialien zu Endprodukt- bzw. Teilegruppen mit der Definition von lediglich auf die verschiedenen Gruppen bezogene Entscheidungsvariablen. Zwecks Vermeidung der dann im weiteren Planungsprozeß auftretenden Disaggregationsprobleme böte es sich allerdings zur Verringerung der Variablenzahl auch an, lediglich die Fertigprodukte und die Bauteile, die direkt in diese Produkte eingehen, mit den zugehörigen Mengen als Entscheidungsvariable zu berücksichtigen. Die Reduktion der Anzahl der zu beachtenden Restriktionen wird z.B. durch Zusammenfassung von funktionsverwandten Betriebsmitteln bzw. Betriebsmittelgruppen zu dann mit der jeweiligen Gesamtkapazität auszuweisenden Produktionseinheiten bzw. Werkstätten erreicht.

Trotz des Verlustes an Gesamtoptimalität könnte der betriebswirtschaftliche Gehalt bzw. Nutzen verdichteter Ansätze zur Produktionsplanung und -steuerung darin liegen, daß sich unter

Anwendung von LP-Modellen begrenzten Umfangs in operationaler Weise gewinn- bzw. deckungsbeitragsoptimale Primärbedarfe und Produktionsmengen bestimmen lassen, die hinsichtlich der berücksichtigten Absatz- und Kapazitätsrestriktionen zulässig sind. Mit derartigen Modellen wird zwar nur ein Teil der im Bereich der Produktionsplanung und -steuerung bestehenden Interdependenzen in simultaner Weise erfaßt. Die ermittelten Optimalwerte für die Primärbedarfe und Produktionsmengen böten aber eine gewisse Gewähr dafür, daß in den nachfolgenden Planungsschritten auf diesen Werten aufbauende Fertigungsaufträge und Auftrags- sowie Arbeitsvorgangstermine festgesetzt werden könnten, die unter Berücksichtigung der betrieblichen Ressourcen auch realisierbar sind und die Einhaltung der Primärbedarfstermine sicherstellen. Praktische Anwendungen verdichteter Ansätze zur Produktionsplanung und -steuerung in der skizzierten Form liegen bisher offenbar nicht vor. Dies mag darin begründet sein, daß auch die mit einem Aggregationsmodell in realen Entscheidungssituationen verbundenen Datenerfassungs- und Rechenprobleme noch als kaum lösbar gelten. Die betreffenden Ansätze zeigen m.E. ebenso wie bestimmte hierarchische Produktionsplanungsmodelle mit Rückkoppelungsbeziehungen zwischen einzelnen Planungsstufen[3]) aber die Richtung auf, in welche die Bemühungen um die Entwicklung betriebswirtschaftlich gehaltvoller Verfahren zur Produktionsplanung und -steuerung (weiterhin) gehen sollten. Die erwähnten Konzepte stellen ein Bindeglied zwischen umfassenden Simultanmodellen zur Produktionsplanung und -steuerung und EDV-gestützten PPS-Systemen dar, die weitestgehend auf eine Sukzessivplanung ausgerichtet sind.

C. EDV-gestützte PPS-Systeme

Entsprechend dem modularen Aufbau von Standardsoftwarepaketen zur Produktionsplanung und -steuerung setzen sich EDV-gestützte PPS-Systeme[4]) neben der Grunddatenverwaltung aus folgenden Teilbereichen zusammen:

- Primärbedarfsplanung,
- Materialwirtschaft bzw. Materialdisposition und
- Zeitwirtschaft bzw. Termindisposition.

Nach dem vorherrschenden Konzept der Sukzessivplanung sind - ausgehend von der Primärbedarfsplanung - die mit diesen Teilbereichen verbundenen Planungsschritte hintereinander zu vollziehen.

Abgesehen von der im Rahmen der Materialdisposition unter Kostenaspekten durchzuführenden Losgrößen- und Bestellmengenplanung finden in den EDV-gestützten PPS-Systemen primär ökonomische Zielsetzungen wie Gewinn- bzw. Deckungsbeitragsmaximierung und Kostenminimierung in expliziter Form so gut wie keine Berücksichtigung. In den Anwendungsbeschreibungen der betreffenden Standardsoftwarepakete werden vielmehr gewöhnlich die Durchlaufzeiten- und Lagerbestandsminimierung, verbunden mit einer Maximierung der Kapazitätsauslastung sowie Termineinhaltung als verfolgte Zielsetzungen herausgestellt. Der Behauptung, daß mit Einsatz der jeweils konzipierten EDV-gestützten PPS-Systeme sowohl eine Minimierung der Durchlaufzeiten als auch eine Maximierung der Kapazitätsauslastung gewährleistet sei, ist mit großer Skepsis zu begegnen. Wie die betriebswirtschaftliche Theorie gezeigt hat, sind beide Zielsetzungen generell nicht miteinander vereinbar; Gutenberg spricht gerade in diesem Zusammenhang von dem grundsätzlichen Dilemma der Ablaufplanung.[5)] Unabhängig von der Konkurrenz bestimmter Ziele ist festzustellen, daß in EDV-gestützten PPS-Systemen Ersatzziele der Produktionsplanung und -steuerung eindeutig dominieren. Auch diese Ersatzziele werden aber nicht in operationaler Weise formuliert, sondern finden nur sehr indirekt bzw. vage bei den verwendeten Planungsverfahren Berücksichtigung. Insofern ist die Erreichung der betreffenden Ziele keineswegs sichergestellt, mithin schon gar nicht die Erfüllung primär ökonomischer Zielsetzungen. Eine Verschärfung erfährt die Zielproblematik noch zusätzlich durch das den EDV-gestützten PPS-Systemen immanente Sukzessivplanungskonzept. Dieses Konzept soll nachstehend näher erläutert werden.

I. Struktur und Problematik des Sukzessivplanungskonzeptes

1. Primärbedarfsplanung

Die Aufgabe der Primärbedarfsplanung als erste Planungsstufe eines EDV-gestützten PPS-Systems besteht in der Festsetzung der Produktarten und -mengen, die innerhalb eines Planungszeitraumes, differenziert nach den einzelnen Teilperioden dieses Zeitraumes, abgesetzt werden sollen. Sofern keine Fertigproduktlagerbestände existieren bzw. unzulässig sind, stellen die entsprechenden Primärbedarfe bzw. Absatzzahlen Nettobedarfe dar, die dann mit den zu erstellenden Fertigproduktmengen übereinstimmen; bei Lagerhaltung können Absatz- und Produktionsmengen voneinander abweichen.

In den meisten Standardsoftwarepaketen zur Produktionsplanung und -steuerung werden im Zusammenhang mit der Primärbedarfsplanung lediglich Verfahren zur Prognose möglicher Absatzzahlen und Programmroutinen zur Kundenauftragsverwaltung bzw. -bearbeitung angeboten. Die Primärbedarfe selbst gelten als den betreffenden PPS-Systemen vorzugebende Input-Daten und stellen dann die Ausgangsbasis für die Programmodule Material- und Termindisposition dar. Hierbei besteht die Gefahr, daß ohne Abstimmung mit den verfügbaren Ressourcen festgesetzte Absatzzahlen aufgrund der bei der Material- und Termindisposition zu beachtenden Rahmenbedingungen nicht termingerecht realisiert werden können. Es ist deshalb zu fordern, daß auch und gerade die Primärbedarfe in EDV-gestützten PPS-Systemen Entscheidungsvariable bilden und die Festsetzung dieser Bedarfe zusammen mit den Produktionsmengen unter Berücksichtigung der verfügbaren Kapazitäten erfolgt. Eine derartige Abstimmung sehen einige Standardsoftwarepakete zur Produktionsplanung und -steuerung im Rahmen einer mittelfristigen Grobplanung gemäß den Anwendungsbeschreibungen offenbar auch vor.[6] Es bleibt allerdings weitgehend unklar, wie der Abgleich zwischen Primärbedarfen und Ressourcen in den betreffenden EDV-gestützten PPS-Systemen vollzogen wird.

2. Materialdisposition

Die Materialdisposition sollte die Gesamtheit von Aktivitäten umfassen, die auf eine möglichst kostengünstige und termingerechte Bereitstellung von Materialien zur Primärbedarfsdeckung ausgerichtet sind.

Gemäß den EDV-gestützten PPS-Systemen sind im Rahmen der programmgebundenen Materialdisposition, jeweils bezogen auf eine bestimmte Fertigungs- bzw. Dispositionsstufe, folgende Planungsschritte nacheinander durchzuführen:

(1) Zusammenfassung von Nettobedarfen an einer Baugruppe zu "wirtschaftlichen" Auftragsgrößen,

(2) Vorlaufverschiebung,

(3) Sekundärbedarfsermittlung mittels Stücklistenauflösung für die Materialien, die direkt zur Erledigung der in Schritt 1 festgelegten Aufträge benötigt werden,

(4) Bruttobedarfsermittlung für die in Schritt 3 berücksichtigten Materialien und

(5) Nettobedarfsermittlung für die in Schritt 4 angesprochenen Materialien.

Nach Vollzug des letzten Planungsschrittes ist der betreffende Planungszyklus neu zu durchlaufen und zwar nunmehr für Baugruppen, die auf der nächst tieferen Fertigungs- bzw. Dispositionsstufe auftreten. Ein derartiger Planungszyklus muß solange wiederholt werden, bis sämtliche Fertigprodukte mit positiven Primärbedarfswerten vollständig aufgelöst sind.

Zur Bestimmung von Losgrößen für Eigenfertigungsteile und von Bestellmengen für Fremdbezugsteile (Auftragsgrößenermittlung) bei diskreten und im Zeitablauf gewöhnlich schwankenden Nettobedarfswerten werden in einigen Standardsoftwarepaketen zur Produktionsplanung und -steuerung das Stückkostenverfahren und gewisse Variationen des Kostenausgleichsverfahrens angeboten. Diesen Verfahren liegen folgende Prämissen zugrunde:

- Eine Bereitstellung von Materialien ist jeweils nur zu Beginn einer Teilperiode möglich.

- Fehlmengen dürfen nicht auftreten.

Dies impliziert, daß der in einer Teilperiode t (t=1,...,T) des Planungszeitraumes auftretende Nettobedarf d_t an einer Materialart spätestens bis zum Beginn der betreffenden Periode gedeckt sein muß.

Das Grundprinzip des Stückkostenverfahrens besteht darin, für eine Materialart jeweils das Auftragsvolumen festzulegen, bei dem die mit diesem Volumen unmittelbar verbundenen Stückkosten ein Minimum annehmen. Hierzu wird der Umfang eines Auftrages schrittweise um die Nettobedarfe direkt aufeinander folgender Teilperioden erhöht, bis die Stückkosten erstmals ansteigen. Ist dies bei zusätzlicher Einbeziehung des Nettobedarfs der (k+1)-ten Periode in einen zu Anfang der ersten (Rechnungs-) Periode abgeschlossenen Auftrag der Fall, so gilt nach dem Stückkostenverfahren ein den Bedarf der ersten k Teilperioden deckender Auftrag als wirtschaftliche Auftragsgröße. Zwecks analoger Bestimmung des Volumens des nächsten Auftrags ist dann die (k+1)-te Periode als erste Periode für die Neuberechnung zu setzen.

Sofern es sich bei den unmittelbaren Herstellkosten pro Einheit eines Eigenfertigungserzeugnisses bzw. dem Beschaffungs- bzw. Einstandspreis pro Einheit eines Fremdbezugsteils jeweils um eine konstante, von der Losgröße bzw. Bestellmenge unabhängige Größe handelt, entstehen im Zusammenhang mit einer die Nettobedarfe von h direkt aufeinanderfolgenden Teilperioden umfassenden Auftragsgröße von

$AG_h = \sum_{t=1}^{h} d_t$ entscheidungsrelevante Stückkosten in Höhe von

$$k_h = \frac{a + l \cdot \sum_{t=1}^{h} (t-1) \cdot d_t}{AG_h} .$$

Hierin kennzeichnt der Parameter a die auftragsfixen Kosten und der Parameter l die Lagerhaltungskosten pro Materialeinheit und Teilperiode als Produkt aus unmittelbaren (proportionalen) Herstellkosten bzw. Beschaffungspreis pro Materialeinheit und relevantem Lagerhaltungskostensatz pro Teilperiode.

Dem Ansatz der Lagerhaltungskosten liegt im Gegensatz zu den üblichen, sich auf die effektive Lagerdauer beziehenden Argumenten hier die Überlegung zugrunde, daß bei Einbeziehung des Bedarfs der t-ten Teilperiode in einen zu Beginn der ersten (Rechnungs-)Periode erledigten Auftrag für die Menge d_t eine grundsätzlich vermeidbare Lagerdauer von genau (t-1) Perioden entsteht. Diese Lagerdauer ist insofern vermeidbar, als eine alternative Auftragspolitik einen Auftrag des Umfanges d_t vorsehen könnte, der gerade zum betreffenden Periodenbeginn abgeschlossen wird.

Nach dem Kostenausgleichsverfahren bzw. genauer nach einer gewissen Variante dieses Verfahrens[7)] gilt es, im Wege der schrittweisen Erhöhung der Auftragsgröße jeweils den Periodenbedarf zu bestimmen, bei dessen zusätzlicher Einbeziehung in einen zu Beginn der ersten (Rechnungs-) Periode erledigten Auftrag die bei diesem Auftrag dann anfallenden Lagerhaltungskosten erstmals die auftragsfixen Kosten übersteigen. Tritt dieser Fall bei dem Nettobedarf der (k+1)-ten Periode ein, so ist gemäß der betreffenden Variante des Kostenausgleichsverfahrens als wirtschaftliche Auftragsgröße ein die Bedarfswerte der ersten k Teilperioden umfassendes Auftragsvolumen festzusetzen. Zwecks Ermittlung der nächsten Auftragsgröße wird k+1:=1 gesetzt.

Stückkosten- und Kostenausgleichsverfahren führen nur zufällig zu einer optimalen Auftragspolitik, d.h. zu Auftragsgrößen, bei denen, bezogen auf eine bestimmte Materialart, die mit der Deckung des Gesamtbedarfs des Planungszeitraumes verbundenen Kosten ein Minimum annehmen. Dies liegt darin begründet, daß bei diesen Näherungsverfahren dem klassischen Losgrößen- bzw. Bestellmengenmodell entlehnte "Optimalitätskriterien" Verwendung finden, die nur in der Situation einer konstanten Bedarfsrate Gültigkeit besitzen. Bei im Zeitablauf stark schwankenden Nettobedarfen ergeben sich bei Einsatz der betreffenden Näherungsverfahren Lösungen, die ganz erheblich vom jeweiligen Kostenminimum abweichen. Es überrascht unter diesem Aspekt sehr, daß das auf der dynamischen Programmierung basierende Wagner-Whitin-Verfahren als exakte Methode zur Festsetzung optimaler Auftragsgrößen bei variabler Bedarfsrate bisher keinen Eingang in Standardsoftwarepakete zur Produktionsplanung und -steuerung gefunden hat.

Unabhängig von dem gewählten Verfahren zur Auftragsgrößenermittlung ist festzustellen, daß aufgrund der sukzessiven Vorgehensweise die Bestimmung wirtschaftlicher Losgrößen jeweils nur isoliert für eine Fertigungs- bzw. Dispositionsstufe erfolgt. Die für eine Baugruppe festgelegten Lose bilden dann die Grundlage für die Errechnung der Bedarfswerte der direkt untergeordneten Materialien. Der interdependente Zusammenhang zwischen den verschiedenen Fertigungsstufen bleibt also völlig unberücksichtigt. De facto wird von einer einstufigen Fertigung ausgegangen. Es findet keine Beachtung, daß die Losgrößenbildung auf einer Fertigungs- bzw. Dispositionsstufe den Spielraum für die Auftragsgrößenplanung auf niedrigeren Stufen u.U. entscheidend einengt.

Der Fertigstellungstermin für ein Los läßt sich nur dann einhalten, wenn die zur Produktion des Loses direkt benötigten Materialien eine bestimmte Zeitspanne vor diesem Termin in ausreichender Menge zur Verfügung stehen. Eine termingerechte Festsetzung des durch einen Fertigungsauftrag unmittelbar induzierten Materialbedarfs als Voraussetzung für eine rechtzeitige Materialbereitstellung soll in den EDV-gestützten PPS-Systemen mittels Vorlaufverschiebung sichergestellt werden. Hierbei erfolgt die zeitliche Vorverlagerung des Fertigstellungstermines eines Auftrags um die sog. Vorlaufzeit. Bei dieser Vorlaufzeit handelt es sich grundsätzlich um eine Plan-Durchlaufzeit für den betreffenden Auftrag.

Im Zusammenhang mit der Festlegung der jeweiligen Vorlaufzeit sind in den Standardsoftwarepaketen zur Produktionsplanung und -steuerung folgende Konzepte anzutreffen:

- Ansatz einer auftragsgrößenunabhängigen (Standard-) Vorlaufzeit, die der auf "Erfahrungswerten" basierenden durchschnittlichen Durchlaufzeit der sich auf die betrachtete Baugruppe beziehenden Fertigungsaufträge entsprechen soll und

- Ansatz einer auftragsgrößenabhängigen Vorlaufzeit, die als variablen Bestandteil die Summe der Produkte aus arbeitsgangbezogenen Fertigungsstückzeiten und Losgröße umfaßt.

Die, wie es scheint, höhere Exaktheit der zweiten Vorgehensweise läßt sich allerdings nur dann auf die Vorlaufverschiebung übertragen, wenn die bei der programmgebundenen Materialdisposition zugrunde gelegte Zeiteinheit (Teilperiodenlänge) nicht eine größere Zeitspanne umfaßt als die bei der Messung der auftragsgrößenabhängigen Durchlaufzeit gewählte Zeiteinheit. Unabhängig von diesem Problem ist festzustellen, daß schon im Rahmen der Materialdisposition über die Vorlaufverschiebung eine Terminierung erfolgt, nämlich eine Grobterminierung von Fertigungsaufträgen. Dies kann, wie noch gezeigt wird, zu schwerwiegenden Abstimmungsproblemen mit der "eigentlichen", nachstehend skizzierten Termindisposition führen.

3. Termindisposition

Die durch die Materialdisposition festgelegten Fertigungsaufträge und zugehörigen (spätesten) Fertigstellungstermine bilden in den EDV-gestützten PPS-Systemen die Ausgangsdaten der Zeitwirtschaft bzw. Termindisposition. Gemäß dem "herkömmlichen" Ablauf umfaßt die Termindisposition dann folgende, nacheinander zu vollziehende Planungsschritte:

- Durchlaufterminierung,
- Kapazitätsabgleich und
- Feinterminierung (bzw. Werkstattsteuerung).

Im Rahmen der Durchlaufterminierung sind vorläufige Start- und Endtermine für die zur Erledigung der verschiedenen Fertigungsaufträge erforderlichen Arbeitsgänge unter Ansatz arbeitsgangbezogener Plan-Durchlaufzeiten zu bestimmen. Die betreffenden Termine stellen deshalb vorläufige Termine dar, weil deren Festsetzung in diesem Planungsschritt ohne Berücksichtigung der verfügbaren Kapazitäten erfolgt. Die Arbeitsganggrobterminierung führt zwangsläufig auch zu einer Auftragsgrobterminierung. Dabei ist generell zu beachten, daß es sich bei den "Startterminen" eher um Ankunftstermine der zu bearbeitenden Materialien vor den relevanten Arbeitsplatz- bzw. Betriebsmittelgruppen handelt.

Für die Durchlaufterminierung enthalten die verbreiteten Standardsoftwarepakete zur Produktionsplanung und -steuerung mit der

- Rückwärtsterminierung und
- Vorwärtsterminierung

zwei unterschiedliche Verfahren.

Ausgehend von den durch die Materialdisposition festgesetzten Auftragsfertigstellungsterminen werden bei der Rückwärtsterminierung durch jeweiligen Abzug der arbeitsgangbezogenen Plan-Durchlaufzeiten die "spätesten" Arbeitsgangstarttermine und damit letztlich auch die "spätesten" Auftragsstarttermine ermittelt. Schwerwiegende Probleme können dann auftreten, wenn die für einen Fertigungsauftrag im Rahmen der Vorlaufverschiebung angesetzte Vorlaufzeit kleiner ist als die Summe der bei der Rückwärtsterminierung für den betreffenden Auftrag zugrunde gelegten arbeitsgangbezogenen Durchlaufzeiten. Der sich gemäß der Rückwärtsterminierung ergebende Starttermin liegt dann vor dem innerhalb der Materialdisposition ermittelten Starttermin und dürfte insofern gewöhnlich nicht realisierbar sein. Infolge der durch die Materialdisposition mengenmäßig und zeitlich genau abgestimmten Auftragsstruktur werden nämlich die zur Erledigung des betrachteten Auftrags direkt benötigten Materialien zu dem frühen Starttermin als Resultat der Rückwärtsterminierung i.d.R. nicht verfügbar sein. In diesem Zusammenhang ist zu beachten, daß bei der Errechnung der Nettobedarfswerte auch aufgrund von offenen Aufträgen zu erwartende Materialeingänge periodengenau Berücksichtigung fanden und hierauf aufbauend sich die Auftragsbildung und Festlegung des zugehörigen Termins vollzog.

Ausgangspunkt der von vielen Softwareherstellern als adäquates Verfahren herausgestellten Vorwärtsterminierung ist die sog. Heute-Linie, die dem aktuellen Dispositionstermin entspricht. Von diesem Termin in Richtung Zukunft schreitend werden durch jeweilige Addition der arbeitsgangbezogenen Plan-Durchlaufzeiten die "frühesten" Arbeitsgang- und Auftragsstarttermine von Auftragsnetzen bestimmt. Diese Vorgehensweise führt in aller Regel zu Auftragsterminen, die früher als die entsprechenden, durch die Materialdisposition ermittelten Termine liegen und insofern unrealistisch sind. In eine sukzessiv durchgeführte Material- und Termindisposition eingebunden stellt die Vorwärtsterminierung ein systeminkonsistentes Verfahren der Durchlaufterminierung dar.

Als Ergebnis der Durchlaufterminierung können Starttermine von noch nicht begonnenen Fertigungsaufträgen in die Vergangenheit fallen. Eine wichtige Aufgabe der Durchlaufterminierung wird in diesem Fall darin gesehen, durch Maßnahmen der Durchlaufzeitenreduzierung und sich anschließende erneute Rückwärtsterminierung bei Einhaltung der vorgegebenen Fertigstellungstermine die in der Vergangenheit liegenden Termine in die Gegenwart zu verschieben. Derartige, in Standardsoftwarepaketen zur Produktionsplanung und -steuerung vorgesehene Maßnahmen stellen die Verringerung von Übergangszeiten, speziell die Verkürzung ablaufbedingter Wartezeiten vor Belegung, die Überlappung von Arbeitsgängen und die Lossplittung dar.

Hinsichtlich der Reduzierung der als Pufferzeiten dienenden Übergangszeiten besteht die Gefahr, daß der notwendige zeitliche Spielraum für die Feinterminierung eine derartige Beschränkung erfährt, daß letztlich die geforderten Fertigstellungstermine nicht einzuhalten sind. Bei der Arbeitsgangüberlappung und Lossplittung werden in den EDV-gestützten PPS-Systemen Kostenaspekte vollständig vernachlässigt. In Abkehr von der sonst (implizit) gesetzten Prämisse der geschlossenen Produktion sieht das Konzept der Überlappung von Arbeitsgängen vor, daß schon nach Fertigstellung eines Teilloses durch einen Bearbeitungsvorgang und Weiterleitung dieses Loses zur nächsten Arbeitsplatzgruppe mit dem nachfolgenden Arbeitsgang begonnen werden kann. Die hierdurch entstehenden zusätzlichen Transportkosten finden keine Berücksichtigung. Ebensowenig wird beachtet, daß die bei der Lossplittung erfolgende Zerlegung des Gesamtloses in auf verschiedenen Aggregaten gleichzeitig zu bearbeitende Teillose zu erheblichen Unwirtschaftlichkeiten in Form überhöhter Rüstkosten führen kann. Es läßt sich zusammenfassend feststellen, daß eine Überprüfung der betriebswirtschaftlichen Konsequenzen der angesprochenen Maßnahmen zur Durchlaufzeitenreduzierung nicht stattfindet.

Die Ausgangsdaten des Kapazitätsabgleichs bilden die im Rahmen der Durchlaufterminierung festgelegten Arbeitsgangtermine. Gemäß den "herkömmlichen" PPS-Systemen besteht der erste Schritt des Kapazitätsabgleichs darin, für jede relevante Arbeitsplatz- bzw. Maschinengruppe die infolge der betreffenden Termine entstehende Kapazitätsnachfrage, differenziert nach den einzelnen Teilperioden des betrachteten Planungszeitraumes, zu ermitteln. Auf der Basis einer Gegenüberstellung von Kapazitätsnachfrage und "planmäßigem" Kapazitätsangebot sind dann im zweiten Schritt Abstimmungsmaßnahmen bei möglichen Ungleichgewichten zu ergreifen und "endgültige" Grobtermine für Arbeitsgänge und Fertigungsaufträge festzulegen.

Mit der Anpassung der Kapazitätsnachfrage an das Kapazitätsangebot und der Anpassung des Kapazitätsangebots an die Kapazitätsnachfrage werden zwei Abstimmungsformen unterschieden, die auch kombiniert Anwendung finden können.

Die Anpassung der Kapazitätsnachfrage an das Kapazitätsangebot zielt auf eine Veränderung des für eine Teilperiode an einem Arbeitsplatz- bzw. Maschinengruppe zunächst zur Bearbeitung festgesetzten Auftragsbestandes ab. Als konkrete Abstimmungsmaßnahme ist in diesem Zusammenhang insbesondere eine Verschiebung der ursprünglich festgesetzten Arbeitsgang- und Auftragstermine vorgesehen. Die betreffende Anpassungsform wird gewöhnlich als das vorherrschende und auch zu bevorzugende Lösungskonzept für einen Kapazitätsabgleich herausgestellt. Hierbei bleibt offenbar unbeachtet, daß eine zeitliche Verlagerung von Fertigungsaufträgen die im Rahmen der Materialdisposition gebildete Auftragsstruktur mit ihren aufeinander abgestimmten Auftragselementen weitgehend zerstören kann und die geänderten Termine insofern kaum realisierbar sind. Dies legt den Verzicht auf derartige Abstimmungsverfahren nahe.

Zwecks Vermeidung der angesprochenen Abgleichsprobleme erscheint es sinnvoll, vornehmlich eine Anpassung des Kapazitätsangebots an die Kapazitätsnachfrage in Erwägung zu ziehen. Das betreffende Bündel von Abstimmungsmaßnahmen ist auf eine Änderung der zunächst eingeplanten potentiellen Belegungszeiten durch zeitliche und quantitative Anpassung, wie z.B. Einführung von Überstunden bzw. Sonderschichten und Inbetriebnahme von Reservemaschinen ausgerichtet.

Seit geraumer Zeit wird die Durchführung eines Kapazitätsabgleiches in der skizzierten Form grundsätzlich in Frage gestellt. Allerdings sind auch alternative Ansätze wie die belastungsorientierte Auftragsfreigabe bzw. Fertigungssteuerung[8] zunehmend der Kritik ausgesetzt.[9]

Die Feinterminierung bzw. Werkstattsteuerung bildet die letzte Stufe des Sukzessivplanungskonzepts EDV-gestützter PPS-Systeme. Dieser Planungsschritt umfaßt die (stunden-)genaue Einlastung der mit den verschiedenen Fertigungsaufträgen verbundenen Arbeitsgänge auf die einzelnen Arbeitsplätze bzw. maschinellen Aggregate und mithin die exakte Festlegung der jeweiligen Auftragsbearbeitungsreihenfolge. Die "herkömmlichen" PPS-Systeme sehen hierzu die Verwendung bestimmter Prioritätsregeln, besonders auch in kombinierter Form, vor. Die Problematik dieser Verfahrensweise liegt darin, daß sich nicht generell angeben läßt, in welchem Ausmaß alternative Prioritätsregeln zur Erreichung bestimmter Zielsetzungen beitragen; zudem ist der Einfluß einzelner Prioritätsregeln bei (gewichteter) Zusammenfassung dieser Regeln zu einer Kombinationsregel kaum erfaßbar. Unabhängig davon sind aufgrund von Planungsunsicherheiten (z.B. unvorhersehbare Maschinenausfälle) Ergebnisse der Feinterminierung häufig schon bei ihrem Vorliegen überholt. Dies mögen Ursachen dafür sein, daß eine in der skizzierten Form zentral durchgeführte Feinterminierung bzw. Werkstattsteuerung mittlerweile auf breite Ablehnung stößt und zunehmend der Einsatz von Just-in-Time-Konzepten[10] diskutiert wird.

II. Verbesserungsmöglichkeiten des Sukzessivplanungskonzeptes

Im folgenden sollen mögliche Wege zur Beseitigung bzw. Verringerung einiger der angeführten Probleme des Planungsstufenkonzepts EDV-gestützter PPS-Systeme aufgezeigt werden. Zwecks praktischer Anwendbarkeit stellen die betreffenden Lösungsvorschläge bewußt keine grundsätzliche Abkehr von der "Philosophie" der Sukzessivplanung und bestimmten operationalen Näherungsverfahren dar.

1. Auftragsgrößenplanung

Infolge der schrittweisen, für jede Fertigungs- bzw. Dispositionsstufe jeweils isoliert vorgenommenen Auftragsgrößenfestlegung ist in EDV-gestützten PPS-Systemen mit dem Fall einer "Losgrößenexplosion" zu rechnen. Die Situation, daß ausgehend von der höchsten Fertigungsstufe die Lose mit zunehmender Fertigungstiefe immer umfangreicher werden, stellt sich umso eher ein, je geringer die frei verfügbaren Lagerbestände sind. Zwecks Verhinderung des Auftretens einer solchen Situation, die zu schwerwiegenden Problemen bei der Termindisposition führen kann, bietet sich die Wahl einer einfachen heuristischen Auftragsstrategie an, nämlich die Bildung einheitlicher bzw. identischer Losgrößen auf sämtlichen Fertigungsstufen. Die konkrete Festsetzung dieser Losgrößen läßt sich dann z.B. unter prinzipieller Anwendung des Stückkostenverfahrens vornehmen. Zur Bestimmung der stückkostenminimalen Lose sind aber nunmehr die entscheidungsrelevanten Kosten zu erfassen, die über alle Fertigungsstufen hinweg anfallen.

Bei einer einheitlichen Losgröße von $\overline{AG}_h$, d.h. einem Los, welches jeweils die Bedarfe h direkt aufeinander folgender Perioden umfaßt, sind, sofern die Vorlaufzeit jeweils eine Teilperiode beträgt, insgesamt entscheidungsrelevante Lagerhaltungskosten in Höhe von

$$l_o \cdot \sum_{t=1}^{h} (t-1) \cdot d_t^o$$

anzusetzen. Dabei kennzeichnet l_o die Lagerhaltungskosten pro Fertigerzeugniseinheit und Teilperiode als Produkt aus den gesamten proportionalen Herstellkosten pro Einheit des betreffenden Erzeugnisses und relevantem Lagerhaltungssatz pro Teilperiode; d_t^o symbolisiert den in Teilperiode t auftretenden Nettobedarf an dem Fertigprodukt, dem die Fertigungsstufe 0 als höchste Fertigungsstufe zugeordnet ist. Der überraschend einfache Ausdruck für die über alle Fertigungsstufen anfallenden entscheidungsrelevanten Lagerhaltungskosten läßt sich wie folgt begründen: Wird hinsichtlich Fertigungsstufe 0 (u.a.) der Nettobedarf der t-ten Periode durch ein Los gedeckt, das schon zu Beginn der ersten (Rechnungs-)Periode fertiggestellt ist, so steht die Menge d_t^o schon (t-1) Teilperioden früher zur Verfügung als unbedingt erforderlich. Auf sämtlichen Fertigungsstufen müssen die zur Erstellung dieser Menge erforderlichen, sich (auch) auf die Endproduktkomponenten beziehenden Fertigungsprozesse dann aber genau (t-1) Teilperioden eher als notwendig abgeschlossen sein. Damit ist in einer grundsätzlich vermeidbaren Dauer von (t-1) Teilperioden Kapital in Höhe der Summe der Produkte aus primären proportionalen Herstellkosten pro jeweiliger Erzeugnis- bzw. Materialeinheit und der Menge d_t^o gebunden.[11] Diese Summe entspricht aber genau dem Produkt aus den zur Bestimmung des Parameters l_o herangezogenen gesamten proportionalen Herstellkosten pro Fertigerzeugniseinheit und der Größe d_t^o.

Kennzeichnet a_s die auf der s-ten (s=0,...,S) Fertigungsstufe entstehenden auftragsfixen Kosten, so ergeben sich bei einer einheitlichen Losgröße $\overline{AG}_h$ entscheidungsrelevante Stückkosten in Höhe von

$$\bar{k}_h = \frac{\sum_{s=0}^{S} a_s + l_o \cdot \sum_{t=1}^{h} (t-1) \cdot d_t^o}{\overline{AG}_h}$$

Eine Vielzahl von Simulationsläufen mit alternativen Bedarfsreihen und verschiedenen Werten der Parameter a_s und l_o führte übereinstimmend zu dem Ergebnis, daß die Strategie der Bildung einheitlicher Losgrößen nicht nur durch ihren Ausgleichsmechanismus eine Losgrößenexplosion verhindert, sondern regelmäßig auch zu niedrigeren Kosten führt als die streng sukzessiv durchgeführte Auftragsgrößenermittlung.

2. Terminierung

Häufig wird nicht beachtet, daß, wie herausgestellt, schon im Rahmen der Materialdisposition über die Vorlaufverschiebung eine Termindisposition vorgenommen wird, nämlich eine Grobterminierung von Fertigungsaufträgen. Dies kann zu den aufgezeigten Abstimmungsproblemen zwischen Materialdisposition und der Termindisposition im eigentlichen Sinne führen. Zwecks Lösung dieser Probleme ist zu fordern, daß die innerhalb der Materialdisposition angesetzte Vorlaufzeit für einen Fertigungsauftrag mit der entsprechenden Summe der bei der Durchlaufterminierung verwendeten arbeitsgangbezogenen Durchlaufzeiten übereinstimmt. Dies ließe sich leicht dadurch realisieren, daß schon innerhalb der Materialdisposition in Verbindung mit der Vorlaufzeitenfestlegung ein Rückgriff auf die relevanten, sich auf die verschiedenen Durchlaufzeitkomponenten beziehenden Daten der Arbeitsgangstruktur- und Arbeitsplatzstammdatei erfolgt. Einen solchen Rückgriff sehen einige Standardsoftwarepakete zur Produktionsplanung und -steuerung auch vor. Zur Vermeidung mehrfacher Zugriffe auf dieselben Daten böte sich dann aber an, bereits im Zusammenhang mit der Vorlaufverschiebung eine arbeitsgangbezogene Terminierung durchzuführen und auf eine sich an die Materialdisposition anschließende Durchlaufterminierung gänzlich zu verzichten.

Auch die hier angeführten Vorschläge zur Verbesserung des Planungsstufenkonzeptes EDV-gestützter PPS-Systeme können nur "Übergangslösungen" darstellen. Zwecks Erhöhung des betriebswirtschaftlichen Gehalts derartiger Systeme müssen die Bemühungen darauf gerichtet sein, unter expliziter Einbeziehung primär ökonomischer Zielsetzungen operationale Verfahren zu entwickeln, die der Interdependenzproblematik verstärkt Rechnung tragen.

Literaturhinweise

1) Grundlegende Simultanmodelle sind von Adam und Dinkelbach entwickelt worden. Vgl. Adam, D.: Simultane Ablauf- und Programmplanung bei Sortenfertigung mit ganzzahliger linearer Programmierung. In: Zeitschrift für Betriebswirtschaft, 33. Jg. 1963, S. 233 ff.; derselbe: Produktionsplanung bei Sortenfertigung. Diss. Hamburg 1965 bzw. Wiesbaden 1969; Dinkelbach, W.: Zum Problem der Losgröße und des Sortenwechsels bei der Produktionsplanung. Diss. Köln 1963 bzw. Zum Problem der Produktionsplanung in Ein- und Mehrproduktunternehmen. Würzburg-Wien 1964.

2) Vgl. hierzu Scheer, A.-W.: Produktionsplanung auf der Grundlage einer Datenbank des Fertigungsbereichs. München-Wien 1976; Wittemann, N.: Produktionsplanung mit verdichteten Daten. Berlin-Heidelberg-New York-Tokyo 1985.

3) Vgl. zu hierarchischen Ansätzen z.B. Hax, A.C.; Meal, H.C.: Hierarchical Integration of Production Planning and Scheduling. In: Geisler, M.A. (Ed.), Logistics, TIMS Studies in the Management Sciences, North Holland, Amsterdam 1975, S. 53 ff.; Kistner, K.-P.; Switalski, M.: Hierarchische Produktionsplanung. In: Zeitschrift für Betriebswirtschaft, 59. Jg. 1989, S. 477 ff.

4) Zur Struktur von PPS-Systemen und den entsprechenden Planungsverfahren vgl. z.B. Glaser, H.: Material- und Produktionswirtschaft. 3. Aufl., Düsseldorf 1986; Mertens, P.: Industrielle Datenverarbeitung 1. Administrations- und Dispositionssysteme. 6. Aufl., Wiesbaden 1986; Scheer, A.-W.: Wirtschaftsinformatik. Berlin-Heidelberg-New York-London-Paris-Tokyo 1988; Zäpfel, G.: Produktionswirtschaft. Berlin-New York 1982.

5) Vgl. Gutenberg, E.: Grundlagen der Betriebswirtschaftslehre. 1. Bd.: Die Produktion, 24. Aufl., Berlin-Heidelberg-New York 1983, S. 216.

6) Vgl. z.B. COPICS MPSP. Produktionsplanung für Enderzeugnisse. IBM Form GH 12-1545-0, 1985.

7) Vgl. zu den verschiedenen Varianten des Kostenausgleichsverfahrens und ihrer "Lösungsqualität" Knolmayer, G.: Zur Bedeutung des Kostenausgleichsprinzips für die Bedarfsplanung mit PPS-Systemen. In: Zeitschrift für betriebswirtschaftliche Forschung, 37. Jg. 1985, S. 411 ff.

8) Vgl. z.B. Wiendahl, H.-P.: Belastungsorientierte Fertigungssteuerung. München-Wien 1987.

9) Vgl. Adam, D.: Die Eignung der belastungsorientierten Auftragsfreigabe für die Steuerung von Fertigungsprozessen mit diskontinuierlichem Materialfluß. In: Zeitschrift für Betriebswirtschaft, 58. Jg. 1988, S. 98 ff.; Wiendahl, H.-P.:

Erwiderung: Probleme der belastungsorientierten Auftragsfreigabe. In: Zeitschrift für Betriebswirtschaft, 58. Jg. 1988, S. 1224 ff.; Adam, D.: Probleme der belastungsorientierten Auftragsfreigabe. In: Zeitschrift für Betriebswirtschaft, 59. Jg. 1989, S. 443 ff.

10) Vgl. zu diesen Konzepten z.B. Wildemann, H.: Flexible Werkstattsteuerung durch Integration von KANBAN-Prinzipien. München 1984; derselbe: Das Just-in-Time Konzept - Produktion und Zulieferung auf Abruf. Frankfurt 1988; Fandel, G.; Francois, P.: Just-in-Time-Produktion und -Beschaffung. Funktionsweise, Einsatzvoraussetzungen und Grenzen. In: Zeitschrift für Betriebswirtschaft, 59. Jg. 1989, S. 531 ff.

11) Die betreffende Aussage gilt grundsätzlich auch für den Fall, daß die Produktionskoeffizienten einen von der Zahl 1 abweichenden Wert annehmen. Es handelt sich dann lediglich um ein Normierungsproblem.

Der elektronische Leitstand - Integration controlling-relevanter Daten

Dr. A. Pocsay, IDS Prof. Scheer GmbH, Saarbrücken

Inhaltsverzeichnis

1. Einführung

2. Aufgaben, Instrumente und Daten des Produktionscontrolling

3. Der elektronische Leitstand

4. Unterstützung des Controlling in der Produktion durch den elektronischen Leitstand

10. Saarbrücker Arbeitstagung 1989
Rechnungswesen und EDV
hrsg. v. A.-W. Scheer

1. Einführung

Im Rahmen der Realisierung des Computer Integrated Manufacturing (CIM) besteht ein Trend zur stärkeren, oftmals objektbezogenen Dezentralisierung der Fertigung. Hierdurch sollen Ziele wie höhere Flexibilität oder Reduzierung von Kosten und Durchlaufzeiten im Produktionsprozeß erreicht werden. Kennzeichnend für solche Dezentralisierungsmaßnahmen sind Begriffe wie Fertigungsinseln oder flexible Fertigungssysteme.

Voraussetzung für einen optimalen Einsatz der dezentralen Einheiten ist das Vorhandensein geeigneter eigenständiger Steuerungssysteme, die es ermöglichen, im Rahmen vorgegebener Eckdaten selbständig Aufträge, Betriebsmittel und Werkzeuge zu disponieren. Diese Steuerungsaufgaben erfordern für die jeweilige Aufgabenstellung geeignete Soft- und Hardwaresysteme. Ein typisches Beispiel hierfür sind die elektronischen Leitstände.

Die durch die Produktivitätsfortschritte beschleunigten Abläufe im Unternehmen sowie die zunehmende Komplexität von Unternehmensentscheidungen erfordern leistungsfähige Führungskonzeptionen. Unabdingbare Voraussetzung für deren Einsatz ist eine umfangreiche und aktuelle Informationsbasis.

Im folgenden wird gezeigt, daß moderne Leitstandsysteme einerseits durch Aufnahme und Gegenüberstellung von Soll- und Ist-Daten für ihre primäre Aufgabe, die Fertigungssteuerung und -überwachung, bereits Controlling-Funktionen wahrnehmen, andererseits als integrierte Systeme die Durchgängigkeit der Daten für die Planungen des Produktionscontrolling gewährleisten.

2. Aufgaben, Instrumente und Daten des Produktionscontrolling

Lange Zeit wurde der Begriff des Controlling vergangenheitsbezogen im Sinne von Kontrolle gesehen. Nach und nach hat sich diese Begriffsauffassung erweitert um die gesamte Planungsphase einschließlich der aus Plan-Abweichungen resultierenden Entscheidungen.

Heute reicht die Spannbreite der Begriffsbestimmungen von einer funktionalen Betrachtung, die **Controlling als Managementfunktion**, als Soll-Ist-Vergleich und Führungsphilosophie betrachtet, bis zur Auffassung, daß **Controlling als Institution** innerhalb des Managements einzusetzen ist. In diesem Sinne hat es die Bedeutung eines entscheidungsorientierten Rechnungswesens mit übergreifenden Koordinationsaufgaben.

Ebenso wie der Begriff hat sich die Zielsetzung des Controlling im Laufe der Zeit von der reinen Kontrolle hin zur Unterstützung der Planung, der Koordination einzelner Teilbereiche und der Kontrolle der wirtschaftlichen Ergebnisse weiterentwickelt. Aufgrund dieser Zielsetzung zählen heute **Informationsbeschaffung, Informationsaufbereitung, Datenanalyse, Beurteilung und Kontrolle** zu den wesentlichen Aktivitäten des Controllers.

Zusammengefaßt ist "Controlling die zielbezogene Erfüllung von Führungsaufgaben, die der systemgestützten Informationsbeschaffung und Informationsverarbeitung zur Planerstellung, Koordination und Kontrolle dient " (Reichmann, Controlling mit Kennzahlen, 1985, S.11).

Gegenstand des Controlling ist die gesamte betriebliche Tätigkeit. Demzufolge lassen sich funktionsbezogene Teilfelder unterscheiden, z.B. Finanz-, Investitions-, Beschaffungs-, Produktions-, Logistik- und Absatz-Controlling.

Desweiteren führt die Berücksichtigung des zeitlichen Horizontes zu einer Unterteilung in Strategisches und Operatives Controlling.

Im folgenden wird das Produktions- bzw. Operative Controlling betrachtet.

Die **Entscheidungsvorbereitung** für eine ökonomische Durchführung des Produktionsprozesses ist die wesentliche Planungsaufgabe des Produktionscontrolling. Wichtige Instrumente sind dabei:

- Kostenvergleichsrechnungen zur
  - Losgrößenplanung
  - Auswahl verschiedener Fertigungsverfahren
  - make-or-buy - Entscheidung
  - Festlegung des Vorbeugungsgrades der Instandhaltung

- Deckungsbeitragsrechnungen zur Planung des Produktionsprogramms

Dabei sind insbesondere die Auswirkungen der produktionswirtschaftlichen Aktivitäten und Prozeßentscheidungen auf die Ziele der Unternehmung und auf andere betriebliche Bereiche zu überwachen und zu lenken.

Eine weitere Aufgabe ist die **Sicherstellung der Wirtschaftlichkeit** des Produktionsprozesses. Beispielhaft sind folgende Aufgabenfelder zu nennen:

- Überwachung von Auslastung und Wirtschaftlichkeit der Produktionsanlagen
- Entscheidungen über Ersatz bzw. Erweiterung der Anlagen
- Kontrolle der Faktorverbräuche (Maschinen, Personal, Material)

Wesentliches Kontrollinstrument ist die kostenstellenbezogene Abweichungsrechnung zur Überprüfung der für Produkte, Verantwortungsbereiche oder andere Bezugsobjekte angefallenen Kosten und zur Verfolgung der vorgegebenen Budgets.

Die Mitlaufende Nachkalkulation ist ein Instrument, um auftragsbezogene Kostenabweichungen aufdecken und frühzeitig Gegenmaßnahmen einleiten zu können.

Weitere Hilfsmittel, um die Transparenz im Produktionsprozeß zu erhöhen, sind z.B. fertigungswirtschaftliche Kennzahlen:

- faktor**bestands**bezogene Kennzahlen (z. B. durchschnittliches Anlagenalter, Wert des Anlagenparks)
- faktor**einsatz**bezogene Kennzahlen (z.B. Überstundenanteil)
- produktionsfaktor**mengen**bezogene Kennzahlen (z.B. Anzahl von Arbeitern je Anlage)
- produktionsfaktor**wert**bezogene Kennzahlen (z.B. Verhältnis von Anlagen- zu Personalkosten)

Im Kern der Informationsaufbereitung zur Vorbereitung von Entscheidungen und zur effizienten Durchführung der Produktionsprozesse stehen betriebswirtschaftliche Daten, insbesondere Kosten- und Erlösdaten (z.B. Maschinenstundensätze, Faktoreinsatzpreise). Zum Beispiel müssen für die Planung der Maschinenbelegung folgende Kosteninformationen zur Verfügung stehen:

- losgrößenabhängige Rüst- und Bearbeitungskosten
- Lagerkosten
- Transportkosten

Ein wichtiger Datenlieferant für das Produktionscontrolling ist somit die Kostenrechnung.

Die Aussagefähigkeit der Kostendaten wird wesentlich vom Grad der Erfassung der zugrundeliegenden Basisdaten bestimmt, die während des Produktionsprozesses anfallen. Wichtige Datenquellen für Steuerungsinformationen und -prozesse sind Betriebsdatenerfassung (BDE), Maschinendatenerfassung (MDE) und Prozeßleitsysteme (PLS). Kennzeichnend ist, daß es sich nur um Zeit- und Mengendaten handelt.

Diese Daten müssen unter verschiedenen Gesichtspunkten zur Vefügung stehen:

- Die **auftragsbezogene** Sicht ist entscheidend für Vergleiche von Vorkalkulation und tatsächlicher Produktion im Sinne einer mitlaufenden bzw. einer Nachkalkulation.

- Der **Periodenbezug** ermöglicht die Aufstellung von zeitpunktbezogenen Auswertungen (z.B. Dekaden-,Wochen- oder Monatsberichte).

- Zur Ermittlung der Wirtschaftlichkeit einzelner Arbeitsplätze, Arbeitsplatzgruppen bzw. Betriebsmittel und Betriebsmittelgruppen ist der **Kostenstellenbezug** der erfaßten Betriebsdaten erforderlich.

Im folgenden wird im Anschluß an eine kurze Charakterisierung der Arbeitsweise eines elektronischen Leitstandes aufgezeigt, in welcher Art und Weise ein intelligentes Leitstandsystem in der Lage ist, die Aufgaben des Produktionscontrolling durch Bereitstellen und Aufbereiten von Informationen zu unterstützen.

3. Der elektronische Leitstand

Produktionsplanungs- und -steuerungssysteme als Kern zu realisierender CIM-Konzepte müssen heute dem Anspruch gerecht werden, die komplette Logistikkette von der Kundenauftragsannahme (bzw. Primärbedarfsplanung) über die Material- und Zeitwirtschaft bis hin zur Fertigungssteuerung und Betriebsdatenerfassung in einem durchgängigen Informationsfluß abzubilden. Aus den Funktionen der Fertigungssteuerung ist eine enge Kopplung zu Systemen der prozeßnahen Ebene (CAM) wie Lager- und Transportsteuerungen, DNC-Betrieb oder Qualitätssicherungssystemen (CAQ) erforderlich, um die Auftragsinformationen und die Steuerung der Prozesse miteinander verknüpfen zu können.

Während die meisten heutigen PPS-Systeme schwerpunktmäßig die Funktionen der Materialwirtschaft und der Zeitwirtschaft unterstützen, die Funktionen der Grobplanung und der fertigungsnahen Steuerung jedoch nur unzureichend abdecken, wird der Bereich der Fertigungskoordination mit Steuerung, BDE und Analyse in zukunftsorientierten Produktionslogistikkonzepten zunehmend an Bedeutung gewinnen. Abbildung 1 verdeutlicht den Wandel der Gewichtung der PPS-Funktionen.

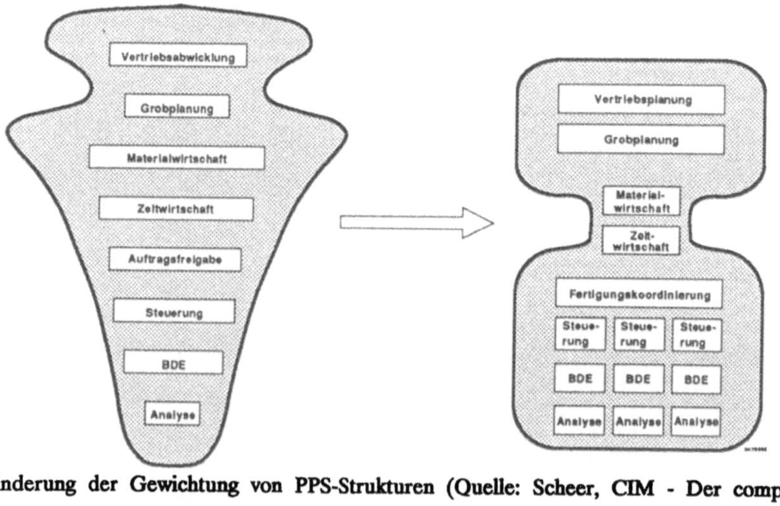

Abb. 1: Veränderung der Gewichtung von PPS-Strukturen (Quelle: Scheer, CIM - Der computergesteuerte Industriebetrieb; 1988; S. 18)

Die wesentlichen Gründe für eine zunehmende Bedeutung der Fertigungssteuerung sind Forderungen nach:

- besseren Kommunikationsmöglichkeiten zu prozeßnahen Systemen (Lager- und Transportsteuerungen, DNC-Betrieb, CAQ etc.)

- Erweiterung von Steuerungsfunktionen für heterogene Fertigungsstrukturen in verschiedenen Fertigungsbereichen (Fertigungsinselsteuerung, Werkstattsteuerung)

- höherer zeitlicher und inhaltlicher Detaillierung der Steuerungsinformationen (minutengenaue Planung, arbeitsganggenaue Zuordnung von Ressourcen etc.)

- eigenständigen Entscheidungs- und Steuerungsinstrumenten, z.B. Arbeitsgangzusammenfassung oder Neubildung von Arbeitsgangreihenfolgen nach unterschiedlichen Kriterien, z.B. Materialausnutzung, Rüstkosten-, Rüstzeitminimierung etc.

- Koordination mehrerer Dispositionsbereiche in der Fertigungssteuerung zur Verfolgung von bereichsübergreifenden Aufträgen

- höherer zeitlicher Verfügbarkeit der Steuerungsfunktionen

- höherer Ausfallsicherheit

Als Instrumentarium zur Erfüllung dieser Forderungen werden in verstärktem Maße elektronische Leitstände eingesetzt.

Abbildung 2 zeigt die Einordnung eines Leitstandes in die CIM-Komponenten eines Fertigungsbetriebes (Quelle: IDS Prof. Scheer GmbH).

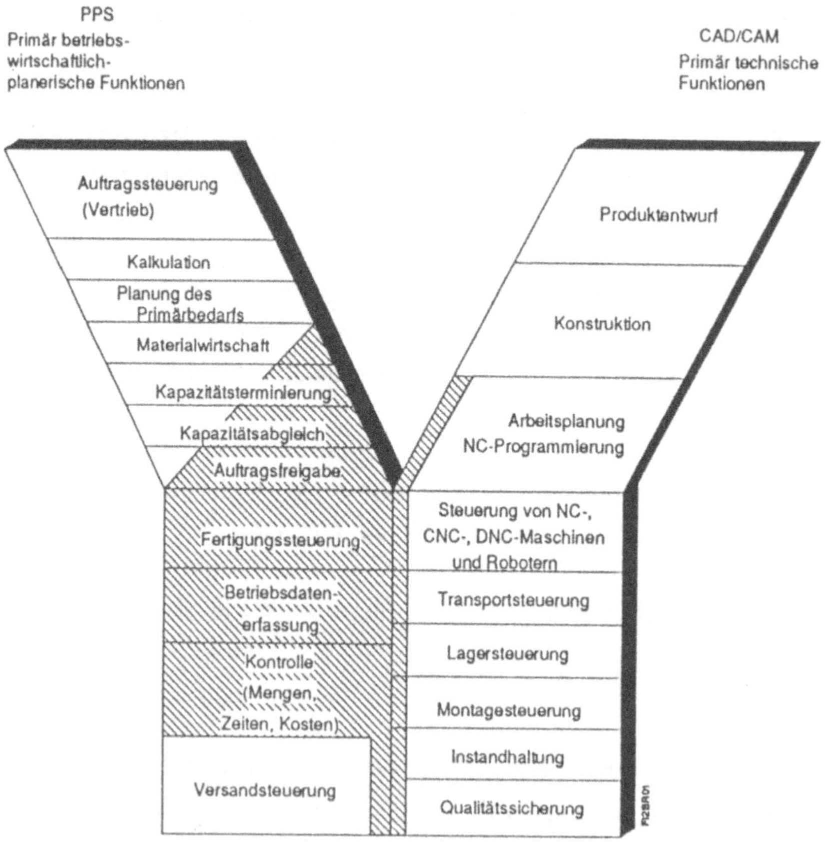

Abb. 2: **Einordnung des Intelligenten Leitstandes FI-2 in die CIM-Komponenten des Fertigungsbetriebs**

Der elektronische Leitstand als integraler Bestandteil eines CIM-Konzeptes stellt eine **eigenständige Steuerungsebene** innerhalb einer CIM-Funktionshierarchie dar. In diesem Sinne übernimmt der Leitstand Stamm- und Bewegungsdaten aus über- bzw. untergeordneten Ebenen, führt eigenständig Planungs- und Steuerungsfunktionen innerhalb vorgegebener Eckwerte aus und gibt Daten an über- bzw. untergeordnete Ebenen weiter.

Im folgenden sind die wesentlichen Funktionen eines elektronischen Leitstandes am Beispiel des von der IDS Prof. Scheer entwickelten Intelligenten Leitstandes FI-2 aufgeführt:

1. Übernahme von Auftrags- und Stammdaten aus überlagerten Systemen (z.B. PPS, Kostenrechnung)

2. Einplanung bzw. Terminierung auf Betriebsmittel (Vorwärts-, Rückwärts- und kombinierte Vorwärts-/Rückwärtsterminierung); die Betriebsmittel können nach Kapazitäts- und/oder Kostenkriterien ausgewählt werden

3. Verfügbarkeitsprüfungen auf alle mit dem Arbeitsgang zusammenhängenden Ressourcen (z.B. Maschinen, Personal, Material, NC-Programme, Werkzeuge und Prüfmittel)

4. Steuerungsfunktionen wie Splitten, Raffen, Überlappen von Aufträgen zur Optimierung der Planung

5. Speicherung und Auswertung verschiedener Planungssituationen (Simulation), z.B. Auswertungen über durchschnittlichen Rüstzeitanteil, Auslastungsgrad oder durchschnittliche Auftragsdurchlaufzeit

6. Stammdaten- und Auftragsdatenverwaltung; es werden beispielsweise Stammdaten für Arbeitsplätze, Schichtmodelle, Personal oder Werkzeuge verwaltet.

   Die Arbeitsplatzstammdaten enthalten u.a. folgende Informationen:

   - Kostenstellenzuordnung
   - Kapazitätsangebot mit oder ohne Berücksichtigung eines Schichtmodells

- Leistungsfaktoren für Rüsten und Bearbeiten zur Anpassung der aktuellen Maschinenleistung an die Vorgabezeiten
- Personalbedienungsfaktor zur Errechnung des Personalbedarfs (Mehrmaschinenbedienung)
- Kostensatz des Arbeitsplatzes
- Instandhaltungsinformationen, z.B. Wartungsintervall, -dauer, -zeitpunkte

Die Auftragsdaten beinhalten u.a.:
- Auftragskopfinformationen
- Arbeitsgangbeschreibungen
- Stücklisteninformationen
- Material-/Werkzeug-/Vorrichtungsbedarf
- NC-Programmfrequenz/Qualitätsinformationen

Arbeitsgangbeschreibungen sind z.B.:
- Auftragszugehörigkeit, Folgenummer
- Arbeitsplatz- und Gruppenzuordnung nach PPS, Leitstandplanung und Ist-Situation
- Start- und Endtermine nach PPS, Leitstandplanung und Ist-Situation
- Zeitvorgaben als Fixtermine
- Mengen- und Ausschußinformationen
- Zeitvorgabe Rüsten, Bearbeiten, Abrüsten
- Bezugsgößen Prozessmenge und Beschreibungsgröße

7. Auftrags- und arbeitsplatzbezogene Betriebsdatenerfassung, Auswertungs- und Informationsfunktionen.
Um die Ziele einer effizienten Fertigungssteuerung wie Verkürzung von Durchlaufzeiten oder Reduzierung von Lager-, Rüst- und Fertigungskosten zu erreichen, ist eine hohe Transparenz des Auftragsflusses sowie eine hohe Datenaktualität erforderlich. Der Leitstand muß somit mit aktuellen auftrags- und ressourcenbezogenen Betriebsdaten versorgt werden.

Alle Betriebsdaten (Auftrags-, Maschinen- und Personaldaten) werden entweder im Dialog im Leitstand erfaßt oder direkt aus angeschlossenen BDE-Systemen übernommen.
Mit der Aufbereitung aktueller Betriebsdaten (Ist-Daten) gibt der Leitstand ein getreues Abbild der Fertigungssituation wieder.

Gemeinsam mit einer benutzerfreundlichen Oberfläche (grafikorientiert, Fenster- und Maustechnik) erhöht der Leitstand die Transparenz im Produktionsprozeß und bietet somit eine sinnvolle Entscheidungshilfe.

Beispiele für Auswertungen, die den Benutzer bei seinen Planungs-, Dispositions- und Überwachungsaufgaben unterstützen, sind:

- Kapazitätsbelastungsübersicht
- Maschinenbelegungsübersicht
- Bearbeitungs-, Rüst- und Stillstandszeiten je Arbeitsplatz
- Aufträge mit Verzug
- Aufträge mit fehlenden Ressourcen
- Soll-/Ist-Abweichungen
- Maschinenstörungen

8. Koordination verschiedener Leitstände in unterschiedlichen Dispositionsbereichen (Leitstandsbereichen) über eine Koordinationsebene; hier erfolgt eine Verteilung von Aufträgen bzw. Arbeitsgangsequenzen auf einzelne Dispositionsbereiche

9. Übergabe von Daten an überlagerte bzw. unterlagerte Systeme; Fertigungsauftragsrückmeldungen bzw. Planabweichungen werden an das überlagerte PPS-System zurückgemeldet. Abbildung 3 verdeutlicht die Integration des Leitstandes mit anderen CIM-Komponenten.

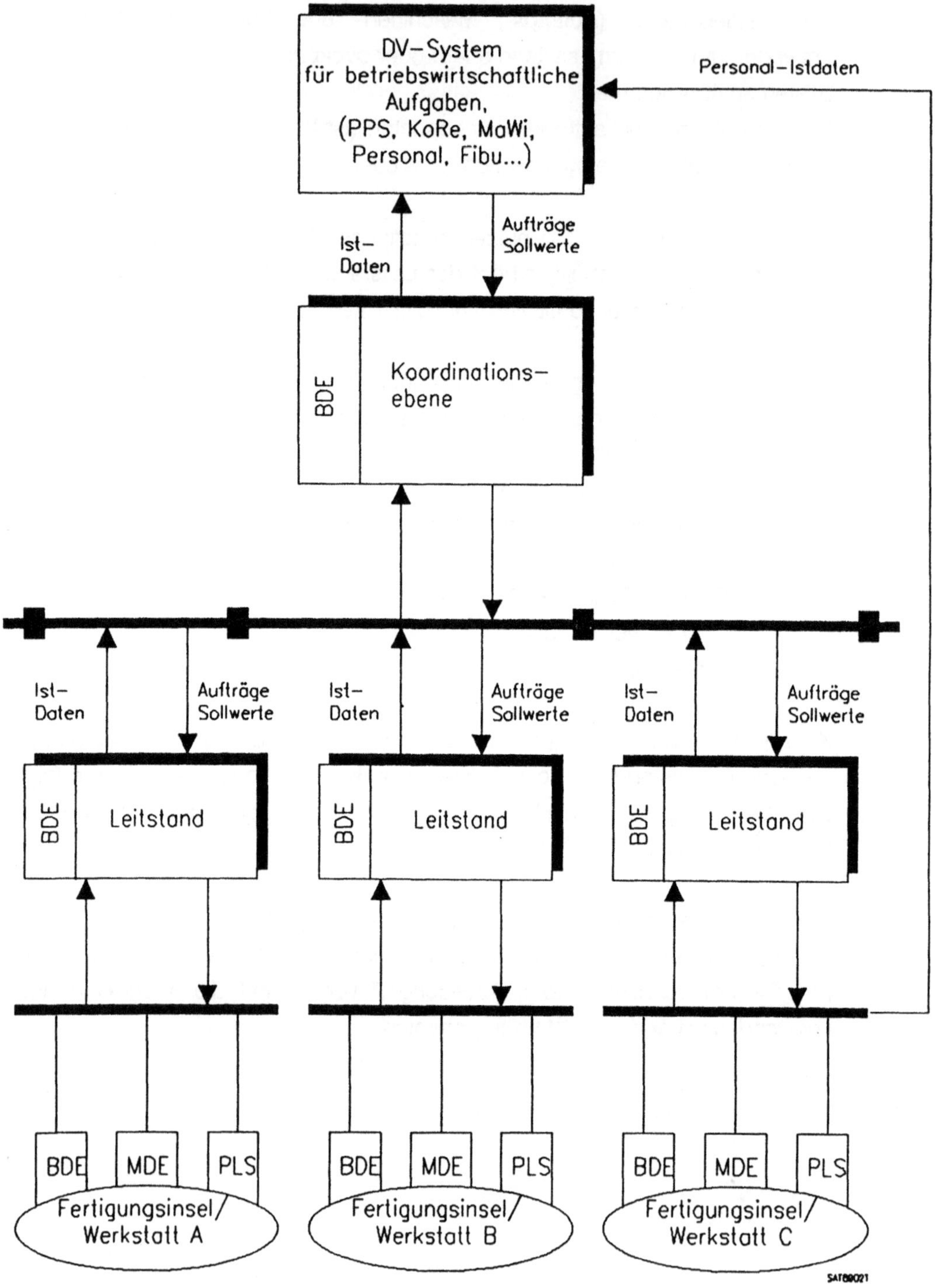

Abb. 3: **Kommunikation des Leitstandes mit anderen CIM-Komponenten**

4. Unterstützung des Controlling in der Produktion durch den elektronischen Leitstand

Zur Sicherstellung der Wirtschaftlichkeit des Produktionsprozesses als wesentliche Aufgabe des Produktionscontrolling ist es erforderlich, ein System von aufeinander abgestimmten Planungen und Steuerungen aufzubauen, das die reibungslose Realisierung der Unternehmensziele garantiert. Für diese Aufgabe müssen Planungsdaten aktuell und für die jeweilige Problemstellung aussagekräftig bereitgestellt werden. Andererseits müssen diesen Planzahlen die aktuellen Ist-Daten gegenüberstehen, und zwar in einer entsprechenden Verdichtung, so daß Soll-Ist-Vergleiche sofort den Handlungsbedarf erkennen lassen und die Sicherheit von Entscheidungen erhöhen. Desweiteren müssen die bereits genannten fertigungswirtschaftlichen Kennzahlen als Instrument zur Beurteilung der Situation im Produktionsprozeß ständig aktualisiert sein, um die Transparenz zu wahren und Fehlentwicklungen aufzuzeigen.
Zur effektiven Durchführung von Kontrolle und Steuerung ist die Verwaltung der Daten als Plan- und Ist-Daten erforderlich.

Wichtige Daten auf Werkstattebene, die im Leitstand bereitgehalten werden, sind:

- Plan-/Ist-Maschinenlaufzeiten bzw. -stillstände
- Plan-/Ist-Materialverbräuche für
  - Roh-, Hilfs- und Betriebsstoffe
  - Teile
  - Werkzeuge
  - Instandhaltung/Reparatur
  - Ausschuß
- Plan-/Ist-Personalzeiten
  - Anwesenheitszeiten
  - Fertigungszeiten
  - Überstunden
- Plan-/Ist-Energieverbräuche
- Plan-/Ist-Reparatur- und Instandhaltungszeiten

Den Zusammenhang von Plan- und Ist-Daten sowie die Auswirkungen von Abweichungen zeigt Abbildung 4.

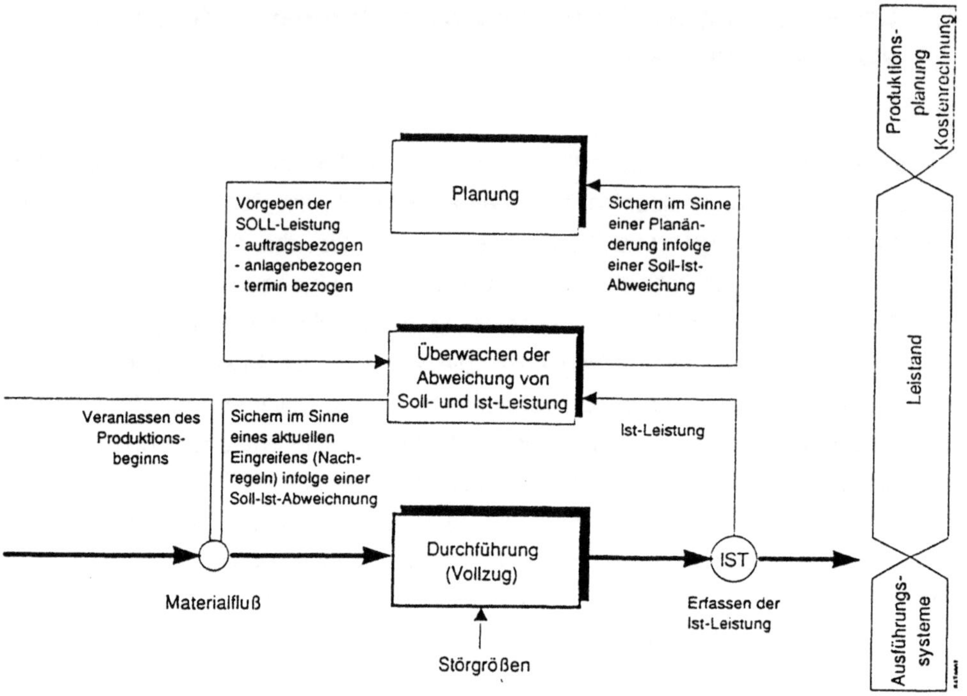

Abb. 4: Zusammenwirken von Plan- und Ist-Daten zur Überwachung des Produktionsprozesses

Diese Daten stehen für Controllingzwecke zur Verfügung. Einerseits werden auf Prozeßebene und auf Mengenbasis ständige Soll-/Ist-Vergleiche durchgeführt. Diese Daten müssen daher zeit- und prozeßnah zur Steuerung des Produktionsprozesses bereitstehen. Andererseits benötigen die übergeordneten Systeme (PPS und Kostenrechnung) zur Verfolgung von bewerteten Faktorverbräuchen für Planung und Wirtschaftlichkeitsbetrachtung Daten in verdichteter Form. Abb. 5 zeigt Beispiele für die Verwendung der Leitstanddaten im Produktionscontrolling. Die steuernden Controlling-Aktivitäten werden dabei mit Hilfe des elektronischen Leitstandes ausgeführt. Die in der Rubrik Planung aufgeführten Funktionen werden i.a. in übergelagerten administrativen Systemen (PPS, Kostenrechnung) durchgeführt.

Von dem überlagerten PPS- und Kostenrechnungssystem bezieht der Leitstand auch wertbezogene Plandaten, da neben Mengen- und Zeitvorgaben Kostendaten für die Optimierung notwendig sind, z.B. für eine optimale Maschinenbelegung (Abb. 6).

Leitstandsdaten	Steuerung mit Leitstand	Planung
- Maschinenlaufzeiten bzw. -stillstände	- Kontrolle der Laufzeiten und Umplanung von Aufträgen auf alternative Anlagen als Reaktion auf Stillstände	- Investitions- / Kapazitätsplanung - Plan-/ Ist-Vergleich als Grundlage für die Wirtschaftlichkeitskontrolle; Fehlersuche bei erkannten Unwirtschaftlichkeiten - Ermitteln der Plan-Vorgaben - Nachkalkulation auf Aufträge

- Personalzeiten	- Kontrolle der Anwesenheit und Neuplanung des Personaleinsatzes bei Fehlen von Personal, z.B. wegen Krankheit	- Plan-/ Ist-Vergleiche als Grundlage für die Personaleinsatzplanung
		- Belastungsanalysen des Personals:
		  - Zus. Bereitstellung von Personal bei Überlast
		  - Reduzierung von Personal bei Unterauslastung
		- Ermitteln der Plan-Vorgaben
		- Nachkalkulation auf Aufträge

- Material-/ Energieverbräuche und Ausschuß	- Erkennen von Mehrverbräuchen und Information der Materialwirtschaft - Erkennen von Fehlmengen in der Materialbereitstellung und Information des Lagers - Einleiten von Nachproduktion bei ungeplantem Ausschuß	- Ausschußanalyse - Ermitteln Planvorgaben - Nachkalkulation auf Aufträge
- Reparatur- und Instandhaltungszeiten - Störgründe	- Reaktion auf Verzögerungen geplanten Instandhaltungsmaßnahmen	- Investitions-/ Kapazitätsplanung - Schwachstellenanalyse - Instandhaltungsplanung

Abb. 5: Verwendung von Leitstandsdaten für Controllingzwecke

Planungsdaten	Leitstand

- Kostensätze
  - Rüsten
  - Bearbeiten
	- Maschinenbelegung

- Faktorverbrauchsvorgaben je Stück
  - Rüstzeit
  - Stückzeit
  - Abrüstzeit
  - Ausschuß
  - Liegezeit
- Plan-Personalzeiten
- Plan-Materialverbräuche
- Leistungsgrad
	- Terminierung

- Instandhaltungsintervalle
  - Instandhaltungsdauer
  - Instandhaltungspersonal
  :
	- Einplanung von Instandhaltungsaufträgen

SAT8906

Abb. 6: **Verwendung von Plandaten im Leitstand**

Zusammengefaßt besteht der Anspruch des Controlling an eine hohe Qualität der Informationssysteme, damit die richtigen Informationen zum richtigen Zeitpunkt am richtigen Ort bereitstehen.

Diese hohen Anforderungen können nur durch moderne DV-Systeme erfüllt werden, die sich durch ein Höchstmaß an Aktualität der erfaßten und verwalteten Daten sowie durch Flexibilität hinsichtlich der benötigten Auswertungen und Problemlösungsstrategien auszeichnen. In einem integrierten System muß dem Controlling ein gleichberechtigter Part zugewiesen werden.

Dieses berücksichtigt der elektronische Leitstand FI-2. Er bietet auf der Grundlage einer benutzerorientierten, komfortablen Graphikoberfläche mit Fenstertechnik und Maussteuerung umfangreiche Planungs-, Steuerungs- und Auswertungsfunktionen, die den Anwender bei der Auftragssteuerung unterstützen. Eine Kopplung mit unterlagerten BDE-Systemen erlaubt eine ständige Aktualisierung der elektronischen Plantafel in FI-2 sowie eine schnelle Reaktion des Systems auf Störungen.

Um diese Anforderungen und die Kommunikation mit verschiedenen Systemen für die Zwecke des Controlling erfüllen zu können, wurde bei der Konzeption von FI-2 besonderer Wert auf offene Standards (UNIX, SQL, C und X-Windows) gelegt.

Die Ausführungen zeigen, daß der elektronische Leitstand ein Instrument ist, das dem Controlling Informationen zielgerichtet zur Verfügung stellt, so daß Planung, Steuerung und Überwachung des Produktionsprozesses wesentlich verbessert werden können.

Unwirtschaftlichkeiten können verursachungsgerecht verfolgt und Entscheidungen zu Gegenmaßnahmen in kürzerer Zeit und mit größerer Sicherheit getroffen werden.

Dem Controlling wird mit dem elektronischen Leitstand ein wichtiges Instrument zur Verbesserung der Qualität seiner Arbeit an die Hand gegeben.

Literaturverzeichnis

Hackstein, Rolf: Einführung in die technische Ablauforganisation, München/Wien, 1985, S. 8-61.

IDS Prof. Scheer GmbH: Dezentrale Fertigungssteuerung: Der Intelligente Leitstand FI-2, Systemüberblick.

Reichmann, Thomas: Controlling mit Kennzahlen, München 1985, S. 1-11 u. S. 251-259.

Scheer, August-Wilhelm: CIM - Der computergesteuerte Industriebetrieb, 3. Auflage, Berlin, Heidelberg, New York, London, Paris, Tokyo 1988, S. 26 - 29.

Weber, Jürgen: Einführung in das Controlling, Stuttgart 1988, S. 1-116.

BDE als Voraussetzung für ein aktuelles Fertigungs-Controlling

H. W. Mohr, Unternehmensberatung Plaut AG, Figino/Lugano

G L I E D E R U N G

1. Ziele und Aufgaben der Betriebs-Daten-Erfassung
2. Unterschied zwischen BDE und BDK (Betriebs-Daten-Kommunikation)
3. Voraussetzungen für eine a k t u e l l e BDK
4. CIM und BDK (Integration)
5. Ergebnis: aktuelles Fertigungscontrolling

1. Ziele und Aufgaben der Betriebs-Daten-Erfassung

Moderne DV-gestützte Systeme benötigen differenzierte Stamm- und Bewegungsdaten aus den operativen Anwendungen der Produktions-Planung (Vertrieb, Material- und Zeitwirtschaft) und der Produktions-Steuerung (Fertigung und Montage - Abb. 1). Um diese Informationen aktuell aufzunehmen, zu bewerten und zu verdichten sind manuelle Verarbeitungsformen überfordert. In vielen Firmen werden teure Computer eingesetzt, die in Bruchteilen von Sekunden Daten verarbeiten, die Datenerfassung aber wird in den meisten Fällen noch auf herkömmliche Weise - und sehr personal-

10. Saarbrücker Arbeitstagung 1989
Rechnungswesen und EDV
hrsg. v. A.-W. Scheer

intensiv - manuell mit Aufschreibungen und teilweise noch mit Lochkarten (Lohn, Material, Fertigmeldungen usw.) durchgeführt. Die Datenerfassung in den Bereichen, die direkt oder indirekt mit der Produktion zu tun haben, dient zur Bereitstellung maschinell verarbeitbarer Merkmale von Betriebszuständen in Produktionsunternehmen. Betriebsdaten sind alle Informationen, die bei der Produktion anfallen (definierte Merkmale) bzw. verwendet werden (ergänzende Merkmale).

Definierende Merkmale sind z.B.:

- o Menge / Stückzahl
- o Zeit / Zeitpunkt
- o Qualifikation / Zustand
- o Ort / Lagerplatz

Ergänzende Merkmale sind z.B.:

- o Auftrag / Material
- o Maschine / Arbeitsplatz
- o Mitarbeiter / Gruppe.

Den möglichen Leistungsumfang von BDE-Anwendungen ersehen Sie aus Abb. 2.
Eine genaue und vollständige Betriebsdatenerfassung ist Basis für die Planungs- und Informationsdatenbank, die für die effiziente Steuerung der Produktion notwendig sind (Abb. 3). Daten sollen dort zur Verfügung stehen, wo sie nötig sind, d.h. in erster Linie beim Endbenutzer und für weitere Auswertungen komprimiert in der zentralen Datenbank:

>>>> Soviel Zentralismus wie nötig a b e r <<<<
>>>> soviel Selbständigkeit wie möglich! <<<<

2. Unterschied zwischen BDE und BDK (Betriebs-Daten-Kommunikation)

Die Zielsetzung zur Betriebsdaten-Kommunikation ist die Rationalisierung der

Erstellung
Verteilung
Erfassung und Verwaltung
Prüfung

von produktionsorientierten Betriebsdaten mit Hilfe moderner DV-Techniken mit dem Ziel, diese Daten

schnell und aktuell
fehlerfrei und vollständig
einheitlich und
an allen erforderlichen Stellen

so griffbereit zu haben, daß damit im Betrieb

ein kontinuierlicher Soll-Ist-Vergleich
eine schnelle Erkennung von Störungen
die Lokalisierung von Schwachstellen

ermöglicht wird.

Der wesentliche Unterschied liegt in der "Kommunikation", das bedeutet für den Anwender einen entsprechenden Dialog am BDE-Terminal oder Bildschirm zur <u>ordnungsgemäßen</u> Erfassung der Daten und zur ständigen Auskunftsbereitschaft (z.B. das Führen eines <u>persönlichen</u>, ausweisgeschützten "Lohnbuches" im Rechner. Hierzu müssen allerdings von der Hard- und Software (Terminal und Programme) entsprechende Voraussetzungen geschaffen werden.

3. Voraussetzungen für eine a k t u e l l e BDK

Die Realisierung eines integrierten BDK-Systems in ein Produktions-Planungs- und Werkstatt-Steuerungssystem ist in 3 Regelkreisen zu sehen (Abb. 4/5).

1. Regelkreis: s t r a t e g i s c h e E b e n e

   Programmplanung:

   Prognoserechnung (Vertriebs-Absatzschätzung)

2. Regelkreis: t a k t i s c h e E b e n e

   Disposition:

   Materialwirtschaft

   Fertigungsplanung und Auftragsfreigabe

   Instandhaltung (vorbeugende)

   Abrechnungssysteme (Personal, Kostenrechnung)

3. Regelkreis: o p e r a t i v e E b e n e

   Werkstattsteuerung (Durchsetzung):

   Materialflußsteuerung

   Fertigungssteuerung

   Resourcenverwaltung von:
   - Personal (Zeiterfassung und -verwaltung)
   - Betriebsmitteln
   - Kapazitäten usw.

   Qualitätskontrolle

   Fertigungscontrolling (Logistik-).

In jedem Regelkreis entstehen Daten, die an die jeweils untergeordnete Planungs- und Steuerungsebene als Rahmenvorgabe weitergeleitet werden. Durch einen permanenten Informationsrückfluß von unten nach oben ergibt sich ein geschlossener Daten-

kreislauf, der zu jeder Zeit einen kompletten Überblick über den Stand der Fertigung (Menge und Kosten) und damit eine schnelle Reaktion auf Veränderungen ermöglicht.
Die Regelkreise 1 und 2 werden vollständig durch ein PPS-System abgedeckt. Hierin werden Planungen unter der Annahme von theoretischen Größen (Absatzplan, Materialverfügbarkeit, Kapazitäten = "Personalverfügbarkeit") vollzogen. Diese Planung ist aber nur dann sinnvoll, wenn der 3. Regelkreis, der Regelkreis der Werkstattsteuerung mit zeitnahen Rückmeldungen (BDK) eingesetzt ist. Hier wird, mit einem kleinen freigegebenen Datenbestand mit tatsächlichen Verfügbarkeiten (Mensch, Maschine, Material) und aktuellen Situationen kurzfristig geplant und gesteuert (Meister).
Dies kann aber nur dann erfolgreich sein, wenn in der Werkstatt ein papierarmes System für alle Schichten (= 24 Stunden!!) zur Verfügung steht (Abb.6). Die aktuellen Rückmeldungen wie Zeiterfassung und -verwaltung, Schichtbericht, Arbeitsfortschrittsmeldungen, Prämiendatenverwaltung, Störmeldungen bzw. Maschinenlaufzeiten, Qualitätsmeldungen (Gutstück, Ausschuß usw.) sind durch eine dezentrale Betriebsdatenerfassung und -verwaltung am Entstehungsort der Daten zu erfassen (Abb. 7/8). Dieses "Erfassen" durch die einzelnen Mitarbeiter, Maschinenführer oder Meister ist durch den Einsatz von maschinenlesbaren Schriften (z.B. Barcode "39" - Abb. 9 / 10) so einfach wie möglich zu halten.
Die Daten sind direkt bei der Erfassung - so weit möglich - zu prüfen, damit eine nochmalige und zeitaufwendige Wiederholprüfung entfallen kann (Abb. 11).

4. CIM und BDK (Integration)

Mit dem Begriff "CIM" wird heute ganz allgemein die Vorstellung beschrieben, alle Entwicklungsphasen eines Produktes, von der ersten Idee über Konstruktion, Entwicklung, Materialwirtschaft, Fertigung und Qualitätssicherung bis zur Vermarktung durch moderne, DV-orientierte Produktions- und Informations-Technik zu unterstützen (Abb. 12 / 13). Basis der Integrationsidee des CIM ist die einheitliche Sicht aller unternehmerischen Funktionen und der konsequente Einsatz der Informationstechnik.
Dies gilt vor allem auch für den Fertigungsbereich (Abb. 14).

5. Ergebnis: aktuelles Fertigungscontrolling

Den gedanklichen Lösungsansatz für die begleitende wirtschaftliche Betrachtungsweise aller betrieblichen Handlungen liefert das Controlling:

>>>> CONTROLLING = Steuern durch Informationen <<<<

Das auf eine moderne, entscheidungsorientierte flexible Plankostenrechnung gestützte Controlling ist ein untrennbarer Bestandteil eines auf den wirtschaftlichen Produktionsvollzug abgestellten CIM. Die von der Plaut-Gruppe seit nunmehr über 40 Jahren vertretene und in Theorie und Praxis weiterentwickelte Grenzplankostenrechnung hat sich stets und konsequent zur Aufgabe gestellt, prozesskonform, dem tatsächlichen Prozeßvollzug, dem logistischen Mengenfluß folgend, zu bewerten. Eine moderne Kostenrechnung ist somit ein zeitnahes, in manchen Fällen auch zeitgleiches, zahlenmäßiges Spiegelbild der tatsächlichen Fertigungs- bzw. Dienstleistungsaktivitäten (Abb. 15).

Zusammenfassung:

Voraussetzung für ein aktuelles Fertigungscontrolling ist eine integrierte "Betriebs-Daten-Kommunikation" (BDK), deren Prinzip in der "Kommunikations- und Informations-Wertanalyse" dargestellt ist (Abb. 16).

Wesentliche Änderungen für das Controlling - wie auch für die anderen Abteilungen - ist eine veränderte Arbeitsweise (Abb. 17):

Weg von der passiven Datenverarbeitung (Papier) zur aktiven Beschaffung von Informationen!

PLAUT

ABHÄNGIGKEITEN VON PPS-FUNKTIONEN

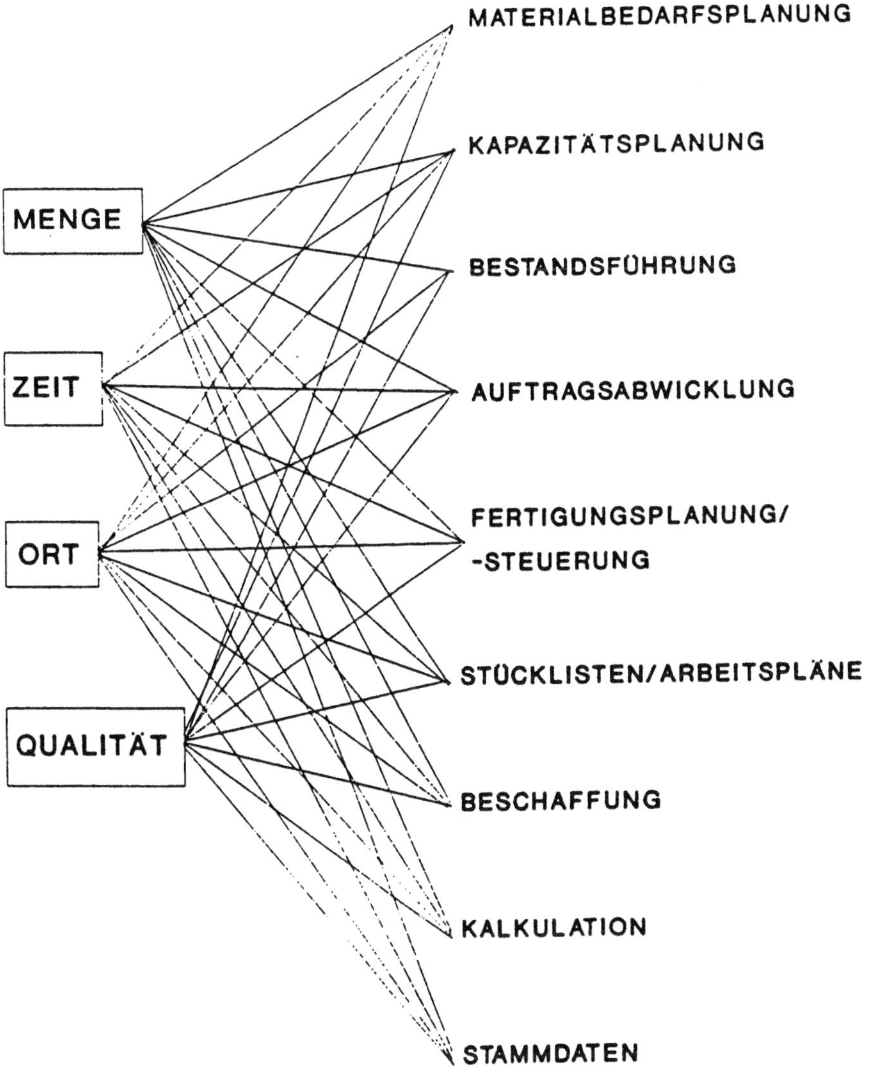

BDE - Abb. 1

PLAUT

Kostenorientiertes CIM

Leistungsumfänge Betriebsdatenerfassung

Was? / Wo?	Produktion	Qualitäts-sicherung	Instand-haltung	Betriebs-mittel	Personal	Logistik
Status	Beginn, ..., Ende	Beginn, ..., Ende	Beginn, ..., Ende	Läuft, Stillstand	Kommt, Geht	Beginn, ..., Ende Reservierung
Mengen	Teil-/ Gesamtmenge	Ausschuß	Ersatzteile			Eingang/ Abgang
Zeiten	Bearbeitung, Unterbrechung	Prüfzeit, Unterbrechung	Bearbeitung, Prüfung, Unterbrechung	Laufzeit, Stillstand	Anwesend Abwesend	Eintritts-/ Austritts-zeitpunkt
Ort	Arbeitsplatz	Prüfplatz	Maschine/ Anlage	Anlage/ Anlagenteil	Arbeits-platz	Bestands-ort
Meßdaten	Durchsatz	Toleranzen Qualität	Betriebs-mittel-zustand	Belastung, Durchsatz, Zustand	Qualifikation	Durchsatz, Bestände, Durchlaufzeit
Ursachen/ Ergebnis		Fehler-gründe	Schaden, Ausfallgründe	Abnutzungs-vorrat	Abwesenheits-gründe	Liegezeiten, Terminverzüge

BDE - Abb. 2

PLAUT

Integration

CIM und Kostenrechnung

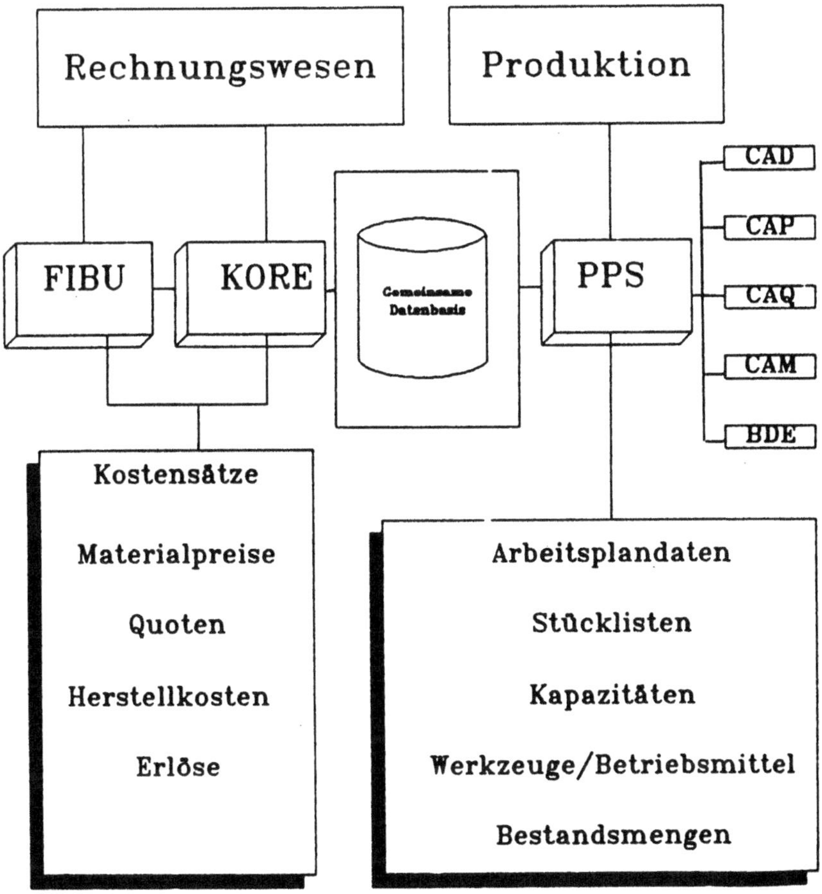

BDE - Abb. 3

PLAUT | Kostenorientiertes CIM

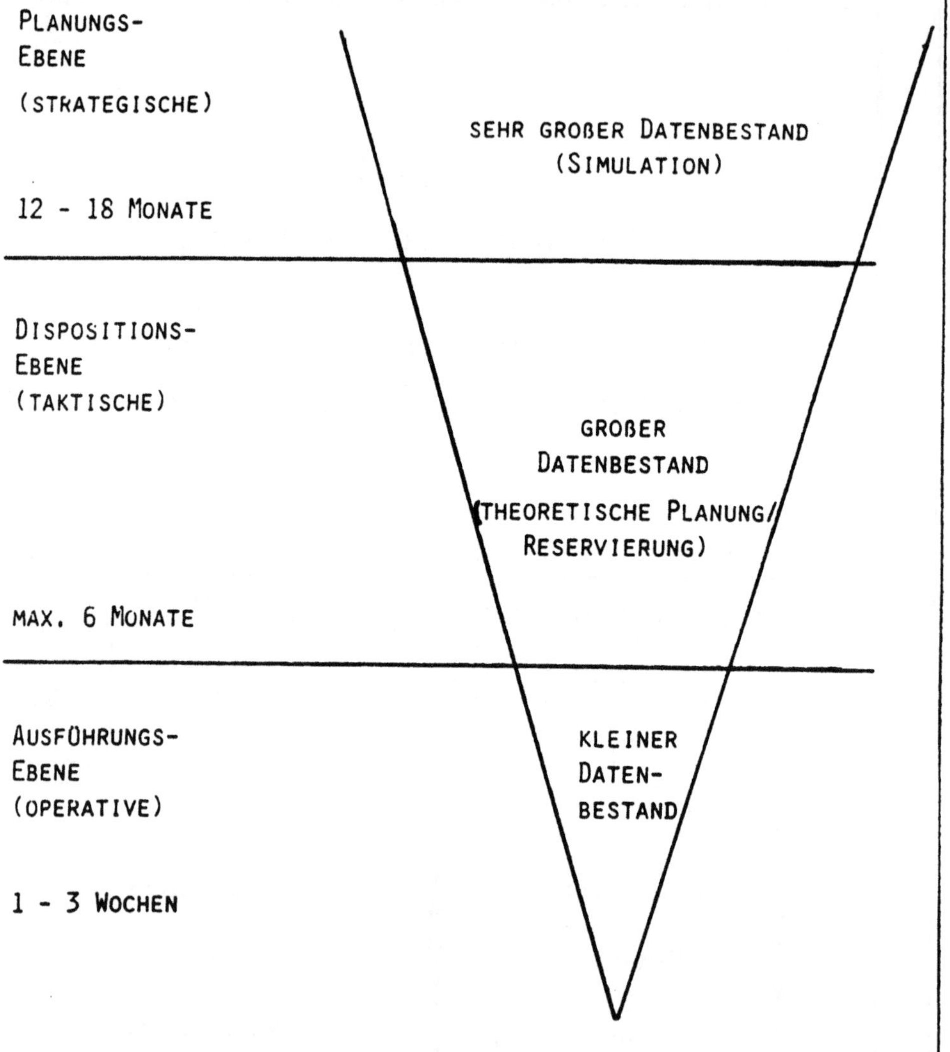

D A T E N U M F A N G

BDE - Abb. 4

PLAUT

Kostenorientiertes CIM

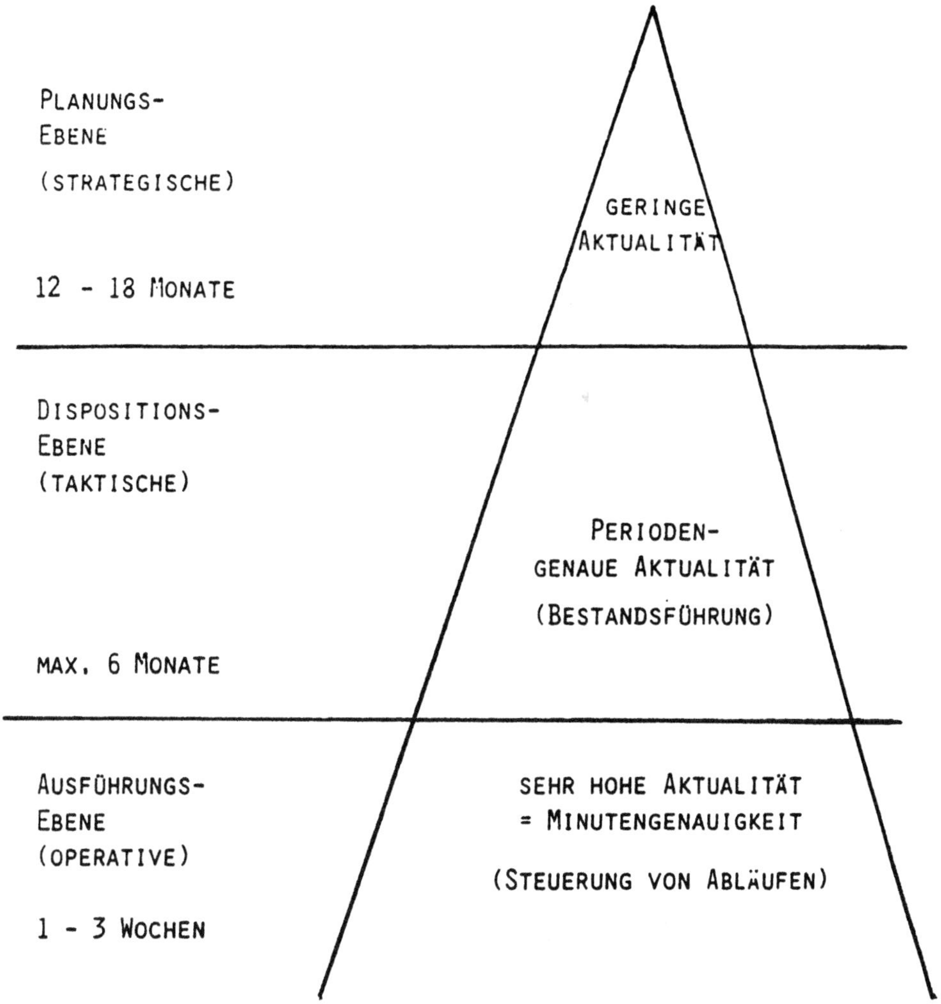

D A T E N A K T U A L I T Ä T

BDE - Abb. 5

PLAUT | LEITSTANDSYSTEM Kopplung mit -PPS von

Regelkreis der Feinplanung in der Produktionssteuerung

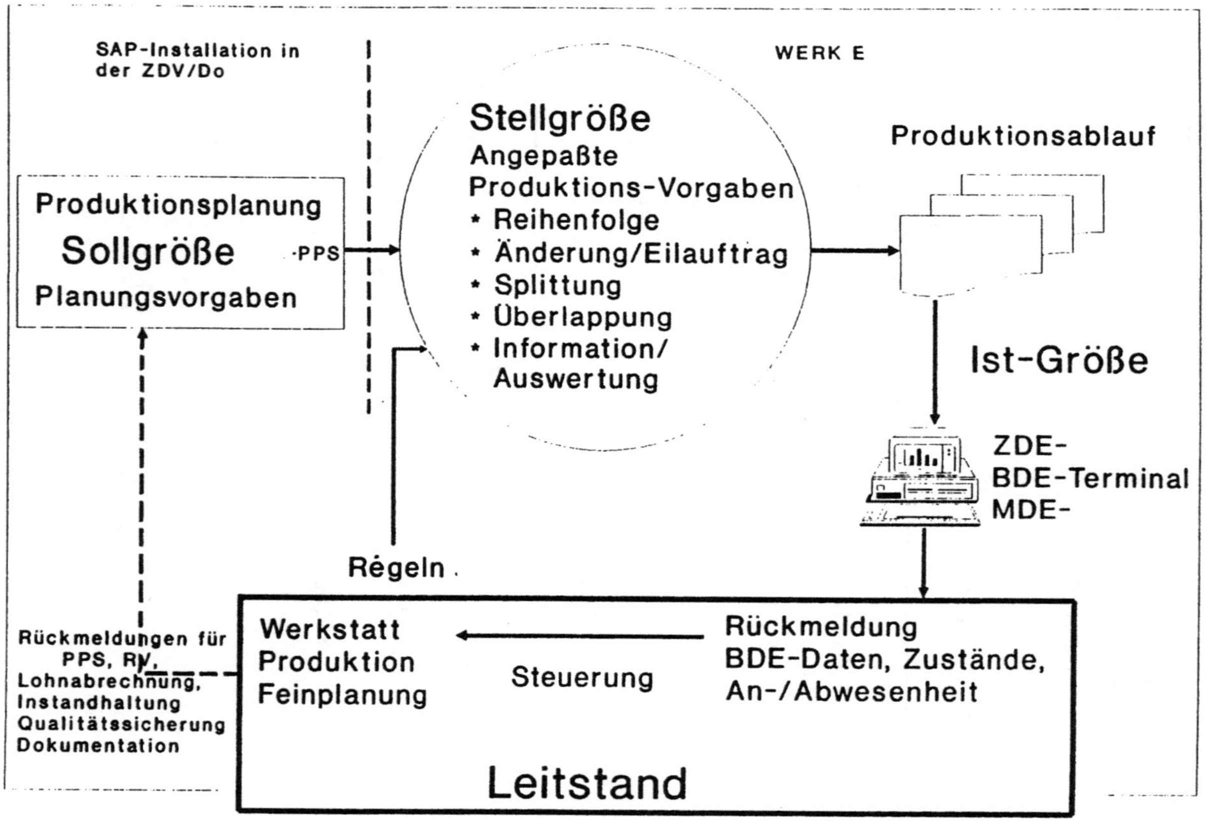

BDE - Abb. 6

PLAUT

DURCHLAUFZEIT

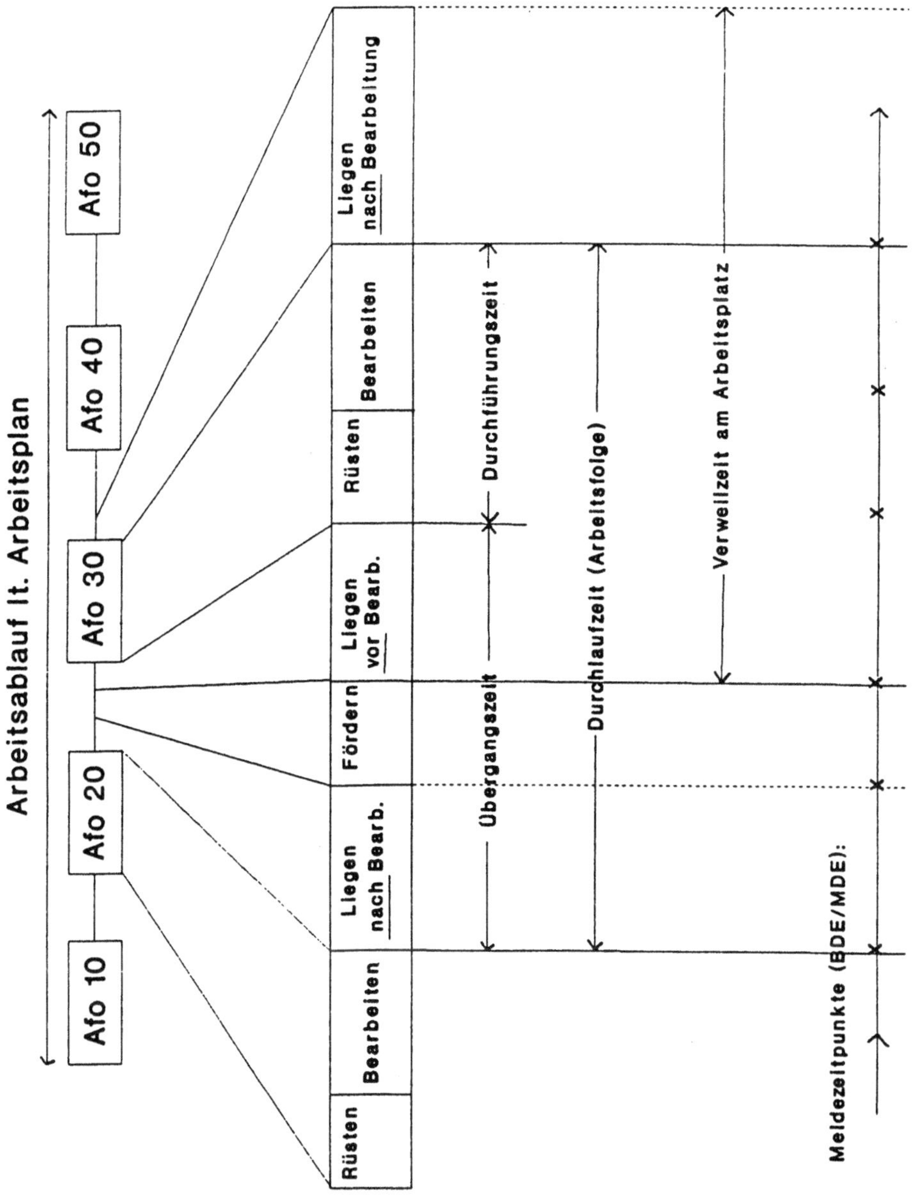

BDE - Abb. 7

PLAUT	BDE-Funktionen	

Die BDE-Funktionen sind:

- Antransport
- Anfang eines Arbeitsganges
- Rüsten fertig
- Arbeitsgang fertig
- Ausschuß / Gutmenge
- Arbeitsgang teilfertig
- Sammelrückmeldung mehrerer Arbeitsgänge
- Fortschrittszahlenrückmeldung
- geprüft
- Abtransport
- Anfrage: nächste RNR
- Anfrage: alle RNR zu einem Arbeitsplatz/Maschine
- Störung / Unterbrechung mit Störungsgrund
- kommt
- geht
- Dienstgang
- Personalumsetzung
- Schichtwechsel *)
- Gleitzeitwechsel *)
- Überstundenerlaubnis
- Überstundenanfang *)
- Überstundenende *)
- Anfang Sonderpause
- Ende Sonderpause

*) Diese Funktionen werden vom System automatisch generiert.

BDE - Abb. 8

Zukunftssichere Werkstattpapiere

> k o s t e n g ü n s t i g in der Erstellung

> versehen mit m a s c h i n e l l lesbarer Codierung

z. B. für : Auftrag
Materialentnahme
Transport (-einheit)
Arbeitsgang
Betriebsmittel (Vorrichtung, NC-Programm usw.)
Kontrolle / Qualitätssicherung

> frei programmierbare " Schrifthöhe" und " Schriftlänge "

> zentrale und d e z e n t r a l e Erstellung / Ausgabe

> g e r ä u s c h a r m e Erstellung am Arbeitsplatzdrucker

> dezentrale Erfassungsmöglichkeit mit minimalem Prüfaufwand

> vom Anwender l e s b a r e Codierung (Handeingabe)

> s i c h e r e s, s c h n e l l e s Einlesen in beliebiger Richtung (links nach rechts oder umgekehrt)

> e i n f a c h e r Lesevorgang (auch von ungeübten Anwendern o h n e großen Schulungsaufwand durchführbar)

> Lesemöglichkeit aus weiter Entfernung und durch Schutzfolien (Schutz vor Verschmutzung)

> b i l l i g e und wartungsfreie Leseeinrichtung

BDE - Abb. 9

PLAUT

Kostenorientiertes CIM

Auftrags Nr	Pos Nr	Los Nr	Stückzahl	Planer	Typ/Stichwort	Ablage Zeichnungs Nr	Tag	Blatt
705295	1234	12	0002	MO			3097	01

Benennung: SPANNPRATZE
Ergänzende Angaben Fertigmaterial: BEARBEITUNG
Zeichnungs Nr: 1418247/1
Werkstatt: ST

KA	Arbeitsgang Nummer	K St/M Gr	Inventar Nr	Rüstzeit	Stückzeit (min) / Stückgew (kg)	Arbeitsgang/Betriebsmittel
						Barcode Nr * 0 0 4 3 9 *
			TEST - ARBEITSPLAN ZUR DARSTELLUNG EINES NC - ABRUFES UEBER EINEN BARCODE - ARBEITSPLAN			* 0 0 4 3 9 0 1 0 *
03	010	750763	22171	025	00015,0	FRAE SCHRAE 15 X 30 GRD
			ANBO @ 14 X 120 GRD			
SB:	015 / 01 SB-NR: 1275100048 NC- PROGRAMM HESSAPP EINSTELLBLATT NR. 4711 + WERKZ					* 0 0 4 3 9 0 2 0 *
03	020	750769	06070	003	00004,0	BRE KT

Vorgabe-Bedingungen: A – Abnahme E – Zahlwerten Erfassung F – Festwert; N – nur Stückzahlkontrolle P – provisorische Vorgabe; R – Richtwert 21/22 Mehrmaschinen Bedienung

Auftrags Nr / Pos Nr / Los Nr: 705295 1234 12 — Zeichnungs Nr: 1418247/1 — geschr. von: MO

KA 03 Arbeitsgang, KA 08/09 Ausweicharbeitsgang; KA 10 Prüfarbeitsgang, KA 04 Verbindung; KA 05 Mitfertigung, KA 07 Mitlieferung — 01 A

Arbeitsplan

BDE - Abb. 10

PLAUT

Kostenorientiertes CIM

D A T E N E R F A S S U N G

• zeitnah	→ on-line
• ereignisorientiert am Ort der Entstehung	→ dezentral
• mit minimalem Erfassungsaufwand	→ automatisierte Beleglesung durch Barcode-Aufdruck
• Datensicherheit	→ Benutzeridentifizierung durch Magnetkarte
	→ Plausibilitätskontrollen

D A T E N A U S G A B E

• spätestmöglicher Druck der Werkstattbelege	→ on-line von Datenbank
	→ dezentral
• Sofortbeauskunftung	→ on-line-Zugriff auf erfasste Betriebsdaten

B E D I E N U N G S K O M F O R T

• Bedienung durch ungeübte Mitarbeiter	→ spezielle BDE-Terminals mit Funktionstastatur
• Bedienung durch ausländische Mitarbeiter	→ mehrsprachige Bedienerführung im Dialog

Lösungsansätze für das Teilsystem BDE/BDV

BDE - Abb. 11

PLAUT

Kostenorientiertes CIM

CIM - orientierte Kostenrechnung

Entscheidungsorientiertes CIM

CAI - Computer Assisted Industry

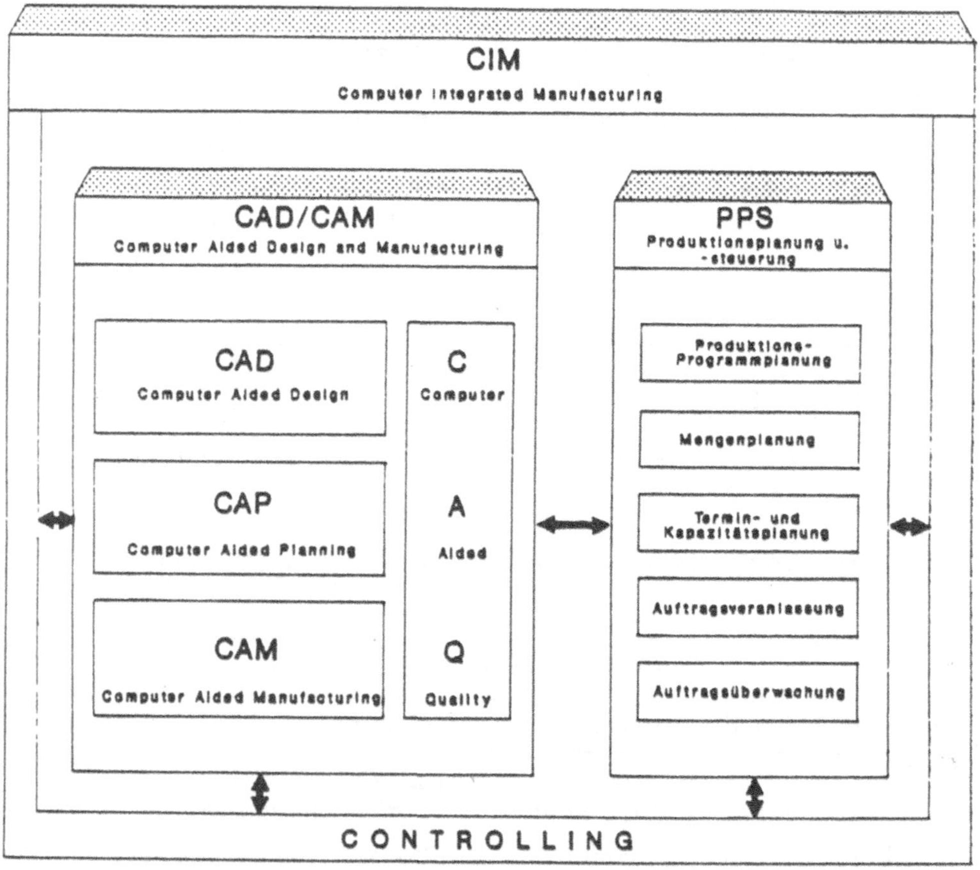

BDE - Abb. 12

CIM-Darstellung nach AWF

PLAUT

Kostenorientiertes CIM

Entwicklungskonzept-Integrierte PPS

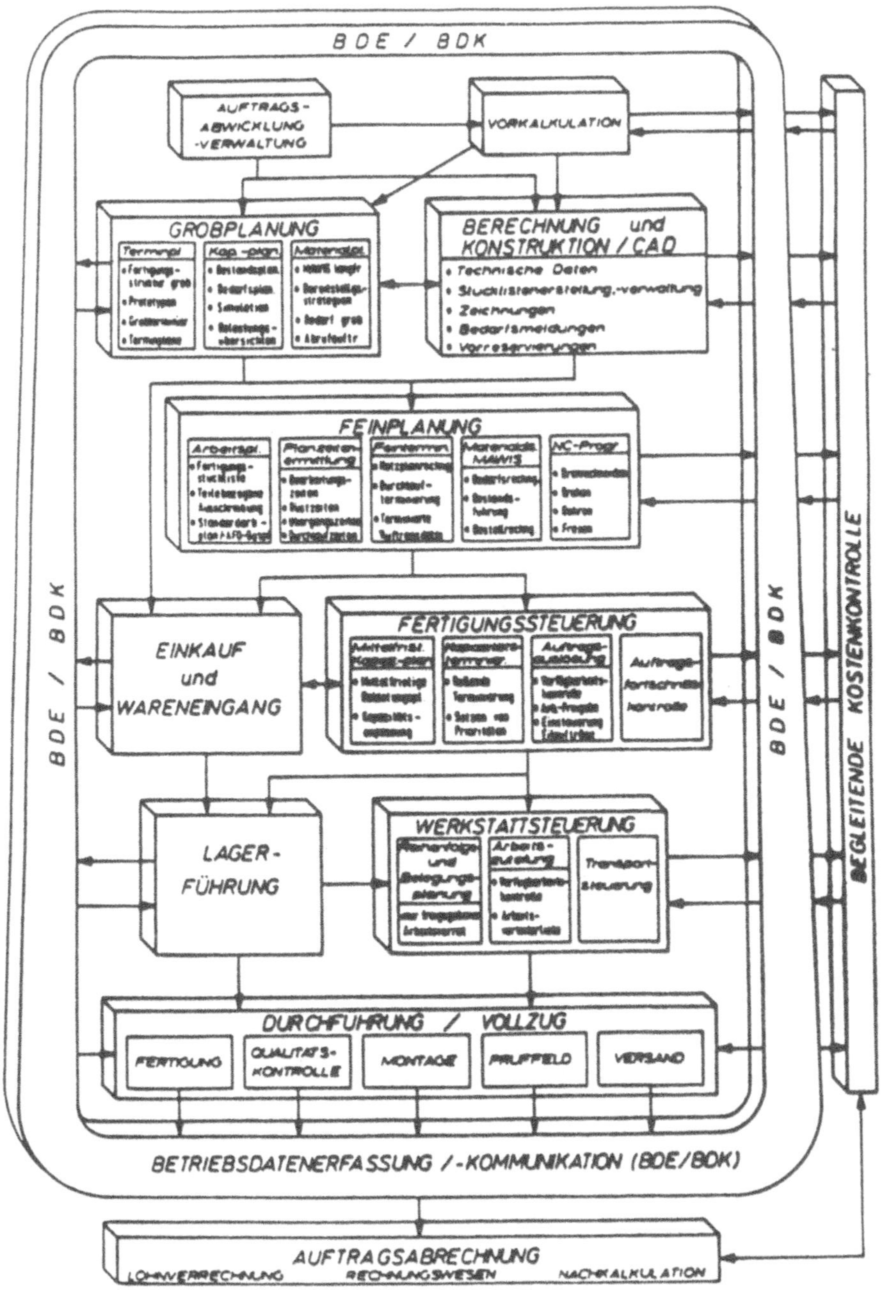

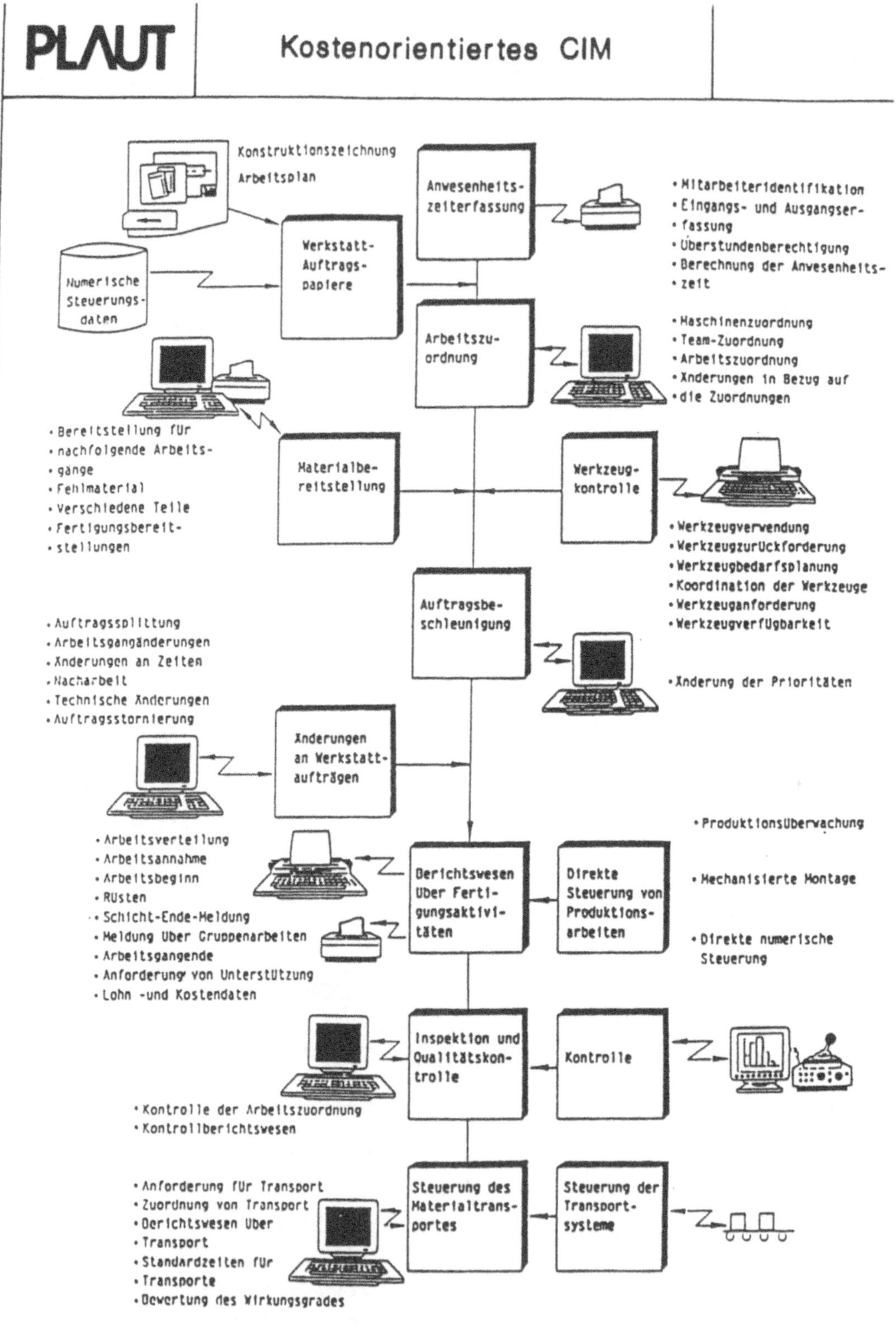

Funktionen der Werkstattsteuerung mit BD

BDE - Abb. 14

PLAUT

Kostenorientiertes CIM

Gesamt-Übersicht der CIM - Komponenten in ihrer Verbindung zur Kostenrechnung

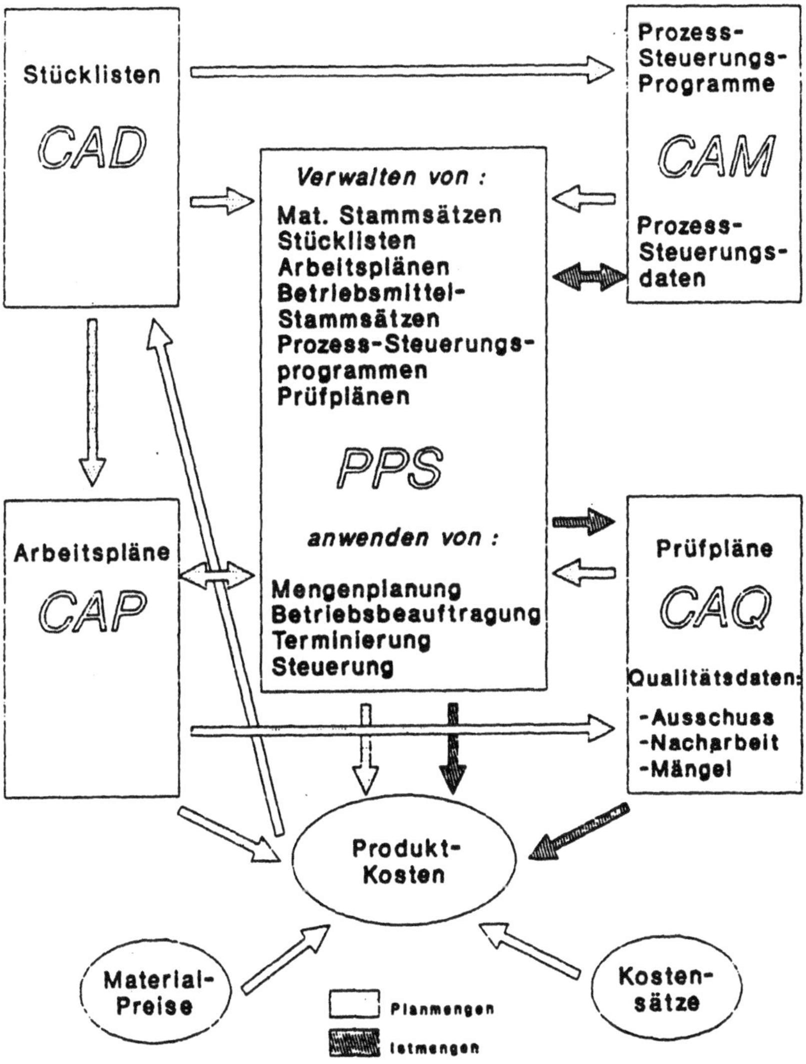

BDE - Abb. 15

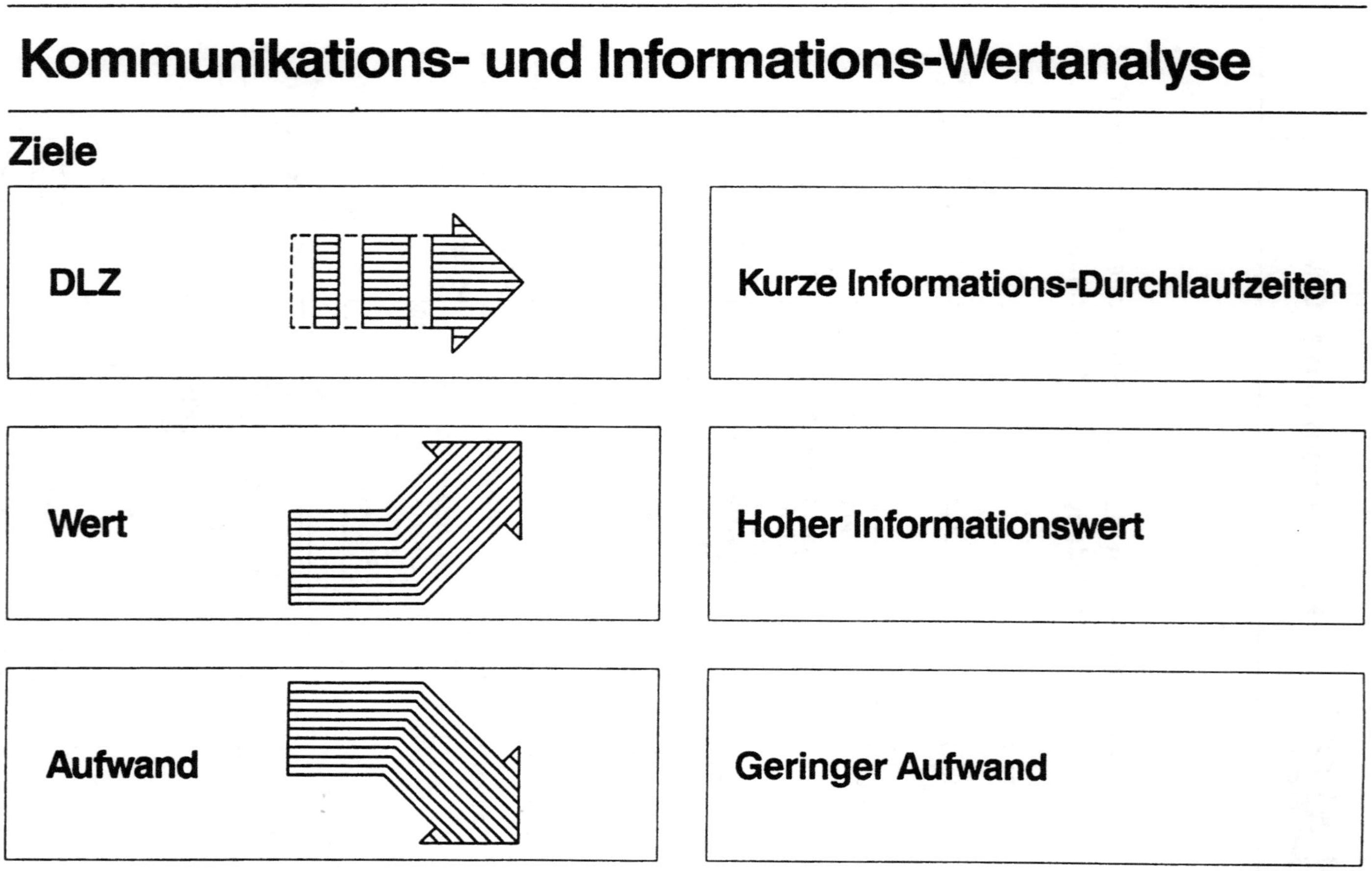

Kommunikations- und Informations-Wertanalyse
Ziele
DLZ
Kurze Informations-Durchlaufzeiten
Wert
Hoher Informationswert
Aufwand
Geringer Aufwand

BDE - Abb. 16

PLAUT | Kostenorientiertes CIM

Die aktive Beschaffung von Informationen steigert den Informationswert für den Empfänger erheblich

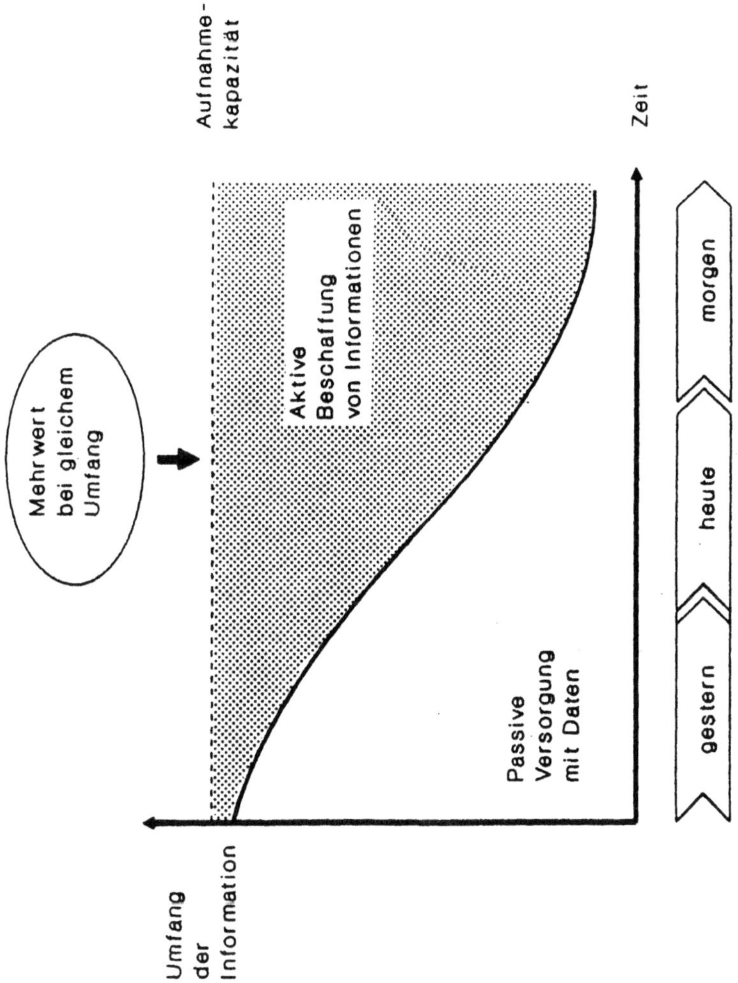

BDE - Abb. 17

Fertigungs-Controlling als organisatorisches Gestaltungselement der Produktionsplanung und -steuerung

Dipl.-Ing. G. Urban, Daimler Benz AG, Untertürkheim

1. Die Produktionsplanung und -steuerung (PPS) muß die Ziele erfüllen:

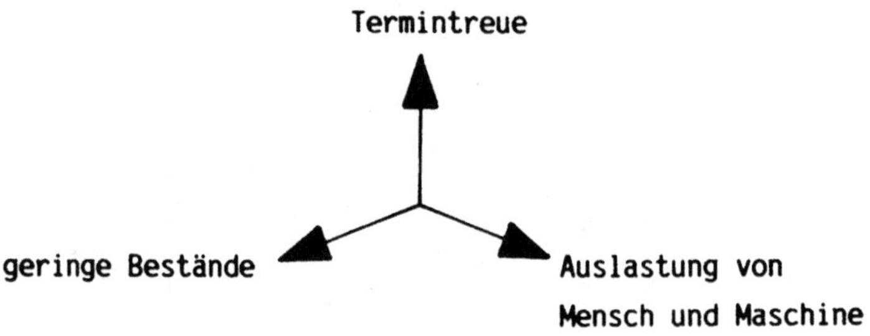

Diese Ziele

- konkurrieren
- haben widersprüchliche Prioritäten im Unternehmen
- sind schwierig zu quantifizieren (Kennzahlen sind die Voraussetzung für ein Controlling!)

2. Die Ziele von PPS hinsichtlich einer "Fabrik für die Zukunft" sollen hinterfragt werden, ebenso die daraus folgenden Strategien, organisatorischen Maßnahmen und Sachmittel. Deswegen wird deren Wirkungszusammenhang betrachtet.

10. Saarbrücker Arbeitstagung 1989
Rechnungswesen und EDV
hrsg. v. A.-W. Scheer

Bild I:

Aus den Prioritätszielen "schneller/termintreuer/mehr Produktvarianz" ergeben sich drei PPS-Strategien, nämlich die Reduzierung der Prozessketten

- Durchlaufzeit des Kundenauftrags vom Auftragseingang bis zur Produktauslieferung

- Materialfluß (Bestände) vom Auftragseingang bis zur Auslieferung

- Durchlaufzeit der Produktentwicklung von der Idee bis zur Markteinführung

Diese Strategien werden organisiert durch eine Prozessorganisation ("entlang der logistischen Wertschöpfungskette") und durch eine sich daran anschließende Strukturorganisation. Diese muß dem Kopplungsgedanken in der Prozessorganisation Rechnung tragen, kann also nicht die klassische hierarchische Strukturorganisation sein. Es wird die Einführung eines "Controllings der Prozessketten" vorgeschlagen.

Der dargestellte Wirkungszusammenhang bedeutet eine Erweiterung des "situativen Ansatzes" der Organisationslehre. Dieser Ansatz einer "naturgesetzlichen" Änderung der Organisation bei einer Umweltveränderung 1) wird

- um weitere Glieder der Wirkungskette erweitert

- bezüglich seines passiven Inhaltes gewandelt in ein aktives Handeln von Unternehmern bzw. Organisatoren, also auch mit der Möglichkeit von Irrtümern 2).

In der Realität zeigt sich, daß Folge, Richtung und Einstieg in diese Wirkungskette nicht immer diesem Ideal entsprechen.

3. **Bilder II und III**

Durchlaufzeitreduzierung eines Kundenauftrags

4. **Bilder IV und V**

Materialflußoptimierung/Produktwechselinvestitionen

5. **Bilder VI und VII**

Durchlaufzeitreduzierung des Produktanlaufes

6. **Prozessorganisation**

In der Fabrik der Zukunft werden Aufgabenträger die "Arbeitssysteme" sein: "Einheiten, durch die eine Organisation unmittelbar handelt". "Soziotechnische Systeme, in denen Menschen unter Verwendung von Werkstoffen und Betriebsmitteln im Rahmen einer vorgegebenen Arbeitsorganisation und Arbeitsumgebung einen geplanten Output erbringen" 3). Diese werden bevorzugt objektorientiert mit umfassenden Verrichtungsfähigkeiten eingesetzt - begünstigt durch die neuen Flexibilitätseigenschaften von Maschinen, durch diese Eigenschaften von Menschen und durch die positive betriebswirtschaftliche Wirkung der Flexibilität 4). Auf diese Weise entstehen parallele, durch weniger Schnittstellen selbständigere Arbeitssystem-"Inseln". Zur Überwindung der Schwächen von Insellösungen (Redundanzen, Lücken, mangelnde Zielidentität) ist dabei eine integrative organisatorische Gestaltung notwendig.

Das wesentliche Problem ist die Doppelnatur des Prozesses

- die institutionelle Natur - und damit die Kapazitätsauslastung des Stelleninhabers
- die raumzeitliche Natur - und damit die Gestaltung eines flüssigen Bearbeitungsablaufes

und damit das klassische Problem der Maschinenbelegung, nämlich Kapazitätsausgleich und Durchlaufbeschleunigung nicht in Deckung bringen zu können ("Ablaufplanungsdilemma") 5).

Der Fortschritt der Prozess- gegenüber der Ablauforganisation 6) besteht nun darin, auch die Arbeitssysteme wegen ihrer Flexibilität bei Bedarf elastisch und dynamisch gegeneinander abgrenzen - besser: miteinander zusammenarbeiten lassen zu können. Dies gilt für physische als auch für die informatorische Prozesse; aus letzteren entstehen nicht nur logistische Ansätze, sondern auch Ansätze zur Verwaltungsrationalisierung 7).

Die Prozessorganisation gestaltet also vor allem die Informationsschnittstellen zwischen den Arbeitssystemen. Die Schnittstellenkoordination - soweit nicht durch Standardisierung lösbar - muß durch Hierarchie erfolgen. Hierbei sollen die Formen moderner Strukturorganisation herangezogen werden.

Bild VIII

Bild VIII zeigt eine vergleichende Zusammenstellung nicht hierarchischer Strukturorganisationformen.

7. Controlling

Die Controlling-Organisation über die PPS-Prozessketten kann und sollte auf der Mikro-, Meso- und Makroebene installiert werden. Sie entspricht insofern den Arbeitssystemen, die in mehreren Ordnungen übereinander angeordnet sind:

- im System unterster, erster Ordnung (z. B. Arbeitsplatzsystem), bezieht sich die Controllingaufgabe auf Zeit, Menge und Qualität

- im System zweiter Ordnung, dem Arbeitssystem desgleichen

- im System dritter Ordnung, der Abteilung oder Kostenstelle auf Kosten

- im darüberliegenden Systemen auf finanzwirtschaftliches Controlling.

Da die Flußorientierung beginnend in den Systemen unterer Ordnung aufzubauen ist, müsste ein künftiges Controlling, das unseren Anforderungen entsprechen soll, sich zunächst mit der Mikroebene befassen. Auch die bisher häufig eingesetzten "Logistik-Controller" entsprechen noch nicht diesem Ansatz. Zum einen sind diese "zu hoch" angesiedelt, zum anderen vergleichen sie oft das Zahlenmaterial nicht entlang des Entstehungsprozesses, sondern z. B. bereichsorientiert auf der Zeitachse (z. B. "Bestände zwischen Inventurzeitpunkten"). Flußorientierte Ansätze wären aber wie erwähnt unsere Prozessketten auf der Meso-Ebene

- Controlling der Durchlaufzeit vom Auftragseingang des Kunden bis zur Auslieferung

- Controlling der Durchlaufzeit von der Produktidee bis zur Markteinführung.

Auf der Mikroebene analog, z. B.:

- Controlling der Programmdatendurchlaufzeit an den Rohlings-Lieferanten
- Controlling der Soll/Ist-Termine der Datenübergaben an den Produktionsbereich für einzelne Entwicklungszwischenstände

8. Erweitertes Controlling: Process Owning

Der Controller in diesem Sinne ist nur auf Informationsmacht, auf Verhandlungsautorität und auf Unterstützung übergeordneter Instanzen angewiesen. In der Process Owning-Organisation ist der Process Owner ein Controller mit Handlungsverantwortung. Er teilt sich also Autorität und Verantwortung, also das fachliche Weisungsrecht mit dem Linienvorgesetzten; letzter ist zudem Disziplinar-Vorgesetzter 7).

Der Process Owner verantwortet die "Qualität" des Objektes/Produktes. Die "Qualität" löst sich hier vom engen Begriff der Produktionsqualität betreffend Form, Funktion und Werkstoff. In einem weiteren Sinne ist die Produktqualität gemeint, d. h. auch die Qualität der Konstruktion, ausgerichtet an den Anforderungen des Kunden. In einem noch weiteren Sinne wird auch die "Verwaltungsqualität", also z. B. die Auftragsabwicklungs- und Service-Güte einbezogen.

1) Zum "situativen Ansatz" s. z. B.:
Kieser, A.; Kubicek, H.: Organisationstheorien, Stuttgart 1978, S. 105 ff

2) Zum "konfigurativen Ansatz" s. z. B.:
Niemeier, J.: Wettbewerbsumwelt und interne Konfigurationen, Frankfurt 1986

3) Kirsch, W.: Betriebswirtschaftslehre, Systeme, Entscheidungen, Methoden. Wiesbaden 1973, S. 17

4) Wildemann, H.: Betriebswirtschaftliche Wirkung einer flexibel automatisierten Fertigung, in: Betriebswirtschaftliche Forschung und Praxis (BFuP), Herne/Berlin, 3, 1987, S. 209 - 224

5) Gutenberg, E.: Grundlage der Betriebswirtschaftslehre, Berlin 1951, S. 158

6) Zur "Ablauforganisation" und zur "Prozessorganisation" s. z. B.:
Küpper, H.-U.: Ablauforganisation, Stuttgart 1982

Gaitanides, M.: Prozessorganisation: Entwicklung, Ansätze und Programme prozessorientierter Organisationsgestaltung, München 1983

7) Striening, H.-D.: Prozess-Management, Frankfurt 1988

Bild I

Umwelt →	**Ziele** →	**Strategie** →	**Organisation** →	**Sachmittel**
- Markt - Wettbewerb - Technologie	- schneller - termintreuer - flexibler (Produkt-varianten) - qualität-voller (im umfassenden Sinn) - billiger ——— --> "Fabrik der Zukunft"	- Durchlaufzeit-reduzierung d. Kundenauftrags **Bild II, III** - Materialflußopt./ Produktwechsel-investitionen **Bild IV, V** - Durchlaufzeit-reduzierung d. Produktanlaufes **Bild VI, VII** --> "PPS" -	- klassische Ablauf- und Struktur-organisation --> Prozeßorganisation + moderne Strukturierung - Matrixorganisation - Projektorganisation - Controlling - Process Owning **Bild VIII**	- Maschinen - Datenver-arbeitung ——— --> "CIM"

Bild II

Durchlaufreduzierung eines Kundenauftrages

- Vertriebs-logistik --> Kundenauftragsstrategie versus Lagerverkaufsstrategie
  --> Produktvarianz
- Beschaffungs-logistik --> Fertigungstiefe
  --> Just-in-time Anbindung
- Produktions-logistik --> Just-in-time Fertigung
  - Montage
  - Spanabhebung
  - Rohlingsfertigung

  --> "PPS"

Bild III

Durchlaufzeitreduzierung eines Kundenauftrages (Fortsetzung 1)

Alternative PPS-Strategien, zwei Extreme:

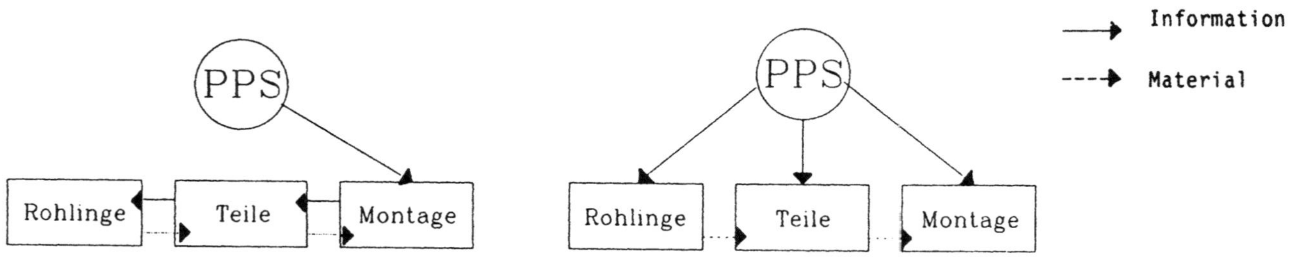

KANBAN

- nur Montagebedarfs-Beauftragung

- Holsteuerung
- Grenzen: Losgrößen und Produktionsvorlauf
  Wirtschaftlichkeit

Analogie auf Makro-/Meso-/Mikroebene

Klassische Fertigungssteuerung

- deterministische Bedarfsermittlung + gleichzeitige Beauftragung für alle Fertigungsstufen
- Bringsteuerung
- Ersatz für Prozessorientierung:
  - Reichweite }
  - Verfügbarkeit } Kopplungselemente

Bild IV

Materialflußoptimierung/ Produktwechselinvestitionen

Alternative Investitionsstrategien

Rationalisierungsinvestitionen mit dem Ziel der

Produktivität

gesteigerte Stückzahl und/oder gesenkte Stückkosten

Reduzierung der Hauptzeiten (z. B. Erhöhung der Schnittgeschwindigkeiten)

Flexibilität

gesteigerte Anzahl von Produktvarianten

Reduzierung der Nebenzeiten (Liege-, Transportzeiten) (z. B. Reduzierung der Rüstzeiten)

Folgen für
- Marketing
- Organisationsentwicklung
- Personalentwicklung
- Führungsstil/"Unternehmenskultur"

Bild V
Produktwechselinvestitionen (Fortsetzung)

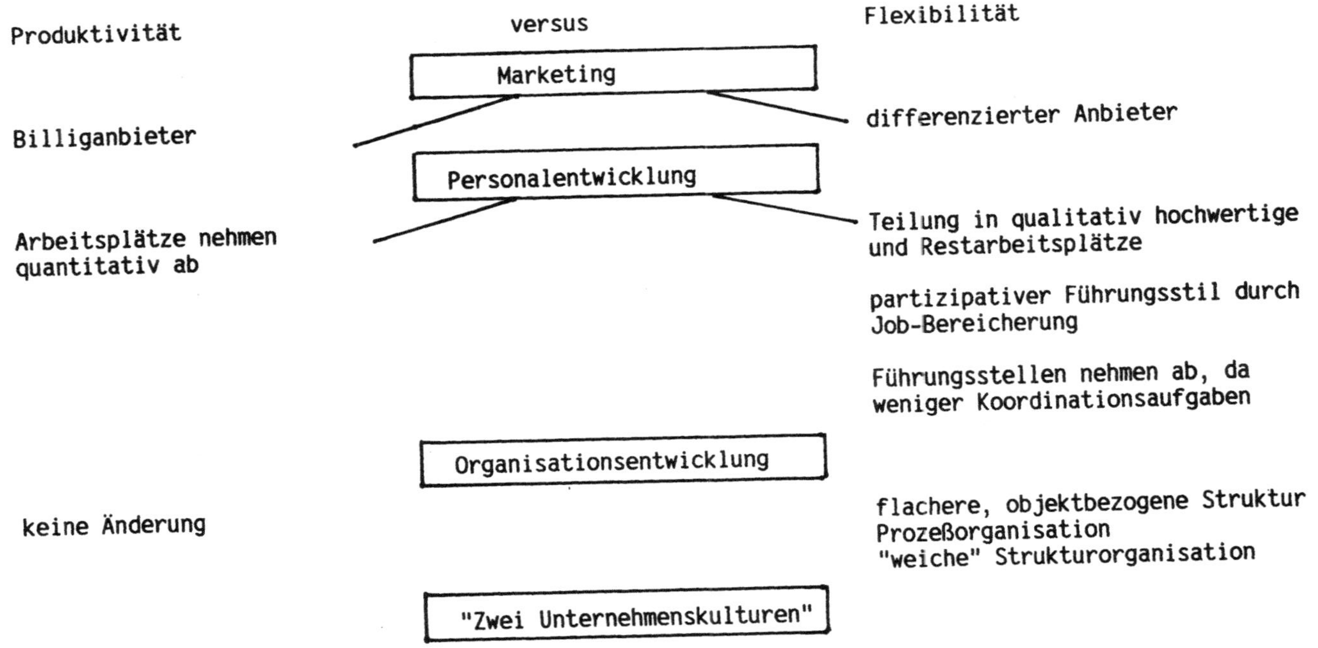

Bild VI

Durchlaufzeitreduzierung des Produktanlaufes

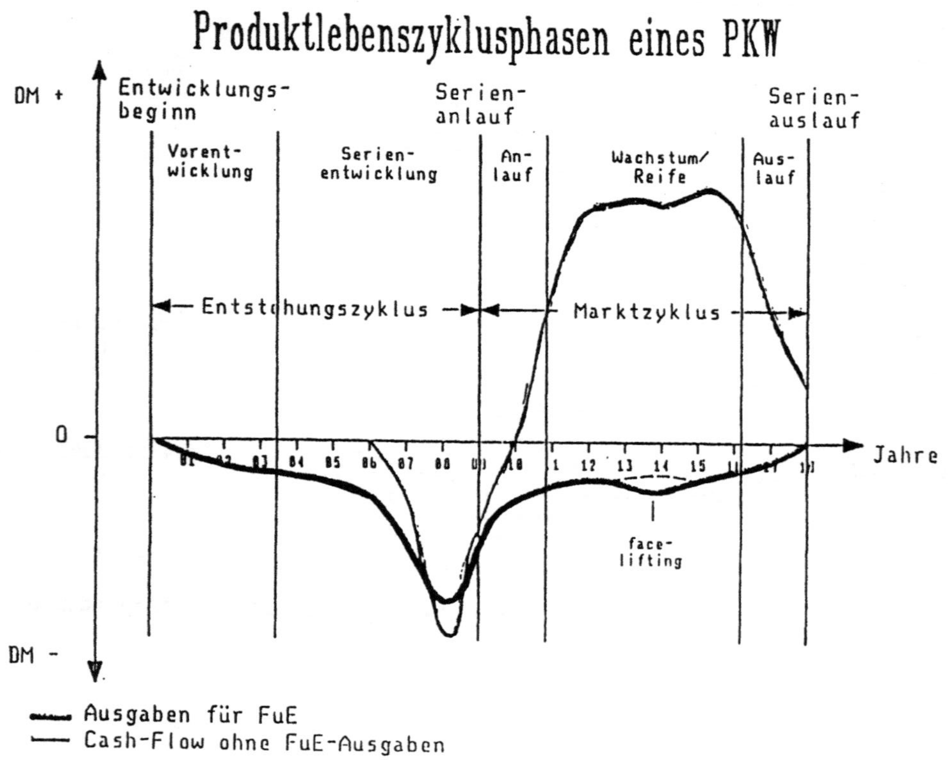

Bild VII

Durchlaufzeitreduzierung des Produktanlaufes
(Fortsetzung)

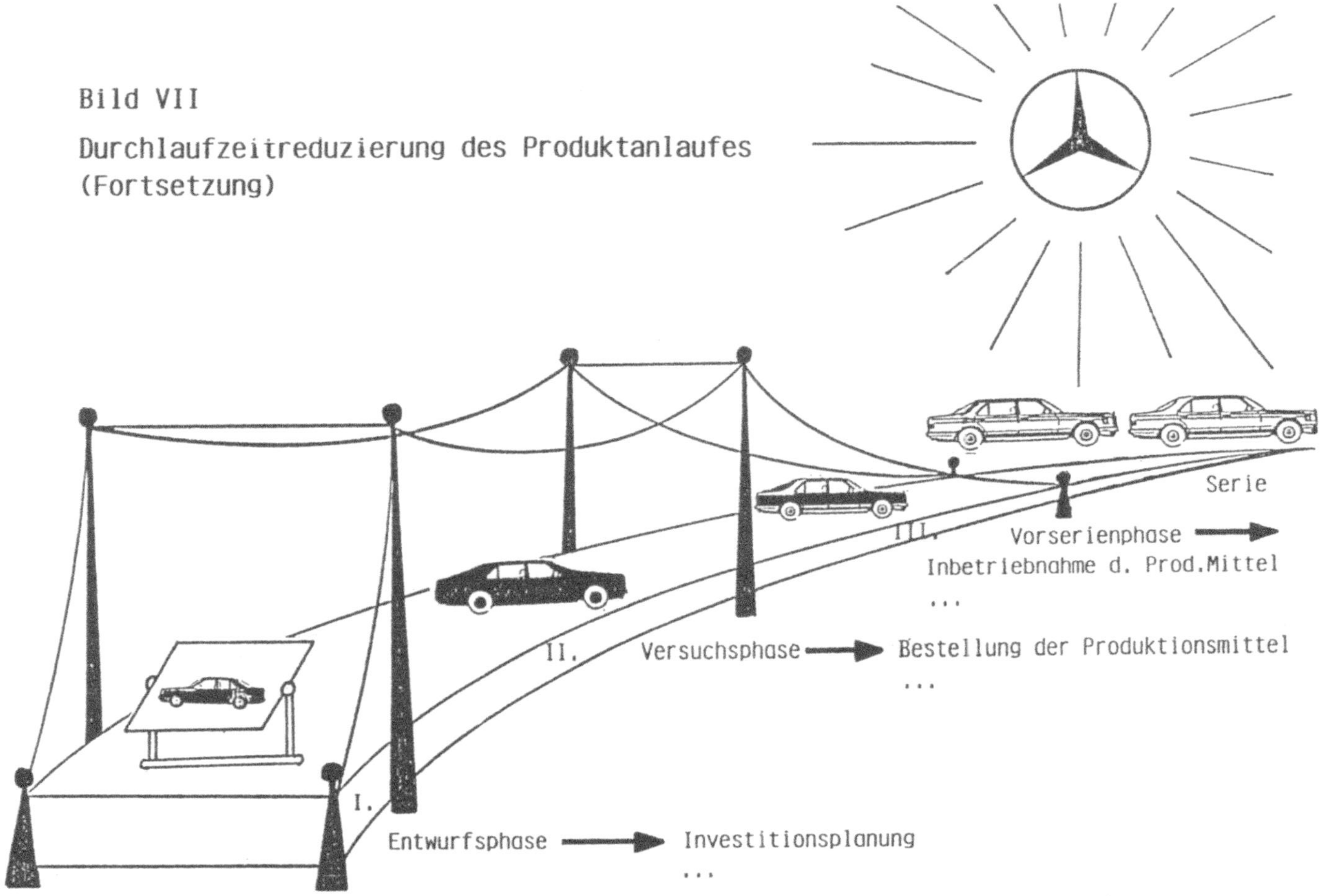

Bild VIII
Vergleichende Zusammenstellung (Fortsetzung)

	Unter-nehmens-ebene	zeitliche Wirkung	Kompetenz	Produkt	Nutzen Funktion	Prozeß	Aufwand klein	Aufwand groß
Matrix-organisation	Makro	Dauer	Verantwortung	X	X		X	
Projekt-management	Meso Mikro	Projekt	Information oder Verantwortung	X			X (Info)	X (Verantw)
Controlling	Makro Meso Mikro	Dauer	Information	X	X		X	
Process-Owning	Meso Mikro	Dauer	Verantwortung			X		X

Konstruktionsbegleitende Vorkalkulation

Dipl.-Ing. L. Gröner, IDS Prof. Scheer GmbH, Saarbrücken

Inhaltsverzeichnis:

1 Zielsetzung

2 Technische Grundlagen

2.1 Konstruktion

2.2 CAD-Systeme

3 Betriebswirtschaftliche Grundlagen

3.1 Ausprägungen der Kostenrechnung

3.2 Auswahl eines Kostenrechnungssystems

4 Modell

4.1 Voraussetzungen

4.2 Vorbereitungsteil

4.3 Analyseteil

5 Zusammenfassung

1 Zielsetzung

In der Vergangenheit waren alle Rationalisierungsbestrebungen überwiegend auf diejenigen innerbetrieblichen Bereiche einer Unternehmung konzentriert, in denen hauptsächlich Kosten entstehen, wie dies Abbildung 1 zeigt. Hier konnten einerseits die Mikroelektronik und deren Anbindung zu Rechnern sowie andererseits Planungs- und Steuerungssysteme gute Ergebnisse hinsichtlich der Rationalisierungsbestrebungen erzielen.

Zunehmend fand der Computer auch in der Konstruktion Anwendung und hier hauptsächlich um Kosten bei der Konstruktionstätigkeit einzusparen. Man spricht hierbei von verursachten Kosten der Konstruktion. Hohe Aufwendungen für Systeme wie das Computer Aided Design (CAD) erbringen eine erhöhte Effizienz der Konstruktionsabläufe und der Konstruktionstätigkeiten und zielen so auf eine Verringerung des Konstruktionsaufwandes. Zahlreiche Untersuchungen zeigen aber, daß der Anteil der Kostenverursachung in der Konstruktion nur ca. 6 % an den

10. Saarbrücker Arbeitstagung 1989
Rechnungswesen und EDV
hrsg. v. A.-W. Scheer

Kosten eines Produktes ausmacht. Vielmehr von Bedeutung ist die Kostenfestlegung für ein Produkt in der Konstruktion. Etwa 70 % der Material- und Fertigungskosten eines Produktes werden bereits in der Konstruktion festgelegt (vgl. Abbildung.: 1).

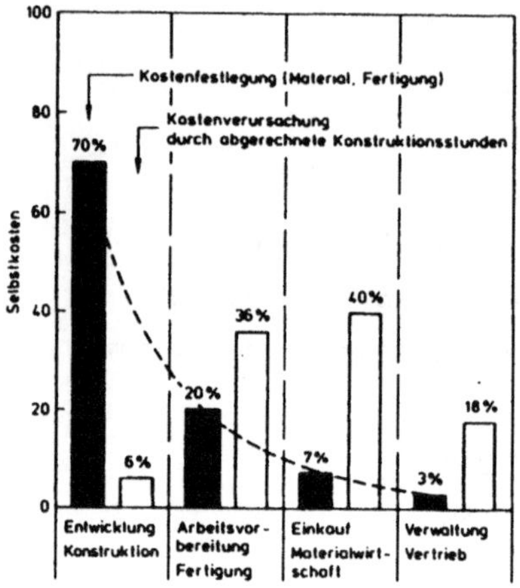

Abb. 1: Kostenfestlegung und Kostenverursachung in den Unternehmensbereichen [1]

Die beschriebene Situation zeigt, daß der Konstruktionsbereich als Gegenstand von Rationalisierungsmaßnahmen hinsichtlich der dort festzulegenden Kosten von Bedeutung ist.
Gestützt werden die Forderungen nach kostensenkenden Maßnahmen in der Konstruktion durch Untersuchungen von Balken [2] und Bronner [3], die Wertanalysen durchführten. Die Auswertungen ergaben, daß die Herstellkosten in den untersuchten Unternehmen um durchschnittlich 33% gesenkt werden konnten. Untersucht wurden hauptsächlich Produkte der Großserienfertigung. Tendenziell sind dann die Einsparungen bei der Einzelfertigung noch größer.

Da die Wertanalyse erst am fertigen Produkt durchgeführt wird, beweisen die angeführten Ergebnisse die Notwendigkeit, bereits während der konstruktiven Tätigkeit eine Kostenkontrolle durchzuführen.

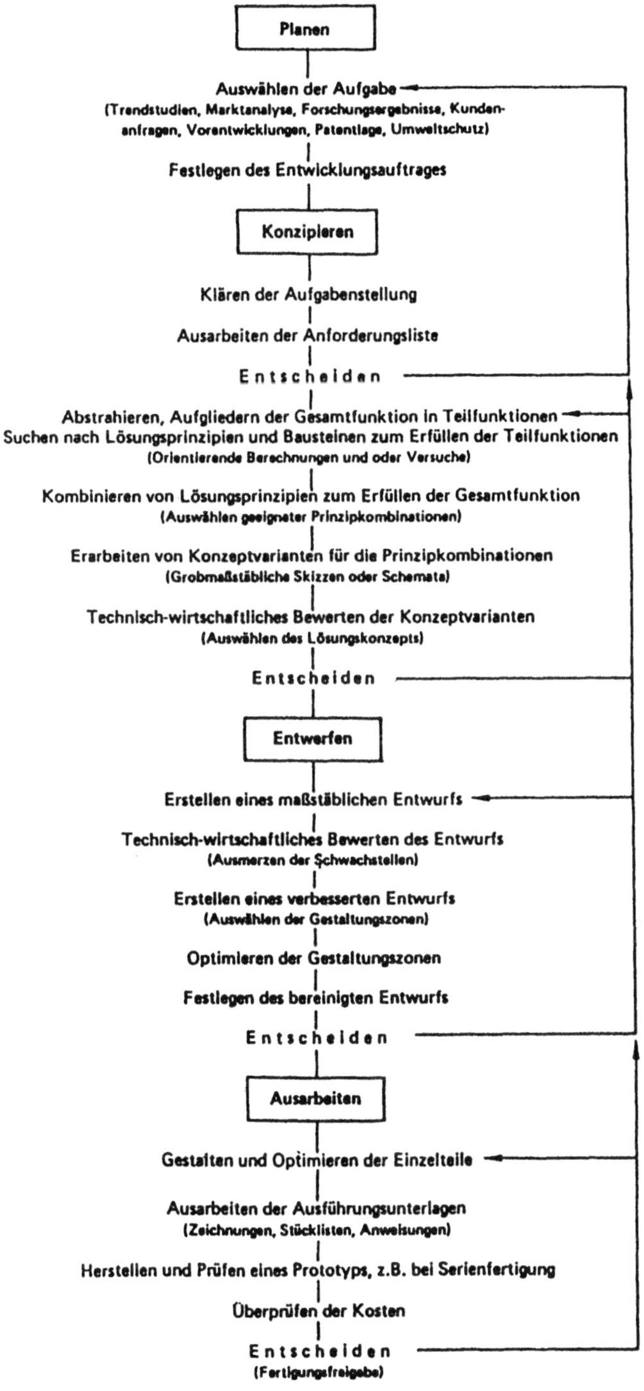

Abb.2: Konstruktionsphasen [5]

Im normalen Arbeitsverlauf wird zunächst in der Konstruktion die technische Prolemlösung detailliert zu Papier gebracht. Erst in der organisatorisch zum Fertigungsbereich gehörigen Arbeitsvorbereitung werden heute erstmals Kostenüberlegungen in Form einer Vorkalkulation durchgeführt. Dadurch müssen oft nachträglich die Voraussetzungen für eine kostengünstige Produktion geschaffen werden [4].

Die Methoden der klassischen Vorkalkulation, die es ermöglichen anhand von Konstruktionsunterlagen (Detailzeichnung) und Fertigungsunterlagen (Montagepläne, Arbeitspläne, Stücklisten) eine Kalkulation durchzuführen, können allenfalls in der Ausarbeitungsphase greifen. Heute ermittelt man mit diesen Verfahren Kosten erst ausgehend von der fertigen Zeichnung.
Oftmals werden aber Produkte konstruiert, deren Fertigungsunterlagen sich nicht grundsätzlich von denen schon existierender Erzeugnisse abweichen. Können diese Unterlagen mittels einem entsprechenden System aufbereitet und in geeigneter Form bereitgestellt werden, so ist anhand solcher Vergangenheitsdaten eine schon frühzeitige Kostenkalkulation in der Konstruktion möglich. Bei entsprechender Festlegung kostenrelevanter Einflußgrößen gelingt dies bis hin zur Planungsphase.

Die Lösung des Problems parallel zur Tätigkeit des Konstrukteurs eine Kalkulation durchzuführen und so Hilfen für ein kostengünstiges Konstruieren zu schaffen, muß in der Schnittstelle zwischen Konstruktionswissenschaft und Betriebswirtschaft erarbeitet werden. Grundlegender Gedanke ist hierbei ein rechnergestütztes System, das die vorauszusetzenden Schnittstellen zu anderen betrieblichen EDV-Systemen beinhaltet.

2. Technische Grundlagen

2.1 Konstruktion

In der Literatur wird der Konstruktionsprozeß im allgemeinen in unterschiedliche Phasen aufgegliedert (vgl. Abbildung 2). Jeder Phase können bestimmte Eingangsinformationen zugeordnet werden, die im Laufe der Bearbeitung einer Problemstellung zu immer konkreterem Datenmaterial führen, das wiederum als Eingangsinformationen für die nachgeschaltete Konstruktionsphase dient.

Der Konstrukteur bearbeitet in jeder Phase die Eingangsinformationen unter Zuhilfenahme seiner Erfahrung und Kenntnisse, von Literatur, Tabellen, bereits konstruierten Lösungen, Konstruktionskatalogen und sowohl innerbetrieblichen als auch außerbetrieblichen Normen.

Eine Konstruktionsaufgabe wird vornehmlich im Hinblick auf eine optimal funktionale, technisch-physikalische Lösung bearbeitet. Hierzu benötigt der Konstrukteur im Rahmen der fortschreitenden Konkretisierung seiner Konstruktionsaufgaben Informationen über Funktionen, Funktionsstrukturen, physikalische Effekte, Lösungsprinzipien, Prinzipkombinationen, mögliche konstruktive Lösungen, Regeln, Fertigungsverfahren, wie sie zum Teil in den Konstruktionskatalogen festgehalten sind.

In der **Planungsphase** wird aufgrund von z.B. gewünschten Eingangs- und Ausgangsgrößen das Funktionsprinzip eines zu fertigenden Produktes beschrieben.

Unter Zuhilfenahme unterschiedlicher Informationsquellen legt die **Konzipierungsphase** die Funktionsstruktur mit einzelnen Teilfunktionen fest. In dieser Phase wird ausschließlich funktional gedacht.

Die **Entwurfsphase** konkretisiert nun die einzelnen Teilfunktionen, Berechnungen werden durchgeführt und Dimensionen festgelegt.

In der letzten Konstruktionsphase, dem **Ausarbeiten**, detailliert der Konstrukteur die Einzelteile und legt die endgültige Gestalt und Dimension sowie die Fertigungsinformationen fest.

Die Arbeit der Konstruktion führt entsprechend der Phaseneinteilung vom Abstrakten zum Konkreten [6]. Dabei können funktionelle, technische Gesichtspunkte (Gesetze, Zusammenhänge) meist entweder anschaulich erfaßt oder mit Formeln beschrieben und konstruktiv beeinflußt werden.

So erfolgt die Darstellung von Funktionen durch Schaltpläne. Die physikalischen Zusammenhänge werden durch Formeln dargestellt. Eine Beeinflussung der konstruktiven Gestalt erfolgt durch die Festigkeitsrechnung.

Zur Ermittlung der Kosten einer Funktion oder eines physikalischen Effektes fehlen solche Formeln, so daß es schwierig ist, während des Konstruktionsprozesses Kosten zu beurteilen. Entsprechend schwer, wenn nicht unmöglich ist es deshalb zur Zeit für den Konstrukteur, quantifiziert zu beurteilen wie durch die Wahl einer Funktion oder eines physikalischen Effektes die Veränderung der Funktionsstruktur usw., die Kosten eines Produkts beeinflußt werden. Kosten können heute erst ausghend von der fertigen Zeichnung ermittelt werden [7].

Die Diskussion der Tätigkeiten in den Konstruktionsphasen und der darin anfallenden Daten macht deutlich, daß im Mittelpunkt der Entwicklungstätigkeit eine funktionale technisch optimale Lösung steht. Gleichfalls werden Kostenbetrachtungen im Rahmen der Konstruktionsmethodik in den Phasen:

Konzipieren	-	"technisch-wirtschaftliches Bewerten von Konzeptvarianten",
Entwerfen	-	"technisch-wirtschaftliches Bewerten",
Ausarbeiten	-	"Überprüfen der Kosten"

durchgeführt [8].
Für diese Bewertungen und Überprüfungen erfolgt meist eine Übergabe der Daten und Unterlagen an die Kalkulationsabteilung eines Unternehmens, wodurch hohe Liegezeiten entstehen.

Einflußgrößen auf die dabei betrachteten Herstellkosten, die der Konstrukteur im Rahmen seiner Arbeit verändern kann, gehen aus der Abbildung 3 hervor.

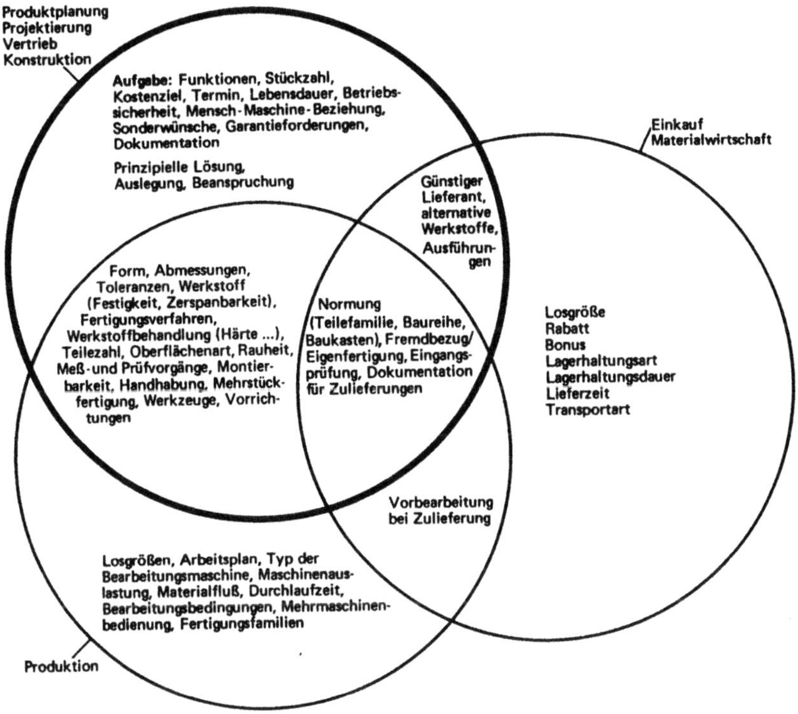

Abb. 3: Einflußgrößen [9]

"Haupteinflußgrößen, d.h. solche die eine Schlüsselfunktion einnehmen und wieder andere beeinflussen, sind nach derzeitigem Wissen:

- Prinzipielle Lösung,
- Komliziertheit, charakterisiert durch z.B. Teilezahl, Anzahl der Maße, Anzahl der Fertigungsoperationen, Genauigkeit,
- Baugröße, charakterisiert z.B. durch Abmessungen,
- Werkstoff,
- Stückzahl,
- Losgröße.

Diese haben alle ihrerseits großen Einfluß auf die zweckmäßigen Fertigungsverfahren und damit auf die Höhe von Fertigungs- und Materialkosten [9]."

Ferner beinhaltet die Kompliziertheit eines Produktes den grundsätzlichen Produktaufbau und wirkt sich somit auch auf die Montagekosten

aus. Gleichfalls determinieren Kompliziertheit und Baugröße auch Verpackungskosten hinsichtlich Größe der Verpackungen und Maßnahmen zur Produktsicherung während des Transports.
Die Entscheidungen, die die Entwicklung und Konstruktion hinsichtlich der Fertigungsverfahren trifft, beziehen sich, wie in der Literatur angegeben, auf deren optimalen Ausnutzung vorhandener Betriebsmittel [10].
Ergänzend müssen Überlegungen hinsichtlich des zusätzlichen Einsatzes gleicher oder neuer Fertigungsverfahren angestellt werden. So kann es sein, daß beispielsweise ein bisher geschweißtes Teil zukünftig mittels eines geeigneten Lötverfahrens kostengünstiger herzustellen ist. Somit gilt es auch eventuell zu tätigende Investitionen bei der konstruktionsbegleitenden Kalkulation zu berücksichtigen.
Auch der Entfall einer Zusatzinvestition muß bereits in der Entwicklungs/Konstruktionsphase ersichltlich werden. Ein Beispiel hierfür findet man bei Keßler [11].
Durch entsprechende Gestaltung eines Bauteils gelang es die Fertigungszeiten zu reduzieren, wodurch eine bestimmte Stückzahl von Bauteilen auf den vorhandenen Maschinen zu fertigen war. Damit wurde eine Investitionsminderung erreicht.

CAD-Systeme

CAD-Systeme mit zweidimensionaler Darstellung repräsentieren noch am ehesten die herkömmliche Zeichnungserstellung [12]. Aufgrund ihrer Darstellungsmöglichkeiten wird ein konstruiertes Objekt, wie in der Konstruktion am Zeichenbrett, in mehreren verschiedenen Ansichten und Schnitten dargestellt.

Der Aufbau dieser zweidimensionalen Ansichten erfogt aus der sogenannten rechnerinternen Darstellung (RID).
"Die rechnerinterne Darstellung enthält alle Objektdaten und alle Beziehungen zwischen Objektdaten, die für eine Verarbeitung erforderlich sind" [13].

So können RID:

- geometrische,
- technologische,
- problembezogene

Daten und Relationen enthalten [14].

Allen Systemen gemeinsam ist jedoch die hauptsächliche Darstellung von geometrischen Elementen wie Punkten, Punktfolgen, Linien, Kreisen, Kurven, Splines, losgelöst von sonstigen Informationsgehalten der technischen Zeichnung.

Um innerhalb eines CAD-Systems Daten für eine Kalkulation bereitstellen zu können, muß es möglich sein, im CAD-System bestimmten geometrischen Elementen Attribute zuzuordnen. Dabei kann eine Komposition von zeichnerischen Grundelementen zu einer Einheit, sogenannte "Pattern", zusammengefaßt werden. Die dieser Einheit rechnerintern zugeordneten Attribute sind jederzeit abrufbar. Informationen unterschiedlichster Art können so einem Element zugeordnet werden, so auch kostenrelevante Informationen für bestimmte fertigungstechnisch wesentliche Elemente. Setzt der Konstrukteur ein Objekt aus solchen Elementen zusammen, werden damit auch die Kosteninformationen zusammengesetzt.
Desweiteren können auch klassifizierende Informationen zu unterschiedlichen Objekten abgespeichert werden. Kosten ähnlicher Bauteile können so im direkten Zugriff des Konstrukteurs sein.

Bei der 2D-Darstellung wird das Niveau der üblichen Zeichnungserstellung nicht überschritten.
Bei dreidimensionaler Darstellungsweise kann man von einem werkstückorientierten CAD-System sprechen, d.h. Bauteile oder Baugruppen werden im rechnerinternen Modell in ihrer tatsächlichen räumlichen Ausdehnung dargestellt. Außerdem sind beliebige Projektionen entsprechend ihrer richtigen Länge möglich. Seifert bezeichnet dies als den wesentlichen Unterschied zu den 2D-Systemen [15].

Ein geometrischer Modellierer kann ein geometrisches Objekt mit mit folgenden Modellen darstellen [16]:

- kantenorientiertes Modell (auch Drahtmodell),
- flächenorientiertes Modell,
- volumenorientiertes Modell.

Diese Modelle finden in der 3D-CAD-Technik Anwendung.
Das Volumenmodell kann als das einzige eindeutige Geometriemodell bezeichnet werden.
Als Elemente werden Standardkörper wie Quader, Zylinder, Kegel, etc. sowie Freiraumkörper, Profilkörper und rotationssymetrische Körper eingesetzt [17].
Das Volumenmodell gewährleistet eine beliebige räumlich-geometrische Manipulation.

Konsequenzen für die Vorkalkulation

Sofern die oben genannte Möglichkeit der Attributverwaltung genutzt werden soll, sind dazu zeichnerische Grundelemente, sogenannte **Formelemente** zu definieren, aus denen ein Objekt zusammengesetzt werden kann. Eine Kostenzuordnung bezieht sich somit lediglich auf die Fertigungskosten von Einzelteilen, was einer Kostenkalkulation in der Entwurfsphase und vor allem während der Arbeit in der Ausarbeitungsphase dient.

Weitere Möglichkeiten, Kosteninformationen mit konstruktiven Tätigkeiten zu verbinden, gibt es im Rahmen von 2D CAD-Systemen nicht.

Für die direkte Verwendung von Informationen aus 3D-CAD-Systemen für eine Kalkulation gilt grundsätzlich dasselbe wie für 2D-CAD-Systeme. Bestimmten Basiselementen, bei 3D-Volumenmodellen sind dies die Grundkörper, sind definierte Kosteninformationen zuzuordnen.
Eine solche Vorgehensweise eignet sich aber nur für das Einsatzgebiet der CAD-Systeme, nämlich den Konstruktionsphasen Entwerfen und Ausarbeiten. Darüberhinaus müssen weitere Verfahren für die anderen Konstruktionsphasen bereitstehen.

Weiterhin ist die Frage zu stellen, ob die Kostenzuordnung zu einzelnen Grundelementen hinsichtlich der Erstellung solcher Kosteninformationen und vor allem deren Pflege durch den Nutzen gerechtfertigt ist.

Der Einsatz eines Klassifizierungssystems ist notwendig, da, wie bereits ausgeführt, ähnliche Komponenten auch ähnliche Kosten aufweisen. Letztendlich können über solche Systeme auch schon in frühen Konstruktionsphasen Arbeitspläne oder Stücklisten ähnlicher Komponenten gefunden werden und so ein Teil der Kosten des zu kalkulierenden Objektes mittels analytischer Verfahren ermittelt werden.

3 Betriebswirtschaftliche Grundlagen

Nun muß geklärt werden inwieweit die heutigen betriebswirtschaftlichen Systeme in der Lage sind, eine konstruktionsbegleitende Vorkalkulation zu unterstützen.

3.1 Ausprägungen der Kostenrechnung

Kilger [18] definiert neben der Kostenarten-, der Kostenstellen-, und der Kostenträgerstückrechnung als neuere Teilgebiete der Kostenrechnung die Kostenkontrolle, die kurzfristige Erfolgsrechnung (Kostenträgerzeitrechnung) und die dispositiven Aufgaben der Kostenrechnung.
Somit dient die Kostenrechnung der Geschäftsleitung als Führungs- und Kontrollinstrument.
Die dispositiven Aufgaben der Kostenrechnung bestehen darin, alle Kostendaten zur Verfügung zu stellen, die für Entscheidungen beim Aufbau der betrieblichen Planung erforderlich sind.
Kilger verweist auf die Fortschritte in der EDV und hebt die Bedeutung hervor und spricht von für die Entscheidung "relevanten Kosten" und kommt so zur entscheidungsorientierten Kostenrechnung [19].
In Abbildung 4 sind die Ausprägungen der Kostenrechnug widergegeben.

Betrachtet man den Produktentwicklungsprozeß, so wird klar, daß der Konstrukteur in erster Linie die Herstellkosten beeinflussen kann.
Ein Kostenrechnungssystem der flexiblen Plankostenrechnung ermöglicht es, die Herstellkosten eines Objekts (Produkts) auszuweisen, indem Kosten verursachungsgerecht verrechnet werden.

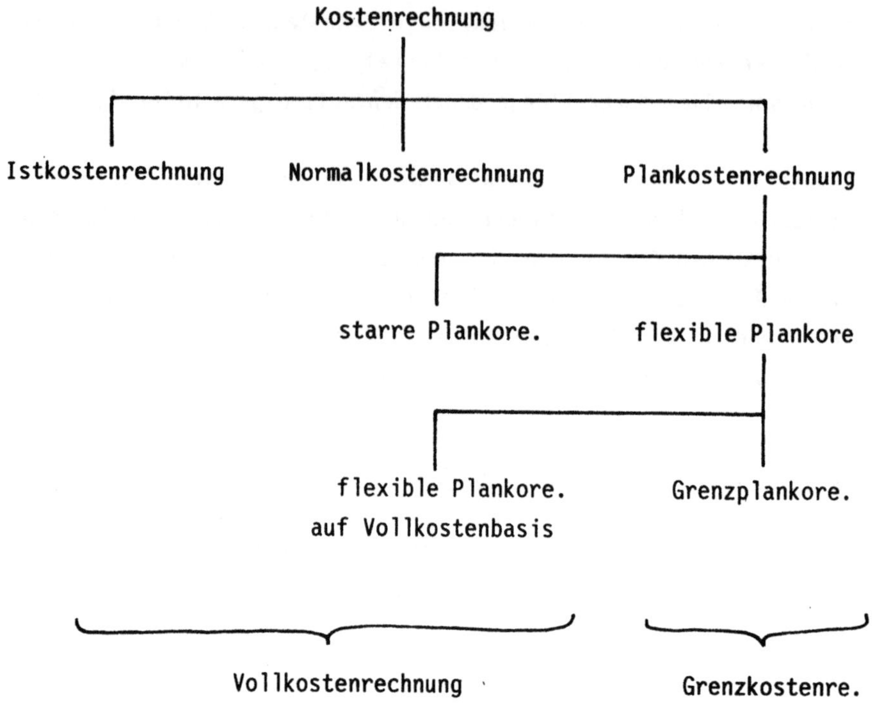

Abb. 4: Ausprägungen der Kostenrechung

Vollkostenrechnung:

In der Vollkostenrechnung werden die gesamten Kostenstellengemeinkosten durch die notwendigerweise willkürliche Schlüsselung auf die einzelnen Kostenträger verrechnet. Hierbei wird das Kostenverursacherprinzip verletzt und damit die Kostenstruktur der Kostenstellen verfälscht wiedergegeben. Eine Trennung zwischen den variablen und fixen Kostenstellengemeinkosten erfolgt nicht. Die fixen Kostenstellengemeinkosten als Bereitschaftskosten sind von der Ausbringungsmenge unabhängig [20].

Die Fixkostenproportionalisierung und die Gemeinkostenschlüsselung bei der Ermittlung von Stückkosten nach dem Vollkostenprinzip liefert der Höhe nach und der Zusammensetzung nach Ergebnisse, die nicht dem eigentlichen Kostenanfall entsprechen.

Teilkostenrechnungssysteme versuchen den Kostenträgern Kosten nur insofern zuzuordnen, als dies nach dem Verursachungsgedanken möglich ist [21].

Grenzplankostenrechnung:
Die Grenzplankostenrechnung ist eine flexible Plankostenrechnung, bei der die Trennung in fixe und proportionale Plankosten auch in der innerbetrieblichen Leistungsverrechnung, der Kalkulation und der kurzfristigen Erfolgsrechnung beibehalten wird [22].
Die Grenzkostenrechnung hat zum Ziel, die Fehler der Vollkostenrechnung zu vermeiden, indem auf die rechnerische Proportionalisierung der Fixkosten verzichtet wird. Für die Bildung der innerbetrieblichen Leistungsverrechnungssätze sowie für die Ermittlung der Kalkulationssätze werden also nur die proportionalen Kosten berücksichtigt [23].

Die Grenzplankostenrechnung ist als entscheidungsorientierte Form der Kostenrechnung konzipiert, da sie für alle Entscheidungsprobleme, die auf der Basis unveränderter Kapazitäten zu lösen sind, die richtigen Kostendaten, d. h. nur die proportionalen Kosten, zur Verfügung stellt. So sind z. B. bei kurzfristigen Verfahrenswahlentscheidungen, wie sie auch während der Konstruktion zu treffen sind, allein die proportionalen Kostensätze der Fertigungsstellen relevant. Nur mit Hilfe der Grenzplankostenrechnung können die absoluten Preisuntergrenzen und die proportionalen Selbstkosten für betriebliche Aufträge und Erzeugnisse bestimmt werden.

3.1 Auswahl eines Kostenrechnungssystems

Zur Auswahl eines Kostenrechnungssystems müssen die Systeme der Teilkostenrechnung, die sich in den letzten Jahren entwickelten, betrachtet werden (vgl. Abbildung 5).

Teilkostenrechnung	
- Grenzplankostenrechnung	nach W. Kilger
- Betriebsplankostenrechnung	nach G. Laßmann
- Einzelkosten- uns Deckungsbeitragsrechnung	nach P. Riebel

Abb. 5: Kostenrechnungssysteme

Nach Kilger muß ein Kostenrechnungssystem als Grundvoraussetzung sowohl stück- als auch arbeitsgangbezogene Kosteninformationen bereitstellen, um die dispositiven Aufgaben:

- Wahl zwischen mehreren Fertigungsstellen
- Wahl zwischen Eigenerstellung und Fremdbezug

erfüllen zu können [24].

Im weiteren sollen die genannten Aufgaben dahingehend erweitert sein, daß auch [30]:

- noch nicht vorhandene Betriebsmittel mit in die Wahl der Fertigungsmittel einbezogen werden können und auch
- die Wahl zwischen mehreren Konstruktionsalternativen ermöglicht wird.

Da das entwicklungsbegleitende Vorkalkulationssystem für alle Betriebstypen einsetzbar sein soll, aber vor allem auch im Bereich der Kleinserien- und Einzelfertigung gültig sein soll, wird die **Grenzplankostenrechnung** als Basissystem verwendet.
Sie kann sowohl in der Großserienfertigung, Kleinserienfertigung als auch in der Einzelfertigung eingesetzt werden [25].

Für die Anwendbarkeit einer Kostenplanung ist es entscheidend, Bezugsgrößen für die Aktivitäten der Kostenstellen zu finden. Für standardisierte Teile, Baugruppen oder Produkte entstehen Plankalkulationen, die während der laufenden Periode nicht geändert werden. Für die Auftrags- und Einzelfertigung entstehen Vorkalkulationen, die im Aufbau den Plankalkulationen mehrstufiger Erzeugnisse entsprechen.

Die **Einzelkosten- und Deckungsbeitragsrechnung** liefert ebenfalls stückbezogene und arbeitsgangbezogene Kosteninformationen. Auch kann sie für eine Doppel- oder Parallelkalkulation zu einer Vollkostenrechnung ergänzt werden [26]. Somit ist die Einzelkosten- und Deckungsbeitragsrechnug auch für eine konstruktionsbegleitende Vorkalkulation einsetzbar. Sie bietet sowohl für kurzfristige als auch für langfristige Planungen ein geschlossenes Kostenrechnungssystem.
Die Entwicklung dieses Systems der Kostenrechnung erfolgte insbesondere für die Kuppelproduktion.
Erfahrungen über den Einsatz in Unternehmungen des Maschinenbaus liegen nicht vor.

Im Gegensatz dazu wurde die **Grenzplankostenrechnung** in den letzten Jahren mit Erfolg in vielen Unternehmen des Maschinenbaus eingeführt. Somit bildet dieses Kostenrechnungssystem die Basis für ein entwicklungsbegleitendes Vorkalkulationssystem.

Für die **Betriebsplankostenrechnung** erscheinen die stückbezogenen Kosten für Planungsaufgaben weniger geeignet als betriebsbezogene Kosteneinflußgrößenfunktionen [27]. Stück- und arbeitsgangbezogene Kosten sind aber eine Voraussetzung für die entwicklungsbegleitende Vorkalkulation, so daß der Einsatz der Grenzplankostenrechnung unterstrichen wird.

4 Modell [30]

4.1 Voraussetzungen

Unterstützt wird die Konstruktion mehrteiliger Stückgüter, die in einem unverbundenen, mehrstufigen Produktionsprozeß hergestellt werden.
In diesen Unternehmen muß ein CAD-System, ein Softwarepaket für die Kostenrechnung, das die Plankostenrechnung unterstützt (z. B. Plaut M110) sowie ein PPS-System vorhanden sein. Das hier vorgestellte EDV-gestützte Kosteninformationssystem benötigt Schnittstellen zu diesen

Systemen, um auf dort vorhandene und gespeicherte Daten zugreifen zu können (vgl. Abbildung 6).

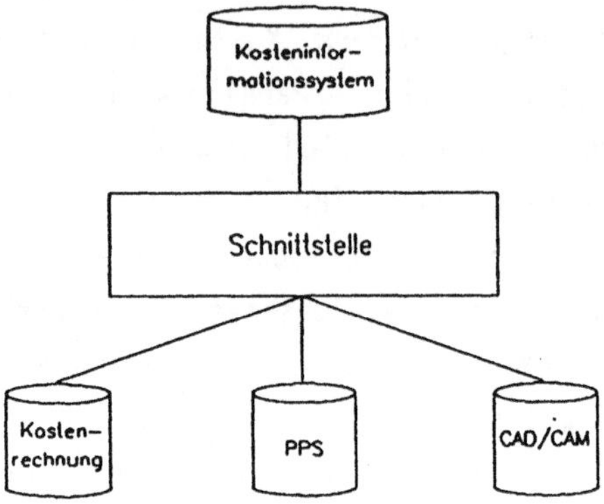

Abb. 6: Schnittstelle zu vorhandenen Systemen [30]

In den betrachteten Unternehmen muß weiterhin die Plankalkulation bzw. die Kostenplanung eingesetzt werden.
Die Einteilung in Kostenstellen wird als Platzkostenrechnung durchgeführt. Für jede Maschinengruppe werden gesonderte Bezugsgrößen, Kostenpläne und Kalkulationssätze ermittelt. Bei der Kostenplanung kann beliebig weit nach Maschinengruppen und Betriebsmitteln differenziert werden [28].
Für standardisierte, genormte oder oft benutzte selbsterstellte Teile oder Baugruppen müssen Plankalkulationen vorliegen. Für ständig verwendete Zukaufteile sind Planpreise zu Beginn der Planungsperiode zu ermitteln.
Für jeden Auftrag eines Einzel- und Auftragsfertigers wird eine mitlaufende Standardnachkalkulation durchgeführt, um die angefallenen Istherstellkosten zu ermitteln. Dafür muß das Verfahren der Bezugsgrößenkalkulation mehrteiliger Erzeugnisse angewendet werden, da dieses Verfahren im Kosteninformationssystem durchgängig benutzt wird und auf die Standardnachkalkulation abgerechneter Aufträge zurückgegriffen wird.

Ferner sind im Kalkulationssystem sind folgende Funktionen vorgesehen:

- Kalkulationstransaktion:
  Anstoßen einer Kalkulation mit Datenübergabe vom Kalkulationsterminal aus.
- Kalkulationsdialog:
  Bei fehlenden Daten oder alternativen Möglichkeiten der Gestaltung muß ein Dialog möglich sein, um so optimierend in den Konstruktionsprozeß einwirken zu können.
- Stücklisteninformationen:
  Bereitstellen der im Produktionsplanungs- und -steuerungssystem vorhandenen Stücklistendaten eines Teiles. Wahlweise Baukasten- oder Strukturstückliste.
- Teileverwendungsinformationen:
- Klassifizierungsinformationen:
  Auffinden ähnlicher Teile, automatisch oder auf Wunsch dialoggesteuert.
- Betriebsmittel- und Kapazitätsinformationen:
  Technische Spezifikationen, die die Kapazitäten der Fertigungseinrichtungen beeinflussen, besonders bei Eilaufträgen, müssen in der Konstruktion berücksichtigt werden. Es muß möglich sein auf Betriebsmitteldaten (Kalkulationsdatenbasis, Technologiedatenbasis) und Kapazitätsdaten (PPS-Datenbasis), zur Abschätzung einer termingerechten Fertigung, zuzugreifen.

4.2 Vorbereitungsteil

Im ersten Schritt des Kosteninformationssystems werden die in den vergangenen Perioden konstruierten und kalkulierten Erzeugnisse in Kostenfamilien (vgl. Abbildung 7) eingeteilt. Kostenfamilien sind Gruppen, die eine ähnliche Kostenstruktur bzw. ein ähnliches Kostenverhalten aufweisen.

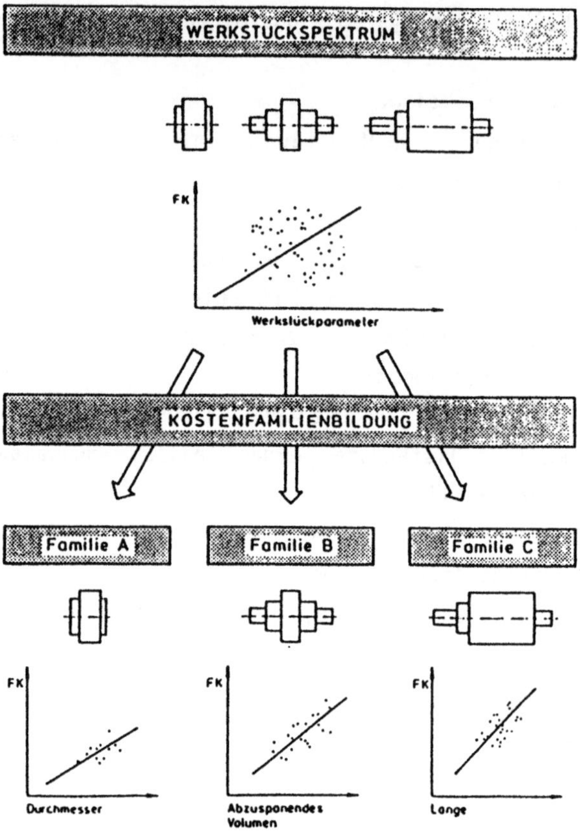

Abb. 7: Kostenfamilienbildung [29]

Dabei werden nicht nur die Endprodukte, sondern auch die Baugruppen in Kostenfamilien klassifiziert. Die Einteilung wird mit dynamischem Klassifizierungsverfahren, der Clusteranalyse durchgeführt.

Das Ergebnis dieses Verfahrens ist somit die Einteilung der Endprodukte oder Baugruppen in Kostenfamilien, die möglichst gleiche geometrisch und fertigungstechnisch begründete Kostenabhängigkeiten aufweisen.

Hierzu sind konstruktive und fertigungstechnische Daten und Kostendaten der in den vergangenen Perioden hergestellten Produkte oder Aufträge erforderlich.

Im zweiten Schritt des Vorbereitungsteils werden dann innerhalb der Kostenfamilien mit Hilfe der Regressionsrechnung diejenigen Einflußgrößen ermittelt, die die Hauptmaßgrößen der Kostenverursachung sind. Aufgrund der möglichen Komplexität von Endprodukten und

Baugruppen wird bei der Bestimmung dieser Einflußgrößen folgendermaßen vorgegangen:

Zuerst erfolgt eine Sammlung der Einflußparameter. Dies können Geometriegrößen wie Baugröße, Abmessungen, Durchmesser oder Werkstoffdaten wie z. B. benutzte Werkstoffart oder Werkstoffmengen sein. Weiterhin sind physikalische Größen wie Leistung, wirkende Kräfte oder Zahl und Art von Wirkflächen denkbar. Es können fertigungstechnische Kenngrößen wie z. B. abzuspanendes Volumen, Fertigungsanforderungen oder Fertigungszeiten sein.
Anschließend wird die Sammlung der Einflußgrößen von Überschneidungen bereinigt. Die Haupteinflußgrößen werden mit Hilfe der einfachen Regression aus der Parametersammlung herausgefiltert.
Die Kostenabhängigkeit dieser Haupteinflußgrößen wird ebenfalls mittels Regressionsverfahren ermittelt. Die Regressionskoeffizienten der Regressionsgleichung geben die Gewichtung der einzelnen Einflußgrößenarten an.
Bei linearer Regression sieht die Gleichung folgendermaßen aus:

$$HK_j = a + \sum_{i=1}^{n} b_i \cdot x_i$$

HK_j = Herstellkosten eines Endproduktes oder einer Baugruppe
a = Regressionskonstante
i = Index der Einflußgrößenart
b_i = Regressionskoeffizient pro Einflußgrößenart
x_i = Einflußgrößenmenge der Einflußgrößenart

Schon bei der Einteilung in Kostenfamilien werden zur Bestimmung der Kostenabhängigkeiten kostenrelevante Einflußgrößen der Objekte bestimmt. Im zweiten Schritt werden alle Haupteinflußgrößen der Endprodukte und Baugruppen aber wieder gesondert und exakt innerhalb der Kostenfamilien bestimmt, da die Genauigkeit der Grobkalkulation maßgeblich von der Wahl der Einflußgrößen beeinflußt wird.
Als Programm zur multiplen Regression kann das Softwarepaket 'Biomedical Computer Programs' eingesetzt werden.

Ergebnis des Vorbereitungsteils ist die Kostenfamiliendatei, die neben der Einteilung in Kostenfamilien auch die ermittelten Regressionsgleichungen der Endprodukte und Baugruppen enthält (siehe Abbildung 9).
Der Aufwand zur Erstellung des Vorbereitungsteils ist relativ hoch, wird aber automatisch vom System übernommen.

4.3 Analyseteil

Kalkulation in der Planungsphase (vgl. Abbildung 9):
In dieser ersten Phase des Konstruktionsprozesses wird in einem Pflichtenheft das Funktionsprinzip eines zu fertigenden Produktes beschrieben. Es wird ein Grobentwurf des Objektes erstellt. Schon auf dieser Ebene kann mit Hilfe des Kosteninformationssystems eine Grobkalkulation durchgeführt werden, die ungefähr die Herstellkosten angeben kann. Mit Hilfe dieser Kalkulation kann z. B. abgeschätzt werden, ob das Kostenziel des Auftrags realisierbar ist.
Anhand der geometrischen, fertigungstechnischen und physikalischen Daten des Grobentwurfes, der mit Unterstützung des CAD-Systems erstellt werden kann, wird das neu zu konstruierende Objekt mit Hilfe des Klassifizierungsverfahrens einer Kostenfamilie zugeordnet. Dabei wird auf die im Vorbereitungsteil ermittelte Kostenfamiliendatei zugegriffen.
Nun wird aus der entsprechenden Kostenfamilie ein Objekt ausgewählt, das dem neu zu produzierenden Erzeugnis konstruktiv am ähnlichsten ist. Dies kann automatisch vom System übernommen werden, indem mit Hilfe der Clusteranalyse anhand quantitativer Merkmale ähnliche Teile gesucht werden.
Das Kosteninformationssystem greift nun auf die entsprechende Datei der Kostenrechnung zu und sucht die Standardnachkalkulation dieses ähnlichen, bereits hergestellten und kalkulierten Endproduktes. Die Konstruktionsstückliste dieses Objektes kann aus dem CAD/CAM-System abgerufen werden.
Die Nachkalkulationsformel, die mit Hilfe der stufenweise durchgeführten Bezugsgrößenkalkulation für mehrteilige Stückgüter ermittelt wurde, wird vom Kosteninformationssystem in das Mengen- und Wertgerüst aufgespalten. Die Bezugsgrößenkalkulation enthält ausschließlich Mengen- und Kostendaten (vgl. Abbildung 8).

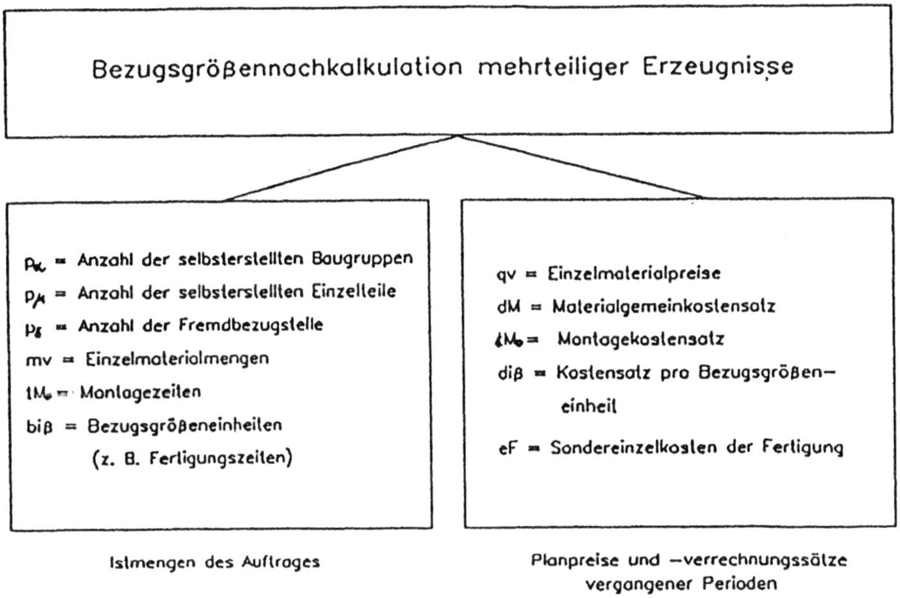

Abb. 8: Daten der Bezugsgrößenkalkulation

Die Nachkalkulation des aus der Kostenfamilie ausgewählten, dem neu zu konstruierenden Objekt ähnlichen Endproduktes enthält Planpreise und Planverrechnungs- oder Plankalkulationssätze der Kostenplätze aus der entsprechenden vergangenen Periode. In der Kostenplanung stehen aber die aktuellen Planpreise und Planverrechnungssätze der jeweiligen Periode, in der der neu zu konstruierende Auftrag gefertigt wird, zur Verfügung. Die Plankosten der Kostenplätze, die in der Kostenplanung im voraus geschätzten Planbezugsgrößen werden nun an die Istbeschäftigung, die während der Auftragsabwicklung vorliegt, angepaßt. Aus den Sollkosten der Istbeschäftigung werden die Verrechnungs- oder Kostenssätze der Kostenplätze ermittelt.
Da in der Planungsperiode das Mengengerüst des neu zu konstruierenden Endproduktes noch nicht bis auf Einzelteilebene bekannt ist, die Kalkulation diese Mengendaten aber benötigt, werden in der Grobkalkulation die Mengendaten des kostenmäßig und konstruktiv ähnlichen Objektes zugrunde gelegt.

Die Bezugsgrößenkalkulation des ähnlichen Endproduktes wird im nächsten Schritt noch einmal von der Einzelteil- bis hin zur Endproduktebene durchgeführt, jedoch werden die Mengendaten dieses Auftrags mit den aktuellen Planpreisen und den aktuellen angepaßten Planverrechnungssätzen bewertet. Ergebnis dieser Rechnung sind die Herstellkosten, zu denen das bereits in einer vergangenen Periode erzeugte Produkt in der jetzigen Periode gefertigt werden könnte.
Im Vorbereitungsteil wurden mit Hilfe der multiplen Regression für jedes Endprodukt einer Kostenfamilie die primär technischen Haupteinflußgrößen der Kostenverursachung ermittelt.
Das Kosteninformationssystem bildet nun Kostensätze k_i, indem die im letzten Schritt neu bewerteten Herstellkosten des ähnlichen Objektes durch die ermittelten Einflußgrößenmengen der Einflußgrößenarten i dividiert werden.

$$k_{ij} = \frac{HK_{neu}}{x_{ij}}$$

k_{ij} = Kostensatz je Einflußgrößenart i des Objektes j
HK_{neu} = neu bewertete Herstellkosten des Objektes j
x_{ij} = Einflußgrößenmenge der Einflußgrößenarten i des Objektes j

Diese Kostensätze geben die Herstellkosten des ähnlichen Endproduktes pro Einheit jeder Einflußgrößenart i an.

Der Konstrukteur muß nun die Einflußgrößenmengen y jeder Einflußgrößenart i des neu zu konstruierenden Endproduktes j' ermitteln. Je nach Einflußgrößenart können diese Mengen schon bekannt sein, oder sie müssen geschätzt werden.

Das Kosteninformationssystem errechnet dann die Herstellkosten $HK_{j'}$, die in Form von Absolutkosten angegeben werden, nach der Formel:

$$HK_{j'} = \sum_{i=1}^{n} b_{ij} \; y_{ij'} \; k_{ij}$$

Diese Kalkulation ist noch ungenau, wird aber in den folgenden Konstruktionsphasen schrittweise verfeinert.

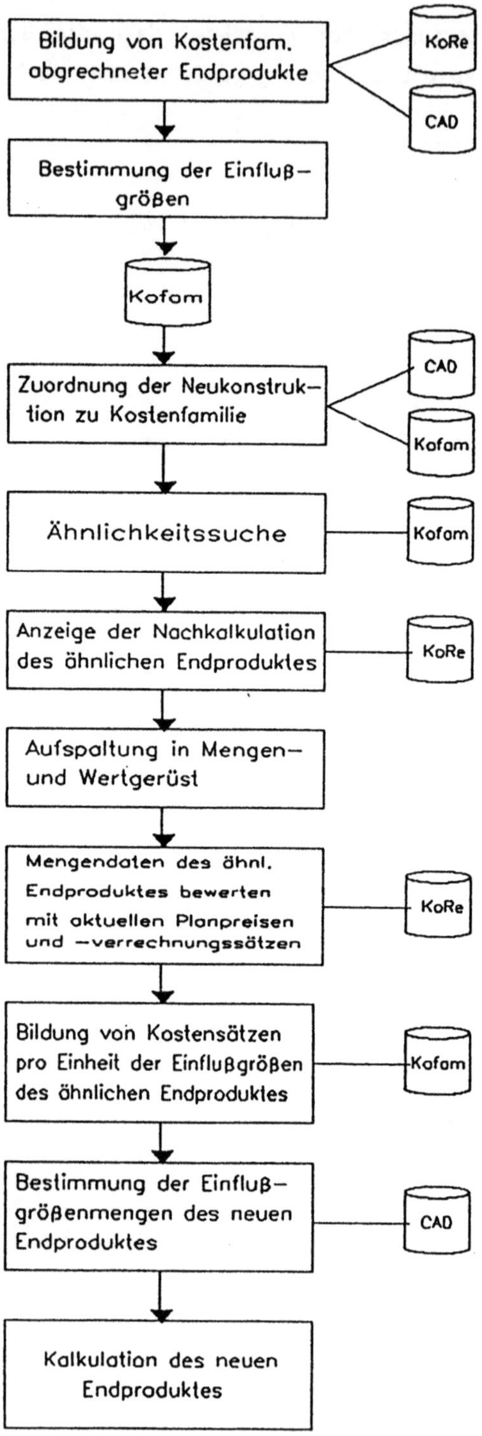

Abb. 9: Ablaufplan der Kalkulation in der Planungsphase [30]

Kalkulation in der Konzipierungs- und Entwurfsphase:
In der zweiten und dritten Phase, der Konzipierungs- und Ausarbeitungsphase, werden die Funktionen in Teilfunktionen aufgegliedert und maßstäbliche Entwürfe angefertigt. Für mehrteilige Stückgüter bedeutet dies, daß Baugruppen definiert und schrittweise in den einzelnen Konstruktionsstufen konkretisiert werden. Im CAD/CAM-System liegen schon genauere Daten über die einzelnen Baugruppen und Unterbaugruppen vor, wie z. B. Geometrie, Werkstoff- und Fertigungsanforderungsdaten.

Grundsätzliche Vorgehensweise:
Die Baugruppen der obersten Konstruktionsstufe werden nacheinander vom Kosteninformationssystem kalkuliert. Anhand dieser Kalkulationen und unter Berücksichtigung der Montagekosten werden die Herstellkosten des Endproduktes ermittelt. Liegen dann später im Konstruktionsablauf die Daten der Baugruppen auf den nachfolgenden Konstruktionsstufen vor, so werden die einzelnen Baugruppen der jeweiligen Konstruktionsstufe nacheinander kalkuliert. Nachdem die Montagekosten bestimmt sind, wird die Kalkulation ausgehend von der Konstruktionsstufe, auf der sich der Konstrukteur gerade befindet, stufenweise 'rückwärts', d. h. zum Endprodukt hin, durchgeführt.

Wird mit der Konstruktion auf einer Konstruktionsstufe begonnen, muß entschieden werden, ob standardisierte selbsterstellte Baugruppen verwendet werden können. Da diese während der Planungsperiode immer wieder im Unternehmen produziert werden, liegen aus der Kostenrechnung Plankalkulationen für diese Teile vor.
Für sehr komplexe Baugruppen kalkuliert das Kosteninformationssystem die Herstellkosten in gleicher Weise wie in der Planungsphase auf Endproduktebene, jedoch differenzierter und mit Daten auf Bau- bzw. auf Unterbaugruppenebene (siehe Abbildung 10).

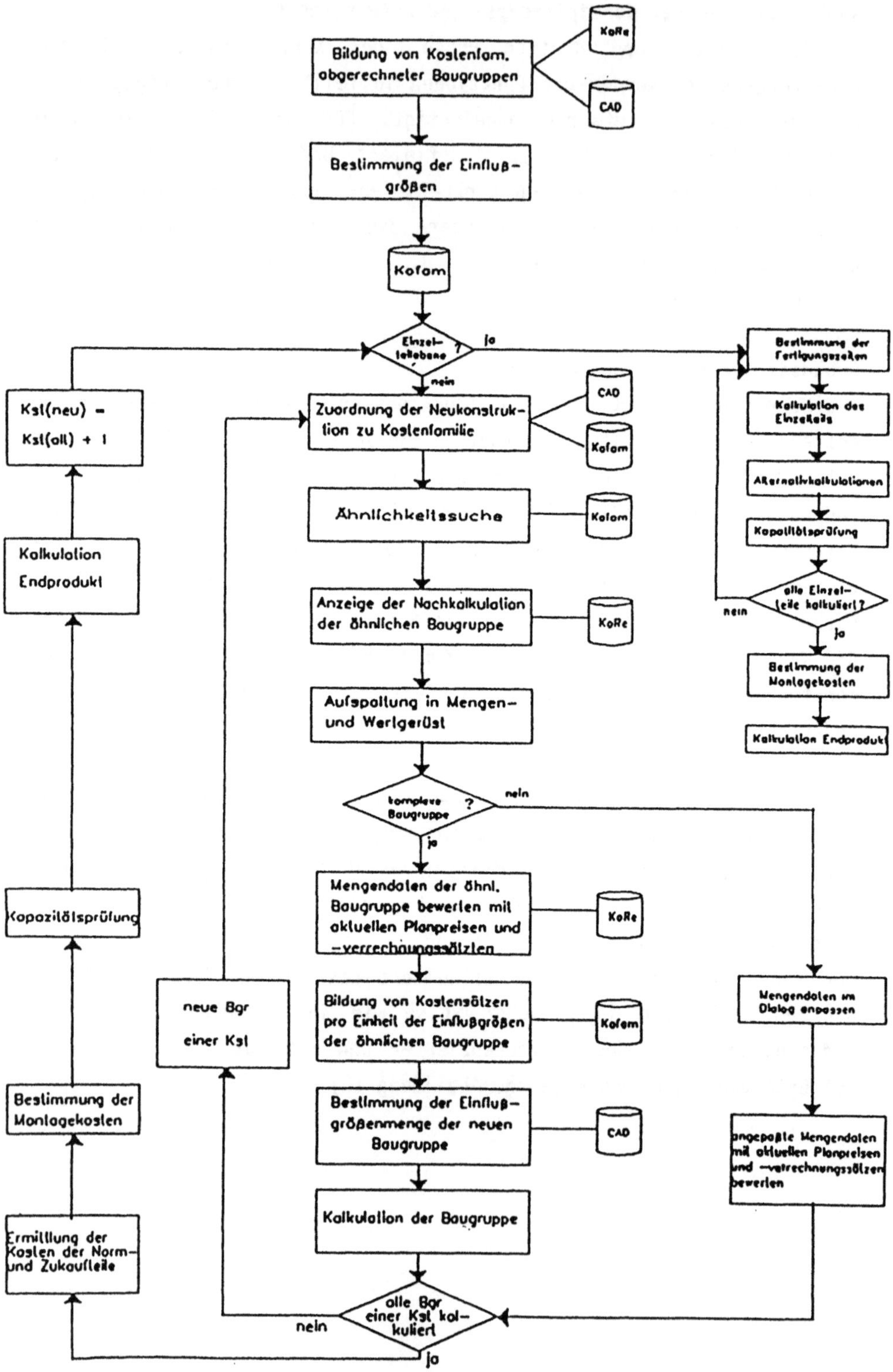

Abb. 10: Ablaufplan der Kalkulation in der Konzipierungs-, Entwurfs- und Ausarbeitungsphase [30]

5 Zusammenfassung

Das Kosteninformationssystem ermittelt nur die Herstellkosten, nicht die Selbstkosten der Objekte, da der Konstrukteur keinen oder nur einen ganz unwesentlichen Einfluß auf die Verwaltungs- und Vertriebskosten hat.
Die Materialkosten werden im Kosteninformationssystem ermittelt, indem die in der Konstruktion festgelegten Materialmengen mit den Planpreisen der Kostenplanung bewertet werden und die Materialgemeinkosten über prozentuale Zuschläge hinzugerechnet werden.
Die Fertigungskosten werden in drei Gruppen aufgeteilt: Betriebsmittelkosten, Lohnkosten und Sondereinzelkosten der Fertigung.
Die Betriebsmittelkosten sind in der Kostenplanung der Kostenstellenrechnung für die entsprechende Periode geplant und sind in den Planverrechnungs- oder Plankalkulationssätzen enthalten.
Die Lohnkosten werden in der Bezugsgrößenkalkulation der Plankostenrechnung über die Kostenstellen abgerechnet und werden nicht als Einzelkosten direkt den Kostenträgern zugeordnet. Demnach sind auch die Lohnkosten in den Planverrechnungssätzen der Kostenplanung enthalten.
Die Sondereinzelkosten der Fertigung müssen vom Konstrukteur je nach Auftrag oder Produkt gesondert ermittelt werden.

Literaturverzeichnis:

[1] VDI-Richtlinie 2235, Wirtschaftliche Entscheidungen beim Konstruieren, Düsseldorf 1987, S. 3.

[2] Balken, J.: Auswertung von Wertanalysen zur Ermittlung von Kosteneinflüssen und Hilfsmitteln zum kostenarmen Konstruieren, in: DFG Abschlußbericht zu Projekt EK 46/6, Lehrstuhl für Konstruktion, TU München 1978.

[3] Bronner, A.: Wertanalyse als Grundlage der Erzeugnisplanung, in VDI-Z, 110 (1968), S.1583-1588.

[4] Jonissen, H. D.; Kämpfer, S.; Schulte H. J.: Die neue Fabrik, Düsseldorf 1986, S. 41.

[5] Vgl. VDI (Hrsg.): VDI-Richtlinie 2222, Blatt 1, Konzipieren technischer Produkte, Düsseldorf 1977, S. 3.

[6] Vgl. Rodenacker,W.: Methodisches Konstruieren, 2. Auflage, Berlin-Heidelberg-New York 1976.

[7] Vgl. Kiewert, A.: Systematische Erarbeitung von Hilfsmitteln zum kostenarmen Konstruieren, Diss., TU München 1979, S. 17-18.

[8] Vgl. VDI (Hrsg.): VDI-Richtlinie 2222, Blatt 1, Konzipieren technischer Produkte, Düsseldorf 1977, S.3f.

[9] VDI (Hrsg.): VDI-Richtlinie 2235, Wirtschaftliche Entscheidungen beim Konstruieren, Methoden und Hilfen, Düsseldorf 1987, S. 10-11.

[10] Vgl. Pahl,G.; Beitz, W.: Konstruktionslehre, Berlin-Heidelberg-New York 1977.
Vgl. Rögnitz, H.; Köhler, G.: Fertigungsgerechtes Gestalten im Maschinen- und Gerätebau, Stuttgart 1959.

[11] Vgl. Keßler, M.: Konstruktionsberatung - ein Instrument zur Kosten- und Produktoptimierung, in: VDI (Hrsg.): Herstellkosten im Griff? Konstrukteure und Fertiger packen's gemeinsam, VDI-Berichte 651, Düsseldorf 1987, S.75-90, s. bes. S. 86-87.

[12] Vgl. Seifert, H.; u.a.: Rechnerunterstütztes Konstruieren mit PROREN, Bd. II, Hrsg.: Institut für Konstruktionstechnik der Ruhr-Universität Bochum, Bochum 1987, S. 330.

[13] Krause, F.-L.: Systeme der CAD-Technologie für Konstruktion und Arbeitsplanung, Hrsg.: G. Spur, München-Wien 1980, S. 47.

[14] Vgl. Krause, F.-L.: Systeme der CAD-Technologie für Konstruktion und Arbeitsplanung, Hrsg.: G. Spur, München-Wien 1980, S. 47.

[15] Vgl. Seifert, H. u.a.: Rechnerunterstütztes Konstruieren mit PROREN, Band II, Bochum 1987, Hrsg.: Institut für Konstruktionstechnik der Ruhr-Universität Bochum, Bochum, 1987S. 330-331.

[16] Vgl. Spur, G., Krause, F.-L.: CAD-Technik: Lehr- und Arbeitsbuch für die Rechnerunterstützung in Konstruktion und Arbeitsplanung, München-Wien 1984, S. 216.

[17] Vgl. Bernhardt, R., Bernhardt, W.: CAD/CAM-Anwendungsbeispiele aus der Praxis, Berlin-Offenbach 1984, S. 153.

[18] Vgl. Kilger, W.: Flexible Plankostenrechnung und Deckungsbeitragsrechnug, 8., völlig neubearbeitete Auflage, Wiesbaden 1981, S. 21f.

[19] Vgl. Kilger, W.: Schmalenbachs Beitrag zur Kostenrechnung, in: ZfBF (1973) S. 523f.

[20] Vgl. Heinen, E.: Industriebetriebslehre, Wiesbaden 1983, S. 940f, insbes. S. 952 und S.984f.

[21] Vgl. Heinen, E.: Industriebetriebslehre, Wiesbaden 1983, S. 940f, insbes. S. 952.
Verursachungsprinzip: Jeder Kostenträger ist mit den Kosten zu belasten, die kausal verursacht werden. Das Verursachungsprinzip ist allein theoretisch einwandfrei.
Durchschnittsprinzip: Nur wenn keine kausale Beziehung zwischen Kosten und Kostenträgern feststellbar ist, kann man das Durchschnittsprinzip als Hilfsmethode, das statt nach der Verursachung nach den durchschnittlich zuzuordnenden Kosten fragt, verwendet werden.

[22] Vgl. Kilger, W.: Betriebliches Rechnungswesen, in: H. Jacob (Hrsg.): Allgemeine Betriebswirtschaftslehre, München 1981, S. 925-929.

[23] Vgl. Eilenberger, G.: Betriebliches Rechnungswesen: Einführung in Grundlagen - Jahresabschluß Kosten- und Leistungsrechnung, 2., ergänzte Aufl., München-Wien 1985, S. 271.

[24] Vgl. Kilger, W.: Flexible Plankostenrechnung und Deckungsbeitragsrechnug, 8., völlig neubearbeitete Auflage, Wiesbaden 1981, S. 59-62.

[25] Vgl. Kilger, W.: Flexible Plankostenrechnung und Deckungsbeitragsrechnug, 8., völlig neubearbeitete Auflage, Wiesbaden 1981, S. 319, S. 324 f, S. 605, S. 653.

[26] Krämer, G.; Bartz, G.: Zur Konzeption einer "zweckneutralen" Grundrechnung, Zeitschrift für Betriebswirtschaft 55 (1985) H. 11, S. 1120-1138.

[27] Laßmann, G.: Betriebsmodelle, in: K. Chmielewicz (Hrsg.): Entwicklungslinien der Kosten- und Erlösrechung, Komm. Rechungswesen im Verb. der Hochschullehrer für Betriebswirtschaft e.V., Stuttgart 1983, S. 117.

[28] Vgl.: Kilger, W.: Flexible Plankostenrechnung und Deckungsbeitragsrechnug, 8., völlig neubearbeitete Auflage, Wiesbaden 1981, S.321.

[29] Vgl. Kreisfeld, P.: Kostenbestimmung mit CAD-Systemen für Rotationsteile, Diss., München 1985, S. 101.

[30] Gröner, L.: Entwicklungsbegleitende Vorkalkulation, Veröffentlichung in Vorbereitung.

Integration von Kostenrechnung und Produktionsplanung und -steuerung

G. Wolf, Schindler Aufzüge Fabrik GmbH, Berlin

0. Inhalt

1. Das PPS als Bestandteil einer integrierten Lösung

2. Das Unternehmen Schindler Berlin als Grundlage für diesen Vortrag

3. SAP-Software

4. Auftragsdurchlauf

   4.1 Auftragseröffnung

   4.2 Technische Definition des Auftrages

   4.3 Verkauf - PPS - Kalkulation

   4.4 Planaufträge
   - Disposition
   - Fertigungsaufträge

5. PLAN-IST-Kostenerfassung

   5.1 Projekte als Kostensammler

   5.2 Projektbericht

   5.3 Abrechnung

   5.4 Allgemeine Bedingungen

6. Projektarbeit

   6.1 Projektorganisation

   6.2 Teamarbeit des ganzen Unternehmens

10. Saarbrücker Arbeitstagung 1989
Rechnungswesen und EDV
hrsg. v. A.-W. Scheer

Meine Damen, meine Herren,

das Thema

INTEGRATION

VON KOSTENRECHNUNG

UND PPS

könnte Kenner der rein technisch-administrativen Abläufe eines PPS zu der Frage verleiten:

- Wo gibt es im PPS Probleme?
- Die kostenmäßige Planung, die Erfassung von Ist-Kosten und die Abrechnung eines Fertigungsauftrages sind klar und übersichtlich.
- Mengen und Zeit sind kontiert und über gleitende Preise oder Standardwerte und Leistungsartensätze bewertbar. Über Kalkulationsschlüssel sind die Kalkulationsschemen incl. der Zuschlagsrechnungen festgelegt.
- Der Verrechnungspreis ist im Materialstamm verfügbar.
- Damit sind alle Daten für die Kostenrechnung im PPS präsent.

1. Das PPS als Bestandteil einer integrierten Lösung

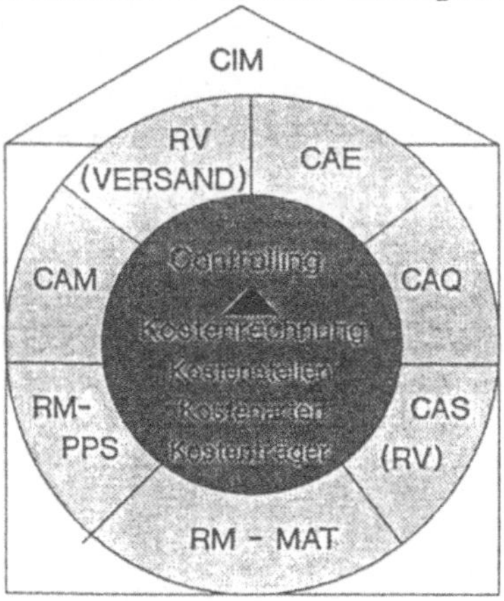

Betrachten wir aber die Kostenrechnung mit der Kostenstellen-, Kostenarten- und Kostenträgerrechnung als die wesentlichen Informationsgeber eines modernen Controlling und das PPS als einen integrierten Bestandteil des CIM, so ergeben sich sehr interessante und umfangreiche Betätigungsfelder. Das PPS, daß ja primär die Stücklisten- und Arbeitsplanverwaltung sowie den Durchlauf eines Fertigungsauftrages beinhaltet, ist dann nur ein Baustein in einem großen Informationssystem.

Ja selbst das Rechnungswesen - als Thema dieser Arbeitstagung - ist ein Zahlen- und Datenlieferant für das noch umfassendere Thema Controlling. Erst dieses Controlling analysiert, plant und steuert. Damit gewinnt die Kontrollierbarkeit unterschiedlicher Planungsdaten zunehmend an Bedeutung.

Hieraus erwachsen neue Forderungen an die Leistungsfähigkeit und Integrationsfähigkeit moderner Softwarepakete. Nur einige seien genannt:

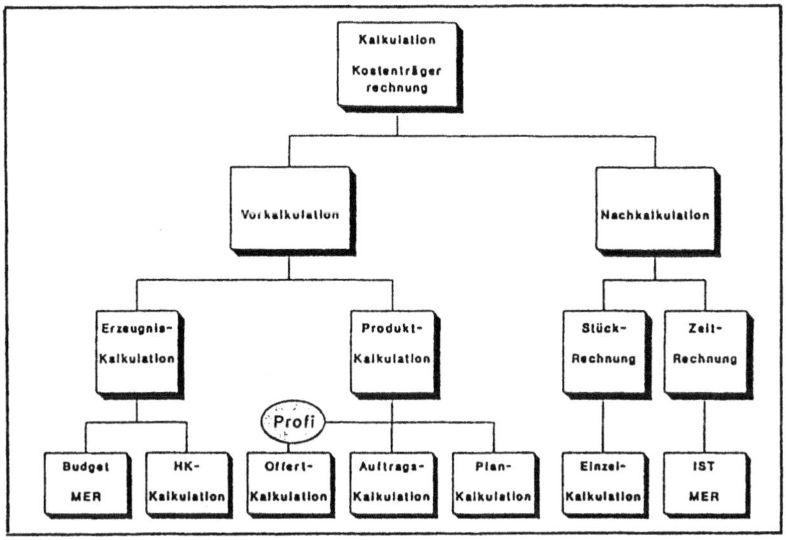

- Bereits im Offertstadium sollte die Kalkulation eines Produkts unter dem Gesichtspunkt moderner Kostenrechnungsverfahren, z. B. der Deckungsbeitragsrechnung, erfolgen. Der Verkauf eines Industrieunternehmens muß bei Preisverhandlungen den Umgang mit diesem Entscheidungsinstrument lernen.
- Der Verkauf kann und muß zu jeder Zeit aktuelle Komponenten anbieten und die Kostenfindung auf aktuellen Werten aufbauen.
- Bei der Verwirklichung eines umfassenden Controlling-Systems gewinnt die Existenz und Vergleichbarkeit von Werten in den unterschiedlichen Planungsstufen bei Offerten und Aufträgen eine herausragende Bedeutung.

Nicht das Aufzeigen von Verlusten durch SOLL-IST-Vergleiche, sondern das frühzeitige Erkennen von Abweichungen in verschiedenen Planungsstadien kann Verluste verhindern.

- Bei Auftragsänderungen sind die Auswirkungen der Mengengerüständerungen auf den Deckungsbeitrag von wesentlicher Bedeutung.

Unter Beachtung vorgenannter Prämissen darf sich die Realisierung eines CIM-Konzeptes nicht nur auf die technisch-administrativen Abläufe beschränken, sondern muß Hand in Hand gehen mit der Organisation des Controllings und des Rechnungswesens, incl. der Kostenrechnung. Der Umkehrschluß gilt natürlich gleichermaßen. Oftmals setzt sich diese Erkenntnis erst sehr spät durch und auch unser Weg ist und war nicht frei von Umwegen.

Zwei wesentliche Faktoren sind dafür verantwortlich.

Der erste Faktor:

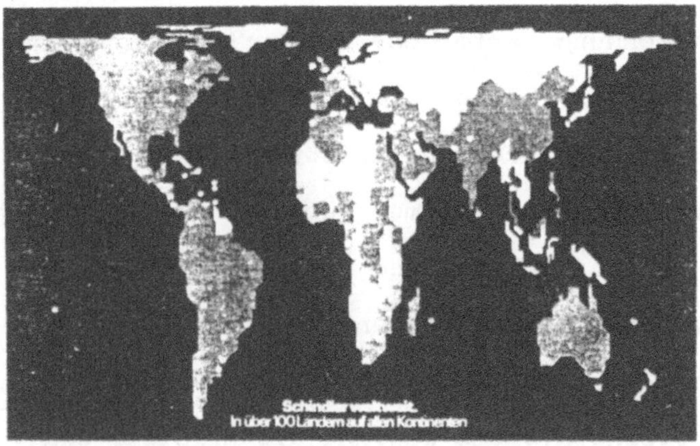

2. Das Unternehmen Schindler Berlin als Grundlage für diesen Vortag

Das Unternehmen, aus dem ich berichte - die Schindler Aufzügefabrik GmbH mit dem Hauptsitz für Deutschland in Berlin - ist eine Tochter des Schweizer Konzerns SCHINDLER. Dieser gilt als die gute Nummer 2 auf dem Weltmarkt für Aufzüge. Der Konzern ist weltweit vertreten, hat ca. 28 000 Mitarbeiter in über 100 Ländern mit einem Umsatz von ca. 3.5 Mrd-DM.

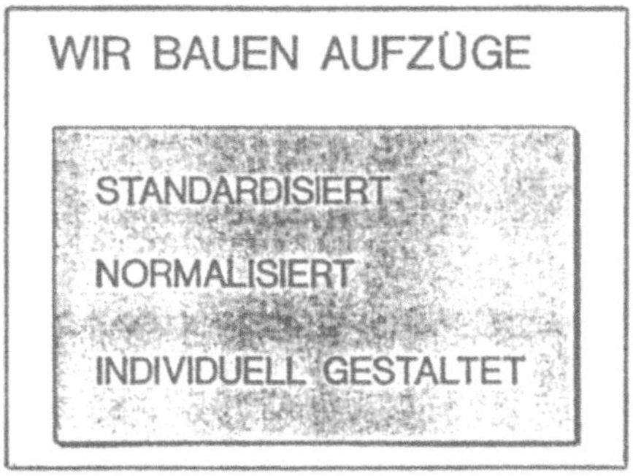

Die Produktepalette unserer Aufzüge reicht von standardisierten Modellreihen bis zu individuellen Ausführungen, von kleinen Leistungen bis zu Höchstleistungen - sowohl in Zuladung, als auch in Geschwindigkeit und Transporthöhe.

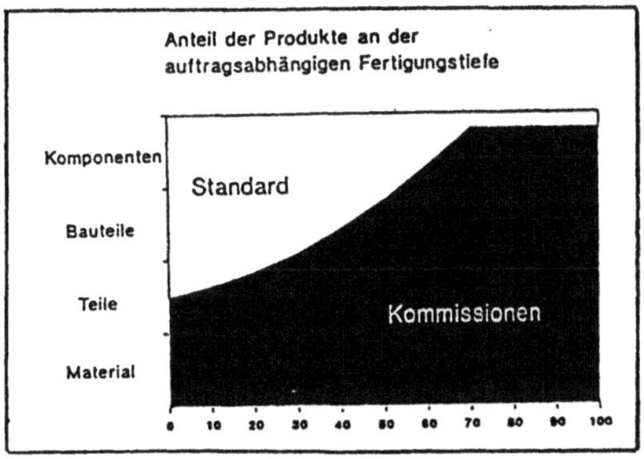

Daraus ergibt sich ein unterschiedlicher Anteil von lagermäßigen oder normierten - kundenauftragsbezogen zu fertigenden - Baugruppen und Komponenten am Endprodukt. Weiterhin erschwerend ist, daß das Produkt "Aufzug", das wir vertreiben, produzieren und montieren, erst auf der Baustelle zum fertigen und funktionsfähigen Erzeugnis zusammengesetzt wird. Vorher ist es eine Vielzahl von einzelnen Komponenten und Baugruppen.

Der künstlerische Gestaltungswille der Architekten, aber auch bauliche Sonderheiten, zwingen uns immer wieder zu Abweichungen von der "Norm" und damit zu einer auftrags- und kundenspezifischen Konstruktion sowie Fertigung.

Dies kann sich regelmäßig beziehen auf z.B.

- nicht normierte Schachtabmessungen
- Kabinengrößen und Ausstattungen
- Zargen- und Türgestaltungen

Die Abweichungen reichen von Mengen über Abmessungen bis zur Umgestaltung ganzer Komponenten.

Probleme im Kundenauftrag

- individuelle Beschaffung
- Eigenfertigung mit Sonderfertigung
- Anlieferungsreihenfolge
- Montagereihenfolge
- Lieferzeiten
- niedrige Lagerhaltung

Diese Mischung unseres Produktes erfordert bei uns eine individuelle Beschaffung und Eigenfertigung mit Sonderfertigung, das Abstimmen der Anlieferungsreihenfolge mit der Montagereihenfolge auf der Baustelle und die Bewältigung der Differenzen zwischen Lieferzeiten und Fertigungs- und Beschaffungszeiten. Dies bedingt eine Vorfertigung und Lagerhaltung auf niedrigster Bauteilebene und zwingt uns zu einer projektähnlichen Abwicklung jedes Auftrages.

Hier wird deutlich, daß eine isolierte Betrachtung des Auftrages im PPS den wirklichen Problemen nicht gerecht wird. Erst der integrierte Auftragsdurchlaufes, wie er z.B. Ziel eines CIM-Konzeptes ist, bringt uns der Lösung unserer Probleme näher.

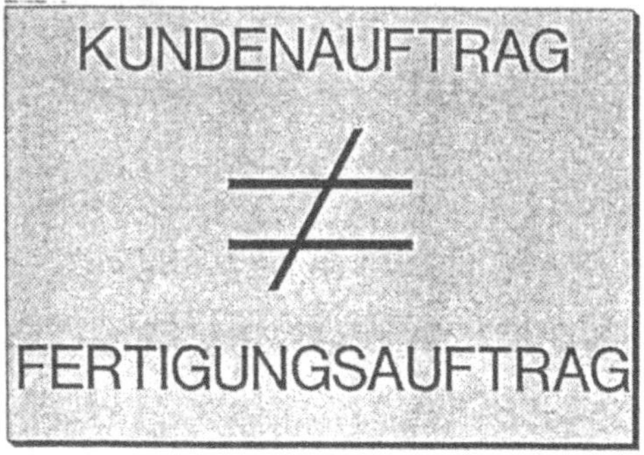

Hier wird auch bereits erkennbar: der Kundenauftrag ist bei uns nicht gleich dem Fertigungsauftrag.
Deshalb glauben wir, uns zur Familie der Einzelfertiger zählen zu müssen und sicherlich wird der Eine oder Andere von Ihnen in dieser Kurzbeschreibung unseres Unternehmens Ähnlichkeiten zu seinem Unternehmen erkennen.

Auch die zusätzlichen Forderungen der Unternehmensleitung werden sich in dieser oder ähnlicher Form woanders wieder finden lassen.

Der zweite Faktor ist:

3. SAP-Software

Die bei uns eingesetzte SAP-Software hat - wie jede andere Standard-Software auch - natürlich ihre Eigenheiten und vorgegebenen Logiken.

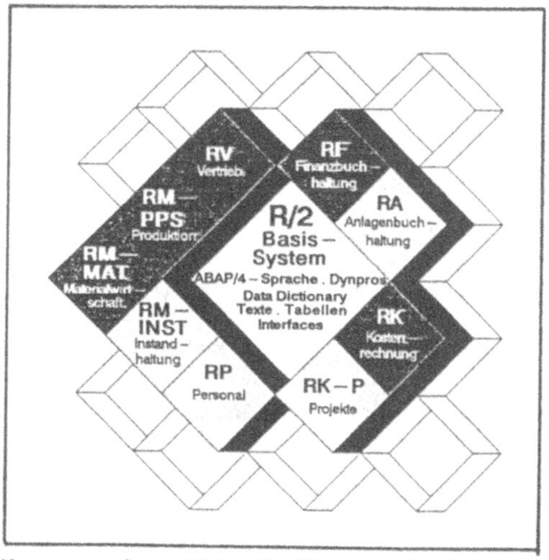

Mit der Einführung der SAP-Software haben wir Ende der 70er Jahre begonnen. Dem RF schlossen wir stufenweise RA, RK-S und vor allem RM-MAT an. Vor 2 Jahren haben wir, uns mit PPS und RV beschäftigt. Beide Teile werden derzeit Zug um Zug produktiv, wobei der Zeitplan der Einführung inzwischen wesentlich von der Verfügbarkeit der Daten abhängt.

Unser Ziel ist:

Wir wollen unsere Organisation auf die SAP-Abläufe abstimmen.

Wir haben aus der Vergangenheit heraus die Erfahrung machen müssen, daß im Nichtanpassungsfalle unübersehbare, kostenintensive und zeitraubende Modifikationen erforderlich werden. Wir können und wollen uns das nicht mehr leisten.

Nehmen wir die ebend genannten Faktoren -

- Eigenheiten unserer Firmen- und Produktestruktur
- und die SAP-Software

so ergibt sich für uns folgendes:

Im Rahmen der Integration, der Kostenrechnung und des PPS müssen wir unter Controlling- und CIM-Gesichtspunkten alle auftragsrelevanten Module der SAP mit gleicher Aufmerksamkeit betrachten.

In der Praxis bedeutet dies:

Was sind die Forderungen

- Offert- und Auftragsdefinition
- Kalkulation auf Basis techn. Daten
- Aufträge und Unteraufträge auslösen
- Plankosten nach Kalkulationsschema
- Auftragskosten (IST-Kosten) erfassen
- PlAN- IST- Vergleich
    * Kundenauftrag
    * Komponenten-Ebene
    * Auftragsgruppen (MER)
    * Gesamt

4. Auftragsdurchlauf

Lassen Sie mich nun den von uns eingeschlagenen Lösungsweg auf der Basis der SAP-Standardsoftware anhand eines Auftragsdurchlaufes für eine Aufzugsanlage erläutern.

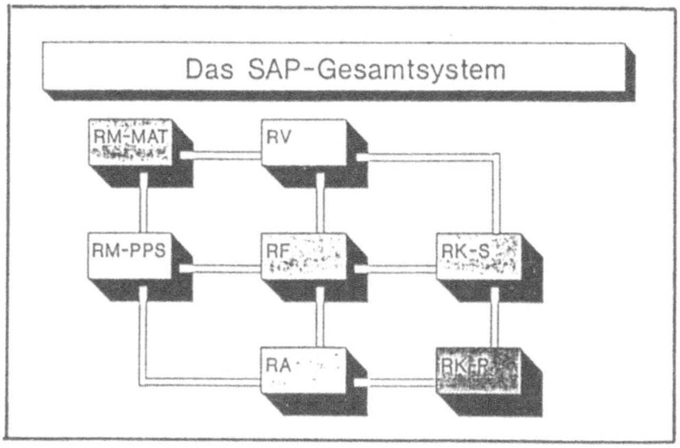

Für die Abwicklung wird fast die gesamte SAP-Software benötigt. Nicht verwendet werden derzeit bei uns nur die Module RM-INST und RP.

Andere Systeme können in der Leistungsfähigkeit ihrer Komponenten durchaus anders gestaltet sein.

Der erforderliche Leistungsumfang bleibt bestehen.

MENGENMÄßIGE DEFINITION

=

FESTLEGUNG VON WERTEN ALS PLAN ODER IST

Ich darf sie bei der Betrachtung des Durchlaufes darum bitten, immer wieder zu berücksichtigen, daß jede mengenmäßige Definition im PLAN wie auch IST sofort Werte erzeugt. Aus Vereinfachungsgründen beginne ich gleich mit dem Auftrag. Die Offerte läuft im gleichen Schema ab, auf die Unwägbarkeiten ihrer Disposition komme ich an anderer Stelle zu sprechen.

4.1 Auftragseröffnung

Gestartet wird bei der SAP im RV mit der Eröffnung des Kundenauftrages und allen damit zusammenhängenden administrativen Tätigkeiten:

```
HIN Kundeneinzelfertigung
------------------------------

AUFTRAGSART.......... TK
BUCHUNGSKREIS........ 01
GESCHAEFTS-BEREICH... 00

KUNDE................ 50000           ABLADESTELLE _
WUNSCH-LIEFERDATUM... 010989          DISP.-NIEDERL 01      LIEF.-NIEDERL 01

RECHNUNGSANSCHRIFT... _               KZ MANUELLE RECHN-ADR _
WARENEMPFAENGER...... _               KZ MANUELLE WEMPF-ADR _
SPEDITEUR............ _               KZ MANUELLE SPEDI-ADR _
PREISLISTEN-TYP...... __              PREISLISTEN-NUMMER... _
REFERENZ-NR.......... _
NEUE PREISFINDUNG.... _               VON-POSITION _        BIS-POSITION _
                                      NEUES WERK   _        NEUES LAGER  _
EXTERNE BELEG-NR..... _
```

In den folgenden Bildern zeige ich Ihnen die wesentlichen Daten der Eröffnung. Diese Tätigkeiten hängen bereits mit dem RF über den Debitorenstamm zusammen (Kunde, Rechnungsempfänger etc.). Außerdem liegt über der Hierarchie die Verbindung zu Marketingauswertungen (ABAB's).

```
ANZ Kundeneinzelfertigung      PSTYP M    00000248 20    0     01    XX
---------------------------------------------------------------------------------
ARTIKEL V827024                PE G.1 Fuehrungschiene Kabine
---------------------------------------------------------------------------------
RK-HIERARCHIEFELDER

SPARTE.........
ARTIKELGRUPPE..
ERZEUGNISFORM..



---------------------------------------------------------------------------------
RK/PPS-AUFTRAG  0        0
KOSTENSTELLE    0
PROJEKT         A.089020.120.00
```

```
---------------------------------------------------------------------------------
A V827000               _ C _          WL 01   __
M 1              D 070989 PT _ _ PL EH _  HU _    _    S N
---------------------------------------------------------------------------------
TEXT1:  SP _ TEXT NR _         _                                  !
                               _                                  !
                               _                                  !
                               _                                  !  LT _
TEXT2:  SP _ TEXT NR _         _                                  !
                               _                                  !
                               _                                  !
                               _                                  !  LT _
TEXT3:  SP _ TEXT NR _         _                                  !
                               _                                  !
                               _                                  !
                               _                                  !  LT _
TEXT4:  SP _ TEXT NR _         _                                  !
                               _                                  !
                               _                                  !  LT _
---------------------------------------------------------------------------------
```

4.2 Technische Definition des Auftrages

Nach der Eingabe der administrativen Daten beginnt die technische Definition des Aufzuges.

Hier entsteht auch gleich das erste Problem:

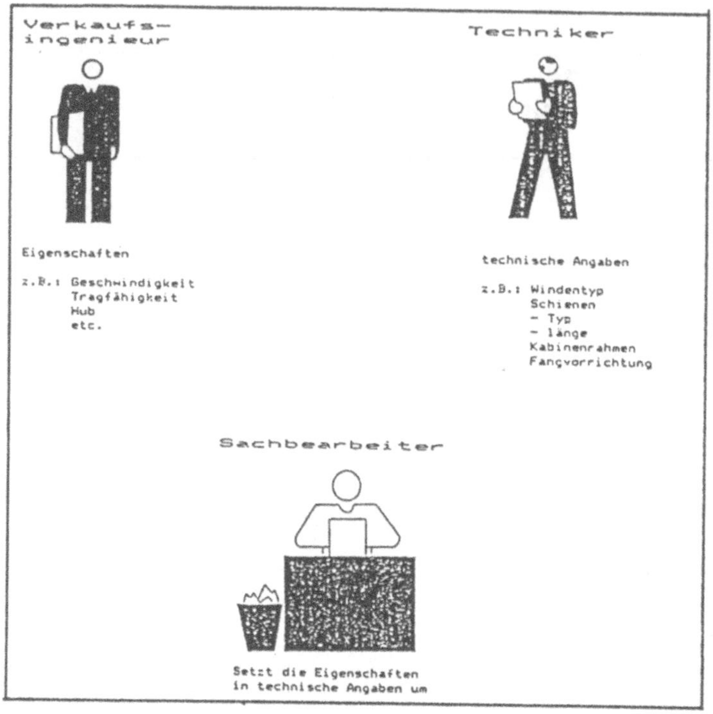

Die Begriffssprache des Verkaufsingenieurs mit dem Kunden ist eine andere, als die des Technikers in der Fertigungsvorbereitung.

Die Thematik ist im SAP-RV erkannt und mit der SET-Technik gelöst. Im Detail bedeutet das: wir definieren für logisch abgegrenzte Produktgruppen je ein SET. Hierzu einige Details:

Sie sehen anhand dieser Struktur, wie wir den Aufzug unternehmensspezifisch gegliedert haben. Jedes Los ist ein Lieferlos, das im Umfang und Reihenfolge nach der Fertigung und Montage ausgerichtet ist. Gleichzeitig ist diese Struktur für alle Produktgruppen als Maximalstruktur gültig.

Die SAP wiederum bietet im RV folgende Struktur an:
Als fertige Definition des End-Erzeugnisses im Kundenauftrag gibt es das SET. Es besteht aus Standardversionen. Dies können Komponenten sein, die durch Verkaufsmerkmale und deren Ausführungen definiert werden. Hier wird ähnlich verfahren, wie mit den Verkaufsgruppen im PPS.

SAP	SCHINDLER
SET	Produktegruppe
Standard-version	Los
Verkaufs-merkmale	Technische Spezifikation

Wir nutzen diese Möglichkeit der SAP wie folgt:
Das SET ist eine Produktgruppe.
Die Standardversionen sind unsere Lieferlose oder eine teilweise weitere technische Untergliederung. Die Verkaufsmerkmale nehmen die zulässigen, freigegebenen technischen Ausführungen auf. Ein Verknüpfungsmuster möchte ich hier vorstellen:

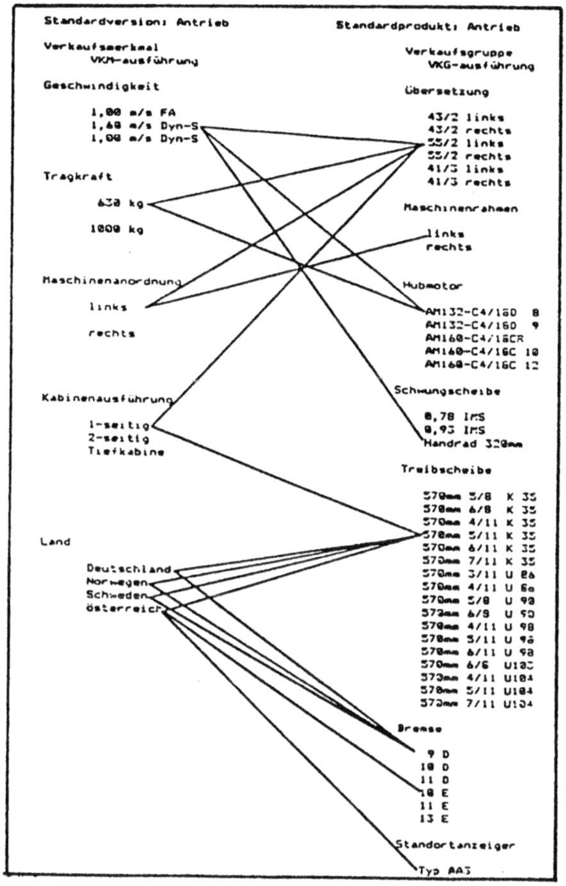

Was ein SET aufnehmen kann, bestimmt die Überschaubarkeit der Daten, denn diese sind verknüpft mit den im PPS gebildeten Standardprodukten, deren Verkaufsgruppen und Ausführungen und damit mit den Stücklisten des PPS. Basis ist hier die offene Variantenstückliste, die gegenüber der geschlossenen Version eine höhere Varianz bietet. Die Kenntnis dieser Tatsache kann systementscheidend sein; ich kann jedoch aus Zeitgründen hierauf nicht näher eingehen.

Wir haben diese Technik gewählt, weil bei Änderungen in der Struktur eine hohe Flexibilität gewährleistet ist. Die vorgenannten Strukturen sind auftragsneutral definiert und werden bei der Auftragseröffnung entsprechend der technischen Definition ausgewählt. Dadurch wird der Aufgebende durch sämtliche technischen Daten geleitet. Die Vollständigkeit ist garantiert.

```
HIN Kundeneinzelfertigung                00000000 0
--------------------------------------------------------------------------------
00050000            a                                    WUNSCHLIEFERDATUM 70989
--------------------------------------------------------------------------------
V827024             PE G.1 Fuehrungschiene Kabine                       1,000  ST
--------------------------------------------------------------------------------
  MERKM AUSF   BEZEICHNUNG                        MENGE          ME ZU/ABSCHLAG
+ 15           Foerderhoehe
X 15    10     Hub                                12,50          M  _
+ 150          Schachtkopf
X 150   10     hoehe                              3,600          M  _
+ 160          Schachtgrube
X 160   10     tiefe                              1,300          M  _
+ 170          Anfangsstueck Schiene
X 170   10     =< 2500 mm                                           _
_ 170   20     >  2500 mm                                           _



--------------------------------------------------------------------------------
```

Wichtig ist hierbei: das RV greift auf das PPS durch.

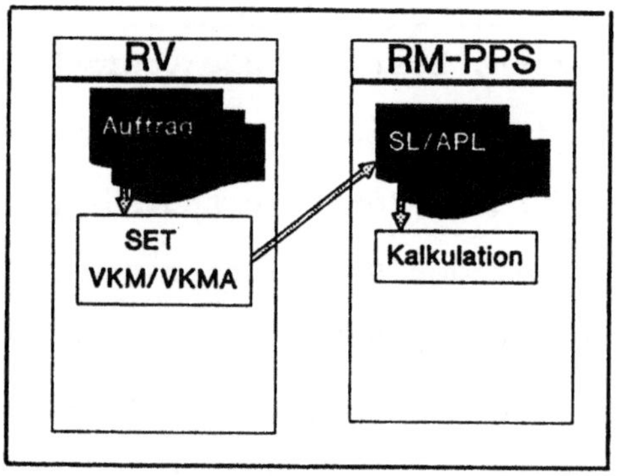

4.3 Verkauf - PPS - Kalkulation

Der Ablauf zeigt diesen Vorgang zwischen dem RV und PPS. Damit ist auch schon angedeutet, daß alle weiteren Aktivitäten, die im Verkauf ablaufen, in Wirklichkeit im PPS ausgeführt werden. Die technische Auftragsaufgabe im RV hat im PPS Stücklisten und Arbeitsplanstrukturen aufgebaut. Diese sind entsprechend den Standardversionen des RV zu Gruppen zusammengefaßt. Hierauf greift die Erzeugniskalkulation zu und erstellt pro Standardversion eine Einzelkalkulation.

```
ERZEUGNISKALKULATION                     PLANKALKULATION        ( P )
---------------------------------------------------------------------
MATERIAL    491811                       WINKEL
BUKRS/WERK 1  10    K.DATUM 01.07.89 VS: 0   STUE: 1  APLA: 1   MARK: J FREI:
---------------------------------------------------------------------
KOSTENART                  DM    BETRAG  KOSTENART                DM    BETRAG

AUF GEB FREMDBEZ    V             0,00
VERBR LAGMAT FREMD  V             1,45   EINKAUF/LAGER      F             0,13
VERBR LAGMAT EIG    V             0,00   VERBR LAGMAT EIGEN F             0,00
BESCHAFFUNGSKOSTEN  V             0,03   TECHNIK            F             0,00
TECHNIK             V             0,00   FERTIGUNG          F           122,31
FERTIGUNG           V            79,53
                                         MONTAGE/UNTERHALT  F             0,00
MONTAGE/UNTERHALT   V             0,00
SOND KOST (F,M/U)   V             0,00
SOND KOST (VERKAUF) V             0,00   VERWALTUNG         F             0,00

---------------------------------------------------------------------
HK: 203,45          / 1,000          ST I 20.345,00        / 100    PREISEINH.

FCODE AZ MARK M/J/B J KR-ART VK
OK _      PF: 2=Pickup 3=Back 13=Buchen 16=HF-Uebersicht ...          1 -64102
```

Sie sehen hier eine derartige Kalkulation mit unserem Mindestkalkulationsschema mit der Aufteilung nach variablen (V) und fixen (F) Kosten, oder wie es in der Deckungsbeitragsrechnung nach Dr. Dyhle heißt: Produktkosten und Strukturkosten (Controllingleitlinie). Ein Aufriß dieser Kosten sieht wie folgt aus:

Kalkulationsart....PLANKALKULATION

Material	Bezeichnung	Kalkulationslos	Me	ST-AL	AP-AL	Version	Bu Uerk	Stichtag
000000000000491811	UINKEL	1,000	ST	1	1	0	01 10	01.07.89

AVO	H	Kst.-art	Material Arbplatz/Kostl. /Lar/Ula	Bezeichnung		Einsatzmenge Leistungsmenge	F M	Me Me	Kosten var	Kosten fix	Gesamt kosten	Hw
0010	1	00400011	000000000000515380	BL 4 DIN1543-RQST37-		0,018		ST	1,45		1,45	DM
0010	4	00800000	BZ136-01 00000136 PSF	AKK ZUSCHNEIDEN 132X		0,300		M	0,38	0,57	0,95	DM
0010	2	00890000		ZUSCHLAG MAT-GK		9,0		X		0,13	0,13	DM
0010	2	00890100		ZUSCHL.MAT-BESCHAF				2,1X	0,03		0,03	DM
0010	5	00890200		LEISTUNGSGRAD	3,3			16,1X	0,06-	0,02-	0,08-	DM
0020	4	00800000	BX130-01 00000130 PSF	RUE EINRICHTEN ZUM S		50,000	J	M	55,20	69,26	124,46	DM
0020	5	00890200		LEISTUNGSGRAD	3,3			16,1X	8,91-	2,33-	11,24-	DM
0030	4	00800000	BL130-03 00000130 PSF	RUE STANZEN 6XLGL. 1		5,000	J	M	5,52	6,92	12,44	DM
0030	4	00800000	BL130-03 00000130 PSF	AKK STANZEN 6XLGL. 1		0,400		M	0,44	0,55	0,99	DM
0030	5	00890200		LEISTUNGSGRAD	3,3			16,1X	0,89-	0,23-	1,12-	DM
0030	5	00890200		LEISTUNGSGRAD	3,3			16,1X	0,07-	0,02-	0,09-	DM
0040	4	00800000	BX136-01 00000136 PSF	RUE EINRICHTEN ZUM P		20,000	J	M	25,96	38,44	64,40	DM
0040	5	00890200		LEISTUNGSGRAD	3,3			16,1X	4,19-	1,30-	5,49-	DM
0050	4	00800000	BL136-01 00000136 PSF	AKK PRESSEN 1 KANTE		0,250		M	0,32	0,48	0,80	DM
0050	4	00800000	BL136-01 00000136 PSF	RUE PRESSEN 1 KANTE		5,000	J	M	6,49	9,61	16,10	DM
0050	5	00890200		LEISTUNGSGRAD	3,3			16,1X	1,05-	0,32-	1,37-	DM
0050	5	00890200		LEISTUNGSGRAD	3,3			16,1X	0,05-	0,02-	0,07-	DM
0060	4	00800000	FA135-01 00000135 PSF	AKK ABUASCHEN UND GR		0,400		M	0,52	0,74	1,26	DM
0060	5	00890200		LEISTUNGSGRAD	3,3			16,1X	0,08-	0,02-	0,10-	DM
Summe Herstellkosten pro Kalkulationslosgroesse.......						1,000		ST	81,01	122,44	203,45	DM
Summe Herstellkosten pro Preiseinheit.................						100,000		ST	8.101,00	12.244,00	20.345,00	DM

Auch hier ist die Aufteilung nach variabel und fix vorhanden und die Einzelposten sowie Zuschlagsrechnungen sind ausgewiesen.
Unterschiedliche Zuschlagssätze (z.B. nach Produktegruppen) sind über die Kalkulationsart möglich. Die später bei der Istkostenverbuchung verwendeten Buchungsstrings sind kontenmäßig bereits hinterlegt. Damit kann eine wie auch immer geartete Kalkulationsstruktur verwendet werden, die deckungsgleich mit den späteren Ist-Daten sein muß.
An dieser Stelle möchte ich Sie sehr intensiv auf eine wesentliche Tatsache hinweisen. Das Kalkulationsbild zeigt die einzelnen Kontierungen bereits im Stadium der Vorkalkulation und das Mengengerüst bildet die Basis für die späteren Fertigungsaufträge. Rechnungswesen und Fertigung greifen auf die gleichen Stamm- und Bewegungsdaten zu. Wenn das zum Erfolg führen soll, ist eine enge Zusammenarbeit und gegenseitige Abstimmung oberstes Gebot.

```
ERZEUGNISKALKULATION                                                  SEITE 1/01
MATERIAL  105440                              HALTER MIT FANGROLLE RD40
BUKR/WERK 1  15                               SCHINDLER AUFZUEGEFA  / KOMPONENTENWERK
PER.MM.JJ 9.89  LOS 100,000                ST BETRAG 15.711,76          DM          VK
S HALBFABRIKAT                     BETRAG          LOSGROESSE  MM/JJ   PREIS/EINHEIT K
  000000000000105440             15.711,76            100,000  09 89      15.711,76 J
  00 HALTER MIT FANGROLLE RD40                             ST          PRO      100
  000000000000104313              3.314,08            100,000  09 89       3.314,08 J
  01 FANGROLLE RF1  RD40                                   ST          PRO      100
```

Selbstverständlich erzeugt eine Komponente Unteraufträge. Bei entsprechender Einstellung der Materialstämme sind auch die Kalkulationen dieser "Sekundärteile" verfügbar.

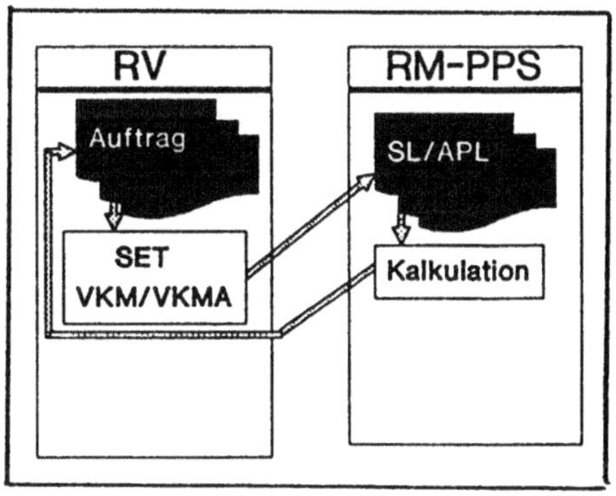

Die Los- oder Komponentenwerte (d.h., die einzelnen Standardversionen) werden zu einem Wert verdichtet, der im RV die Basis für den summierten Angebotspreis ergibt. An dieser Stelle möchte ich darauf hinweisen, daß eine derartige Kalkulation zu jedem Zeitpunkt im Ablauf möglich ist.

```
Kalkulations-Analyse                        Buchungskreis 01    Datum 28.08.89
---------------------------------------------------------------------- Variante BA
Auf-1 40310514
      GEORG-VOIGT-STR.2... 3550.            Werk 10 Auft.Art NW Periode  08.89
---------------------------------------------------------------------- Analyse  A1
Z ZNR Kost.Art Bezeichnung          Plankosten  Istkosten    Abw(abs)      Abw(%)
A 010 *        --FAKT+BETRIEBSL--
B 020 00621025 NA.WSTROMAUFZ.FRA                   77.800      77.800
C 020 00621415 TZ AUF NA.AUFZ.FRA                   1.451       1.451
D 020 *         FAKT AN DRITTE                     79.251      79.251
E 030 *         FAKT AN AFFIL
F 040 *         BETR NEBERL V DRI
G 060 *         ERLOESMIND DRITTE
H 070 *         ERLOESMIND AFF
I 080 **       TOTAL FAKTURATION                   79.251      79.251
J 090 00391130 VERBRAUCH HALE 6V.                   9.636-      9.636-
K 090 *         BESTANDSAEND                        9.636-      9.636-
L 111 *        -----------------
M 120 *        --PRODUKTKOSTEN---
N 130 00344001 MAT.EK AUFT.4 MAZ          1.400       152       1.248-        89-
O 130 00344101 MAT.EK KL.4 KOMI A                   1.278       1.278
P 130 00344108 ÜFL.VERED.KL4 K.A             50        19          31-        63-
Q 130 *          *AUF GEB FRBZ            1.450     1.449           1-         0
```

Dieser Ablauf kann für Offerten und deren Alternativen, wie auch für Kundenaufträge, in den unterschiedlichsten Stadien durchgeführt werden. Die weiteren Rechnungen über Rabatte und Mehrwertsteuer oder andere Konditionen möchte ich mir hier aus Zeitgründen ersparen.

Spätestens an dieser Stelle könnten massive Einwände kommen, die da lauten:

1. Eine so differenzierte Auftragskalkulation ist nicht erforderlich.
2. Der Verkauf und das Rechnungswesen brauchen solche tiefgreifenden technischen Informationen nicht.

Aus meinen Erfahrungen heraus glaube ich sagen zu können:

Das Unternehmen muß als Gesamtheit gesehen werden. Nicht der minimale Arbeitsaufwand eines einzelnen Bereiches zählt, sondern die Summe aller Bereiche. Und wie sieht dann eine Abweichungsanalyse aus?

Wenn Sie in letzter Zeit etwas über das Thema Qualitätssicherung gehört haben, so ist Ihnen vielleicht ein Leitgedanke schon aufgefallen:

Mach es richtig beim ersten Mal.

Das kann z. B. heißen: Mache es so, daß der Andere es nicht nocheinmal machen muß. Bezogen auf unseren Auftrag bedeutet dies:

Definieren wir ihn technisch gut,

1. bekommt die Technik eindeutige, fertige Unterlagen
2. ist der Kalkulationswert so gut, daß Abweichungen sicher erklärt werden können und unnötige Diskussionen vermieden werden.

Ich glaube aber, diese Erkenntnisse sind bekannt und weitere Beispiele müssen nicht noch aufgezeigt werden.

4.4 Planaufträge - Disposition - Fertigungsaufträge

Wesentlich interessanter erscheint mir der weitere Wertefluß des Auftrages bzw. der Gesamtablauf.

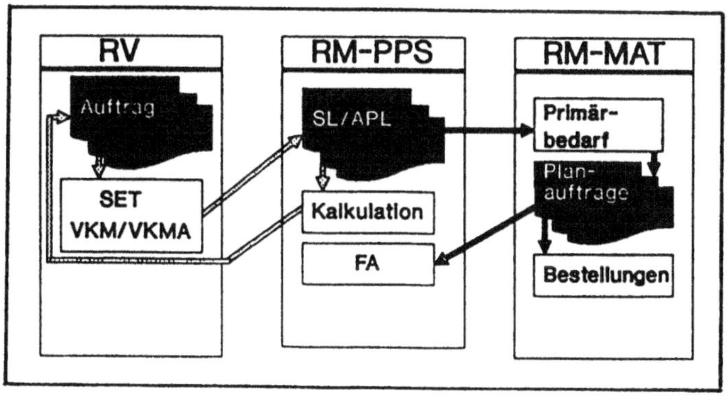

Die Erzeugniskalkulation des Auftrages greift - wie bereits gesehen - auf Stücklisten und Arbeitspläne im PPS zu. Und ich sagte: Das gilt auch für Sekundärhierarchien, wenn sie nicht lagermäßig sind (Disposchlüssel=E). Dadurch werden im Normalfall im RM bereits kundenauftragsabhängige Bedarfe abgelegt, die im nächsten Dispolauf (TF70) zu Planaufträgen und bei deren Umwandlung (TD39) zu Fertigungsaufträgen oder Bestellanforderungen führen. Es gibt aber viele Fälle, in denen das Auge eines Technikers den Kundenauftrag nochmals durchchecken sollte. Dann wäre der Anlauf der Disposition für diesen Auftrag nicht besonders glücklich. Die SAP hat für diesen Fall vorgesorgt.

```
HIN Kundeneinzelfertigung    PSTYP M    00000000 20   0    01   XX   Walldor
-----------------------------------------------------------------------------
ARTNR V827024              MENGE 1,000            ST
ARTXT PE G.1 Fuehrungschiene Kabine                                UEBER J LFSP
SUART 0                                          PRODH _                   TEIL
TYPE  90000033                                                             INFU
KDART _                        V 0,000            FLIEF _                   BANF
--------------------------------------------------------------- FKFRM   FKSP
BRT-PREIS _                DM       PRO 1     ST  PRSLI __ / _    NETPR   PRSH
NET-PREIS 0,00             NETTO-WERT  0,00                     MWSIN 1
RAB-1 _ _          _                PRO _     _   UF 1,00000
-----------------------------------------------------------------------------
WLDAT 010989                                TOUR  _
ABDAT 010989 _ PBED  KS K AWAHR 100
VSDAT 010989

TEXT1:  SP _ TEXT NR _          _                                       !  L
TEXT2:  SP _ TEXT NR _          _                                       !  L
TEXT3:  SP _ TEXT NR _          _                                       !  L
PREISE _  DATEN  _  EXPORT _  KOSTEN x  KALKU     DISPO    _ P.PLAN _
A _                  _ C _            WL 01   XX
M _             D 010989 PT _ _ PL EH _  HU _     _    S N
```

Im RV-Auftragskopf gibt es die Möglichkeit der Angabe der Erwartungshaltung (0=nichts, 100=disponieren). Dieser Prozentsatz ist vorgesehen, um später eine Möglichkeit zu haben, die Gewichtung eines Kundenauftrages oder von Offerten in den Planaufträgen festlegen zu können. Z. Zt. wird hierüber die Eröffnung oder Nichteröffnung eines Planauftrages gesteuert.
Weitere Einzelheiten über das PPS, z. B. Disposition Kapazitätsplanung, Materialbezug (direkt oder retrograt), Rückmeldesysteme und dgl. würden hier zu weit führen.
Es sei nur soviel gesagt: alle erzeugen Werte.
Deshalb kann ich nur empfehlen:
Auch bei der Definition von Stücklistentypen oder Materialarten, bei Arbeitsplätzen und Leistungsarten muß ein enger Schulterschluß zwischen Rechnungswesen und Technik erfolgen. Kein Stück ist nur ein Stück, keine Minute nur eine Minute, sondern auch ein Wert.
- Aber auch mancher Wert kann ohne Aussage sein.

5. PLAN-IST-Kostenerfassung

Wie Sie meinen bisherigen Ausführungen sicherlich entnehmen konnten, haben wir durch die Definition des Kundenauftrages eine ganze Anzahl von Fertigungsaufträgen und Bestellungen erzeugt. Wir wollen deren Plan- und Istwerte pro Kundenauftrag zwar summieren, aber unter Beibehaltung der ursprünglichen Kostenstruktur sowie einer Summierstufe für Vergleiche der Komponenten- oder Losstrukturen.

```
+-------------------------------------------------------------------------------+
! ERZEUGNISKALKULATION                        PLANKALKULATION          ( P )     !
!-------------------------------------------------------------------------------!
! MATERIAL   491811                           WINKEL                             !
! BUKRS/WERK 1  10    K.DATUM 01.07.89 VS: 0   STUE: 1  APLA: 1   MARK: J FREI:  !
!-------------------------------------------------------------------------------!
! KOSTENART                     DM    BETRAG  KOSTENART                DM  BETRAG !
!                                                                                !
!                                                                                !
! AUF GEB FREMDBEZ   V                 0,00                                      !
! VERBR LAGMAT FREMD V                 1,45   EINKAUF/LAGER      F          0,13 !
! VERBR LAGMAT EIG   V                 0,00   VERBR LAGMAT EIGEN F          0,00 !
! BESCHAFFUNGSKOSTEN V                 0,03   TECHNIK            F          0,00 !
! TECHNIK            V                 0,00   FERTIGUNG          F        122,31 !
! FERTIGUNG          V                79,53                                      !
!                                             MONTAGE/UNTERHALT  F          0,00 !
! MONTAGE/UNTERHALT  V                 0,00                                      !
! SOND KOST (F,M/U)  V                 0,00                                      !
! SOND KOST (VERKAUF)V                 0,00   VERWALTUNG         F          0,00 !
!                                                                                !
!-------------------------------------------------------------------------------!
! HK: 203,45          / 1,000           ST I 20.345,00      / 100   PREISEINH.  !
!                                                                                !
! FCODE AZ MARK M/J/B J KR-ART VK                                                !
! OK _     PF: 2=Pickup 3=Back 13=Buchen 16=HF-Uebersicht ...          1 -64102!
+-------------------------------------------------------------------------------+
```

Hierfür möchte ich nochmals die Bedingungen - vorallem für Kenner der SAP-Abläufe - nennen:

- Das Endprodukt "Aufzug" ist nicht lagerfähig
- Seine Komponenten sind nur selten lagerfähig
- Ein Aufzug löst ca. 100 Fertigungsaufträge oder Bestellanforderungen im Sinne des PPS aus.
- Die Fertigungsaufträge zum Kundenauftrag geben ihr Produkt nicht an ein Lager ab.

Unter den Aufträgen im SAP-System ist keiner, der unter den vorgenannten Bedingungen als "Kostensammler" fungieren kann. Auch der RK-Auftrag ist dafür nicht geeignet. Diese Erfahrungen mußten nach Aussage der SAP schon Einige machen, die jetzt ohne integrierten Ablauf umfangreiche Batchläufe zur Erreichung ihrer Ziele einsetzen.

Wie ist nun der SAP-Weg z. Zt.:

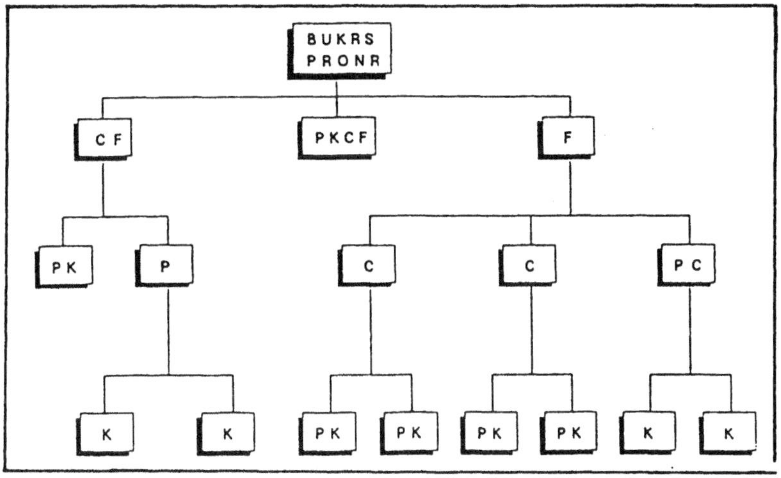

5.1 Projekte als Kostensammler

Ich sprach eingangs von einer projektähnlichen Abwicklung unseres Kundenauftrages. Für diesen Fall bietet die SAP z. Zt. die Komponente RK-P an, die wir für uns nutzbar machen. Das RK-P hat im ersten Moment den Anschein, als sei es eine Komponente für interne Projekte. Und das Berichtswesen verstärkt zunächst diesen Eindruck. Bei näherem Betrachten aber fallen zwei Dinge auf:

1. Viele Aktivitäten lassen sich auf einen komplizierten Kundenauftrag anwenden.
   z. B. Netzplan
   Auftragsunterteilung
2. Das sehr umfangreiche Berichtswesen deckt in jedem Fall die Deckungsbeitragsrechnung ab und arbeitet mit der gleichen Kostenstruktur, wie die Erzeugniskalkulation.

Wie wenden wir RK-P nun an:
Die Organisation des RK-P geht von einer mehrstufigen Auftragsstruktur aus. Wir setzen dabei das Hauptprojekt gleich Auftrag und damit gleich Anlage (Aufzug) und die Unterprojekte gleich Lieferlose.
Z. Zt. gibt es beim Ablauf zwar noch einige Unebenheiten, die aber im Zuge der Zeit SAP-seitig sicherlich geglättet werden. Vor der Eröffnung des Kundenauftrages im RV muß das Projekt eröffnet sein.

Die Eröffnung der Unterprojekte erfolgt automatisch über einen Strukturkatalog, so daß diese Routine leicht und fehlerlos abläuft. Danach erfolgt die Verzahnung aus dem RV durch den Eintrag der Unterprojektnummer in die Standardversion. Diese Kontierung wird bei allen Aktionen weitergereicht, so daß eine Verbindung zum Projekt z. B. vom Planauftrag, vom Fertigungsauftrag oder von der Bestellanforderung besteht.

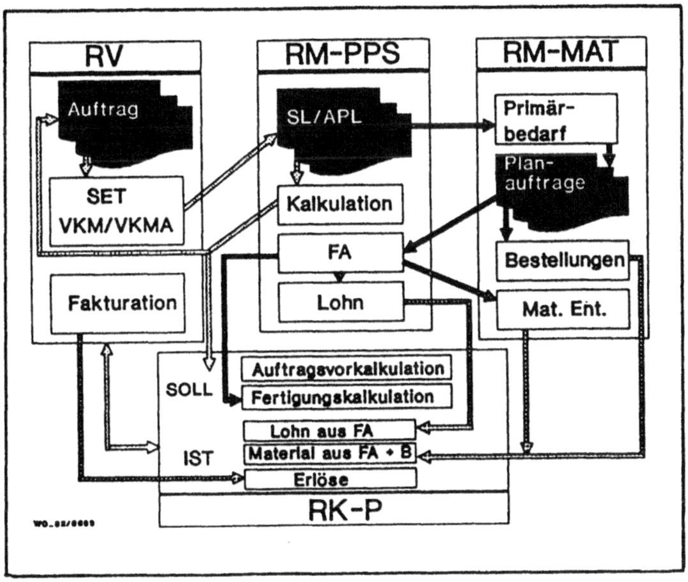

Dadurch können die Daten der Erzeugniskalkulation des Auftrages dem Projekt zugeordnet werden.
Gleiches gilt für die IST-Daten aus dem Fertigungsauftrag, den Bestellungen, deren Lieferungen und Rechnungen.
Das Projekt oder die Projekte sind über die Nachkalkulationsanalyse und das Projektberichtswesen in sehr umfangreicher Form auswertbar.
Für die Management-Erfolgsrechnung, die ja im wesentlichen einen Zeitausschnitt aller in dieser Zeit bestehenden Projekte bedeutet, sind die Hierarchieschlüssel der Projekte ausnutzbar.

5.2 Projektbericht

Nachfolgend sehen Sie einen derartigen Projektbericht:

AUFTRAGS-BERICHT 01 88 DATUM 19.06.89
AUFTR.-NR. 40310679 GEWERBEKAMP 15 2822
BECKEDORF D

Z	AUF	KA/LA	BEZEICHNUNG	PLANKOSTEN	ISTKOSTEN	ABW(ABS)	ABW(%)
A	010	*	--FAKT+BETRIEBSL--				
B	020	*	FAKT AN DRITTE	10.965	10.965		
C	030	*	FAKT AN AFFIL				
D	040	*	BETR NEBERL V DRI				
E	050	*	BETR NEBERL V AFF				
F	060	*	ERLOESMIND DRITTE				
G	070	*	ERLOESMIND AFF				
H	080	**	TOTAL FAKTURATION	10.965	10.965		
I	090	*	BESTANDSAEND				
J	100	*	EIG HERST EINRICH				
K	110	***	BETRIEBSLEISTUNG	10.965	10.965		
L	111	*	------------------				
M	120	*	--PRODUKTKOSTEN---				
N	130	*	*AUF GEB FRBZ	6.809	6.706	103-	2-
O	131	*	AUF GEB FRBZ REG				
P	132	*	AUF GEB FRBZ AFF				
A	140	*	VERBR LAGMAT FREM				
B	150	*	VERBR LAGMAT EIG				
C	160	*	TECHNIK		301	301	
D	170	*	FERTIGUNG				
E	180	*	SPEDITION				
F	190	*	MONTAGE/UNTERHALT				
G	195	*	MONTAGERECHN./REG	1.102	1.102		
H	200	*	SOND KOST (F,M/W)				
I	201	*	SD KST (F,M/W) RE				
J	202	*	NACHAR GARANTIEL				
K	210	*	SOND KOST VERKAUF				
L	211	*	PROVISION REG				
M	212	*	SONST AUFW AFF				
N	220	**	*TOT PROKO(13/21)	7.911	8.109	198	3
O	230	****	D B I (11-22)	3.054	2.856	198-	6-
P	240	*	--VERKAUF STRUKO--				
A	250	*	PROMOT/VERK MASS				
B	260	*	VERTRIEB				
C	270	**	*TOT VERK (25+26)				
D	280	*****	D B II (23-27)	3.054	2.856	198-	6-
E	290	*	-OPERATIVE STRUKO				
F	300	*	VERBR LAGMAT EIG				
G	310	*	EINKAUF/LAGER				
H	320	*	TECHNIK		151	151	
I	330	*	FERTIGUNG				
J	340	*	SPEDITION				
K	350	*	MONTAGE/UNTERHALT				
L	360	**	*TOT OP STRUKO		151	151	
M	370	******	D B III (28-36)	3.054	2.705	349-	11-
N	390	****	VSV-ZUSCHLAG	1.498	1.575	77	5

OK _ PF: 2=Pickup 13=Detail 14=Zeitraum 16=Listvariante ... 1 -21111

Auf einem Bild sind derzeit immer nur 2 Vergleiche möglich, aber durch nochmaligen Aufruf einer neuen Analyseart sind natürlich weitere Vergleiche möglich.

5.3 Abrechnung

Die Abrechnung der Fertigungsaufträge. d. h. die Schließung und die Kostenübernahme in das Projekt ist unter dem derzeitigen Leistungsangebot der SAP noch nicht optimal gelöst. Z. Zt. gibt es nur die Möglichkeit, die einzelnen Fertigungsaufträge über das Kundenkommissionskonto zum Kundenauftrag abzurechnen. Das ist im Sinne einer geschlossenen Kostenrechnung kein guter Weg. Auch muß jeder Auftrag einzeln abgerechnet werden. Auch möchte ich daraufhinweisen, daß die Fakturation wegen ihrer sehr spezifischen Anforderungen von uns noch nicht über SAP gelöst wird. Der vereinbarte Kaufpreis steht als Summe fest. Er bedarf keiner Detaillierung. Die Details, die dazukommen, betreffen Werte, die nicht im PPS entstehen, z. B. Kosten während der Montage (Bauschilder, Baumaßnahmen) oder Versicherungen, Bürgschaftskosten etc.

5.4 Allgemeine Beurteilung

Zusammenfassend kann gesagt werden, daß wir der Meinung sind, daß das SAP-System mit REL. 4.3e oder 4.4 mengen- wie auch wertmäßig eine akzeptable Durchgängigkeit für den Einzelfertiger hat. Auftragsbezogene Kalkulationen sind möglich. Auch wenn dies nur bei Einsatz aller auftragsrelevanten SAP-Komponenten erfolgreich ist. Eine gewisse Umstellung auf neue Abläufe und Methoden ist dabei unvermeidbar und ein Anpassungsprozeß erforderlich. Auch die vorhin schon gemachte Aussage: Mach es richtig beim ersten mal, ist zu bedenken.

Aus meiner Erfahrung heraus ist es zwar für den Einzelnen bequemer, nur das für ihn Notwendigste zu tun. Aber meine Koordinationstätigkeit für alle Organisationsprojekte hat gerade in der letzten Zeit immer wieder gezeigt, das PPS braucht eindeutige Daten und diese können wirtschaftlich nicht erst im PPS entstehen.

Wir können auch nicht auf das PPS verzichten, aber wir dürfen von ihm nur die Qualität an Aussagen verlangen, die die Daten haben, die wir dem PPS zur Verfügung stellen.

6. Projektarbeit

6.1 Projektorganisation

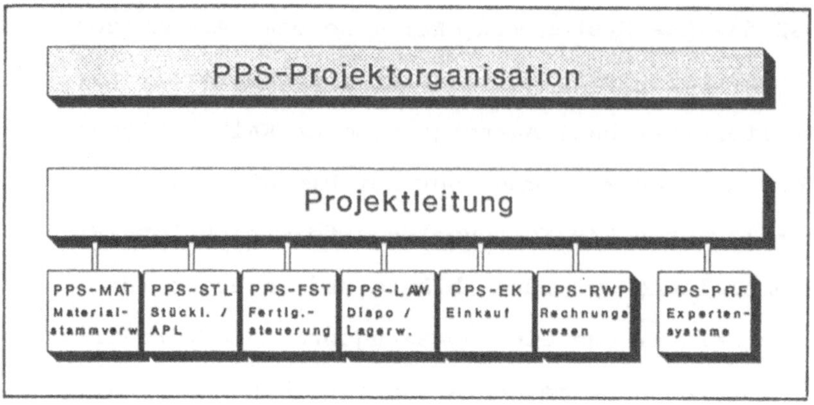

Unsere Projektorganisation ist in den letzten Jahren mit den Aufgaben gewachsen.
Wir haben inzwischen freigestellte Projektleiter und teilweise auch freigestellte Mitarbeiter. Beide kommen im Normalfall aus der Linie und werden regelrecht umgeschult. Unterstützt und koordiniert wird deren Arbeit durch die Organisation, die wiederum die Verbindung zum Konzern aufrecht erhält und andererseits auch unpopuläre aufbau- und ablauforganisatorische Änderungsvorschläge aus den Projekten an die Geschäftsleitung heranträgt.
Zur Intensivierung der Integration werden wir im Jahre 1990 ca. 15 - 20 Mitarbeiter einsetzen. Dann hoffen wir, es geschafft zu haben.

6.2 Teamarbeit des ganzen Unternehmens

Teamplayer sind gefragt!

Sie sehen, auf eine sehr weitläufige Projektorganisation kann nicht verzichtet werden. Es zeigt sich in einer vielleicht noch nicht dagewesenen Form, daß eine Bereichsgrenzen sprengende Teamarbeit erforderlich ist und daß oftmals Fachabteilungsgrenzen aufgelöst werden müssen. Auch althergebrachte Methoden und Begriffe müssen oft unter Schmerzen über Bord geworfen werden. Was bisher gut war, geschah unter den gegebenen Umständen bestimmt optimal, aber nun sind die Umstände anders und die Methoden und Verfahren auch, aber sie sind deshalb noch lange nicht falsch.

Meine Damen, meine Herren, Teamplayer sind gefragt.

Ich danke Ihnen.